KB247321

보이지 않는 가슴

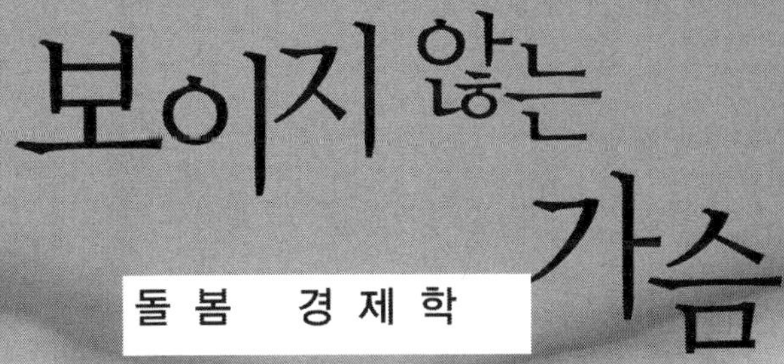

보이지 않는 가슴

돌봄 경제학

낸시 폴브레 지음 윤자영 옮김

도서출판
또 하나의 문화

THE INVISIBLE HEART

by Nancy Folbre

국립중앙도서관 출판시도서목록(CIP)

보이지 않는 가슴 / 낸시 폴브레 지음 ; 윤자영 옮김. --
서울 : 또 하나의 문화, 2007
  p. ;   cm

원서명: The invisible heart
원저자명: Folbre, Nancy
색인수록
ISBN 978-89-85635-77-6 03320 : ₩16000

331.5-KDC4
306.30973-DDC21   CIP2007000607

감사의 말

내가 책을 쓰도록 다독여 준 카렌 그로운, 바버라 립카인드, 안드레 스키프린, 헬렌 스미스, 수전 스틴선에게 감사한다.

이 책에 나온 수많은 아이디어를 발전시키는 데 도움이 된 연구 보고서의 공동 저자인 파울라 잉글랜드, 줄리 넬슨, 리 배드겟, 톰 웨이스코프, 앤 퍼거슨, 연구비를 지원해 준 존 D. & 캐서린 T. 맥아더 재단과 프랑스-미국 재단, 편집을 도와준 헬린 스미스, 수전 스틴슨, 빌 웨이, 상세한 논평과 비평을 해 준 에버그린 칼리지의 피터 보머와 그의 학생들, 폴 고렌, 캐럴 하임, 테리 맥도날드, 줄리 넬슨, 제니 로미, 미라 스트로버, 루비 타카니시, 편집을 도와준 앙드레 쉬프린과 마르크 파브로, 전문적인 도움, 전문적이지 않은 도움 할 것 없이 아낌없이 도와준 밥 드워럭, 이 모든 이들에게 진심으로 감사한다.

차례

시장의 '보이지 않는 손'은 돌봄이라는 '보이지 않는 가슴'에 의존하고 있다. 사랑·의무·호혜의
가치를 바탕으로 하는 가족과 공동체의 틀 밖에서 시장은 효과적으로 기능할 수 없다.

I 돌봄 경제학

1. 친절이라는 것 · 31

여성은 전통적으로 보이지 않는 가슴의 상당 부분을 책임지는 역할을 부여받았지만
이제는 그러한 역할을 맡지 않으려고 한다. 여성주의는 돌봄을 남성과 여성이 동등하게 분담할 것을
요구하면서 이중 잣대에 도전해 왔다. 그러나 이후에 누구를, 어느 정도 돌보아야 하는지를
결정하는 문제에 대해서는 별다른 도움을 주지 못했다.

2. 돌봄의 불이익 · 54

돌봄에 대한 필요를 충족하는 것을 공급과 수요의 법칙에 의존할 수는 없다. 경쟁에서 이기려면 항상 좋은 사람이 될 수는 없다. 돌봄의 편익을 측정하는 것은 어렵다. 나아가 다른 사람을 돌보는 편익은 거래의 당사자들에게만 국한되는 것이 아니라 사회 전반에 골고루 퍼진다.

3. 성공의 측정 · 92

건강·육아·노인 수발에 연관된 산업에 팽배해 있는 경쟁 압력은 돌봄의 질을 저하하는 효과를 가져온다. 우리 경제의 회계 체계는 우리의 관심을 잘못된 방향으로 인도한다. 다우존스 주식 가격 같은 지표들은 사회 복지를 측정하는 데 형편없는 지표다. 국내 총생산 지표를 극대화하는 것보다는 인간의 능력과 자질, 건전한 공동체, 깨끗한 환경을 개발하는 것이 더 나은 장기적인 목표다.

II 좋은 정부

4. 보모 국가 · 129

복지 국가는 많은 문제를 안고 있다. 우리는 게으른 사람들이 복지 제도를 악용하는 것을 원치 않는다. 사람들이 스스로와 가족에 대한 책임에서 면제받게 하고 싶지 않다. 변화에 저항하는 철통같은 관료주의를 원하는 것도 아니다. 복지 국가가 등장한 이유 가운데 하나는 가족이나 시장이 우리에게 필요한 돌봄을 제공할 수 없었기 때문이다. 사회 복지 제도를 내버리기보다는 개선하려는 노력이 필요하다.

5. 아이들은 애완동물? · 160

애완동물은 돌봐 주는 주인에게 매우 큰 만족을 준다. 아이들은 그러한 만족 이상의 것을 제공한다.
우리들에게 편익을 베푼다. 아이들은 더 광범위한 공공 지원을 받을 자격이 있는 공공재다.
복지와 세금 제도의 짜깁기인 현행의 가족 부양 제도는 충분하지 않으며 공정하지 않다.
이는 빈곤층 어머니들에 대한 사회의 분노를 반영하고 조장한다. 그들은 부당하게도 복지의 여왕으로
묘사되어 왔다. 대부분의 유럽 국가들은 가족에게 훨씬 많은 사회적 지원을 하고 있으며
우리도 그렇게 해야 할 것이다.

6. 로빈후드 학교 · 194

교육은 돌봄을 요구하고 돌봄에는 돈이 필요하다. 학생에 대한 교육비 지출의 효과를
표준화된 시험 점수만 보고 정확하게 측정할 수는 없다. 동등한 기회를 진지하게 다루는 것은
학교 재정 구조의 개혁을 의미한다. 학교를 선택하는 기회를 늘리는 것도 도움이 될 수 있으나,
선택이 현행 공교육 제도를 흔드는 무료 수강권(바우처) 의 형식을 띤다면 도움이 되지 않을 것이다.

7. 황금알을 낳는 거위 · 223

보수주의 수사학에서 말하는 것과는 반대로 누진세는 가족 가치를 지지한다. 누진세는 사람들이
경력을 쌓는 데 쓰는 시간을 줄이고 아이와 부모, 친구, 이웃을 돌보는 데 시간을 더 많이 쓰도록
만든다. 돈으로 행복을 살 수 없지만 돈은 인간의 기본적인 필요를 충족하고 건전한 경쟁에 필요한
공평한 조건을 마련하는 데 도움이 된다.

III 진퇴양난

8. 기업 국가·255

사람처럼 기업도 모든 것에서 도망갈 수 있는 낙원의 섬을 꿈꾼다. 지구화는 기업 간뿐만 아니라 국가 간의 경쟁의 강도를 높이고 있다. 이주와 자본 이동은 부모, 친구, 이웃들이 생산한 노동력에 고용주가 무임승차할 수 있게 한다. 고용주들이 차비를 지불하려 들지 않는다면 버스에서 쫓겨나야 마땅할 것이다.

9. 어둠 속에서 춤을·285

자본주의 대 사회주의라는 진절머리 나는 논쟁은 좀 더 나은 사회를 이룩하는 데 방해만 될 뿐이다. 진보적인 경제학자들은 시장 사회주의와 참여 민주주의 같은 대안적인 제도에 대해 근사한 견해를 갖고 있다. 그 제도들은 돌봄을 조직하고 보상하는 제도와 잘 결합될 수만 있다면 잘 작동할 수 있을 것이다.

한국어판 서문

『보이지 않는 가슴 : 돌봄 경제학』 한국어판에 간단하나마 서문을 쓸 수 있게 되어 영광입니다. 이 책은 미국의 경험에 초점을 두고 있지만 다른 나라에도 적용되는 부분이 많으리라 믿습니다.

다른 나라에서와 마찬가지로 한국의 출산율은 빠른 속도로 낮아져 어린이와 노약자를 돌보는 데 따르는 경제적 비용의 증가에 관심이 모이고 있습니다. 출산율이 인구 대체 수준 이하로 떨어지면서 정부 정책은 보육에 전보다 지원을 더 많이 하기 시작했습니다. 한국의 여성가족부는 보육을 재정적으로 보조하는 정책을 추진하는 데 지도적인 역할을 하고 있습니다. 그러한 정책은 다른 국가에서도 채택되어야 할 것들입니다.

그러나 몇 가지 정책만으로 현대 경제의 '돌봄 부문'이 제기하는 문제를 해결할 수는 없습니다. 인간 사회가 더놓고 언급하기를 주서했던 어려운 질문에 관심을 더욱 쏟아야 합니다. 어린이뿐 아니라 노약자를 돌보는 비용은 어떻게 분배되어야 할까요?

돌봄 노동은 도덕적으로 중요하며 노동을 수행하는 개인에게 보상을 가져다주기도 합니다. 그러나 돌보는 이는 그들의 선택을 제한하고 착취에 취약하게 하는 무거운 책임의 짐을 떠안게 됩니다. 여성이 경제적 독립과 정치적 목소리를 획득하면서, 가족을 돌보는 주요한 책임을 떠맡기던 전통적인 노동 분업에 대해 재협상을 시작했습니다. 남성들이 활동과 선택의 자유를 제한할 수도 있는 변화에 저항하는 것은 놀랍지 않습니다. 여성은 돌봄의 책임을 부당하게 지는 대신에 돌봄 노동에서 벗어나는 선택을 할 수도 있습니다.

돌봄 노동을 남녀가 공평하게 나누면 가족생활은 더 공고해질 수 있습니다. 자녀와 더 밀접한 관계를 발전시키는 아버지는 이혼을 경험할 가능성이 낮아집니다. 그보다 더 중요한 것은 이혼을 하더라도 아버지가 자녀와 더 긴밀한 정서적 재정적 유대를 유지할 가능성이 높아진다는 것입니다. 이혼 후 직접 양육의 책임을 맡지 않게 된 아버지나 어머니는 양육비에 대해서 분명한 합의를 도출하고 사회는 엄격하게 양육비 지급을 강제해야 합니다.

남녀 간에 돌봄의 비용을 분담하는 문제는 가족과 사회 간에 돌봄을 분담하는 문제와 복잡하게 얽혀 있습니다. 사회는 어느 정도로 어린이와 노약자를 돌보는 데 드는 비용을 분담해야 할까요? 선진 자본주의 국가의 경제 발전의 경로를 보면 의료, 교육, 노후 경제 안정에 가족 단위보다 집단적으로 대비하는 것이 더 효율적임을 시사합니다. 보육과 노인 수발의 어떤 측면은 사회가 부분적으로만 담당하는 것이 좋음이 점점 더 명백해지고 있습니다.

모든 국가는 어린이와 노약자를 돌보는 비용을 지불하는 데 가족과 사회적 책임의 균형을 맞추는 방법을 찾아내야 합니다. 그러나 다음 세대에 대한 투자는 그들이 자라서 더 생산적인 노동력이 되어 스스로 노후를 대비할 수 있게 되는 것으로 그들에 대한 투자액을 거둬들일 수 있습니다. 개인이 국가에 내는 세금은 강탈되는 돈이 아니라 그들과 그 가족이 아이였을 때 국가에서 받은 혜택과 늙어서 받게 될 혜택으로 다시 돌려받게 됩니다. 낸 세금뿐만 아니라 일생을 거쳐 받은 혜택을 감안한 세대 간 회계를 개발하는 데 노력을 더 쏟으면, 납세자들은 자신들의 기여의 대가로 국가에서 무엇을 받고 있는지 더 잘 알 수 있게 될 것입니다.

사회 제도를 새롭게 고안하는 일은 결코 쉽지 않습니다. 돌봄 서비스가 공적인 영역에서 점차 제공됨에 따라, 가족이 돌봄 서비스를 꾸준히 제공할 수 있도록 보장하는 것이 중요합니다. 국가가 제공하는 서비스는 개별 가족 구성원에게 가해지는 스트레스와 위험을 줄임으로써 가족의 유대를 약화시키는 대신 강화시키는 데 도움이 되어야 합니다. 또한 관료주의의 비효율성과 비용 삭감의 경쟁적 시장 압력에서 야기되는 문제를 예방하여 양질의 돌봄 서비스가 제공될 수 있는 방법을 발전시켜야 합니다.

서유럽과 미국의 경험은 의료, 교육, 보육, 노인 수발 직종에서 일하는 노동자의 임금 수준과 근무 조건이 양질의 돌봄 서비스가 제공되는 데 중요한 영향력을 지니고 있음을 시사합니다. 적정 수준의 임금과 건전한 근무 조건 하에서, 돌봄 노동자는 단순하게 '소비자'일 수 없는 어린이와 노약자에게 강한 애정과 책임감을 갖게 됩니다. 이직률이 낮아지고 돌봄 정책을 수립하는 데 참여가 높아지면, 어린이와 노약자와의 정서적 유대가 강해져 그들을 돌보는 데 가족들과의 협조도 효과적으로 이루어지게 됩니다.

미국의 신자유주의 정책은 소득 불평등을 심각하게 증가시켰고 특히 어린이와 노인들에게 부정적인 결과를 가져왔습니다. 대다수 서유럽 국가들은 경제 성장의 이득을 분배하는 데 성공을 더 거두었습니다. 가족 돌봄과 공동체 봉사에 쓸 수 있는 시간을 감안한 실질적인 생활수준을 볼 때 그들의 경제적 수치는 더욱 인상적으로 보입니다. 영국은 어린이 빈곤을 없애려는 노력을 최근에 제대로 시작했습니다.

정책은 비시장 노동을 주의 깊게 분석하여 입안해야 합니다. 한국의 시간 사용 조사는 그러한 노력에 아주 중요한 자료입니다. 그러나 식사 준비를 포함한 가사 노동과 그보다 더 정서적인 측면을 지닌 어린이와 노인을 돌보는 일 사이에는 분명한 차이가 있음을 인식해야 합니다. 가족이 수행하는 돌봄 노동을 경제적 가치로 환산한 수치는 돌봄 노동이 경제 성장에 기여한 정도뿐만 아니라 수행하는 데 필요한 기술과 노력을 저평가하고 있음을 기억하여, 돌봄 노동의 경제적 가치를 평가하는 정확하고 세련된 방식을 개발하는 데 노력을 많이 기울여야 합니다.

현대 경제의 발전은 이기심이라는 '보이지 않는 손'뿐만 아니라 돌봄이라는 '보이지 않는 가슴'에 달려 있습니다. 경제 발전에 가슴과 손이 함께 일해야 합니다.

들어가는 말

모든 것이 사고파는 대상이 되면, 자발적으로 남에게 시간을 내주는 사람, 낯선 이를 돕는 사람, 공공선을 위해 얼마 안 되는 돈으로도 일하겠다고 나서는 사람, 아무도 안 볼 때도 쓰레기를 버리지 않는 사람, 정당한 비용을 지불하지 않고서도 덩달아 득을 볼 수 있는 기회를 그냥 흘려보내는 사람들이 마치 속고 사는 듯한 기분을 느끼기 시작할 것이다.

— 로버트 커트너, 『모든 것이 판매의 대상이 될 때』

모든 것이 사고파는 대상이 될 때, 여성은 자신이 하는 일이 왜 보상을 받지 못할까 의아해 하기 시작한다. 현대 경제는 여성에게 남을 돌보는 일 말고는 다른 선택의 여지가 없게 했던 가부장적 권력을 약화시켰다. 그러나 돌보는 일을 하는 남성과 여성, 제도들이 불리해지게 만드는 성생적 압력을 강화시킨 것도 사실이다.

나는 인간이 서로를 돌보는 데 들이는 시간과 노력에 대해 연구하는 경제학자다. 남을 돌보는 노동은 사람과 사람의 관계에 기초해 행해지는 것이고, 애정과 존경을 바탕으로 하기 때문에 그런 관계는 보통 서로 편하게 이름을 부르는 사이가 된다. 어떤 경우는 부분적으로나마 임금으로 또는 다른 사람의 임금의 일부분으로 보상을 받기도 한다. 하지만 전혀 돈으로 보상받지 못하는 경우도 있다. 경제학자들은 보상을 직접 받지 못하고 값을 매기기도 힘든 이런 노동을 설명할 때 '비시장'이라는 수식어를 사용한다. 이런 일들은 요리, 기저귀 갈기, 잔디 깎기 등 가족을 위해 하는 일이 대부분이다. 다 그런 것은 아니지만, 이런 일들 대부분이 노동이라는 데에는 모두들 동의한다. 그러나 국내 총생산GDP에 포함되지도 않고 경제학자들의 관심을 끌지도 못한다.

돌봄 노동은 마음의 행복에 영향을 직접 미치기 때문에 특히 중요하다. 사람을 고용해 청소나 잔디 깎는 일을 시키고 일을 잘하고 있는지 판단하기는 아주 쉽다. 그러나 갓난아이나 노인을 돌보는 사람을 고용했을 때, 그들이 제공하는 서비스의 질이 좋은지 나쁜지 확인하기는 쉽지 않다. 우리는 그 일에 적합한 지식과 기술을 갖췄을 뿐만 아니라 그런 일을 진짜로 좋아하는 것처럼 보이는 사람을 찾으려고 한다. 돌봄 노동을 돈으로 보상한다고 해서 애정과 사랑이 없는 노동이 되라는 법은 없다. 돌봄 노동은 상당량이 이미 시장에서 공급되고 있다. 보육 시설이나 간병인, 교사, 간호사 등은 자신이 돌보는 사람과 애정 어린 인간관계를 맺는다.

나는 오랫동안 돌봄 노동의 책임과 보상이 분배되는 방식을 연구해 왔다. 시장의 돌봄 노동, 가정의 돌봄 노동, 보상을 받는 돌봄, 보상받지 않는 돌봄 할 것 없이 모든 종류의 돌봄 노동에 관심을 기울여 왔는데 그런 나를 두고 『월 스트리트 저널』 편집인은 나를 "비시장적인 생산 — 사회주의라고도 알려져 있는 — 을 연구하는 여성주의 경제학자"라고 비아냥댄 적도 있다. 그는 아마 가족을 '사회주의적'이라고 이해했던 모양이다. 그런 의미였다면, 우리는 적어도 한 가지 점에 대해서는 동의하고 있는 셈이다. 그러나 일반적으로 『월 스트리트 저널』은 단지 돈을 벌겠다는 의도가 아닌, 타인에 대한 애정과 존경에서 우러나오는 노동의 중요성을 제대로 평가하지 않는다.

'가족 가치'는 여러 사람에게 여러 의미로 다가간다. 나한테 이 용어는 사랑, 의무, 호혜를 의미한다. 사랑은 감정을 함축하고, 의무는 도덕성을, 호혜는 합리적 계산을 함축한다. 사랑하고 사랑받는 것이 의미 있고 행복한 삶에 필수 요소라는 것이 우리 부모님 세대의 생각이다. 우리는 모두 좋든 싫든 다른 사람을 돌볼 의무가 있다. 그리고 우리가 남을 돌보면 남들도 우리를 돌볼 것이다.

애덤과 나

18세기의 경제학자 애덤 스미스가 '보이지 않는 손'을 찬양해마지 않았을 때, 그것은 경쟁 시장에서 수요와 공급을 움직이는 중앙 집중적이지 않으면서 자동적이고 스스로를 규제하는 힘을 지칭하는 말이었다. 그러한 힘은 어떤 공간, 좀 더 넓게 말하면, 무수히 많은 판매자와 구매자가 서로 공모할 수 없는 상황을 말한다. 판매자는 누가 사는지 상관하지 않고 구매자는 누구에게서 사는지 상관하지 않는다. 양쪽 다 이미 상품의 질이 어떤지 알고 있기 때문에 오직 가격과 양에 대해서만 실랑이를 벌인다. 어떤 식의 장기적인 관계에도 말려들지 않는다. 이런 조건은 대부분의 재화와 서비스를 생산하는 데 적용되지만 돌봄 노동에는 성립하지 않는다.

애덤 스미스는 경쟁 시장이 개인들의 이기적 욕망을 사회 전체에 이익이 되도록 돌릴 수 있다고 믿었다. 또한 개인의 이익 추구는 피할 수 없을 뿐 아니라 득이 된다고 결론지었다. 스미스가 『국부론』을 쓴 지 250년이 지난 지금, 그의 처방은 확실히 기술 발전과 경제 성장에 기여한 것 같다. 우리 삶에서 경쟁 시장의 역할은 꾸준히 확대되어 왔으며 동시에 개인의 이익을 추구하라는 부추김 또한 종종 타인을 돌보는 노동을 희생시키면서 팽창해 왔다.

위대한 사상가 애덤 스미스도 이런 문제를 예견했다. 그러나 사람들이 그렇게 이기적이지는 않을 것이라고 낙관적으로 보았기 때문에 심각하게 받아들이지 않았다. 그도 가족에 대한 사랑, 타인에 대한 의무, 국가에 대한 충성이 선진 문명의 상징이라고 보았다. 위대한 사상가의 길로 처음 내딛으면서 썼던 책의 제목도 『도덕 감정론』이다. 그 책에서 그는 "아무리 이기적인 사람이라 하더라도 분명히 그의 본성에 무엇인가가 있다. 얻는 것이 없어도 보는 것만으로 행복한, 다른 사람의 복지에 관심을 갖고, 타인이 행복해야 자신도 행복하다고 생각하는 원칙을 갖고 있다"고 썼다.[1]

이런 도덕 감정에 대한 믿음은 개인의 이익 추구에 족쇄를 채워서는 안 된다는 스미스의 주장에 필수 불가결한 것이었다. 사람들의 마음이 이기적이지 않다면 — 화목한 집안 식구처럼 — 다른 사람들의 이익이 곧 자신의 이익이 될 것이기 때문에, 이러한 상황에서는 자기 이익을 추구하는 행동이 반드시 이기적인 행동은 아닌 것이다. 스미스는 인간의 자비로움을 확신했기에 그런 도덕 감정이 어디서 오는 것인지 시간이 지나면 변하기도 하는 것인지 한번도 의문시하지 않았다. 마치 『월스트리트 저널』처럼, 스미스는 자기 이익을 기본으로 하는 경제의 팽창이 도덕 감정을 약화시킬 가능성을 무시한 것이다.

스미스의 '보이지 않는 손'은 실상은 자신을 매우 분명하게 드러내 보이는 존재다. 시장 거래는 기록되고 가격표도 있으므로 그 흔적이 남는다. 그러나 이 거래의 효과들이 별로 직접적이지 않을 때는 추적하기 힘들다. 시장 거래들은 어떤 인간의 동기는 더 공고하게 하고 다른 것들은 약화시키면서 다른 모습으로 바꾸어 낸다. 정확히 어떻다고는 할 수 없지만, 그 보이지 않는 손이 하는 일은 마음의 감정에 영향을 미친다. 그래서 좋고 싫음보다는 비용과 편익을 분석하는 일이 그래도 쉽고, 우리가 옳은 것을 원하는가 아닌가 결정하는 것보다는 어떻게 우리가 원하는 것을 가질 것인가 밝히는 일이 더 쉬운 것이다.

경제학자 대다수는 정직과 신뢰 같은 사회 규범의 중요성을 잘 알고 있다. 시장이 잘 돌아가게 하는 것이 그런 규범이기 때문이다. 규범 없이는, 족쇄를 풀고 나온 자기 이익 추구는 기만과 강탈을 일으킬 것이다. 자고로 목을 베시 않을 섯이라는 확신이 있는 사람과는 서래가 쉬운 법이다. 보이지 않는 악수가 보이지 않는 손을 돕기 때문이다. 그런데 그런 정직과 신뢰를 공고히 하는 사랑, 존중, 돌봄은 어떤가? 경제학자들은 이타주의 같은 감정은 인정하나 애덤 스미스가 도덕 감정에 대해 그랬듯 그것을 이미 주어진 것으로 다룬다. 큰 실수가 아닐 수 없다.

돌봄의 공급

전통적으로 대부분의 사회는 아이들, 병자, 노인들을 돌보는 일을 여성에게 떠맡겼다. 몇 세기 동안, 여성은 자신의 이익을 추구할 기회를 박탈당했고, 스스로를 주제직인 존재로 인식하지도 못했다. 경쟁직 노동 시장의 성장은 가부장적 권력에 균열을 내는 데 도움이 되었다. 고마운 일이다. 그러나 대신 등장한 새로운 형태의 권력은 타인에 대한 책임을 위협하고 있다.

여성의 권리를 제한했던 것들은 분명 억압적이었으나 돌봄 노동에 드는 비용을 낮추었다. 집 밖에서는 별 다른 기회가 없던 여성은 가족을 돌보는 데 자신의 모든 것을 기꺼이 바쳤다. 돈 버는 일을 하고 싶었던 여성들은 전통적으로 여성 직종인 교육이나 간호 등에 몰려들어 그 직종의 임금을 낮추는 결과를 가져왔다. 여성의 직업 기회가 확대되면서 가족을 돌보는 데 들이는 시간의 기회비용도 증가했다. 많은 여성들이 돈을 벌 기회를 잘 이용하고 있다. 여기까지는 좋다.

그러나 돌보는 데 드는 비용이 증가하면서 몇 가지 바람직하지 않은 결과를 낳았다. 첫째, 전보다 많은 사람들이, 특히 아이들과 노약자들이 필요한 돌봄을 언제나 받을 수 없게 되었다. 둘째, 돌봄의 비용을 낮추려는 압력이 커지면서 돌봄 노동의 질이 저하되었는데, 이미 많은 학교·병원·양로원 등에서 벌어지고 있는 일이다. 이런 영역에서 경쟁 시장에 대한 의존이 커지면서 교사나 간호사들은 좀 더 눈에 보이는 목표를 달성하라는 압력을 받고 있는데, 그 결과 양적으로 측정하기 어려운 목표들은 희생될 수밖에 없다. 틀에 박힌 시험으로는 학생이 스스로 배우려는 동기를 키웠는지 아닌지 알아내기 힘든 것처럼, 환자들이 누워 있는 침대의 개수로는 개개 환자들이 제대로 돌봐지고 있는지 아닌지 알 수 없다.

셋째, 아마 가장 안 좋은 조짐을 보이고 있는 것일 텐데, 돈을 낼 수 없는 사람들을 돌보는 행위를 돈키호테나 하는 비현실적인 행위로 간주하기 시작했다는 것이다. 점점 경쟁적으로 되어 가는 우리 경제는 돌봄 노동을 제대로 대우하지 않고 보상하지도 않는다. 시장의 효율성과 비인격적 교환을 강조하면서 우리 경제는 선한 사람은 꼴찌로 들어온다는 메시지를 보내고 있는 것이다.

좋은 나라와 가족 국가

전 지구적 경쟁의 심화는 좋은 나라들이 경쟁에서 꼴찌를 할 거라는 메시지를 전달한다. 경제 발전은 경제 행위를 가족과 친족 중심의 체제에서 더 크고 더 비인간적인 제도로 옮겨 가게 한다. 이 과정의 한 측면이 국가의 등장인데, 아버지의 나라 혹은 모국 등의 은유에서 드러나듯, 국가가 가족의 기능을 하고 있다. 서로 뜻이 일치하지 않는 사람들도 기꺼이 협조한다는 것을 깨달으며 "무엇이 가족을 위해 좋은 것인가"를 얘기하는 것만큼이나 "무엇이 국가를 위해 좋은 것인가"를 이야기한다. 지난 한 세기 동안, 정부는 교육·건강·사회 안전망 등의 서비스를 공급하는 데 중요한 역할을 하기 시작했다.

'복지 국가'라는 용어는 1차 대전 이후 영국에서 '전시 국가'에 대한 긍정적 대안으로서 등장했다. 그러나 오늘날 많은 사람들은 정부를 비효율, 관료주의, 낭비 등과 연관 짓는다. 아마 밑에 깔려 있는 이상을 전달하기 위해 다른 문구가 필요할지도 모르겠다. 나는 '가족 국가'라는 용어를 좋아하는데, 국가가 가족을 대체해야 한다고 생각해서가 아니라 국가는 의무와 책임뿐만 아니라 돌봄과 나눔이라는 가족적 가치를 장려해야 한다고 생각하기 때문이다.

가족이나 가속 국가 둘 다 현실에서는 우리 이상에 훨씬 못 미친다. 그러나 개인주의라는 경쟁 압력에서부터 방어하지 않는다면 그들을 개혁하지도 못할 것이다. 오늘날 가족적, 사회적 책임은 마치 사치품처럼 되고 있다. 양육·교육·보호·돌봄에는 돈과 시간이 필요하다. 돌봄에 대해 보상하기 싫어했던 사람들은 이전보다도 더 쉽게 돈으로 보상하지 않아도 된다고 생각하게 되었다. 똑같이, 세금이나 최저 생계비를 지불하기를 원치 않는 기업들도 다른 나라로 사업체를 옮기는 곳이 더 쉽다고 생각하고 있다.

이혼한 아내와 아이를 나 몰라라 하는 아빠들도 모든 것이 자신의 기대에 부응하지 않는다며 양육비를 지불하려고 하지 않는다. "돈을 어떻게 쓰는지 이래라 저래라 할 수가 없잖아" 말하며 책임을 회피하려고 이 주에서 저 주로 옮겨 다닌다. 기업들도 사업체를 해외로 이전할 때 똑같이 말한다. 최저 임금법이나 환경 보호 규칙에 대한 불평불만은 마치 십대들이 집을 나간다고 위협하는 것처럼 들린다. "이래라 저래라 계속 그러면, 나 나가 버릴 거야."

지구화는 집을 떠나는 한 가지 방법이다. 지구화가 경제 발전의 불가피한 단계일지 모르지만, 집을 떠나는 방식이나 뒤에 남게 될 사람들에게 어떤 일이 일어날 것인가 하는 문제를 불가피하다고 치부해 버릴 수는 없다. 가족적 가치는 사랑, 의무, 호혜를 요구한다. 가족적 가치는 보이지 않는 손이 담당하고 있던 일을 가슴으로 넘기라고 요구한다. 경제학자 존 메이나드 케인즈는 미래를 기다리는 것이 얼마나 어려운 것인지 지적한 적이 있다. "장기적으로 우리는 모두 죽는다." 그는 옳았다. 그러나 장기적으로 우리가 신경을 쓰면 우리의 아이들과 학생들은 살아남을 것이다. 신경을 써야 한다는 것이 무엇을 의미하는지 더 열심히 생각할 필요가 있다.

보이지 않는 가슴

내가 태어나던 해 아버지는 맥팔린 정유에 취직을 하여 「달라스」라는 텔레비전 연속극으로 유명해진 작은 왕국과 비슷한 곳에서 인사

및 사업 문제를 담당했다. 아버지가 한 일은 투자를 감독하고 세금을 최소화하고 직원들을 술독에서 구제하고, 정신병원에 넣다 뺐다 하면서 그들의 짜증을 달래는 것이었다. 한번도 당신이 하고 있는 힘든 일에 분개하는 것을 들어본 적이 없지만, "돈, 그거 확실히 행복을 사지는 못하지" 하고 말씀하시는 것을 종종 들었다.

나는 돈이 행복을 사지 못한다는 명백한 진리와 아버지를 포함한 사람들 대부분의 행동을 일치시키는 것이 늘 어려웠다. 돈은 단순히 특권의 원천임을 넘어서서 가장 널리 이용되는 성공과 자신감의 척도다. 돈은 모든 것을 비교 가능하게 만드는 훌륭한 공통분모다. 사과와 오렌지, 옳고 그름, 원금과 이자, 원칙과 편의 등을 우리는 돈을 이용해 쉽게 비교한다. 전능한 돈, 악마 돈, 웃기는 돈, 얼마 안 되는 잔돈 등 모두 값을 가지고 있다. 아버지한테 매일 사무실에 나가서 뭐하냐고 처음 물었을 때 "돈 벌지" 하고 아버지는 짧게 대답하셨다. 아버지가 실제로 한 일은 돈에 미친 백만장자 패거리들 뒤치다꺼리를 하는 것이었다.

아버지가 가장 좋아한 일 중의 하나는 사냥 계획을 잡는 것이었는데 이는 텍사스 특유의 여가 활동이었다. 사슴 사냥 임대차 계약을 체결하고, 텐트나 소형 트레일러로 베이스캠프를 치고 소들이 침범하지 못하게 임시 울타리를 친다(텍사스에는 소들이 많다). 늦가을이나 초겨울 주말이 되면 아버지는 우리가 미스터 맥이라고 부르는 E. B. 맥팔린을 사냥터로 데리고 간다. 맥은 그 가속 기업의 창업사나. 그와 그의 심촌 미스터 챕맨은 우연히 적절한 시점에 오클라호마 툴사의 목 좋은 땅의 채굴권을 샀다. 그 땅에는 석유, 즉 「비벌리의 촌놈」(1962~71년 미국에서 방영된 TV드라마 — 옮긴이)에 종종 등장한 표현대로 금덩어리가 매장되어 있었다.

내가 여덟 살쯤 되었을 때 맥은 칠십대였고 귀도 먹고 눈도 반쯤 멀어 있었다. 당뇨병 환자였기 때문에 술을 먹어서는 안 되었는데, 그는 아내 머틀에게 의지해 이 금지 사항을 지켰다. 하지만 미스터 맥이 아버지랑 사냥터에 올 때 부인은 따라오지 않았고 대신 미스터 맥은 버번위스키 통을 가져오곤 했다. 음주가 여성의 감독 하에 있었던 우리 아버지는 미스터 맥에 동정적이었다. 아버지는 미스터 맥이 주중에 한두 모금씩이라도 마실 수 있으면 사냥터에서 저렇게까지 술에 취하지는 않을 것이라고 넘겨짚었다.

그러나 아버지는 총기 안전에 관해서는 단호하셨다. 미스터 맥이 사냥을 나갈 때 위스키 병을 차고 오면 아버지는 매우 긴장했다. 미스터 맥이 말짱한 정신일 때도 미스터 맥의 총부리는 좌우 위아래 분간 없이 흔들리곤 했다. 무슨 일이 일어나든 아버지는 나와 총 사이에 있으려고 했다. 내가 아버지 앞에 서 있을 때 미스터 맥을 돌아보기라도 할라치면 아버지는 나를 잡아채서 당신 뒤로 밀쳐 총이 발사될 경우에 대비해 나를 방어하려고 했다. 상사를 신뢰하지 않는다는 것을 미스터 맥이 눈치챌까 봐 노골적으로 그렇게 하지는 않았다.

내 생각에 아버지의 이런 행동은 어머니와 한 약속 때문이었던 것 같다. 아버지의 직업 때문에 막내딸의 생명이 위태롭다고 하시는 어머니의 불평을 한번 들은 적이 있다. 하지만 나는 항상 사냥 나가는 것을 좋아했다. 뛰어 돌아다니고 소 뒤꽁무니를 쫓아다니고 뱀을 찾아다닐 수도 있었고, 우리 부모님이 아이처럼 행동하는 것도 즐겼기 때문이다. 한번은 어머니가 캠프 스토브로 정말 맛있는 저녁을 만들었다. 스테이크, 콩, 감자, 비스킷, 그레비 소스 등으로 차린 푸짐한 식탁이었다. 우리는 모두 석유램프로 불을 밝힌 간이 식탁에 앉아 있었다. 내 머리가 간신히 식탁에 닿았는데, 그걸 또렷이 기억하는 것은 미스터 맥이 종이 냅킨을 그레비소스에 찍어서 입으로 가져가는 것을 볼 수 있었기 때문이다. 아버지의 소매를 끌어당기면서 속삭였다. "아빠, 미스터 맥이 냅킨을 먹고 있어!"

아버지는 화들짝 놀랐지만 저녁 식사 중에 생긴 일이라 당신 소관은 아니라고 생각했던 것 같다. 아버지는 어머니에게 "엘리노어, 어떻게 좀 해 봐요. 미스터 맥이 냅킨을 먹고 있어" 하고 속삭였다. 어머니는 아무것도 하지 않으려고 했다. "난 말 안 할 거예요" 하고 되받았다. "당신 일이니까 당신이 말해요." 그때쯤은 벌써 냅킨이 거의 없었다. 씹고 맛을 보고 삼킨 다음 이미 소화가 되고 있는 중이었다.

이 같은 일은 되풀이될 성싶지 않았지만 이듬해 비슷한 일이 또 벌어졌다. 우리는 햄버거를 먹고 있었고 식탁에는 마요네즈, 머스터드소스, 케첩, 피클이 올라 있었는데 미스터 맥이 마요네즈 단지를 집어 들고 마치 우유를 마시듯이 들이킨 것이다. 두 번째 그런 일이 벌어졌을 때도 우습기는 마찬가지였다.

몇 년 전 아버지를 도와 맥팔린 정유 사무실의 책상을 닦고 있었을 때, 미스터 맥의 한창 때 모습이 담긴 사진 두 장을 우연히 발견했다. 첫 번째 사진에서 미스터 맥은 기다란 낚싯대를 들고 부둣가에 서 있었는데, 그 뒤에는 커다란 돛새치가 장대에 걸려 있었다. 건장하고 혈색이 좋은 그는 마치 어니스트 헤밍웨이와 테디 루즈벨트를 섞어 놓은 것 같았다. 다른 사진에서 그는 스무 마리 남짓 되는 죽은 수사슴 앞에서 사냥총을 자랑스럽게 휘두르고 있었다. 이 사진 두 장은 내가 가장 좋아하는 사진을 떠오르게 한다. 그것은 사냥 캠프에서 찍은 사진이었는데 내가 열 살짜리 깡마른 소녀였을 때 내 키보다도 긴 죽은 방울뱀을 쥐고 찍은 사진이다(엄마는 그 뱀을 지프차로 밟고 지난 후 내 총으로 쏘게 허락했다).

이런 개인사 때문에 나는 경제학을 우울한 학문이라고 생각해 본 적이 전혀 없다. 나는 어릴 때에 성공한 남자도 항상 우유와 마요네즈를 구분할 수는 없다는 사실을 알게 되었다. 경제학 수업 시간에 배운 것들은 거의 빠짐없이 이러저러하게 내 어린 시절의 수수께끼 같은 경험들과 연결되었다. 내가 가장 좋아하는 경제학자 중의 하나는 『그렇게 똑똑한데 왜 부자가 아니지?』라는 책을 썼다. 나는 항상 미스터 맥에게 묻고 싶었다. "아저씨는 부자면서 왜 그렇게 안 똑똑해요?" 또 "부자인데 왜 행복하지 않죠?"

내 부모님은 보통의 중산층이었지만 더 재미있게 사셨고 맥팔린 씨네 가족보다 서로를 더 사랑했다. 사냥 캠프의 경험은 가족의 가치를 더 소중히 여기게 만들었다. 물론 그 경험은 내게 총과 뱀에 잘 어울리는 남자애 같은 자신감도 키워 주었다. 카우걸이 되는 대신 대학 교수가 된 것은 우리 가족의 참을성과 사랑에 대한 존경의 표시일지도 모른다.

앞으로 할 이야기

이 책에 내 개인사를 쓰는 이유는 어떻게 내 가족 배경이 내 관점을 형성했는가를 밝히고 싶어서다. 각 장은 경제학과 가족 가치 간의 중요한 관계에 초점을 둔다. 모두 3부로 구성된다. 첫 부분은 이론을 소개하고, 두 번째는 정책, 세 번째는 미래를 위한 전략을 다룬다.

이론을 다룬 1부에서는 각자 자기의 이익을 추구하면 모든 사람이 저절로 행복해질 것이라는 보수 경제학의 가정들의 정체를 밝힐 것이다. 역사를 통틀어 여성은 그런 일을 하지 못하게 되어 있었다. 오직 개인의 성공만을 치켜세우는 사회라도 다음 세대를 보살피지 않고서는 자신을 재생산할 수 없다. 다른 사람에 대한 의무를 잘 지키도록 법이 강제되어야 할 것이다. 어떤 한 집단이 다른 사람에게 그런 의무를 지우는 간편한 방법이 있을 수도 있겠지만 그런 방법은 부당할 뿐만 아니라 궁극적으로 비효율적이다. 사랑, 의무, 호혜 등의 가치들을 만족시키는 데 드는 비용은 공평하게 분담되어야 한다. 또한 돌봄 서비스의 질을 감시하고 개선할 방법도 개발해야 한다.

2부는 가족과 정부의 관계가 어떻게 진화되어 왔는지 갈등과 보완의 두 측면에 초점을 맞추어 탐구한다. 사회 보장 같은 사회 복지 제도의 역사를 들여다보면 누가 어떤 것에 대해 비용을 지불했는가를 가지고 남성과 여성이 어떻게 다투어 왔는지 알게 된다. 그 다음에는 우리의 공적 부조 프로그램, 공립학교, 조세 제도 등에 대한 구체적인 불만들을 들어볼 것이다. 주장의 핵심은 남을 더 돌보고 같이 돌보는 것이 가장 훌륭한 해결책이라는 것이다. 인간의 능력과 자질에 투자하는 비용을 잘 할당할 수만 있으면 투자에 대해 꽤 괜찮은 수익을 거둘 수 있을 것이다.

3부는 심화된 국제 경쟁의 영향과 가족과 정부에 대한 그 함축을 고려하면서 미래의 비전을 제시한다. 지구화 과정에 대한 민주적 통제를 정립할 필요가 있다. 자본주의와 공산주의의 해묵은 논쟁을 벗어나 자유와 의무, 성취와 돌봄을 조화시킬 수 있는 창의적인 방법을 찾아야 한다. 타인을 돌보는 행위 가운데 어떤 것은 사고팔 수 없다. 그러나 경제를 어떻게 조직하느냐에 따라 그런 돌봄이 강화될 수도 있고 약화될 수도 있을 것이다.

우리가 가족을 위해 할 수 있는 가장 훌륭한 일은, 어떻게 정의를 내리든,

공동체나 다른 사람을 돕기 위한 정치적 행동에 참여하는 것이다.

— 스테파니 쿤츠, 『한번도 그렇게 살았던 적이 없는데:

미국 가족과 노스탤지어 덫』

돌봄 경제학

I

보이지 않는 손이란 경쟁 시장에 존재하는 수요와 공급의 힘을 뜻한다. 보이지 않는 가슴은 사랑, 의무, 호혜 같은 가족 가치를 뜻한다. 보이지 않는 손이 성취에 관한 것이라면 보이지 않는 가슴은 돌봄에 관한 것이다. 손과 가슴은 서로 의존하는 관계지만 서로 갈등하는 관계이기도 하다. 둘의 균형을 잡는 유일한 방법은 타인을 돌보는 사람들에게 제대로 보상하는 방법을 찾는 것이다.

경제학자나 기업가들은 이 문제를 심각하게 생각해 본 적이 없다. 그들은 대체로 신, 자연, 가족, '슈퍼 맘'이 필요하면 언제든지 자동으로 돌봐 줄 것이라고 당연하게 여겼다. 이 장에서는 그 가정이 왜 틀렸나를 설명하려고 한다. 돌봄은 양과 질 모두가 날로 증대되는 경제적 압박 하에 놓여 있다.

1. 친절이라는 젖

당신이 외로우면 나는 전화할 것이고

당신이 잘 못 지내면 나는 시를 보낼 것입니다.

사랑합니다.

나는 친절이라는 젖을 배달하는 사람입니다.

여분의 젖을 남길 것입니다.

— 빌리 브래그

투자자들은 '상승 장세'bull market라는 말이나 "메릴 린치가 미국을 사들이고 있습니다"Merrill Lynch is bullish on America(투자 은행 메릴 린치가 1971년에 내건 회사 PR 광고의 모토 — 옮긴이) 같은 용법에서 보이듯, 황소bull에 열광한다. "누구나 공농의 소에서 젖을 짜내기를 원한다"니 "정부의 젖꼭지를 빠는"이라는 표현에서처럼, 소·암퇘지·유모는 사회주의와 연관이 있다. 마거릿 대처는 당대 정치인들에게 '보모 국가'를 조소하도록 가르쳤다. 마찬가지로 러시 림보도 (미국) 국가 상징을 독수리에서 "여러 젖꼭지에서 양분을 최대한 빨아내려는 통통한 새끼돼지들이 매달려 있는 큰 암퇘지"[1]로 바꾸자고 제안했다. 거기에는 인간은 젖을 빨지 않으며 남에게는 젖 한 방울도 주어서는 안 된다는 메시지가 들어 있는 듯 하다.

우리 문화에서 젖은 친절을 상징하고 모성은 둘 다를 체화하고 있다. 그래서인지 남성과 여성은 사랑과 돌봄에 대한 이상을 달리 정의한다. 내가 고등학교를 졸업한 해인 1969년, 나는 너무 똑똑하거나 너무 야심만만해 보여서는 안 된다는 경고를 받았다. 가족끼리 잘 알고 지내던 사람들은 그 충고를 셰익스피어의 한 구절을 이용해 돌려 말하기도 했다. "착한 아이가 되면 똑똑하게 될 것이다." 그 순간 엄마가 내게 윙크를 보낸 기억이 난다. 스스로 선과 타협을 했던 엄마는 은근히 나를 장난기 가득한 아이가 되도록 가르치셨다. 나는 시간이 지나면서 여성의 성공을 불편해 하는 풍조가 점차 사라지는 것을 보았다. 무엇이 여성이 취해야 할 올바른 행동인가에 대한 규범도 변했다.

1977년 여론 조사를 보면, 미국인의 3분의 2가 "남자가 일하고 여자는 집과 가족을 돌보는 것이 모두를 위해 좋다"는 문항에 동의를 표했다. 1998년에는 오직 3분의 1만이 그 생각에 동감을 표했다. 순위가 바뀌었다.2 여성이 집 밖에서 일할 가능성은 25년 전보다 훨씬 높아졌다. 그 때문인지 여성은 가족에 대한 의무에 덜 얽매이면서 개인적인 이익을 추구할 권리를 획득했다. 심지어는 장려하기까지 하는 듯 보인다. 그러나 남성의 일은 여성이 변한 것만큼 변하지 않았다. 집안일이나 양육에 쏟는 시간은 늘었지만 거의 무시할 수준이다.

이 장에서는 남성성, 여성성, 개인의 이익, 돌봄의 관계를 탐구한다. 오늘날 미국 사회에서 남성과 여성은 법 앞에 평등하다. 그러나 여전히 남자보다 여자가 아이와 노인, 환자들을 돌보는 일을 할 것이라는 문화적 규범이 존재한다. 경제 이론은 이런 문화적 이중 규범의 명백한 예다. 여성주의 역사는 그것에 한결같이 도전해 왔음을 알 수 있다. 자유주의 여성주의는 여성에게 개인적인 권리를 더 많이 줄 것을 요구했다. 사회주의 여성주의는 사회의 의무를, 특히 남성에 대해서 요구했다. 정치 역사뿐만 아니라 경제 체제와 연관된 몇 가지 이유에서 자유주의 여성주의는 전통 사회인 유럽보다 미국에서 상대적으로 더 큰 성공을 거뒀다. 바로 그 성공은 딜레마를 낳는 데 일조했다. 여성들은 가족을 돌보는 것보다는 집 밖에서 일하는 것이 경제적으로 득이 더 된다는 사실을 안다. 그러나 또한 여성이 그렇게 할 때 전 사회는 돌봄보다는 성취를 추구하는 방향으로 나아갈 것이라는 사실도 안다.

> 남성용 실용서는 대부분 돈이나 섹스와 관련이 있고 나이 드신 부모나 어린아이들을 어떻게 돌볼지에 대해 사실상 아무 말도 하지 않는다. 헬렌 걸리 브라운의 『다 가져』나 소냐 프리먼의 『현명한 쿠키는 부서지지 않는다』 같은 여성을 위한 책은 상대적으로 돌봄의 부담이 없는 여성의 삶을 미화하고 있다.
>
> — 알리 호크실드, "사랑의 이상",
> 『미국의 가족: 친족과 집안 정치』, 카렌 한센·애니타 코리 엮음

강제와 돌봄

보통 여자가 남자보다 본성적으로 자식을 더 위한다고 한다. 생물학자들은 경제학 개념을 빌려 어머니가 아버지보다 자식에게 생물학적으로 더 큰 '투자'를 하는 이유가 여자는 몸속에 태아가 있던 경험이 있고 모유를 먹이기 때문이라고 지적한다. 그러나 어머니의 사랑은 언제나 한계가 있었다. 우리가 진화해 온 다양한 환경은 어머니들에게 힘든

선택을, 즉 한 아이가 다른 아이의, 또 어머니 자신의 생존 가능성에 미칠 수도 있는 영향을 평가하도록 강요했다.[3]

어느 때든 비용과 이득을 고려하기 마련이고, 선택의 결과는 누가 비용을 지불하고 누가 이득을 누리는가에 맞물려 있다. 어머니가 아이를 낳고 기르는 데 따르는 비용을 일방적으로 부담했기 때문에 아버지는 자식을 많이 낳는 것에 대해 별로 걱정을 하지 않는다. 나아가 여성이 양육 전문가가 될수록 여성은 남성에게 더 의존적이 될 수밖에 없다. 결과적으로 아버지들은 대체로 가족을 돌보는 데 따르는 책임과 더불어 권력을 획득한다. 생물학적인 차이에서 생기는 노동 분업은 여성에 대한 사회적 문화적 통제의 기초를 제공한다. 그러한 통제는 평등 사회가 아니라 가부장적 사회의 손을 들어 준다.[4]

경제학자 대부분을 포함한 보수적인 사회 사상가들은 여성은 본래 아동 양육에 적합한 존재이며 따라서 병자나 노약자를 돌보는 일을 더 잘할 수 있다고 주장한다. 어찌 됐건 특화는 효율성을 높인다. 그러나 특화는 또한 인간의 능력과 자질의 계발과 협상력 행사에 영향을 미친다. 단기적으로 보면 한 국가가 설탕과 바나나만 생산하고 다른 한 국가가 컴퓨터와 총만 생산하는 것이 효율적일지 모른다. 그러나 장기적으로 보면 설탕과 바나나만 생산하는 국가는 국경을 지키거나 고유의 기술을 발전시킬 수 없을 가능성도 있다. 같은 논리는 아이를 기르고 다른 사람을 돌보는 일만 하는 사람한테도 적용될 것이다.

역사학의 연구 성과를 보면 법이 아버지와 남편에게는 재산권을 주면서 딸과 아내에게는 재산권을 박탈했음을 알 수 있다. 또 남성에게 여성의 재산과 소득에 대한 통제권을 주었으며, 여성의 교육 기회를 제한해 돈을 벌 기회를 계획적으로 주지 않도록 많은 법에 명시되어 있었다.[5] 남성이 여성에게서 원한 것과 여성 스스로가 선택했을 것 간에 큰 차이가 없었다면, 그런 강제적인 법들이 왜 발달했는지 설명하기 힘들다. 19세기 프러시아 법은 얼마나 오래 모유를 수유할 것인지 결정할 권리가 남성에게 있다고 정해 두기까지 했다.[6]

어떤 곳에서는 여성의 상대적 지위가 지난 두 세기를 걸쳐 향상되었다. 경제 발전과 기술 변화 때문에 근육보다 뇌가 상대적으로 중요해졌다. 출산율이 감소하고 아이의 수에서 아이의 질로 관심이 이동했다는 점도 중요하다. 되돌아보면 전통적인 가부장적인 법칙은 여성에게 아이 양육을 전담시키는 것 이상을 했다. 여성에게 다른 종류의 돌봄에 관련된 일을 전담하게 만들었다. 경제적 의존은 여성의 복지를 그들의 아버지와 남편의 복지에 달려 있도록 만들었다. 그래서 여성은 다른 사람의 필요에 관심을 기울일 수밖에 없게 되었다. 개인의 문화적 정체성을 부인당한 사람들은 자신이 분리된 개인이라는 생각조차 하지 못하게 된다.[7]

체계적으로 자행되는 수많은 폭력은 생산적인 일을 직접 할 수 있는 여성의 능력을 감소시키도록 고안된 듯하다. 고대 중국의 전족은 여성의 보행 능력을 제한했다. 이슬람 국가의 퍼르다 같은 사회적 배제의 규칙은 여성의 돈 벌 기회를 제한한다. 여전히 많은 아프리카 국가에서 시행되는 성기 절제는 여성의 건강을 심각하게 위협하고 있다. 가정 폭력은 여전히 유럽과 미국에 팽배해 있으며 아내나 엄마가 식탁에서 밥을 먹거나 아이들을 학교에 데려다 주는 것을 훨씬 힘들게 만들고 있다. 이 모든 것이 생산성을 낮추고 있으며 종속을 강요하고 여성에게 다른 사람의 필요를 우선시하도록 만들고 있다.

물론 누군가를 강제로 사랑하게 할 수는 없다. 종속은 항상 양질의 돌봄을 낳는 것이 아니다. 종속은 긴장, 분노, 격노마저 일으킬 수 있다. 그리스 신화에는 남편 이아손의 배신에 분노한 나머지 두 아들을 살해

해 저녁 밥상에 올린 메데아의 얘기가 전해 내려온다. 덜 극단적이긴 하지만 여성은 때로 위협을 가해 비공식적인 권력을 갖기도 한다. 우리는 아무 조건 없는 사랑에 높은 가치를 둔다. 다른 사람에 대한 책임을 정의 내리는 목소리를 가진 사람은 아마도 더 기품 있게 그러한 책임을 수행할 것이다. 여성에게 새로운 선택의 기회를 주면 돌봄의 질은 향상될 것이고 모든 이들이 그 덕을 보게 된다.

그러나 선택이란 웃기는 것이어서 도덕적 가치와 사회적 압력의 영향을 받는다. 보통 우리의 선택은 다른 사람이 뭘 선택하는지에 달려 있을 때도 있다. 다른 사람이 부정을 저지르고 있으면 정직하게 사는 것이 더 힘들다. 같은 팀의 다른 사람들이 일을 열심히 하지 않을 때 팀 작업에 참여하기는 힘들다. 다른 사람을 돌보는 책임을 여러 사람이 같이 하지 않으면 그 책임을 맡는 것은 더 힘들다. 이 때문에 선택의 기회가 지나치게 많거나 선택을 사회적으로 전혀 조정하지 않아도 기회를 완전히 박탈당한 것만큼이나 많은 문제를 낳을 수 있다.

일과 돌봄

17세기에 영국의 정치 이론가들은 왕의 권위를 곧이곧대로 받아들이기보다는 인간이 스스로를 통치해야 한다고 주장하기 시작했다. 또한 경제가 강제가 아니라 계약에 기초해 있다는 개념적 기초를 깔았다. 존 로크는 두 가지 경제 원칙을 강조했다. 첫째, 인간은 스스로에 대한 소유권을 가진다. 즉 아무도 인간에 대한 통치권을 가질 수 없다. 둘째 자기 노동의 산물에 대한 권리를 부여받아 열심히 일할 동기를 보장받아야 한다는 것이다. 처음에는 남성 시민을 제외하고는 아무에게도 이 원칙이 적용되지 않았다. 여성도 투표권이 있다는 관념은 터무니없는 것으로 생각되었다. 스스로 결정을 내리고 책임을 질 수 있다는 생각도 배제되었다. 아버지는 딸이 결혼할 때까지 그들에게 권위를 행사할 수 있었다. 일단 결혼하면 남편에게 복종해야 했다. 누구와 결혼할 것인가에 관해서는 선택권이 약간 있었지만 결혼을 하지 않겠다는 결정은 교육이나 괜찮은 직업에 접근할 수 있는 기회가 제한되어 있는 현실에서는 지극히 비현실적인 것이었다. 노동의 산물 — 여성의 주된 노동 산물은 자녀들인데 — 에 대한 통제권에서도 여성이 다 큰 아들을 통제하려고 든다면 남성의 자기 결정권을 침해하는 것으로 여겨질 것이었다.8

　돌이켜 생각하면 이런 이중 기준은 부조리하기도 하거니와 어처구니가 없는 듯 보인다. 하지만 당시에는 여성이 아이들과 다른 식구를 돌보는 행위는 진정한 일로 여겨지지 않았다는 주장이 이중 기준을 정당화하고 있었다. 남성의 행위와는 달리 여성의 행위는 비용과 편익의 합리적 계산에서 비롯되거나 경제적 동기에서 비롯된 것으로 인식되지 않는다. 오히려 여성이 하는 일은 본능적이고 도덕적인 일, 자연적이고 신이 부여하는 소명에 따라 행해지는 것으로 생각되었다. 여성이 책임을 받아들이기 거부했을 때 그것은 본성에 배치되고 사악하다고 치부되었다.

　그러한 견해들이 널리 퍼져 있다고 해서 절대 보편적인 것이라고 볼 수는 없다. 처음으로 이중 기준을 비판하기 시작한 사람들은 모성이라는 책임을 짐으로써 여성이 보상받기보다는 불리한 위치에 놓여 있다고 지적했다. 상인의 딸이던 메리 애스텔은 독학으로 공부를 하고 글을 써서 생계를 꾸렸는데, 그녀는 1694년에 "여성의 가장 큰, 진정한 이익을 여성에게 전하는 진지한 제언"이라는 제목을 단 폭탄을 터뜨렸다. 애스텔은 존 로크의 이론이 지닌 모순을 들춰내 유명해졌다. 그녀는

"신이 왕에게 백성을 지배할 권위를 주지 않았다는데 어떻게 신이 남성에게 아내를 지배할 권위를 주었다는 것인지" 좀 이해하기 어렵다며 비꼬았다.

그녀는 그 어떤 일도 아이를 돌보는 일만큼 명예롭고 감사를 표해야 하고 보상을 해 줘야 할 일도 없는데[9] 남성들은 그 일을 천하고 경멸스러운 일로 간주하는 것 같다고 불만을 토로했다. 애스텔은 여성의 종속이 돌봄의 책임을 지고 있기 때문이라고 생각했다. "우리는 그들에게 관대한데 그들은 우리에게 관대하지 않다.[10] 100여 년 후 메리 울스턴크래프트는 『여성 권리의 옹호』에서 애스텔의 주장을 소개했다. 페미니즘의 지적 전통이 자유주의 정치 이론의 초창기까지 거슬러 올라간다는 것을 알고 있는 사람은 별로 없다. 당시에는 그다지 많은 관심과 존경을 받지 못했을 수 있지만, 그것은 뒤에 올 것들의 전조가 되고 있었다.

애덤 그러나 이브는 아닌

개인의 선택 범위가 확장되면서 철학자들도 이기심이 더 큰 선에 기여한다고 주장하기 시작했다. 애덤 스미스는 『국부론』에서 '트리클다운' 이론을 처음으로 체계적으로 설명한 것으로 잘 알려져 있다. 스미스의 주장에 따르면 인간이 자신의 이익을 추구하는 것이 경제 성장에 기여하여 만인을 이롭게 할 것이며 도움이 필요한 자들에게도 혜택이 돌아간다는 것이다. "식탁을 풍요롭게 하는 것은 푸줏간 주인이나 빵 굽는 이가 자비롭기 때문이 아니라 그들이 자신의 이익에 따라 행동했기 때문이다."[11]

그러나 잠깐만 생각해 보자. 식탁을 차렸던 것은 푸줏간 주인이나 빵 굽는 이가 아니라 보통 아내나 어머니들이다. 아내나 어머니들도 이기심에서 비롯된 행동을 하는 것일까? 스미스가 이 생각을 떠올렸다면 경악했을 것이다. 이기심은 오직 시장이라는 비인격적인 세상에만 적당한 개념이다. 그가 믿는 도덕 감정은 가족과 가정에 단단히 뿌리박고 있다. 스미스는 타인에게 제공하는 어떤 서비스 노동이건 (분명히 중요하지 않은 것은 아니지만) 생산적이지 않다고 보았다.

맬서스는 다음 세대를 길러 내는 데 들어가는 노동에는 별로 관심이 없었고 인구 과잉의 가능성을 훨씬 더 걱정했다. 스미스처럼 맬서스도 이기심이 가진 구원의 힘을 믿는 사람이었다. 스미스보다 한술 더 떠 자비나 자선은 파괴적 효과가 있다고 했다. 구체적인 예를 들면 빈민에 대한 공적 부조가 그들을 더 못살게 만들 것이라고 주장했는데, 공적 부조가 그들을 더 일찍 결혼하게 하고 아이를 더 많이 낳게 만들 것이기 때문이라고 생각했다. 장기적으로는 노동 공급이 결국 증가하여 임금을 하향 압박할 것이기 때문에 가난한 사람들은 더 가난해질 것이라고 했다. 인간은 결혼을 늦게 함으로써 자신의 이익을 추구해야 한다고 주장했다.

그러나 '부적절한 방법'으로 출산을 회피하는 것은 비자연적이고 비도덕적이라고 주장했다. 피임의 금지는 표면상으로는 남녀 모두에게 적용되었지만, 결혼을 하건 안 하건 동시대에 살았던 남자들은 '성매매라는 장치를 통해 섹스와 생식을 분리할 수단이 있었다.[12] 여자는 물론 (성매매 여성이건 아니건) 결혼 밖의 관계에서 아이가 생기면 아이를 책임져야 했다. 성적 이중 기준은 이기심을 추구하는 남성의 세계와 돌봄이라는 책임의 세계 사이에 그어진 선을 반영하고 강화하고 있었다.

맬서스를 잇는 현대의 저자들은 용감하게도 피임을 지지하여 공공의 비난을 피하지 못하고 있다. 특히 질 스펀지처럼 여성이 이용할 수 있는 피임 기구를 지지하는 사람들은 심한 박해를 당하고 있다. 17세 나이에 존 스튜어트 밀은 이 주제에 관한 전단을 뿌리다 체포되었다. 이후 밀은 죽은 아내 해리엇 테일러의 신념에 감명을 받아 19세기를 통틀어 가장 유명하게 된 여성주의 저작 『여성의 종속에 관하여』를 남겼다. 책에서 그는 여성은 동등권을 박탈당하고 있을 뿐 아니라 돌봄에 대한 일방적인 도덕적 경제적 책임을 떠안고 있다고 주장했다.

> 여성이 남성보다 어떤 면에서 뛰어나다면 그것은 가족을 위해 개인을 희생한다는 점일 테다. 그러나 나는 이 점을 별로 부각하고 싶지 않은데 여성은 자기희생을 위해 태어났다고 보통 배우기 때문이다. 나는 동등권이 여성적 특징이라고 포장된, 과장된 자기 부정을 제거할 것이라고 믿는다. 그리고 착한 여성은 훌륭한 남성보다 더 자기희생적이지는 않을 것이라고 믿는다. 그러면서도 다른 한편으로 남성은 훨씬 덜 이기적이 되고 지금보다는 더 희생적이 될 수 있을 것이라고 믿는다. 더는 자기 자신의 의지만이 굉장한 양 떠받들도록, 그리고 이것이 합리적 존재의 조건인 양 배우지 않을 것이기 때문이다.[13]

밀은 이런 전환이 자동으로 일어나리라고 생각했다는 점에서 정말 순진한 사람이었다. 그는 자기희생의 정도가 누그러질 수도 있으리라는 생각을 하지 못했던 것이다. 그러나 그는 성·종속·이기심에 대한 제약 간에 연관 관계가 있음을 분명히 인식했다. 그는 동시대 사람들에게 여성이 동등권을 부여받아야 한다고 확신시키는 데는 실패했지만 후세에 더 성공적인 결과를 가져온 사람들의 노력에 탄탄한 기초를 깔았다. 분명 그는 여성들에게 착할 뿐만 아니라 똑똑해져야 한다고 격려했다.

분리된 영역들

우리 가족은 남자가 돈을 벌고 여자가 돈을 쓰는 방법을 연구하는 식이었다. 내 기억에 지칠 줄 모르는 가정주부였던 우리 어머니는 지역 주니어 리그, 연합 기금, 걸스카우트에 상당한 기부를 하고 있었다. 내가 열여덟에 암으로 돌아가셨고 아버지는 일 년 뒤 재혼했다. 두 번째 어머니는 소규모 제조업체를 세우는 데 기여한 매우 유능한 비즈니스 여성이었지만 다국적 기업이 회사를 인수한 뒤 비즈니스에 관심을 잃게 되었다. 대신에 샌안토니오 지역에서 자선 단체를 운영하는 데 관심과 정력을 쏟았다.

아버지가 돌보던 직장의 가족에게도 비슷한 노동 분업이 이루어지고 있었다. 미스터 맥의 고모인 리타 맥팔린 챕맨은 페칸 그로브라는 텍사스의 자그마한 마을에서 자랐는데 거기서 인디언들과 학교를 같이 다녔다. 그녀는 항상 그 경험이 소수 집단과 혜택을 받지 못하고 사는 사람에게 평생 관심을 갖게 만들었다고 말하곤 했다. 사는 동안 교회, 대학, 병원 등에 억만 달러도 넘는 돈을 기부했는데 당신 조카보다도 손이 큰 사람이었다.

여성은 남성보다 더 이타적이라는 관념은 아주 역사가 깊다. 19세기 그 관념은 사실상 강박이 되었다. 사본주의가 성장하면서 비인격적 교환의 범위가 확대되었는데, 특히 임금을 대가로 노동력을 낯선 사람에게 판 것은 그 절정이라고 할 수 있다. 이 과정은 엄청난 불안을 몰고 왔다. 사회가 붕괴될 정도로 원자적이고 경쟁적이고 개인주의적이 될 것인가? 에드먼드 버크라는 보수주의자는 왕실과 아버지의 권위를 존중하는 봉건적 질서로 돌아가자고 호소했다. 로버트 오웬이라는 사회주의자는 가족에 기반한 새로운 형태의 사회 조직을 상상하기 시작했는데, 남성과 여성은 형제자매로서 함께 잘해 나갈 수 있을 것이라고 믿었다.[14]

시장이 확장되면서 생긴 불안에 대한 보편적인 반응은 가족생활을 낭만화하는 것이었다. 여성은 남편과 아이들에게 헌신함으로써 문명을 떠받칠 수 있었다. 영국과 미국 두 나라에서 활개를 친 가정생활에 관한 글들은 어떻게 여성이 가정의 천사가 될 수 있는지를 설명했다. 캐서린 비처와 해리엇 비처 스토만큼 이 과정을 훌륭히 그려 낸 사람이 없었다. 1869년에 그들이 쓴『미국 여성의 가정』이라는 책은 우리 할머니 세대에서 교과서가 될 정도로 아주 유명했다.

비처 자매는 무정한 세상의 안식처로서 가정을 추구했다. 그리고 여성의 최대 사명은 '자기 부정'이라고 주장했다.[15] 여성이 태어나면서부터 이타적이라고 믿지는 않았지만 비인격적인 세상의 위협을 받고 있는 가정의 가치를 보존할 운명을 타고났다고 믿었다. "남성은 집안에서의 관계 밖으로 끌려 나와 충돌이 난무하는 세상사에 자신의 삶을 바치는데 냉정과 이기심이 없이는 그런 세계에서 좀처럼 벗어날 수 없다."[16] 오직 헌신적인 아내와 어머니만이 그 남성을 교화해 경쟁의 파괴적 효과를 막아낼 수 있다.[17]

비처 자매는 여성의 도덕적 의무를 강조했다. '분리 영역'을 지지하는 사람들은 여성들이 역사적 사명에 몰두할 수 있어야 한다는 것을 인식했다. 19세기 말 영국의 유명한 경제학자 알프레드 마셜은 노동 시장의 수요와 공급의 힘이 지닌 효율성을 찬양했다. 그는 노동 시장에서 여성에게 높은 임금을 주면 아내와 어머니의 의무에 소홀하게 만들 수도 있음을 분명히 경고했다.[18] 케임브리지 대학 교수로서 학위 과정에 여성을 입학시키기를 거부하기도 한 그는, 여자들이 아이들보다도 자신들의 능력을 발전시키는 데 더 몰두할까 봐 염려했다고 한다.[19] 그는 영국의 출산율 감소를 아주 심각한 문제로 받아들였고 "여성이 남성을 닮아 가려는 이기적인 욕망" 때문에 출산율이 떨어지고 있다고 여성을 탓했다.[20]

분리 영역이라는 독트린은 여러 이유로 경제학자들을 사로잡고 있었다. 분리 영역을 상정하면, 도덕성의 원칙을 강변하면서 사랑과 이타심을 분석할 책임에서 해방될 수 있었다. 가정이라는 공간이 중요하지 않다고 말하는 것은 아니지만, 가족의 경제적 측면을 연구할 필요가 없었다. 더 편리한 것은, 분리 영역은 여성은 이타적이어야 하는네 남싱들은 왜 이기적이어도 되는가를 쉽게 설명해 주었다. 남성들에게는 양쪽 세계에서 최대의 것을 얻어 내는 편한 방법이었다.

재생산권과 그에 대한 부인

19세기 후반 영국에서는 남자가 섹스와 부성을 분리하는 것은 어렵지 않았다. 성매매는 법적으로 허용된 것 정도가 아니었다. 성병의 발생을 줄이기 위해 정부는 성매매 여성들에게 정기 검진을 받게 했다.

피임을 사회적으로 지원하게 된 것은 여성에게 섹스와 모성을 분리하도록 허락할 때 일어날 일에 대한 공포에서 상당 부분 비롯되었다. 어쨌거나 섹스는 개인적인 쾌락에 관련된 것이고 모성은 사회적 책임에 관련된 것이었기 때문이다.

1877년 런던에서는 애니 베산트와 찰스 브래들로라는 사람이 피임에 관한 조언을 담은 팸플릿을 발간했다. 그들은 바로 음란죄로 기소되었지만, 비교적 전문성이 있다는 이유로 풀려난 반면, 비슷한 일을 한

다른 사람들은 감옥에 가게 되었다. 1873년 미국의 콤스톡 법은 피임에 관한 정보를 퍼뜨리거나 피임 기구를 운반하는 것을 불법으로 규정했다. 빅토리아 우드헐이라는 여성 운동가를 투옥하는 데 그 법이 최초로 적용되었는데, 그것으로 그 여성의 정치적 생명은 끝장이 났다.[21] 40년도 더 지나서 미국 가족계획의 선구자라고 불리는 마거릿 생어가 같은 법을 위반해 감옥에 가게 되었다.

피임 지식과 기구를 억압하려는 법적 정치적 노력보다 더 의미심장했던 것은 아이를 많이 갖도록 여자들에게 도덕적인 설교를 퍼부었다는 점이다. 교육받은 상류층 여성들이 아이를 낳지 않으려고 하자 사람들은 곧 '인류의 미래'를 걱정하기 시작했다. 영국의 한 당국자는 제국이 위험에 처해 있다고 선언했다. 요람의 수가 관의 수를 앞지르지 않으면 문명 자체가 말살될 것이라고 했다. 아이를 넷 이상 낳은 여자들에게만 투표권을 주어야 한다는 청원 운동이 시작되었다. 미국에서는 테디 루즈벨트 대통령이 어머니가 되지 않으려는 앵글로색슨 여성의 이기적 욕망이 나라를 쇠퇴시키고 있다는 불만을 토로했다. 여성 해방이 위대하다는 것은 인정하지만 너무 지나쳐서는 안 되지 않겠느냐고 덧붙였다.[22]

피임 지지자들은 성교육과 피임 합법화 이상을 주장하고 있었다. 강제적이기보다는 자발적인 모성이 모두에게 좋은 일이기 때문에 여성도 자기 이익을 추구하는 게 좋다고 주장했다. 마거릿 생어는 피임이 이타적 책무와 개인적 자율 간의 사회적 갈등을 화해시키는 열쇠라고 보았다. 돌이켜 생각하면, 그녀는 지나치게 낙관적이었는지도 모른다. 그 갈등은 오늘날에도 지속되고 있으니 말이다. 달라진 것이 있다면 더 심해졌다는 것뿐이다.

우는소리 하는 사람들

지난 20년간 미국에서는 여성주의에 대한 보수주의자들의 반격이 일어났다. 그들은 여자들이 점점 더 이기적이 되고 있음을 우려했다. 그러한 보수주의자들 중 하나인 러시 림보는 여자들이 자기 이익에 따라 행동한다는 생각에 경악을 금할 수 없다며 여성의 일은 "인류가 지속되는 데 꼭 필요한 가치들을 지탱하는" 것이라고 설명했다.[23] 조지 길더는 여성성이 아름다운 것은 "인간을 교화하는" 영향력이 있기 때문이라고 주장했다.[24] 앨런 블룸도 남자가 목표를 성취하는 책임을 지고 여자가 보살피는 책임을 지지 않는다면 미국인의 정신은 끝이 났다고 한탄했다.[25] 사실 그 부담의 차원을 깨닫기 전까지는 참 황송한 말씀이다. 문명화는 전적으로 여자만의 책임은 아니니까.

이러한 보수주의는 자신들은 도와줄 수 없는 일이라고 가정함으로써 남성들의 품위를 떨어뜨렸다. 그들은 남자는 사랑이나 유연함을 제공할 능력이 없기 때문에 여자들이 계속해서 전통적인 방식으로 행동해야 한다고 주장하는 듯했다. 어머니들의 희생은 ― 아버지의 희생은 말고 ― 예수를 본받는 행위로 추앙되었다. 보수주의 행동가 코니 마시너는 "사랑으로 남에게 헌신하고 육체적 충동을 다른 사람을 위해 억누르는 것을 어머니한테 배우지 못한다면 어디에서 예수의 가르침을 찾을 수 있겠습니까?" 하고 물었다.[26] 마시너는 여자들이 남자들보다 덜 이기적이기를 바랐는데, 그리스도 정신에도 모순되는 듯한 이중 기준을 내세우고 있었다.

인공유산에 대한 상당한 반발은 어머니의 돌봄에 대한 우려와 연관되어 있다. 소위 생명 지지자들은 여자들이 자라고 있는 태아를 돌볼지 말지 선택할 권리를 여자들이 가지게 해서는 안 된다고 말한다. 소위 인공유산 지지 쪽에서는 그 선택은 보살핌의 질뿐만 아니라 그 의미에서도 아주 중요하다고 말한다. 인공유산 반대 운동가들은 여성의 이기심을 공격하는 데 아주 노골적이다. 어느 의사의 말을 빌리면, "내 생각에 여성 해방이 잘못된 길로 들어선 것 같다. 그들은 모든 것에 불만인 것 같은데 항상 그런 식이었다. 여성은 우월한 인종이었다. 더 문명화되었고 태생적으로 덜 이기적이었으나 이제 남자들과 누가 더 이기적인지 경쟁하기를 원한다. 남자들은 더 이기적이 되고 있으니 이제 모범이 될 사람이 아무도 없는 것 같다."27 여자가 더 이타적이지 않은 한 남자가 이타적일 수 없다는 우려와 공포가 여기 나타나고 있는 것이다.

1993년 바버라 디포 화이트헤드라는 기자는 "댄 퀘일은 옳았다"는 제목의 기사를 썼다.28 당시 부통령이었던 댄 퀘일이 「머피 브라운」이라는 텔레비전 연속극에서 캔디스 버겐이 분한 주인공이 사생아를 낳기로 결정한 대목을 비판한 것을 두고 여론이 들끓었다. 주인공인 머피가 아이아버지와 결혼한 상태에서 아이를 임신했다는 사실은 아무도 주목하지 않았다. 텔레비전이 이혼을 인정하고 비혼모를 긍정적인 역할 모델로 설정함으로써 가족 가치를 무너뜨리고 있다고 비난이 쏟아졌다. 화이트헤드는 퀘일의 비판을 좀 더 진지한 지적 논의로 끌어올려 공공 정책이 이혼과 사생아를 양산하지 않도록 입안되어야 한다고 주장했다.

그 기자는 여성이 이타심을 상실해 가는 것에 대한 사회의 공포를 아주 잘 포착한 우스갯소리를 하나 소개했다. 암사마귀 두 마리가 정원에서 대화를 나누고 있었다. 첫 번째 사마귀가 "혼자 애 키우고 사는 건 너무 힘들어, 생각보다 힘들더라"고 말하자 두 번째 사마귀가 "그래, 남편을 먹어 치우지 말 걸 그랬나 봐" 하고 말한다. 이야기의 교훈은 여자가 살기등등한 여성주의자가 되기를 그만두는 것이 좋으며 아내와 엄마라는 전통적인 자기희생적인 역할로 되돌아가야 한다고 말하는 듯하다. 그런 역할로 돌아가는 동시에 돌봄 노동자, 비서, 간호사, 교사들은 임금 삭감을 요구하는 것이 좋을지도 모른다. 그것이 집에서뿐만 아니라 직업 세계에서도 도움이 되는 것일 테니까 말이다.

보수주의자들은 어머니들에게 계속 희생적으로 돌보는 일을 하라고 말하기를 좋아한다.[29] 그러나 희생적인 돌봄을 집 밖에서 어떻게 고무시킬 것인가, 다른 집 아이들이 겪는 가난을 어떻게 없앨 수 있을까 고민하는 사람은 별로 없는 듯하다. 탐욕이란 좋은 섯이다. 득히 남자아이들에게는 없어서는 안 된다. 러시 림보는 생각을 달리하는 사람들을 '공감하는 자유주의자 파쇼'라고 부른다.[30] 일단 엄마와 아빠가 일하러 나가면 효율성에 따라 처리하는 것이 좋다. 효율성을 끌어올리고 싶다고? 그럼 몇 명 잘라. 가족 가치라고? 집에다 두고 와.[31]

여성주의에 대한 문화적 논쟁은 알고 보면 그 근저에 가족 가치에 관한 논쟁이 있다. 비벌리 라헤이라는 보수주의 행동가는 가족 가치를 협소하게 정의한다. "가족 가치는 결혼한 어머니와 아버지, 아이들이다. 가족 가치는 열렬하게 생명을 옹호하며 증오에 차서 동성애를 반대하며 여성주의에 반대한다. 그게 다다."[32] 미국인 대부분은 이 견해에 동의하지 않는다. 1995년 한 여론 조사에 따르면, 여성 다수가 가족 가치를 "사랑을 주고 놀보고 서로를 시원하는" 것으로 넓게 징의힌다. 딘 2%만이 가족 가치를 '가족 먼저'를 의미하는 것으로 생각했다.[33]

그 여론 조사에서 남녀에게 어떤 종류의 사회 문제를 걱정하는지도 물었다. 다른 사람을 돌보지 않는 사람, 건강관리, 교육 문제, 가정 폭력, 빈곤의 증가 가운데 고르도록 했다. 남성 52%와 그보다 많은 여성 70%가 다른 사람을 돌보지 않는 사람이 가장 많이 우려스럽다고 답했다.[34] 분명히 사람들은 애덤 스미스나 알프레드 마셜을 비롯한 경제학자들이 생전 심각하게 생각하지 않던 문제를 걱정하고 있는 것이다. 탐욕은 어머니를 제외한 모든 사람에게 좋은 가치라는 원칙과 가족 가치가 모순을 이루고 있다.

> 모성이라는 문화적 모순을 해결하려 한 현대의 시도는 모성의 세계를
> 이데올로기적으로 그 외의 세계와 분리시켜 여성을 희생적인 돌봄을 책
> 임지게 하고 남성에게는 이기적인 이윤 극대화를 책임지게 한 것이다.
> — 샤론 헤이즈, 『모성의 문화적 모순』

장난감 트럭 vs 인형

사회가 급격한 변화를 겪는 시대에 가치를 정의하기란 정말 어려운 일이다. 여성주의자는 오랫동안 '평등' 대 '다름'이라는 틀의 딜레마와 씨름해 왔다. 여성은 경쟁할 권리를 요구하면서 남성적 의미의 성공을 쟁취하는 데 집중해야 할 것인가? 아니면 여성을 남성과 다르게 하는 자질에 집중하면서 사회가 여성성에 불이익을 주지 않도록 만들어야 할 것인가? 자유주의 여성주의자들은 좀 더 남성적인 방식으로 행동할 권리를 쟁취하기 위해서 싸웠다. 사회주의 여성주의자들은 남성이 가정 안팎에서 전통적인 여성적 책임을 더 많이 떠맡도록 하기 위해서 싸웠다.

적어도 미국에서는 자유주의적이면서 매우 개인주의적인 형태의 여성주의가 우세했다. 미즈재단이 장려한 '딸을 일터로 데려가기'라는 행사는 젊은 여성들에게 직업에 대해 생각해 보도록 하기 위한 것이었

다. 남편보다 돈을 훨씬 더 잘 버는 여자조차도 남자가 집에다 시간을 더 많이 쓰도록 하지는 못하는 것 같다. 고등 교육을 받은 여자들이 전통적인 남성의 영역으로 들어가고 있다. 그러나 남자들은 전통적인 여성의 직업을 택하는 것이 보수와 지위를 격하하는 일이라는 것을 깨닫고 있는 듯하다. 남자가 간호학교를 가는 데는 용기와 확신이 필요하다.

우리 문화는 끊임없이 돌봄을 여성에 관련된 용어로 정의한다. 아마 그 결과로 많은 여자들이 남성적 이상이 어쩐지 여성적 이상보다 더 낫다는 관념에 불편함을 느끼는 것일지 모르겠다. "남자만큼 뛰어나기를 원하는 여성은 야심이 부족하다"는 말에 잘 집약되어 있는 관점이기도 하다. 어떤 사람들은 여자 아이들은 남자 아이들과 경쟁하기 위해서는 인형보다는 블록과 트럭을 갖고 놀아야 한다고 생각하기도 한다. 그러나『뉴욕 타임스』에 실린 어떤 독자 편지에서 말한 것처럼, "돌봄과 관련된 기술보다는 '보상받을 수 있는' 기술을 장려한다면, 늙거나 어리거나 병들어서 보상받는 일을 할 수 없을 때 누가 우리를 돌볼 것이란 말인가?"[35]

물론 여자들이 이런 전략을 추구하려 한다면 계속 인형을 갖고 놀아야 할 것이다. 그러나 이렇게 하는 것은 위험하다. 많은 여성주의 경제학자들은 당연히 이에 반발하고 있다. 스탠포드 대학의 미라 스트로버는 "'차이'의 관점을 뒷받침하는 증거를 전혀 찾을 수가 없다. 기존의 고정관념에 맞춘 여성 행농을 신비화하는 것일 뿐"이리고 말한다. 아메리칸 대학의 바버라 버그만은 가사 노동을 국내 총생산의 일부로 포함시켜야 한다는 주장에 반대한다. 즉 경제에 대한 '다른' 종류의 기여의 가치를 평가하는 기획에 완강하게 반대하며 "가사 노동과 돌봄 노동을 낭만화하는 일은 여성에게 불리하다"며 호통을 친다.[36] 스트로버와 버그만이 옳을 수도 있다. 그러나 전제가 있다. 돌봄 노동에 대한 책임이 더 평등하게 분배되고 관대한 보상이 주어지는 날이 온다면 그들의 말이 옳다. 사회주의 여성주의자에 대한 도전은 이론적으로 실천적으로 어떻게 이것을 성취할 수 있는지를 보여 준다.

돌봄의 공유

여성성과 이타주의의 연결은 자연스럽다거나 불가피한 것이 전혀 아니다. 아버지들도 대부분 아이를 돌본다. 기저귀를 갈고 젖병을 데우기 위해 자다가 일어나며 우유와 자전거, 컴퓨터를 아이들에게 사주기 위해 돈을 벌러 일터로 나간다. 근래에 아버지들은 더 직접적인 역할을 하도록 고무되고 있다. 그러나 아이 양육을 공유하는 것만으로 아직 충분하지 않다. 병자와 노약자를 포함한 다른 피부양자들에 대한 관심도 필요하다. 모든 성인은 다른 사람에게 경제적으로 의존하지 않을지라도 정서적인 의미에서 돌봄이 필요하다. 사랑에 대한 필요는 마치 물이 밀려왔다 빠져나가는 것 같지만 때로는 큰 물살이 되어 밀려오기도 한다. 생물학자 프란츠 드 왈의 설명대로 "사랑하는 연인을 '우리 아기' 같은 말로 부르는 것이 광범위하게 나타나는 것은 부모의 돌봄이 성인의 인간관계에도 그대로 스며들고 있음을 명백하게 보여 준다."[37] 전통적으로 과학자들은 친족과 친족이 아닌 사람들에 대한 이타주의를 명확히 구분했다.[38] 최근에는 그 둘 사이에 심연이 가로막고 있기보다는 그 둘이 한 연속체라는 주장이 제기되기 시작했다.[39] 어쨌거나 친족은 상대적 개념이다. 인간은 공통의 유전 형질을 공유한다. 직계 친족에 대한 이타주의는 그보다 덜 가까운 타인에 대한 이타주의를 장려한다. 우리는 종종 자식에 대한 책임을 공유하는 짝에 대해 이타적이게 된다. 자식뿐만 아니라 형제자매, 사촌, 조카도 같은 유전자를 공유하고 있으며 그들이 다시 자식을 갖게 되면 다른 사람들의 유전자와 결합될 것이다. 친족 중심의 이타주의는 미래에 대한 관심을 강화한다. 미래를 걱정하는 것은 직계 친족뿐 아니라 미래에 살게 될 다른 사람들에 대해 걱정하게 만든다.

타인과의 정서적 연계는 상호주의와 신뢰를 강화한다. 회원에게서 연대를 끌어내는 집단은 그렇지 못한 집단과 경쟁해 앞서 나갈 수 있을 것이다. 조직은 그 조직원을 상징적 친족이라고 종종 칭한다. 여성주의자들은 더 넓은 개념인 '자매애'에 호소한다. 노동조합원은 서로를 '형제자매'라고 부른다. 애국주의자들은 어머니의 나라나 아버지의 땅을 사랑한다고 맹세한다.

다른 사람에 대한 공감은 강력한 힘이어서 사실 공감이 커지지 못하도록 조치를 취하는 경우도 있다.[40] 공감은 사이렌이 부르는 노래인가? 그리스 신화에 따르면, 오디세우스는 배가 사이렌 섬을 지나갈 것을 알고 일부러 배를 바위에 부딪쳤다. 사이렌의 아름다운 목소리가 선원을 파도로 뛰어들게 해 섬에 가까이 가도록 유혹한다는 것을 알고 있었기 때문이다. 지혜롭기로 유명한 오디세우스는 선원들의 귀를 밀랍으로 막아 들리지 않게 했으나 자신은 안전하게 음악을 들을 수 있는 방법을 고안했다. 선원들에게 뱃머리에 자기를 묶어 놓고 배가 섬을 완전히 지나갈 때까지 풀어 주지 말라고 지시했다. 그렇게 해서 오디세우스는 음악의 황홀경에 빠지면서도 자기 통제력을 잃지 않을 수 있었다.

호메로스가 우리를 오도하고 있었는지도 모른다. 파도는 결국 그렇게 위험하지 않았을 수도 있고 선원들은 헤엄을 쳤을 수도 있다. 사이렌을 직접 보고 나서 오디세우스가 더 착한 남자가 되었을지도 모를 일이다. 음악에 귀를 막는 대신 소리를 높이면서까지 음악을 듣고 싶어 했을 수도 있다. 타인에 대해 공감을 억누르는 대신 고무하는 여러 방법이 있다. 성적 이중 잣대로 다시 돌아가, 여성에게 돌봄의 윤리를 주입할 수 있다면 남성에게도 그렇게 할 수 있는 것이다. 그러나 그렇게 하는 데는 치러야 할 대가가 크다. 그것이 바로 생각이 제대로 박힌 경제학자가 필요한 이유인 것이다.

> 시장에서 가정의 윤리를 수입하는 대신 인간과 어린이를 돌보는 데 적절한 관계들을 사회로 수출하는 것이 좋을 것 같다.
>
> — 버지니아 헬드, "어머니 노릇 vs 계약",
> 제인 J. 맨스브리지 엮어옮김, 『이기심을 넘어서』

받아들일 수 없는 선택들

여성주의자 대부분은 여성을 위한 새로운 권리를 요구하고 여성들이 더 당당하게 자기주장을 하도록 고무하는 의식화 과정을 실행하면서 개인주의로 가부장제에 대항했다. 그런 결과가 남성에게 불편하다는 것은 너무 자명하다. 또한 어린아이나 노약자들에게 부정적인 결과가 있을 수 있음이 점점 명백해지고 있다. 가부장제는 단순히 남성에게 특권을 부여하는 수단만이 아니었다. 가부장제는 돌봄 노동을 안정적으로 공급하는 수단이기도 했다. 여성에게 가족과 공동체 구성원을 향한 이타주의를 주입함으로써 만인에 대한 만인의 전쟁으로 이어질 수 있는 복수의 논리를 최소화하는 데 보탬이 되었다. 행복한 대가족과 같은 과거의 낭만적인 사회상을 가지고 비인격적인 시장 중심의 사회에 대한 비판의 기초를 세울 수는 없다. 과거의 가족에서는 대장 아버지가 보통 집안 대소사를 통제했다. 오늘날 가부장적 강제는 더는 인정받을 수 없다. 다른 한편 순수한 이기적 개인주의는 추하고 지속 가능하지 않다. 최소한의 이타주의가 없이는 사회를 재생산할 수 없다. 서로를 돌보는 책임이 있다고 믿는다면 그 책임이 무엇이며 어떻게 강제되어야 하는지 결정하는 것이 필요하다. 인간의 본성이나 자비로운 도움에 전적으로 의존할 수 없기 때문에 일정 정도의 보상과 처벌이 아마 필요할 것이다. 친절이라는 젖은 마르지 않는 샘에서 자연적으로 솟아 나오는 것도 아니고, 수요와 공급 법칙에 따라서 생산되는 것도 아니다.

2. 돌봄의 불이익

옛날 권세 있는 여신들이 나라들 간에 벌어지는 일종의 올림픽 같은 대회를 지원하기로 한 적이 있었다. 그들은 정해진 기간 동안 가장 먼 거리를 달릴 수 있는 국가에게 건강과 번영이라는 상을 내리기로 했다. 이 대회는 정해진 거리를 최단시간에 달리는 사람이 승자가 되는 보통의 경주가 아니라 어떤 사회가 한 팀으로서 모든 성원을 훌륭히 인도해 낼 수 있는가를 보는 대회였다.

대회에 참가하기로 한 각 국가들은 하늘에 대형 점수판을 걸고 일인당 달린 거리를 세기로 했다. 여신들은 경주가 얼마나 오래 지속될 것인지 말해 주지 않았고 참가자들이 추측을 해야만 했다. 경주의 시작을 알리는 소리가 났을 때 어떤 국가는 경주가 오래 지속되지 않을 것이라고 가정하고 시민들에게 될 수 있는 대로 빨리 달리라고 했다. 모든 사람이 하나가 되어 그렇게 했다. 물론 오랜 시간이 지나지 않아 어린이와 노약자들이 뒤처지기 시작했으나 앞서던 주자들 중 아무도 멈추어 도와주지 않았다. 그렇게 하면 앞서던 주자들의 속도가 늦어지기 시작할 것이기 때문이었다.

처음에는 앞서 나가던 사람들이 자신들의 성공에 대단히 기뻐했다. 그러나 경주가 지속되면서 일부는 지치거나 다치기 시작했고 나가떨어지기도 했다. 점차 모든 참가자들이 지치거나 아프게 되었고 아무도 그들을 대신할 사람이 없었으므로 이 나라는 승리를 차지하지 못할 것이 확실해졌다. 이어 관심은 약간 다른 전략을 취하고 있던 두 번째 국가에 돌려졌다. 이 국가의 지도자들은 가장 빨리 달릴 수 있는 젊은이들을 모두 내보내 경쟁을 하도록 한 반면 모든 여자들은 아이들, 노약자들을 이끌고 도움이 필요한 달리기 주자들을 돌보면서 뒤에 따라오도록 했다. 그들은 여자들에게 이것이 자연적이며 효율적인 질서이며 그로써 모든 사람들이 혜택을 볼 수 있을 것이라고 설명했다. 아, 그리고 남자들에게 주어졌던 인센티브는 여자에 대한 권위와 권력이라는 보상이었다.

처음에 이 전략은 먹혀들어 가는 것 같았다. 그러나 여자들은 돌보는 책임에서 오는 부담만 없다면 남자들만큼 빨리 달릴 수 있다는 것을 알았다. 여자들은 달리기 주자들을 돌보는 것을 비롯해 자신들이 하고 있는 일은 달리기만큼이나 중요하며 동등한 권리를 부여받을 자격이 있다고 주장하기 시작했다. 남자들은 (달리기의 스트레스 때문에 뇌가 손상되었을 수도 있어서) 그 주장이 말도 안 되는 억지라고 생각했다. 남자들은 "여자들에게 계속 책임을 맡기려면 어떤 인센티브를 주어야 하지?" 물었고 여자들은 서로 마주보다가 파업을 일으키기로 했다. 혼돈이 일어났다. 결과적으로 이 국가노 경주에서 질 것이 자명해졌디.

이제 모든 사람들이 세 번째 국가에게 눈을 돌렸다. 토끼랑 경주하고 있는 거북이같이 이 국가는 느리지만 꾸준히 달리고 있었다. 그들의 전략은 좀 달랐다. 모든 사람들이 달리면서 동시에 달릴 수 없는 사람들을 돌볼 책임이 있었다. 남자와 여자 모두 경주에 참가하도록 독려받아 될 수 있는 대로 빨리 달려야 했다. 그러나 그들도 돌봄에 대해 똑같은 몫을 담당해야 하는 것이 규칙이었다. 무거운 짐을 이고 달리는 시민들은 빠를 뿐만 아니라 강하게 되었다. 자유와 평등은 시민들 사이에 연대감을 키웠다. 물론 그들이 경주에서 우승을 차지했다. 여신들이 고안한 경주이니 그들이 이긴 것이 당연한 것일지도 몰랐다.

이 이야기를 여러 집단의 사람들에게 얘기해 주었다. 어떤 사람들은 행복한 결말 때문에 유토피아적인 우화라고 이야기한다. 어떤 사람들은 단기적인 성공보다 장기적인 지속성이 더 중요하기 때문에 이야기는 일말의 진실을 담고 있다고 이야기한다. 여전히 다른 사람들은 상금을 제공하는 것은 뇌물을 제공하는 것과 마찬가지라고 하고, 경쟁은 공감과 양립할 수 없는 것이라고도 한다. 나는 이 마지막 반응에 동의할 수 없다. 경쟁자는 자신의 책임을 다른 사람에게 전가하는 것을 좋아한다. 그렇다고 해서 그렇게 하도록 두고 볼 수밖에 없다는 것을 의미하지는 않는다. 어쨌거나 이야기의 교훈은 훨씬 간단하다. 단기적 전략이 장기적 성공을 반드시 보장하지는 않는다.

이 이야기가 주는 교훈은 자명한 듯 보인다. 그러나 경제학 개론 수업을 듣고 있던 학생들 가운데 이 이야기를 들어본 학생은 몇 되지 않았다. 애덤 스미스가 말한 대로 학생들은 자기 이익을 추구하면 그 결과 모든 사람들이 행복해질 것이라는 가르침을 받고 있었다. 경제학 전공 학생들이 다른 전공 학생보다 더 이기적인 태도를 보이는 경향이 있는 것은 놀랍지 않다.[1] 이들과 정반대로 윤리학 개론 수업을 듣는 학생들은 좀 더 추상적인 용어로 비용보다는 동기에 더 관심을 두면서 선과 악을 정의하는 전통적인 철학적 전통을 배우고 있었다.

돌봄을 경쟁과 결합하는 것은 윤리학을 경제학과 결합할 것을 요구한다. 일반적으로 사람들은 옳은 일을 하고 싶어 한다. 그러나 원하든 원하지 않든 인간이라는 종의 진화는 옳은 것을 하는 데 드는 비용을 고려하도록 뇌에 입력했다. 우리 조상이 이것을 충분히 염려하지 않았더라면 아마 오늘날 우리는 이 자리에 없을 것이다. 그와 마찬가지로 오늘 우리가 충분히 염려하지 않는다면 내일 우리 아이들은 여기에 없을 것이다. 오랫동안 알아 왔던 진실이다. 새로운 것은 진화의 맥락이 변하고 있다는 것이다. 이제 자연 환경의 압력에 단순히 반응하기만 하면 되는 것이 아니다. 새로운 경제 환경, 새로운 사회 생태학을 창조하고 있다. 부에 대한 개인주의적인 경쟁은 돌봄 노동에 아무런 보상을 제공하지 않는다.

이 장에서 그 이유를 설명하려고 한다. 착한 사람의 딜레마에 관한 이야기에서 시작하려 하는데 그 이야기는 기회주의자가 너그럽고 협동심 있는 사람을 이용할 위험이 있다는 이야기다. 사람들이 서로가 누구인지 알고 서로를 돌보는 경우에는 이 위험이 감소하겠지만 절대 완전히 없어지지는 않는다. 그 문제는 바로 다른 사람을 돌보는 일이 내포하고 있는 성격에서 찾을 수 있다. 돌봄 노동의 질을 측정하거나 그 효과를 계측하는 것은 어려운 일이다. 이 일은 신체적 부분만이 아니라 중요한 감정적인 속성이 있기 때문이다. 돌봄 노동은 본질적으로 위험하다. 그 효과를 측정하거나 보상해 달라고 하기 힘들뿐더러 돌봄을 받은 사람도 되갚을 계약적 의무를 지고 있지 않기 때문이다. 돌봄 노동은 의도하지 않은 효과도 낳는데, 그 혜택은 사람 사이에 놀랍고도 복잡한 방식으로 전달된다. 지역, 국가, 국제 공동체가 시장 경제를 인정시키기는 데 중요한 역할을 담당해야 하는 것도 돌봄 노동에 대한 보상을 측정하고 제공하는 것이 어렵기 때문이다. 또한 시장 경제가 바로 자신이 의존하고 있는 가족과 공동체를 장기적으로 붕괴시키는 효과를 가지는 것도 바로 그러한 이유 때문이다.

호혜와 계약

생물학자들은 비친족에 대한 이타주의의 위험을 아주 잘 설명한다. 친족이 아닌 것을 돕기 위해 자기 자원의 일부를 포기하는 친절하고 너그러운 생물체는 자기 자손이 쓸 자원을 그만큼 줄이는 것이다. 그러나 자기 자손은 친절과 관용이라는 유전자를 갖고 있다. 이타적 유전자는 경쟁에서 불이익을 감수해야 하는 듯이 보인다. 그러나 그 친절하고 너그러운 생물체가 반드시 멍청한 것은 아니다. 다른 생물체가 준 만큼 되돌려 준다면 이타주의에 이득이 있다고 계산할 수도 있다. 그러나 다른 생물체가 거짓말을 하거나 도둑질을 하거나 협동을 못한다면? 이타주의자들이 이기적인 기회주의자와 자기와 같은 부류인 이타주의자를 구분할 수 없다면 이기적 기회주의자들이 승리하게 될 것이다.2

똑같은 위험이 친족에 대한 이타주의에도 강제로는 아닐지라도 작동한다. 사회생물학자들의 주장에 따르면 자기 유전자를 가능한 한 많이 퍼뜨리려 하는 수컷은 자기 자원에 대한 권리를 덜 주장하면서 많은 암컷을 수태시키려 할 것이다. 어떤 환경에서 이 전략은 역효과를 일으키기도 해 아버지가 약속한 도움이 없었기 때문에 자손은 살아남지 못하는 수도 있다. 그러나 다른 환경에서는 엄마들이 아버지의 도움 없이도 자손을 기를 수 있을 것이며, 착한 아빠와 나쁜 아빠를 미리 구분하기가 불가능한 것은 아니지만 매우 어렵다는 것을 알지도 모른다. 이 상황에서는 나쁜 아빠의 유전자가 퍼질 확률이 높다.

이타주의자들이 모두 한자리에 모여 기회주의자들을 배척한다면, 또는 여자들이 나쁜 아빠가 될 것 같은 남자를 지목해 짐을 싸서 보내 버릴 수 있다면 이타주의는 보상을 받게 될 수도 있을 것이다. 문제는 모두 양의 탈을 쓴 늑대들이라는 것이다. 이타주의자들도 좋은 아빠도 명찰을 달고 있는 게 아닌데 어떻게 누가 누구인지 가려지겠는가? 경제학자 로버트 프랭크는 감정이 단서를 제공한다고 지적했다. 사람은 감정을 마음대로 막았다 풀어놓았다 할 수 없고 감정을 감추기가 어렵다는 것이다.[3]

누군가 당신을 사랑한다고 확신하면 그 사람을 믿고 사랑하게 될 가능성이 있다. 불행히도 열렬하던 애인도 변심하기 쉽다는 사실에서 알 수 있듯이, 감정은 읽기 힘들 뿐 아니라 변화가 심해 믿기 힘들다.

착한 행동에 따르는 또 다른 위험은 호혜를 강제하기 어렵다는 데서 기인한다. 인간은 명백한 계약을 맺을 수 있다는 이유로 지구상의 다른 생물체보다 우위를 점한다. "내가 x를 주면 너는 y로 보답할 것이다." 이 호혜야말로 시장의 전부라고 할 수 있다. 그러나 어떤 계약은 강제하기가 아주 어렵다. 계약 당사자가 정확하게 자신들이 주고받고 있는 것이 무엇인지 알면, 다시 말해 교환이 투명하게 이루어지고 있다면, 양쪽 모두 자신들이 동의한 교환이 어떤 것이든 만족할 것이다.

이것이 바로 경제학자들이 경쟁 시장의 효율성을 강조할 때 마음에 두고 있었던 상황이다. 경쟁 시장은 재화가 규격화되어 있고 재화의 질을 확인하기 쉬울 때 특히 잘 작동한다. 자동판매기에 600원을 넣으면 캔 음료수를 갖게 될 것이라고 우리는 믿는다. 물론, 그렇지 않을 수도 있다. 자동판매기가 돈만 믹고 캔 음료수를 배출하지 않는다면 말이다. 이런 상황에 처할 때 자동판매기를 발로 차 버리고 싶은 충동을 종종 느낀다. 그러나 그 기계들은 캔 음료수를 밀어내지 않으면 돈을 벌 수 없기 때문에 잘 작동하도록(그리고 어느 정도의 발차기를 견딜 수 있을 정도로) 고안되어 있다.

덜 표준화된 상품을 사는 경우 문제는 훨씬 복잡해진다. 외관은 기만적일 수 있다. 자동차나 컴퓨터를 사는 경우 뭐가 잘못될 수 있는지 (아마 보증 유효 기간이 지난 후일 때가 많지만) 안다. 위험 부담을 지는 것이다. 판매자의 평판이 좋고, 좋은 평판을 유지하는 것이 향후 판매 실적을 올리려는 판매자의 이해관계와 맞아떨어진다는 사실을 알면 그 위험이 감소된다.[4] 믿는 브랜드의 상품을 사는 것도 같은 상품을 계속 취급할 사업자와 계속 거래를 맺는 것도 다 위험을 최소화하려는 것이다. 이런 상황에서 경제학 개론 교과서에서는 대부분 다루지 않지만 신용과 존중 같은 추상적 개념이 중요해진다.

구매하는 모든 상품에 브랜드 명이 있는 것은 아니다. 때로는 회계사나 변호사를 고용하는 것같이 미래의 서비스 질을 보장받기가 어려운 개인이나 사업자와 거래를 맺을 때도 있다. 그 사람들은 선수금을 먼저 가지고 간 뒤 일을 잘해 주지 않는다. 그러나 그 사실을 알게 되었을 때는 이미 너무 늦었기 때문에 거래를 무효화할 수가 없는 경우가 많다. 그 상황에서 우리는 신뢰하는 사람에게 개인적인 충고를 요청하곤 한다. 시장의 보이지 않는 손이 신용뿐만 아니라 선의를 전달하는 보이지 않는 악수와 결합될 때 더 확신을 갖는다. 장기적인 개인 관계는 단기적인 거래의 효율성을 높인다.

다른 한편 개인적인 관계가 호혜를 반드시 보장하지는 않는다. 예를 들어 결혼이라는 계약을 생각해 보자. 결혼은 서로 사랑하는 두 사람 간의 형식적인 동의에 기초한다. 이 동의는 때론 깨지기도 한다. 어떤 동의는 지키지 못하는 경우도 있다. 예를 들어 법은 배우자가 죽지 않는 한 이중혼을 허용하지 않을 수 있다. 배우자 간에 서로 경제적 부양을 책임지고 재산권을 공유하도록 명시할 수 있다. 그러나 부부가 정확히 어떻게 협동하고 협조할 것인지 명시하지 않는다.[5] 게다가 법은 한쪽이 다른 쪽을 사랑할 것을 요구하지도 않는다.

어떤 서비스는, 특히 개인적 감정적 요소가 많은 서비스는 단순하게 사고팔 수가 없다. 이런 서비스에 대한 계약은 명백하다기보다는 암묵적인 형태를 띠는 수가 많아 강제하기가 여간 어려운 것이 아니다. 그러므로 이런 서비스를 제공하는 것은 본질적으로 위험을 감수해야 하는 일이다. (최소한 애정의 교환이 균형 있게 진행될 것이라고 확신하지 못하는 사람들에게는) 누군가를 사랑하면 그들이 당신에게 사랑으로 갚을 것이라고 확신할 수 없다. 딸을 사랑한다고 했을 때 딸이 자라서 당신을 사랑해 줄 것이라고 확신할 수 없다. 낯선 사람에게 친절을 베풀 경우 답례로 친절을 되돌려 받을 것이라고 확신할 수가 없다.

아마도 이런 서비스는 합리적인 비용-편익 판단에 따른다면 제공되지 않을 것들이다. 그러나 감정과 이성은 서로 별개라고 가정되지만 항상 별개는 아니다. 사람들 대부분은 타인에 대한 애정을 쌓는 데 드는 비용에 관심을 기울인다. 우리는 희미하게나마 보상과 징벌이 합리적인 결정뿐만 아니라 감정에도 미묘하게 영향을 미친다는 것을 안다. 감정이 형식적 계약에 어떻게 영향을 미치는지 반대로 형식적 계약이 어떻게 우리 감정에 영향을 미치는지 생각하게 된다. 애정은 호혜를 고무하기도 하지만 반대로 호혜가 애정을 고무할 수도 있다. 그러나 그 둘 다 신경 쓰고 싶지 않다는 유혹에 약할 수밖에 없다.

착한 사람의 딜레마

경제학자들 사이에 잘 알려진 이야기 중에 협동의 어려움을 강조하는 우화가 하나 있다. 바로 죄수의 딜레마다. 죄를 저지른 두 남자가 바로 경찰에 붙잡혔다. 경찰은 그 둘을 각각 별개의 취조실로 데리고 간다. 검사가 피의자의 자백 없이 기소하기에는 증거가 부족하다. 피의자 둘 다 범죄에 관련된 사실을 부인하면 둘 다 자유의 몸이 될 것이다. 공범이 범죄 사실을 부인한다면 자신도 부인하는 것이 가장 좋다는 것을 둘 다 알고 있다. 그 둘은 경찰에 잡히기에 앞서 결코 친구를 배신하지 않겠다고 맹세했다.

그러나 어디 도둑들 사이에 명예라는 것이 있더란 말인가? 위험은 자명하다. 일단 경찰이 취조를 시작하면 다른 방에 있는 피의자는 기회주의 전략을 취해 형 감량을 위해 모든 걸 털어놓을지도 모른다. 상대가 배신을 하면 신의를 지키는 사람이 최악의 처벌을 받게 된다. 경찰은 이 사실을 잘 알고 있고 피의자 둘 사이를 이간질하기 위해 갖은 방법을 다 동원한다. 죄수들은 서로 신의를 잃고 동시에 자백한다. 경찰의 관점에서 보면 최상의 결과라고 볼 수 있을 것이다. 그러나 죄수의 관점에서 보면 이는 최악의 결과다. 약속을 깨게 되는 기회주의 전략은 죄수 둘 다에게 안 좋은 결과를 가져다준다.

아마티야 센이라는 경제학자는 죄수의 딜레마라는 이름이 잘못 붙여졌다고 오랫동안 주장했다. 그 우화는 협동을 하면 모든 사람이 득을 보지만 누구 하나가 배신을 할까 우려하게 되는 범죄와 상관없는 상황에 적용된다고 주장했다.6 무기 협약이나, 어획고 같은 공공 자원을 보호하려는 노력 등이 아주 좋은 예다. 이 협약은 모든 사람이 협동을 할 경우에만 작동한다. 학생에게 가장 좋은 예는 바로 스터디 그룹이다. 학생들은 협동을 통해 공부를 더 재미있게 많이 할 수 있지만, 한 학생이 늦게 나타나서 다른 학생들이 다 해 놓은 것을 그냥 베껴 갈까 두려워한다.

그것을 착한 사람의 딜레마라고도 부를 수 있을 것이다. 내가 다른 사람을 돕기 위해 무엇인가를 한다. 다른 사람이 되갚으면 둘 다 이득을 보지만 그렇지 않으면 착한 사람이 잃는다. 착한 사람은 경주에서 맨 꼴찌로 들어간다. 그런 딜레마는 낯선 사람들보다 서로 잘 아는 사람 사이에서 해결이 더 잘 되는 문제라고 학자들은 관찰해 왔다. 많은 공동체는 공적 자원에 대한 접근을 관리하는 효과적인 방법을 고안해 왔다.[7] 공동체의 일체감은 아주 중요하다. 그 집단 안에서 서로를 돌보도록 하고 공동의 이해를 강조하고 이방인과 접촉을 제한하기 때문이다.

일종의 상승효과가 여기서 나타난다. 협동 가능성을 높이려는 노력은 그에 대한 보상을 높이기도 한다. 제인 맨스브리지라는 경제학자는 『이타주의와 이기심의 관계에 대하여』에서 이렇게 지적한다.

이타적인 행동을 한 개인에게 약간이나마 이득이 돌아가도록 하는 질서는 이타적인 행동이 유지되는 데 도움이 되는 '생태계의 틈'을 형성한다. 협소하게 정의한 이기심의 견지에서 봤을 때 이타적인 행동에 따르는 비용이 줄게 되면 개인은 동감이나 도덕적 책임감을 실컷 누릴 수 있게 될 것이다. 또한 자신의 아이들에게도 동감이나 도덕적 책임감을 마음껏 길러 주고 싶어질 것이다.[8]

어떻게 해야 그런 이타심을 위한 '생태계의 틈'이 확립되고 옹호될 수 있는가? 생물학자들도 개인보다는 그룹이나 팀이 경쟁하는 방법을 생각할 때 이와 비슷한 관심사를 탐구하고 있다. 어떤 상황에서는 가장 높은 수준의 협동을 이뤄낸 그룹이나 팀이 이길 가능성이 높다는 것이다.[9]

생물학자나 경제학자 모두 연대와 관대함을 가족 내에서 완전히 자연스러운 것으로 가정하는 경향이 있다. 그러나 이전 장에서 강조했듯이 여성이 돌봄 노동을 전담하도록 강제하는 규칙이나 법에 자연스러운 것은 절대 존재하지 않는다. 여성이 남성과 비슷한 권리를 획득한 현재, 여성도 이타적 행동에 부과되는 불이익을 고려할 자유가 더 많아졌다.

착한 부모의 딜레마를 고려해 보자. 두 사람이 아이를 기르기로 결정을 하지만 둘 중 하나가 다른 하나보다 더 많이 희생하게 된다. 보통 아이를 보기 위해 직장 일을 뒤로 미루고 아버지가 가족을 부양할 수 있도록 아버지의 직장을 따라 옮겨 다녀야 하는 것은 어머니다. "나중에는 내 차례가 돌아올 거야. 그때는 내 일을 앞세우고 당신이 좋은 아빠 노릇을 하겠지" 하고 말하는지 모른다. 이런 암묵적인 동의가 잘 지켜지기도 하지만 그렇지 않을 때도 많다. 법으로 강제할 수 없는 속성이 결혼 계약에 있기 때문이다. 부모 중 한쪽이 차례를 넘겨주지 않으면 희생을 더 많이 하는 다른 쪽이 할 수 있는 유일한 일은 관계를 끝내는 것인데, 보통 부모와 아이들 모두에게 나쁜 결과를 가져온다.[10]

암묵적 계약을 파기하는 위험은 부부 관계에만 있는 것이 아니다. 부모와 자식 관계에도 "우리가 너희를 돌봐 주었으니 너희들이 자라면 우리가 정말 너희들의 도움이 필요할 때 돌봐 주어야 해" 하는 암묵적인 계약이 따른다. 철부지 자녀들은 "누가 낳아 달라고 했느냐"는 불평을 하기도 하지만 자녀들 대부분은 암묵적인 계약을 존중한다. 실제로 그렇다. 개인적인 선택권이 없다고 느끼기 때문에 성인 자녀들은 부모에 대한 책임을 방기하기도 한다. 그럴 경우 상속해 줄 재산으로 협박을 하지 않는 이상 달리 부모가 할 수 있는 일은 별로 없다.[11]

공평과 돌봄

개인의 선택은 사회적 맥락에서 이루어진다. 무엇을 원하고 어떻게 행동할지는 다른 사람들이 무엇을 원하고 어떻게 행동할 것인지에 대한 인식에 강한 영향을 받는다. 도덕적 가치와 사회 규범은 협동을 장려하는데, 그런 규범이 진화되어 온 것은 아마도 협동이 장기적으로는 생산적이기 때문일 것이다. 공평과 호혜라는 규범은 놀랍게도 굳건하게 유지되어 왔다.

경제학자들은 공평과 호혜의 영향력을 보여 주기 위한 실험을 개발해 왔다. 여러분도 카드 게임보다도 쉽게 친구들과 실험을 해 볼 수 있다. 두 사람을 골라 그중 한 사람에게 1달러짜리 열 장을 준다. 돈을 가진 사람은 돈의 일부를 다른 사람과 나눠 가질 수 있는 '받든지 말든지' 제의를 한다. 제의를 받은 사람이 수락하면 각자 주어진 금액을 갖는다. 그러나 거절하면 돈을 돌려주어야 한다. 예를 들어, 내가 돈을 받았다고 하고 3달러를 상대방에게 제의했다고 하자. 상대방이 제의를 수락하면 그는 3달러를 갖는 것이고 나는 7달러를 갖는 것이다. 거절하면 아무도 돈을 갖지 못한다.

소위 '최후통첩 게임'이다. 노력해서 번 돈이 아니고 횡재해서 생긴 돈의 경우 사람들은 절반으로 나누는 것이 공평하다고 생각한다. 사람들 상당수가 제의가 절반 이하의 액수일 때 안 받는 것보다 훨씬 나은데도 거절하는 경우가 있다. 앞의 예에서 보듯이 많은 사람들은 공평하지 않다는 이유로 주겠다고 제안한 3달러를 거절한다. 마치 절반 이하의 돈을 제의한 사람을 처벌이라도 하려는 것처럼 공평한 몫이 아니면 아예 받지 않으려고 하는 것이다.

내가 가르치는 수업에서 이 실험을 했을 때 학생들은 회의적인 반응을 보였다. 돈의 액수가 더 컸더라면 얼마를 받는 것이 공평한지에 신경을 쓰지 않았을 것이라는 이야기다. "10달러를 1천만 달러로 바꾸면 공평 어쩌고저쩌고 하는 소리들이 사라질 것"이라는 냉소적인 반응에서 보듯이 말이다. 그러나 최후통첩 게임은 여러 다양한 장소와 조건에

서 아주 큰 액수의 돈으로도 실행되었다. 결과는 놀랍게도 일관성이 있다.12

이 실험을 하는 경제학자 대부분은 사람들이 어떻게 전략적으로 생각하는지에 더 관심이 있다. 나는 사람들이 어떻게 느끼는지에 더 관심이 있다. 다른 사람들의 복지에 관심이 있으면 자신이 누릴 대가에 대한 인식이 바뀔까? 착한 사람의 딜레마로 다시 돌아가 생각해 보자. 당신이 도와주고 있는 사람을 사랑한다면 이용당할지 모른다는 공포를 덜 갖게 되지 않을까?

그러나 사랑·애정·연대라는 측면을 실험 경제학자들은 보통 간과한다.13 황금률이라고 전통적으로 알려진 격언을 생각해 보라. "다른 사람이 너에게 해 주길 원하는 대로 다른 사람에게 행하라." 이 말은 정확히 말해 호혜의 규칙이 아니라 공감의 규칙이다. 다른 사람의 입장에서 어떻게 느낄 것인지 생각하라는 것이다. 이타심에 대한 또 다른 명령과도 관련이 있다. "너 자신을 사랑하듯 이웃을 사랑하라." 이 맥락에서 이웃이 누구인지 진짜로 아는지가 중요하다. 이웃이 누가 될지 결정하는 데 얼마만큼 선택할 수 있을지도 중요하다. 어쨌거나 어떤 이웃은 그 나머지보다 더 사랑할 만하지 않은가?

돌봄의 경향

지난 40년간 계약 경제학과 게임 이론 분야에서 나온 논의들은 경쟁 시장에서 인간의 선택 범위를 넓히는 것에 관한 전통적인 관심사를 재구조화하는 방법을 제공한다. 칼 폴라니 같은 사회 비평가들은 쇼핑 행위가 점차 정당화되는 것과 같이 시장에서나 일어날 법한 행위들이 활발해지면 이기적인 계산이 장려될 수도 있다고 오래전부터 경고했다.[14] 혹자는 우리들 마음의 습관이 변화하고 있다고 말할 수도 있다. 오늘날 학자들은 시민 의식과 공공의 책임이 퇴화하고 있다고 주장한다.[15]

돌봄이라는 사회적 규범은 호혜라는 규범보다 더 취약할지도 모른다. 경제 발전 과정은 친밀한 인간관계의 중요성을 후퇴시키고 있는 듯 보인다. 직장을 더 중요시하는 경향 때문에 기주지를 자주 옮기는 경향은 더욱 강해지고 있다. 직업의 이동이 증가하면서 개인 간의 책임도 느슨해지고 있다. 그런 경향에 어떤 함의가 있는지 평가하기는 어렵다. 이기심에 무슨 일이 일어나고 있는지 측정할 방도가 없을 뿐 아니라 이기심을 감시한다는 것도 상상하기 힘들기 때문이다. 게다가 많은 일들이 동시에 일어나므로 개별 효과들을 분리해 내기란 어려운 일이다. 우리 문화는 거의 확실하게 물질 위주로 변해 왔다. 그러나 건강과 평균 수명을 포함해 전보다 훨씬 높은 생활수준을 누리고 있다. 풍요로워질수록 자선을 더 행할 수도 있을 것이다. 애덤 스미스도 믿었듯이 적어도 더 문명화되어 갈 것으로 보인다. 나는 정말 그렇게 되고 있는 증거를 많이 보지는 못했지만 희망을 버리지는 않았다.

또 하나의 가능성은 여러 다른 형태의 공동체가 나타나고 있는 것이다. 학계에 종사하는 내 친구들은 대부분 이웃집에 사는 사람보다는 비슷한 문제를 연구하는 사람들과 연결되어 있다. 우리 부모님은 가까이 사는 친구들과 긴밀한 네트워크를 형성하고 도움을 제공했다. 나는 부모님과는 달리 전자우편, 학회, 모임 등을 통해 연락을 유지하고 지내는 친구 네트워크가 여러 지역에 넓게 분포해 있다. 아이는 없지만 많은 시간과 노력을 학생 지도에 할애한다.

이타심과 이기심을 정반대의 것으로 생각하는 경향이 있다. 그러나 그 둘은 종종 함께 간다. 팀 경기에서 승리하기 위해서는 개인들이 협동해야만 한다. 자신의 가족, 그룹, 국가 안의 다른 사람들에게 책임을 다하는 것은 다른 가족, 그룹, 국가를 희생하고 집단적 이기심을 추구하게 만들 수 있다.

우리 모두 좀 더 이타적이 되어야 한다고 말하는 것은 쉽다. 이타심을 어떻게 분배할 것인가를 설명하는 것은 훨씬 어렵다. 달리기 경주의 우화로 되돌아가면, 도대체 누구를 데리고 가야 한단 말인가? 달리기 경주 이야기는 국가가 분석 단위다. 다시 말해 국가가 하나의 '팀'이라는 가정에 입각해 있었다. 그러나 8장에서 보이겠지만 이것은 그다지 좋은 가정이 아니다.

일반화를 경계해야 할 다른 이유는 어떤 것에는 관대하지만 다른 것에는 덜 관대하게 될 수도 있기 때문이다. 예를 들어 돈에는 더 너그러워질 수 있지만 시간에는 더 인색해질 수 있는 것이다. 그런 경향은 서로 균형을 이룰 수도 있다. 이런 이유와 다른 이유로도 나는 이타심, 선의, 신뢰, 도둑들 간의 도의조차 역사적으로 어떤 경향을 보이고 있는지 선뜻 강하게 주장을 펼 수 없는 것이다. 나는 그보다 더 작지만 여전히 아주 중요한 관심사인 경쟁적 압력이 더 걱정이다. 경쟁적 압력은 어린아이나 노약자를 돌보는 데 헌신하는 사람들에게 희생을 치르게 만들고 있다.

부 모 노 릇 의 비 용

보상이 점점 직장의 성과에 기반을 두는 경제에서 부모 노릇의 비용과 위험은 올라가고 있다.16 음식·옷·기저귀·병원비·넓은 집·교육

같은 아이를 키우는 데 드는 직접 비용을 계량화하는 것은 그래도 가장 쉬운 축에 속한다. 부모는 보통 일정 액수가 아니라 소득의 몇 퍼센트를 아이들에게 쓰기 때문에 가족 소득이 증가하면 직접 비용도 올라간다. 오늘날 부모는 학력이 아이들의 성공에 큰 영향을 미친다는 사실을 알고 있기 때문에 과거의 부모보다 더 많은 돈을 쓴다. 많은 젊은이들이 대학과 대학원 학위를 따려고 한다. 그 결과 18세가 지나서도 부모에게 어느 정도 의지하곤 한다.

부모 노릇은 직접적인 비용뿐 아니라 간접적인 비용도 부과한다. 아이들은 어디서 살지, 어떻게 시간을 쓸지, 어떤 직장을 선택할지 등 부모의 거의 모든 의사 결정에 영향을 미친다. 부모가 아이들과 집에서 시간을 보내려고 근무 시간을 줄이기로 결정하는 것은 잠재 소득을 포기하는 것이다. 그 정도는 여러분이 생각하는 것보다 훨씬 크다. 현대 노동 시장에서 직장 일을 잠시 그만두는 것은 경력 기회의 상실과 미래 소득의 감소로 연결되는 경향이 있기 때문이다. 잠재 소득이 크면 클수록 잠재적 손실이 그만큼 크다는 것이다.

어머니와 아버지가 같이 살면 감소된 소득의 부담을 나눌 수 있다. 실제로 아버지는 줄어든 소득을 보전하기 위해 더 오래 일할지도 모른다. 그러나 오늘날 많은 여성들이 혼자 힘으로 아이들을 키우고 있다(미국에서 세 명 중 한 명은 혼외 관계에서 태어난다). 더구나 별거와 이혼의 위험도 높다(미국에서 약 절반 정도의 결혼이 이혼으로 끝난다고 추계된다).[17] 자녀 양육비 지급은 협상도 어렵지만 강제하기는 더욱 어렵다. 어머니가 되기로 한 여성은 자신과 아이들을 가난과 다른 종류의 경제적 스트레스에 취약하게 만들 위험을 안고 있다.[18]

실제로 어머니가 되든 안 되든, 가족 구성원의 필요에 헌신하기 위해 노동 시장에서 이탈하는 여성은 노동 시장 경력을 덜 쌓게 되고 같은 교육 정도를 가진 남성과 비교했을 때 돈을 적게 벌게 된다. 여자가 행복하게 결혼 생활을 하기만 하면 보통 남편 소득의 일정 몫을 받는 것으로 보상받는 셈이 된다. 그러나 결혼이 깨지거나 남편이 죽으면 취약한 상황에 처하게 된다. 그리고 결혼 상태에 있더라도 언젠가는 혼자 힘으로 꾸려 나가야 할지도 모른다는 공포는 여성을 가정에서 나약하고 굴욕적인 입장에 처하게 할지도 모른다.[19]

통계를 보면, 임신이나 육아 때문에 직장을 그만둔 적이 없다 하더라도 어머니가 된다는 것이 여성의 임금을 낮추는 경향이 있음을 알 수 있다. 같은 시간을 일하고 같은 기간 동안 한 직장에서 일한 어머니와 아이가 없는 여성을 비교해 보았을 때, 아이가 많을수록 소득은 줄어든다.[20] 여러 가지 설명이 가능하다. 고용주가 아이를 둔 여성에 대한 편견이 있어서 취업과 승진에 장애가 되었을 수 있다. 아니면 어머니들이 무의식적으로나 의식적으로 직장이 우선이 아니라는 신호를 보내고 있을 수도 있다. 흥미로운 것은 아이를 둔 남성은 아이가 소득을 증가시키는 정반대의 효과를 보여 준다는 것이다.

어머니와 아버지의 생물학적 차이는 사실 그다지 중요하지 않다. 중요한 것은 어머니가 아이와 다른 식구를 돌보기 위해 개인적 책임을 지면서 취약한 처지에 놓이게 된다는 점이다. 여성이 남편과 완벽하게 평등한 관계에서 시작한다 해도 그 평등한 관계는 점차 약화될 것이다. 돌봄 노동에만 종사하는 개인은 자기의 노동의 산물을 통제하지 않는다. 노동 과정에서 소중한 경험을 하게 될지는 몰라도 돈을 버는 데 도움이 되는 종류의 경험은 아니다.

여성 정치경제학 강의를 시작하면서 나는 학생들에게 현재 소득과 미래 소득에 대해서 생각할 수 있도록 설문 조사를 한다. 여학생 대다수는 40세가 되었을 때 같은 학력의 남성과 똑같은 돈을 벌 것이라는 데

추호의 의심도 없다. 그러나 아이 둘은 가져야 한다고 생각하고 (남학생들과는 달리) 아이들을 키우기 위해 잠시 직장을 그만둘 계획을 한다. 그들의 계산에 뭔가 문제가 있는 것 아니냐고 지적했을 때 여학생들은 그다지 놀라지 않았지만, 아이와 직장이라는 문제를 신중하게 생각해 보아야 한다는 사실에 당황한 듯 보였다.

> 물론, 많은 선의의 엄마와 아빠들이 아이를 키우기 위해 엄청난 양의 돈과 시간을 투자하고 있지만 역사상 처음으로 부모의 사랑이 계몽된 이기심에 의해 강화되지 않게 되었다. 대신 아이 하나 당 20년 정도는 지속될 이타적인 사랑이라는 무한한 보고에 전적으로 의존해야 한다. 이것은 시장을 숭배하는 사회에서 터무니없는 질서다.
>
> — 실비아 앤 휴렛·코넬 웨스트, 『부모와의 전쟁: 미국의 부모를 위해 우리는 무엇을 할 수 있는가』

노인 수발 비용

사람들에게는 아이를 키울지 말지에 대한 선택권이 얼마간 있다. 확실히 어느 선까지는 사람들이 아이를 적게 가질수록 생활의 질이 더 향상될 것이라고 주장할 수노 있을 것이다. 그린데 앞에서 서술한 불이익이 노인들을 돌보는 데도 똑같이 적용된다. 우리는 노인 대부분이 사회 보장이라는 경제적 안전망을 누리는 사회에 살고 있다. 그러나 아직도 많은 노인들, 특히 여성 노인들은 빈곤 상태에서 살고 있고 일대일의 직접적인 도움이 필요한 건강 문제를 안고 있다. 어떤 경우든 돈만으로는 노인들의 개인적 정서적 욕구를 충족할 수 없다. 우리는 책임 있는 성인이 나이 든 부모와 친척들을 직접 돌보지는 못해도 어느 정도 책임을 지기를 기대한다.

그러나 이 기대는 노인이 자산이 있어서 자녀들의 행동을 상속으로 보상해 준다고 약속하는 경우를 제외하고는 어떤 경제적 법적 제재로 뒷받침되지 않는다. 슬프게도 연구에 의하면 그런 전략적 계산이 성인 자녀의 행동에 적으나마 통계적으로 의미 있는 효과를 낳는다고 한다.[21] 그러나 더 중요한 요인은 가족 간의 사랑, 의무감, 호혜의 정도다.

직접적 도움이 필요한 노인을 돌볼 책임을 어떻게 할당할 것인지 결정하는 일은 쉽지 않다. 형제들은 종종 어머니나 아버지를 위해 누가 무엇을 할지를 두고 싸우곤 한다. 여기서도 착한 자녀의 딜레마가 있다. 자발적으로 먼저 도움을 제공하는 사람은 영원히 그 일에 묶여 버릴지 모른다.

우리 가족은 놀랍게도 일이 잘 해결되었다. 어머니가 췌장암에 걸렸을 때 아버지가 어머니를 돌보았다. 어머니가 돌아가신 후 아버지는 재혼하셨는데 나중에 새어머니가 병환에 걸리셨을 때도 아버지가 돌보았다. 맥팔린 정유 회사는 한번도 우리 아버지에게 연금을 제공한 적이 없었지만 70세가 훨씬 지나도록 미스터 맥의 아들인 존을 돌보고 그 집 재산을 관리하면서 열심히 일하셨다. 결국 존이 죽었을 때 상당한 금액의 상속을 받으셨다. 새어머니가 돌아가신 후 아버지는 80세 나이에 다시 결혼을 하셨다.

집안의 오랜 친구이기도 한 새어머니는 아버지보다 그렇게 젊지 않았다. 그러나 아버지가 87세의 나이로 돌아가실 때까지 쇠약해진 아버지를 오랫동안 말 그대로 온종일 헌신적으로 돌보셨다. 나는 때때로 수발을 들고 지지를 보내는 것만 했고 같은 지역에 살던 오빠는 일주일에 한 번씩 집에 들러 두 분이 어떻게 사시는지 살폈다. 일찍 은퇴를 한

언니는 책임을 훨씬 더 많이 졌다. 우리는 누가 부모를 돌볼지를 두고 의견 대립이나 충돌이 전혀 없었다. 정말 운이 좋은 경우라고 해야 할 것이다.

그러나 미덕은 항상 보상을 수반하지는 않는다. 전국수발가족협회는 1997년 회원을 대상으로 한 설문 조사에서 돌봄의 긍정적 결과와 부정적 결과에 대해 물었다. 응답자의 70%라는 대다수의 사람들이 자신도 몰랐던 내면의 힘을 찾는 경험이라고 대답했다. 그러나 67% 이상이 좌절을 경험했다고 답했고 76%가 다른 식구들의 지속적인 도움이 없어서 힘들다고 대답했다. 60% 이상이 우울증을 하소연했다.[22] 그들은 또한 경제적 손실도 겪는다. 브랜다이스 대학에 있는 전국여성과노화센터와 전국부양자연맹의 조사에 의하면 나이 든 친척을 무료로 일주일에 여덟 시간 이상씩 돌보는 사람들의 3분의 2가 승진이나 훈련 기회를 놓쳐 직장에서 손해를 보았다고 한다.[23] 놀랍지 않게 50세 이상의 노인을 집에서 돌보는 사람들의 약 4분의 3이 아내, 딸, 자매, 친구 등 여자들이다.

1996년 미국 전체 노동자의 약 25%가 병든 부모를 최소한 어느 정도 돌보았다고 추정된다. 그러한 도움에 대한 요구는 점점 증가할 것이라고 추산된다. 인구의 압력이 심화되고 있다. 낮은 출산율은 노인 인구의 상대적 크기를 증가시키고 있다. 가장 도움이 필요한 85세 이상의 개인도 숫자상 증가하고 있다. 평균적으로 그들 절반 정도기 개인 생활을 유지하는 데 도움이 필요하다. 아내들은 남편보다 보통 더 오래 살기 때문에 나이 든 남편을 돌보는 데 특히 중요한 역할을 수행할 것이다.

그러나 집에서 노인을 무료로 돌보는 노동을 하는 이들의 수가 점차 줄어들 것이라고 믿을 만한 이유가 있다. 우리 어머니 세대의 여성들과는 달리 우리 세대는 직장에 투자한 것이 많아 쉽게 직장을 그만둘 수가 없다. 그리고 대부분 부모와 멀리 떨어진 지역에 산다. 돌봄을 제공하는 비용은 그런 이유로 올라가고 있다. 노인을 수발할 의무가 있다는데 동의한다고 해도 이제 남편이나 아들, 남자 형제보다 그 의무가 더 크다는 데 동의할 것 같지는 않다. 우리는 노인을 수발할 책임의 분배를 놓고 협상을 더 많이 해야 할 상황에 처하게 될 것이다.

사랑의 포로

어린아이나 노약자를 돌보는 비용과 위험은 경제학보다는 심리학에 더 관계되는 측면이 있다. 우리의 돌봄이 필요한 사람들과 시간을 보낼 때 그들과 유대 관계를 맺게 된다. 누군가를 돌보겠다는 처음의 결정은 점점 더 그 단계가 심화되는 책임으로 이어진다. 우리의 선호와 우선순위를 바꿔 놓을 수도 있는 것이다. 사이렌과 만남을 앞둔 오디세우스처럼 우리는 정서적 책임을 피할 수 있도록 미리 조치를 취한다. 착한 사람의 딜레마에서처럼 다른 사람들이 어떻게 행동할지에 대한 인식이 우리 결정에 종종 영향을 미친다.

사랑에 빠지는 다종다양한 방식을 알고 있다면 왜 아이를 낳을 결정이 스포츠카 같은 소비재의 구매 결정과 다른지 이해가 갈 것이다. 상품이 만족스럽지 않더라도 반환하고 돈을 되돌려 받거나 다른 것과 바꿀 수가 없다. 법적으로 그렇게 할 수 있다 하더라도, 또 아이를 사고파는 '시장'이 잘 발달해 있다 하더라도, 정서적 유대는 시장을 이용하기 힘들도록 만든다. 부모 모두 아이를 사랑하게 되면 그 사랑의 포로가 되리라는 걸 안다. 어머니는 특히 초기의 친밀한 신체 접촉을 경험하기 때문에 포로가 되기 더 쉽다. 여성이 아이를 낳을 선택권을 가지도록, 그래서 아이에게 자발적으로 유대가 생기도록 보장하는 것이 중요한 것은 바로 이런 이유에서다.

강제된 모성은 마거릿 생어가 말했듯이 다른 사람의 욕구에 강제로 종속되는 것과 같다. 보수주의자들은 왜 여성들이 인공유산하는 대신 아이를 낳아서 입양시키는 데 동의하지 않는지 궁금해 한다. 원하지 않는 임신으로 인한 억압적인 경험은 그 이유를 부분적으로 설명할지는 몰라도 다는 설명하지 못한다. 많은 여성들은 태어난 아이를 포기할 수 없을지도 모르기 때문에 두려운 것이다. 모유 수유를 비롯한 생물학적 요소는 아버지보다는 어머니와 영아의 유착 관계를 더 끈끈하게 만든다. 그러나 아버지의 참여와 같은 사회적 규범 또한 큰 영향력을 갖는다. 자녀와 많은 시간을 보내는 아버지는 자녀와 더 깊은 유대 관계를 보이고 이후에 생길 수 있는 관계의 스트레스와 긴장에 더 잘 대처할 수 있는 관계로 발전하는 경향이 있다. 이것이야말로 아버지의 자녀 양육 참여를 장려해야 할 설득력 있는 이유인 듯 보인다. 자녀와 자녀에 대한 경제적 책임을 져야 하는 사람 간의 정서적 유대 관계를 공고하게 만드는 것은 일종의 보험과도 같다. 돌봄이라는 암묵적 계약을 파기할 가능성을 낮추기 때문이다.

많은 경제학자들은 어머니가 자녀 양육을 전담하는 것이 더 효율적이기 때문에 계속 그렇게 해야 한다고 주장한다.[24] 단기적 효율성은 확실히 존재한다. 영아 양육에서는 어머니가 생물학적 문화적으로 유리하다고 할 수 있다. 그러나 자녀 양육을 전담하는 데는 부작용도 많다. 아버지들은 자녀 양육에 별로 참여하지 않기 때문에 어머니보다는 아이에게 애착을 드러내지 않는다. 집세를 내거나 식료품비를 지불하는 것같이 시간보다는 돈으로 아버지의 책임이 정의되면, 아버지들은 자녀 양육비를 보내는 것처럼 멀리 떨어진 곳에서도 책임을 다했다고 믿어 버리게 될 수 있다. 물론 일단 집에서 떠나면 아이들과 훨씬 더 분리되는데, 그렇기 때문에 자녀 양육비 지불 책임을 강제하는 것이 심각한 문제가 되는 것이다.

이것은 단지 어머니와 아버지의 문제가 아니다. 자녀와 노인들도 투자자들처럼 다양성이 필요하다. 과거에는 아이나 노약자를 돌보는 일이 단 한 명의 초인적인 어머니에게만 할당되는 것이 아니라 식구들이 골고루 맡아서 하는 것이었다. 수발자가 여럿이면 아이나 노약자의 정서적 욕구가 충족될 확률이 그만큼 높아진다. 더 중요한 것은 그들에게 경제적 안정을 제공할 책임을 많은 사람들이 나눌 수 있도록 한다는 것이다. 어린아이나 노약자에 대한 수발자의 공감과 책임은 직접적인 만남뿐만 아니라 실제로 돌보는 과정에서 계속 유지된다. 돈을 지불하는 것만으로 타인에 대한 책임을 수행하도록 하면 매년 그 액수가 작아져 결국에는 땡전 한 푼도 지급하지 않는 상황이 될 것이다.

아이나 노약자를 돌보는 일을 공유해야 하는 다른 이유가 또 있다. 협상 과정 자체가 수발자는 자신이 돌보는 사람들을 위험에 빠뜨리기 때문에 자원에 대한 협상을 하는 데 결코 유리한 입장에 설 수 없다. 어머니들은 보통 아버지들에게 "당신이 좀 더 좋은 아빠가 되는 데 시간을 쓰지 않으면 나도 애들한테 소홀히 할 거야"라고 하지 않는다. 무엇보다 그렇게 하면 아이에게 피해가 돌아가기 때문에 상대방에게 먹히는 위협이 아닌 것이다. 비슷하게 어머니들은 "자녀 양육비를 지불하지 않으면 아이랑 못 만나게 할 거야"라고 위협하지도 못하는데 아버지를 보지 못하게 하면 아이에게 해가 될 것이라는 두려움이 있기 때문이다.

돌봄 노동자들 또한 사랑의 포로다. 간호사들은 자신들의 파업이 환자의 복지를 위협한다는 사실을 알기 때문에 제대로 파업에 들어갈 수가 없다. 교사들은 학생들 때문에 장기 결근을 하지 못한다. 자동차 노동자와 비행기 조종사들이 서비스를 철회하겠다는 위협은 더 위력적으로 들린다. 놀랄 것도 없이 그들의 연봉은 훨씬 더 높다. 의사들처럼 상대적으로 보수가 좋은 수발자들조차도 악조건 속에서 일한다. 의사들은 대부분 의료 제도가 택하고 있는 관료 체제를 싫어하지만 어쩔 수 없이 따르고 있다. 환자들을 계속 돌보고 싶기 때문이다.

사랑의 포로는 사회 정책이라는 쇠창살 뒤에도 있다. 1990년대에 엄청난 에너지를 들인 복지 개혁을 생각해 보자. 어머니들은 임금 노동을 하지 않기 때문에 무책임하다는 공격을 받았다(이에 대해서는 5장에서 자세히 얘기할 것이다). 이 논쟁에서 전반적으로 간과되었던 부분은 빈곤 속에서 살고 있는 어머니들 대부분은 아버지들에게 아이 양육권을 넘겨주거나 딴 집으로 입양시키거나 고아원에 데려다 놓기만 하면 바로 훨씬 좋은 경제 여건에서 살 수 있는 사람들이었다는 사실이다. 빈곤 여성에게 돌아가는 공적 부조의 아동 일인당 비용은 고아원에서 쓰는 아동 일인당 비용의 10분의 1 수준이다. 그러나 가난한 엄마들은 아이들을 사랑하고 아이들과 같이 있고 싶기 때문에 아이를 버리겠다는 위협을 좀처럼 하지 않는 것이다.

우리는 이러저러한 사랑의 감옥에서 해방될 수도 없고 해방되는 것이 늘 좋은 것도 아니다. 그러나 어떤 죄수는 다른 죄수보다 더 나은 대우를 받아야 하며 벌은 죄에 상응해야 한다. 돌봄으로 인한 불이익이 커지면 결국 사람들은 돌보는 일을 그만두려고 할 것이다. 누군가를 돌보아야 하는 상황을 피하고 싶어 할 것이다.

진실과 대가

아마도 아주 옛날 누군가 남자들에게 돌보는 데 드는 비용을 설명해 주었던 것 같다. 왜 돌봄을 여자들에게 할당했는지 이해가 된다. 어떤 경우든 여성은 전통적인 책임을 질 경우 어떤 불이익이 생기는지 깨닫기 시작했다. 출생률은 대부분의 나라에서 감소하고 있다. 일본과 이탈리아처럼 아동 양육에 대한 공적 지원이 거의 또는 전혀 없는 나라에서 특히 낮다.[25] 그런 나라들에는 가족을 대단히 중시하는 가치가 있지만 대부분의 유럽 국가들에 비해 자녀 양육에 공적 지원을 하지 않는다. 출산율은 기존 인구 수준을 유지할 수 있는 수준인 여성 한 명당 자녀 둘 수준 밑으로 떨어져 버렸고 정부는 그런 인구학적 변화에 많은 우려를 표하고 있다.

보통 인구 부족보다 인구 과잉을 걱정하는 데 익숙하다. 그러나 일본이나 이탈리아는 미래의 노동력 공급을 걱정하고 있다. 누가 고령 인구를 돌볼 것인가? 문화 전통은 어떻게 될 것인가? 이민은 문제에 대한 해답을 부분적으로 제공하지만 대부분의 국가들은 이민의 문을 활짝 열면 어떤 일이 벌어질지 긴장하고 있다. 장기적으로 출산율 감소가 이미 진행되고 있는 상대적으로 가난한 국가에서는 잠재적인 이민자들의 수도 줄어들 것이다. 세계 인구의 규모가 줄어드는 것도 나쁘지 않다. 적어도 당분간은 말이다. 그러나 어떤 시점에 이르면 기존 인구 규모를 유지하는 수준의 출산율을 유지하기를 원할 것이다.

어떤 경우든 태어나는 아이의 숫자는 우리가 제공하고 있는 돌봄의 질보다 중요하지 않다. 돌봄의 질이 문제인데 돌봄을 어떻게 제공할지에 대해 논의하도록 강력하게 요구해야 하는 것도 바로 이 때문이다.

남자든 여자든 경제적으로 취약한 입장에 처하게 될 것이 자명한 일을 전문으로 하려고 들지는 않을 것이다. 알리 호크실드가 말했듯이 "특히 여자가 직장을 갖는 것은 오늘날 불확실한 가정생활에 대해 정서적 보험을 사는 것과 마찬가지다."26 이것이야말로 합리적인 선택이라고 혹자는 주장할 수 있겠으나 그 전략은 여전히 여자들더러 전통적으로 남성적이던 가치 체계를 따르게 하는 것이다.

보수주의자들은 이혼을 어렵게 만드는 것이 해결책이라고 생각하는 것 같다. 그러나 이혼을 어렵게 만드는 것은 결국 결혼을 주저하도록 만드는 결과를 낳을 수 있다. 게다가 이혼을 제한한다고 해서 돌보는 일을 전담하는 사람의 지위가 반드시 향상되는 것도 아니다. 재산의 절반과 임금 노동을 맡아서 하던 사람의 소득에 대한 법적이고 독립적인 소유권이 동반될 때만 이혼은 남녀에게 더 나은 경제적 안정을 제공한다. 몇몇 주에서 시행되는 재산법도 그 정도까지 진척되지는 않았다. 배우자는 보통 다른 배우자에 대한 기본적인 부양의 책임만 진다. 돌봄을 전담했다는 것은 보통 아내가 (또는 남편이 그 역할을 떠맡았을 경우 남편이) 가정생활의 질에 감정적인 투자를 더 많이 했음을 의미한다. 결과적으로 불행한 결혼이 강제로 해소된 것으로 고통을 더 많이 겪는 것은 돌봄을 전담했던 사람이다.

일상적인 돌봄의 책임을 공유하는 것이 더 나은 해결책이다. 그렇게 하면 남편과 아내 모두 자신들이 돌보는 아이들이나 노약자들과 정서적인 유대 관계를 맺게 된다. 보이 스카우트에 참여하거나 지역 노숙자 쉼터 등에서 자원 봉사하는 것 같은 지역 사회 공동체에 참여하는 것도 마찬가지다. 부부가 모두 참여하면 평등한 입장에서 책임을 협상할 수 있어 어느 한쪽이 경제적으로 의존할 필요가 없다. 적지만 상당수의 가족들이 이렇게 살고 있다.27 그러나 개인이 스스로 그런 변화를 만들어 내는 동안 돌봄이 제대로 보상을 받지 못하는 세상에서 계속 경쟁하며 살아야 한다. 이것이 그들의 선택에 심각한 제한 요소가 되고 있다.

쥐들의 경주 효과

노동자 대다수에게는 노동 시간을 선택할 권한이 제한되어 있다. 보통 고용주가 노동 시간을 결정하는 권력을 더 많이 쥐고 있다. 정규 노동 시간인 40시간보다 적게 일하고 싶은 사람들은 단시간 노동을 선택하는 대가가 엄청나게 크다는 것을 깨닫게 된다. 단시간 노동에는 경력직 진급 같은 혜택이 전혀 없기 때문이다. 더 중요한 것은 노동 시간 단축이나 야간 근로 거부의 효과가 다른 사람들은 어떻게 하는가에 달려 있다는 것이다. 착한 사람의 딜레마와 비슷한 조율 문제가 여기서도 작동한다.

같은 직장에서 일하면서 승진을 두고 서로 경쟁하고 있는 로빈과 테리의 경우를 생각해 보자. 둘 다 좋은 직장에서 일하면서 가족과도 함께 시간을 충분히 보내고 싶어 한다. 둘 중 하나를 택하라면 좋은 직장을 선택하겠지만 가족과 함께 있는 시간도 그에 못지않게 중요시한다. 고용주가 그 둘이 야간 근무하기를 간절히 원해 승진이라는 카드를 내세우고 있다고 하자. 로빈과 테리는 자신들의 행동을 조율하여 야간 근무를 하지 않도록 할 수만 있다면 둘 다에게 이득이 된다. 고용주는 누구를 승진시킬까 결정하는 데 다른 기준을 적용해야만 할 것이다. 그러나 착한 사람의 딜레마에서 보듯 로빈이나 테리 모두 상대의 결정에 확신이 없다고 해 보자. 둘 다 상대방이 야간 근무를 거부하지 않을까 봐 두려워 자신도 거부하지 못할 것이다. 둘 다 야간 근무를 하게 된다. 그러나 여전히 승진은 둘 중 한 사람만 하게 된다.

젊은 전문직 노동자 대다수는 로빈과 테리 같은 처지에 놓여 있다. 예를 들어 유명 법률 회사에서는 아직 파트너로 승격되지 않은 변호사들에게 수년간 엄청나게 장시간의 노동을 시키고 나서야 직장의 안정성을 보장한다. 장시간 노동하지 않은 사람들은 해고되고 만다. 그러한 형태의 경쟁은 분명 집안 식구들을 돌볼 시간은 고사하고 간단한 도시락 먹을 시간을 확보하는 것마저 어렵게 만드는 경쟁이다. 물론 변호사는 돈을 꽤 잘 번다. 혹자는 높은 연봉이 그에 대한 충분한 보상이 된다고 주장할지 모르지만 돈과 시간이 완벽한 대체 관계에 놓여 있다고 믿을 때에만 그런 주장이 통할 것이다.

쥐들의 경쟁에서는 고정된 크기의 치즈를 두고서 장시간 노동을 기꺼이 하는 쥐들이 그것을 차지한다. 하얀 실험실 가운을 입은 과학자나 양복을 잘 차려입은 기업 간부들이 증명해 주듯, 그런 경쟁은 사람들 간의 노력을 증대시키는 아주 좋은 전략이다. 많은 경쟁적 게임은 '승자가 모든 것을 가지는' 상품을 내건다.[28] 그 결과가 사회 전체로 봤을 때 항상 나쁜 것은 아니다. 그러나 위에 묘사된 경주의 예에서 보듯이 가족을 돌보는 시간은 박탈당하고, 장시간의 노동과 맞바꾼 월급봉투가 박탈된 가족 시간을 직접 보상하지는 않는다.

쥐들의 경주 효과는 왜 대부분의 나라에 일일 노동 시간에 대한 규제와 야근 수당이 있는지 잘 설명해 주고 있다. 그러나 고소득 직종에는 그런 규제가 적용되지 않는다. 법, 의료, 경영 같은 전문 직종의 경쟁 압력은 직장 말고 다른 삶을 추구하려는 개인을 가려낸다. 이런 환경에서 돌봄을 주고받는 욕구가 축소된 슈퍼 쥐가 등장한 것도 놀랄 일이 아니다.

남녀 모두 부모 노릇과 직장을 병행할 수 있게 하려면 남성의 역할에 대한 새로운 시각과 직장 생활의 전반적인 변화가 요구된다.

— 스웨덴 노동부

핑크 칼라의 불이익

지난 25년간 상당수의 여성이 쥐들의 경쟁에 적극 참여하거나 변화를 시도하기도 하면서 전문 직종에 들어갔다. 그러나 여성은 대부분 비서, 교사, 보육사, 간호사 등 몇몇 여성 직종에 몰려 있다. 불행히도 그런 직종에 종사하는 여성이 많을수록 모든 조건이 같을 때 임금도 더 낮아진다. 그런 경향은 여성이 임금이 높은 남성 직종에 들어가지 못하는 규제와 함께 진전되었고 여성들은 몇몇 직종에 몰려들었다. 그러한 규제는 오늘날 많이 없어졌지만 여전히 여성들은 '여성 직종'이라고 불리는 분야로 들어가고 있다.

이에 대해 여러 설명이 가능하다. 여성은 가족을 우선시한다고도 하고 쥐들의 경주에 뛰어들어야 하는 압력을 노골적으로 피하고 싶어 한다고도 한다. 미묘한 일들을 통해, 또 성희롱같이 미묘하기보다는 분명한 여러 일들을 통해 여성들은 전통적인 남성 직종에서 환영받지 못하고 있다는 느낌을 받게 된다. 여성들이 완벽하게 직무를 수행할 수 있는데도 남성만의 일로 인식되는 육체노동들도 있다. 여성들은 남성들에게 매력이 없어 보일까 봐 그리고 좋은 배우자나 연인을 찾을 수 없게 될까 봐 그런 직종을 피하는 경우도 있다.[29]

여성이 여성 직종을 선택하는 다른 이유는 그 직종에 여성들이 가치 있게 여기도록 배운, 타인을 돌보는 성격이 어느 정도 있기 때문이다. 사회학자 파울라 잉글랜드는 돌봄을 요구하는 직종은 다른 조건이다 똑같을 때 여타 직종보다 보수가 적음을 밝혀냈다. 다른 한편 다른 사람에게 권위를 행사하는 직종은 돈을 더 많이 준다.[30] 보수적인 경제 학자는 이렇게 말할지도 모르겠다. "그게 바로 시장의 아름다움이다. 돌봄 노동자는 그러한 일을 함으로써 내적인 만족을 얻고 그러한 만족 감은 낮은 보수를 보상한다. 다른 한편, 직장 상사가 되는 일은 너무나 불쾌한 일이어서 시장은 불쾌한 일에 더 높은 보상을 준다." 일반적으로 저임금 직종이 고임금 직종보다 작업 환경이 더 좋거나 일이 더 즐거운 것은 아니므로 이 설명은 그다지 설득력 있게 들리지 않는다. 개인의 선호와, 공급과 수요라는 시장의 힘만이 임금을 결정한다는 가정을 해야만 가능한 설명이다.

보수적인 경제학에서는 돌봄과 관련된 직종은 보수가 낮은 것이 좋을 수도 있다고 한다. 돌봄을 수행하는 개인이 돈보다는 내면적인 동기로 일을 하도록 할 수 있기 때문이다. 어쨌거나 주차장의 주차원보다도 낮은 보수를 받는다 해도 보육 교사가 되기를 선택하는 여성은 아이들을 사랑하는 것이 틀림없다. 돌봄 직종에 높은 보수를 지급하면 순전히 돈 때문에 그 일을 하려는 사람만 끌어들일 것이다. 전통적으로 남성 직종에서 일하는 사람들에게 지급되는 높은 보수가 내면적인 동기를 무너뜨릴 수 있다고는 왜 걱정을 하지 않는 것인지 우습기만 하다.

돌봄 직종에 낮은 보수를 지급할 때 발생하는 부정적인 결과를 몇 가지 생각해 보자. 돌봄 직종의 낮은 보수는 교육 수준과 정력이 높은 사람들이 더 나은 보수를 찾아 다른 직종을 선택하도록 한다. 낮은 보수는 아이를 양육할 충분한 돈을 벌어야 하는 사람들도 돌봄 직종을 단념하도록 만든다. 낮은 보수는 훈련과 계발에 헌신하지 못하도록 만든다. 낮은 보수는 과로율과 이직률을 높인다. 노동자들은 조금이라도 더 나은 노동 조건을 제공하는 직장을 찾아 떠나려 하기 때문이다.[31]

경제학자들은 "보육 교사 수요가 많아지기만 하면 보수가 올라가고 모든 게 다 잘될 것이니 걱정할 것 없다"고 얘기한다. 현실은 그렇게 간단하지 않다. 공적 지원이 없는 상황에서 보육 교사의 임금 상승은 자녀 양육비를 올리는 결과를 가져오기 때문에 보육 교사의 임금을 올리는 것은 쉬운 일이 아니다. 대부분의 가정은 이미 자녀 양육비 지출에 힘들어하고 있다. 아이에 대한 부모의 이타심도 보육 교사들만큼이나 경제적 압박에 시달리고 있음을 잊지 말자. 이 같은 우려는 노인 수발에도 적용된다.

며칠 전 그런 경제적 압력이 어떻게 축적되고 있는지 상기시켜 주는 대화를 엿듣게 되었다. 갓난아이를 둔 한 여자가 13세와 15세의 자녀를 둔 어머니에게 이런 질문을 던졌다. "당신 딸이 아이 보는 것을 좋아하나요?" 십대 자녀를 둔 어머니는 "물론 좋아하지요. 하지만 못하게 말리고 싶네요. 그런 경험은 결국 그런 비슷한 직업을 택하도록 만들 테니까요" 하는 정직한 대답을 들었다. 갓난아이의 어머니는 다소 실망한 듯 "그럼 아들은 어때요? 애 돌보는 법을 배우게 하면 아들한테도 좋지 않을까요?" 하고 물었다. 그러자 "물론 좋겠죠. 근데 아마 한 시간에 25달러 정도는 줘야 일을 하려고 할 거고 애 친구들한테는 비밀로 하겠다고 약속해야 할 걸요" 하고 그 어머니는 말했다.

도덕성에 관한 이야기

배려와 책임을 위협하는 경쟁의 압력은 모든 종류의 내재적 동기를 붕괴하는 압력의 일부분이다. "모든 사람에게 붙여진 가격이 있다"는 속어를 들어보았을 것이다. 많은 사람들이 매사에 값을 매긴다는 데 동의한다는 우울한 견해를 거들 필요는 없다. 그러나 값이 오르기 시작할 때 무슨 일이 벌어질지 궁금하게 만들 것이다.

로버트 프랭크라는 경제학자는 사람들이 갖고 있는 가치가 직업을 선택할 때 어떤 영향을 미치는지 알아보기 위해 설문 조사를 고안했다. 설문 조사에는 똑같은 수준의 훈련이 필요하고 똑같은 보수를 받지만 사회적 의미에서는 차이가 있는 직업 두 가지가 짝지어져 있다. 예를 들어 미국암협회에서 일하는 변호사와 레이놀즈 담배 회사에서 일하는 변호사 중에 어떤 것을 선택할지 대답해야 한다. 아니면 시에라클럽과 다우화학의 홍보 담당 중 어느 쪽을 선택할지 결정하는 것이나. 두 회사는 건강 문제와 환경 문제 등에서 뚜렷한 차이를 드러내고 있어 보람을 느낄 만한 일과 비난받을 만한 일이라는 대조를 강조하고 있다.

응답자들은 얼마를 더 받아야 덜 가치 있는 일을 맡을 것인가 하는 질문을 받는다. 보통 상당한 금액을 부르는데 어떤 응답자들은 돈을 얼마를 줘도 그런 일을 할 수 없다고 강하게 얘기한다. 1990년대 초에 프랭크가 가르치던 코넬 대학 학생들은 일 년에 2만 5천 불은 더 벌어야 미국암협회가 아닌 레이놀즈 담배 회사에서 일하겠다고 대답했다. 몇몇 학생들은 연봉이 얼마가 되어도 담배 회사에서는 일하지 않겠다고 말했다. 이러한 조사 결과는 왜 자본주의 사회의 회사들도 포함해서 강력한 도덕적 가치를 추구하는 제도가 그렇지 않은 제도와 경쟁했을 때 더 효과적일 수 있는지를 잘 설명해 주고 있다. 강력한 도덕적 가치가 있을 경우 적은 보수로도 높은 수준의 충성심과 노력을 끌어낼 수 있기 때문이다. 물론 문제는 어떻게 해야 그런 충성심과 노력이 시간이 지나도 계속 유지될 수 있겠는가 하는 것이겠지만 말이다.

내가 가르친 학생들한테도 똑같은 설문 조사를 했는데 성별의 차이에 특별히 주목했다. 일반적으로 남학생들보다 여학생들은 손해가 얼마가 나든 도덕적으로 매력적이지 않은 직업을 택하지 않을 것이라고 말했다. 그런 직업을 택하게 되면 높은 보수를 요구하리라는 것이다. 예를 들어 남학생과 비교해 보았을 때 여학생들은 평균 적어도 5천 불은 더 주어야 미국암협회가 아니라 레이놀즈 담배 회사에서 일하겠다고 답했다. 물론 말과 행동이 항상 일치하는 것은 아니다. 실제로 도덕의 수호자가 되는 것보다는 그런 입장을 취하는 것이 더 쉽다. 그러나 여학생들의 선택은 실제로 택하는 직업들과 일관성이 있어 보인다.

여성들이 높은 보수를 지급하는 직업군에서 제외되었을 때, 도덕적으로 보람 있는 직업을 선택하는 데는 대단한 의지력이 필요하지 않다. 어떤 면에서 여성성이라는 규범은 니체가 '노예근성'이라고 경시해 버렸던 배제의 전통을 반영한다.[32] 그 규범은 여성 집단에게 이익이 되는 방식으로 변화하고 있으나 사회 전체에는 새로운 비용을 부과하고 있다. 다른 면의 경제 동향 또한 같은 방향으로 움직이고 있다. 미국 사회의 소득 불평등의 확대는 과거보다 가족 돌봄 노동뿐만 아니라 공공부분 노동에 능력 있고 책임 있는 노동력을 끌어들이기 갈수록 힘들게 만들고 있다.[33]

돌봄의 구매

우리는 아이나 노약자들을 주로 가족이 돌보는 시스템에서 돌봄을 구매하는 시스템으로 옮겨가고 있다. 다시 말해 개인의 구매와 판매 결정이 핵심이 되는 시장의 역할이 커지고 있다는 것이다. 시장은 몇몇 재화와 서비스 공급에는 꽤 잘 작동한다. 가정용 컴퓨터를 생각해 보자. 어떤 혁신적인 사람이 컴퓨터를 만드는 방법을 알아내 엄청난 돈을 벌었다. 벌어들인 이윤은 곧 다른 사람들도 컴퓨터 산업에 끌어들였고 그 때문에 발생한 경쟁은 더 나아간 혁신에 대한 보상을 창조해 내어 결국 계산에 들어가는 비용을 엄청나게 감소시키는 결과를 낳았다. 전체 경제가 거의 긍정적인 쪽으로 변화되었다.

돌봄을 제공하는 서비스도 그와 같은 시장의 힘에 의존할 수 없을까? 아마 어느 정도는 가능할 것이다. 그러나 돌봄은 컴퓨터 기술과는 정반대에 서 있는 기술이라는 사실을 명심하자. 돌봄은 극도로 노동 집약적이다. 일대일의 접촉과 개인별 맞춤 지식이 필요하다. 표준화되거나 객관화될 수도 없다. 훌륭한 돌봄 로봇을 만들어 내지 않는 한, 땀과 눈물을 실리콘으로 완벽하게 대체할 가능성은 별로 없어 보인다. 돌봄 로봇이 있다 하더라도 그 용어 자체가 모순이다.

결과적으로 돌봄 서비스의 상대 가격은 올라가서 결국 앞에서 묘사된 파괴적인 효과를 초래할 것 같다. 돌봄의 질에 대한 압박이 심해질 것이다. 경제학 개론서들은 질에 대해서는 별로 신경을 쓰지 않는데 소비자 주권을 당연시하기 때문이다. 소비자는 똑똑하고 정보력이 뛰어나서 여러 종류의 서비스 판매자와 제공자들 가운데 선택할 수 있다고 가정한다. 그 가정은 돌봄이 필요한 아이나 노약자들에게는 별로 들어맞지 않는다. 보통 돌봄 서비스는 그들을 대신하여 부모나 가족, 보험 회사, 어떤 경우 국가 기관이 구매한다. 실제 의사 결정자가 가장 순수한 동기로 돌봄을 실제로 받을 사람에게 가장 좋은 선택을 원한다는 믿지 못할 가정이 사실이라 할지라도 돌봄의 질을 판단하기란 어렵다. 어쨌거나 실제 의사 결정자가 돌봄을 받는 당사자가 아닌 것이다.

어떤 종류의 노동은 눈에 보이는 성과물을 만들어 낸다. 연장을 몇 개 생산했다거나 몇 개 팔았다거나 단어 몇 개를 문서화했다거나 하듯이 말이다. 돌봄 노동 또한 측정될 수 있다. 아이 몇 명이 감독 하에 있었는지 병원에 며칠 입원해 있었는지 숙소마다 수행원이 몇 명인지 등으로 측정한다. 그러나 일대일로 제공되는 돌봄 서비스는 정서적인 요소를 포함하기 때문에 상호 작용의 질은 엄청나게 다양할 수 있다. 질을 측정하기가 그래서 어려운 것이다(이 문제는 다음 장에서 더 자세하게 설명할 것이다). 그렇다고 '질'이 반드시 소비자를 즐겁게 하는 것은 아니다. 때로 아이들은 훈육이 필요하고 환자는 불편한 의료 조치를 받아야 한다. 노인들이 힘든 운동을 원치 않을 때에도 운동을 하도록 해야 한다. 훌륭한 돌봄 노동자는 다른 사람들의 복지에 진심으로 관심이 있는 사람들이지만, 누가 훌륭한지 어떻게 구분할 수 있겠는가?

구매한 돌봄 서비스가 마음에 들지 않을 때에도 대안을 찾기는 쉽지 않다. 마지막으로 돌봄이 가장 필요한 사람들 대다수가 정작 돌봄을 살 돈이 없다는 단순한 사실도 존재한다. "너무 안됐다"거나 "운이 없네" 하고 말할지도 모른다. 그러나 최소한의 돌봄은 필요이지 사치가 아니다. 더욱이 필요한 돌봄을 받지 못할 때 부작용의 파급 효과가 사회 전반에 미친다.

파급 효과와 부산물

사람들은 대부분 타인과 조화를 이루면서 일하므로 각각의 기여분을 분리해 내는 것은 힘든 일이다. 이 상호 의존은 특히 돌봄 노동의 특징이다. 부모는 본인이 아이를 키우는 방식이 손자녀들이 양육되는 방식에 영향을 미칠 것을 안다. 사람들은 대부분 인생에 영향을 미쳤던 초등학교 시절의 추억들을 기억한다. 어떻게 해서 수학을 싫어하게 되었는지, 작문을 좋아하게 되었는지, 체육을 경멸하게 되었는지 등 말이다.

교사들은 수업 시간의 성공 여부는 학생들의 가정환경에 많은 영향을 받는다는 사실을 안다. 고용주는 심신의 건강이 직원들의 업무 수행에 큰 영향을 미친다는 사실을 안다. 우리 대부분은 노인들을 돌보는 방식이 나중에 우리가 늙었을 때 자식들에게서 받을 돌봄에 영향을 미친다고 생각한다.

양질의 돌봄은 돌봄을 받는 당사자 외에도 많은 사람들에게 여러 이득을 준다. 훌륭한 보육 교사나 초등 교사는 학생들에게 배우려는 열정과 협동심을 심어 주어 다음에 그 학생들을 맡는 교사와 고용주가 이득을 볼 것이다. 훌륭한 의사와 간호사는 환자의 가족과 고용주가 득을 보게 한다. 노인들이 양질의 삶을 영위할 때 지역 전체가 미래에 대해 밝은 시각을 갖게 된다. 타인을 친절하게 돕는 사람들은 누구에게나 이로움을 만들어 내어 넓게 퍼져 나가게 만든다.

행복하고 건강하고 성공한 자녀를 기르는 부모는 특히 중요한 공공재를 만들어 내고 있는 것이다.[34] 그 돌봄의 수혜자는 아이들만이 아니다. 고용주는 생산성이 좋은 노동자한테서 이윤을 얻는다. 노인들은 젊은 세대가 지불하는 사회 보장 세금의 덕을 본다. 이에 대해서는 4장에서 자세하게 논의할 것이다. 동료 시민은 생산적이고 법을 준수하는 이웃한테 얻는 것이 있다. 이 모두 긍정적인 파급 효과와 부산물의 예들인데 경제학자들은 이를 '긍정적 외부 효과'라고 부른다. 돌봄을 제공하기로 한 실제 결정의 바깥에서 발생하기 때문이다.

외부 효과는 수발자들이 자신들이 공헌한 가치에 값을 매기는 것이 왜 그토록 힘든 일이지 어느 정도 설명해 준다. 부모는 자식에게 호혜를 요구할 수 있지만 자기 자식에게서 이득을 본 사람들한테 호혜를 요구할 수 없다. 일반적으로 사랑, 의무, 호혜 등 가족 가치는 긍정적 외부 효과를 만들어 낸다. 좋은 사람, 좋은 부모, 좋은 아이들은 자신들이 잘해 준 사람들한테 좋은 대우를 답례로 원할 수 있다. 그러나 좋은 행위가 가져온 효과가 자신들이 알지도 못하는 범위로 퍼져 나갈 때 그 효과를 다 거두기를 기대할 수는 없다. 그러나 공동체는 그런 효과들을 다 거두어 엄청난 이득을 볼 수 있다. 이것이야말로 공동체가 중요할 수밖에 없는 이유다.

돌봄 상품

사람들은 끊임없이 노동 서비스를 사고판다. 그러나 사람을 사고 파는 것을 금하고 있으니 사람 자체가 상품은 아니다. 그러니까 인간을 발전시키고 돌보는 노동을 상품화하는 어려움은 결코 놀랄 일이 아니다. 돌봄 노동의 양과 질은 전적으로 시장에서 충분히 보상되지 않는 사랑, 의무, 호혜라는 문화 가치에 달려 있다.

미덕처럼 돌봄도 자체로 보상을 수반할 수 있다. 그러나 인간의 나약, 취약, 소원 같은 것들도 있다. 옳은 일을 하면서 어느 정도 이득을 보기를 기대하기 때문에 이득이 없을 경우 간혹 비애와 분노를 경험할 때도 있다. 남을 돌보는 행위에 내재하는 내재적인 만족감은 경제적인 궁핍 때문에 사라질 수도 있다. 돈이 돌봄을 위한 선결 요건일 경우도 있다. 가족을 위해 가난을 기꺼이 견딜 수도 있는 여성은 그 결과 자녀들이 고통을 겪는다면 돌봄 노동을 수행하려 들지 않을지도 모른다.

그러나 감사와 호혜가 존재하지 않으면 내재적 만족이 사라질 가능성이 더 높다. 개인 간의 관계에서 우리는 그걸 보고 가슴이 찢어진다고 한다. 돌봄 직종에서는 그걸 보고 나가떨어진다는 표현을 쓴다. 선의가 바닥나고 냉소가 피어오른다. 여성학 교수가 돌봄 직종에 종사하는 비용을 학생들에게 경고하듯이, 어머니들은 딸들에게 결혼에 너무 의존하지 말라고 경고한다. 미덕은 그 자체로 보상이 될 수도 있지만 사회적 관점에서 보면 그 보상은 돌봄이 알맞게 공급되도록 보장할 만큼 충분하지 않다.

경주의 예로 다시 돌아가 보자. 결국 여신들이 아닌 우리가 경주 규칙을 만들어야 한다. 경쟁의 효과는 규칙과 보상에 달려 있다. 친족을 포함해 타인을 어느 정도 돌보아야 하는가? 인간이 천성적으로 이기적이라고 생각한다면 서로 이타적이 되도록 끊임없이 장려하는 것은 어리석은 짓일 것이다. 그러나 부분적으로 어쩔 때에만 이기적이라면 이기적인 행동에 어떤 식의 보상을 하고 있는지 주의를 더 깊이 기울일 필요가 있다. 그렇게 하지 않으면 이타심을 시장뿐만 아니라 가족과 공동체에서도 완전히 몰아낼 수도 있기 때문이다.

3. 성공의 측정

시아버지 칼은 평생을 자원 소방관로 일하셨다. 시아버지가 돌아가시자 장례식이 코네티컷 주의 노스 매디슨 소방서 이층에 있는 공동 구역에서 열렸다. 몇몇 사람이 칼이 진화한 화재 사건과 화재를 당한 가족을 도와준 일화를 나서서 이야기했다. 그러나 내가 가장 또렷하게 기억하는 것은 칼과 함께 정기적으로 혈액은행에 헌혈하러 다녔다는 어떤 여성의 이야기다. 그녀는 칼이 평생 동안 헌혈한 피를 다 더하면 어림잡아 95리터가 넘을 것이라고 했다. 그 숫자는 측정되지 않는 공헌의 지표로서 내 마음에 꽉 박혀 있다.

『선물 사회』라는 고전에서 리처드 티트머스는 이기적인 동기가 전면에 나설 때 질이 떨어지게 되는 분명한 예를 제공했다.[1] 그 책이 쓰인 1960년대는 혈액 검사로 간염이나 에이즈 등을 진단하는 기술이 발달하지 않은 시대다. 티트머스는 피를 전적으로 자발적인 기여를 통해 모으는 영국과 돈을 주고 사는 미국의 피의 질에 엄청난 차이가 있음을 관찰했다. 그는 구매된 피는 질이 낮다고 설득력 있게 주장했다. 가난하고 병에 걸려 있는 사람이 아무래도 피를 팔 가능성이 훨씬 높기 때문이다. 반면 시민 의식에서 기증되는 피는 보통 질이 높다.

기술이 이 문제에 해결책을 제공했다. 오늘날 우리는 질이 나쁜 피를 선별해 폐기해 버린다. 그러나 수집하는 피의 양이 문제로 남는다. 미국 국가혈액정보자원센터의 연구자들은 1999년에 혈액 기증이 점점 감소하고 있다고 경고했다. 환자와 부상자들을 치료하는 데 필요한 피의 공급이 우려되는 정도라는 것이다. 기증은 매년 1%씩 감소하는 반면 수요는 매년 그만큼 증가하고 있다. 미국인 60% 정도가 피를 기증할 자격이 되는데도 5%만이 실제로 기증을 한다.[2]

공급 부족에 간단한 해결책이 있기는 하다. 기증자에게 돈을 더 지불하는 것이다. 물론 의료비가 올라간다. 그러나 그런 해결책이 그렇게 내키지 않은 다른 이유는 돈 같은 외적인 동기가 시민의 책임 의식 같은 내재적 동기를 붕괴시킬 가능성이 있다는 데 있다. 다시 말해 공급 부족 문제는 분명 개선되겠지만 우리 자신과 문화 가치의 변화를 가져와 미래에 다른 문제를 일으킬지도 모른다. 가격을 올리는 데서 거둘 수 있는 단기적인 편익을 계량화하기는 쉽지만 장기적인 비용을 계량화하는 것은 쉽지 않다. 비용/편익 분석에서는 달러, 리터, 그램 등으로 측정할 수 있는 것들이 동기, 느낌, 가치 등 측정하기 어려운 것들을 능가하고 있다.

우리 경제는 어느 정도 게임으로 조직되어 있다. 모든 경쟁 게임은 규칙을 정하고 점수를 매기는 방식을 정한다. 가령 농구에서는 어떤 골에는 2점을 주고 다른 골에는 3점을 준다. 미식축구에서는 터치다운을 하면 6점을 주지만 필드 골을 넣으면 3점을 준다. 가장 빠른 사람에게 금메달을 주거나 가장 무거운 것을 지고 가장 빨리 달린 사람한테 우승을 안긴다. 이런 보상 구조가 선수들의 동기를 규정한다. 대부분의 스포츠 경기는 우리가 능력을 계발하고 우리 안의 최선을 이끌어 낼 수 있도록 성공을 규정하려고 한다. 경제 영역에 그런 시도를 들여오면 어떨까?

그렇게 하고 있다. 그러나 경쟁만이 선의의 결과를 초래할 수 있다는 듯이 시장에 절대 개입하지 말 것을 주장하는 경제학자들이 그런 노력에 심각하게 훼방을 놓고 있다. 그들의 말은 사실이 아니다. 경제의 어떤 영역에서는 성공을 측정하는 일이 아주 쉬워 기본 원칙 하나로 환원될 수 있을지 모른다. 예를 들어 가장 이윤을 많이 낸 회사가 승자가 된다. 그러나 다른 경제 영역에서 문제는 훨씬 복잡하다. 이윤을 극대화하려는 동기는 비용을 극소화하려는 동기를 낳는다. 비용을 극소화하려는 동기는 질을 낮추려는 유혹에 사로잡힐 수 있다. 특히 질을 측정하기 어려울 때 더 그렇다. 돌봄 산업에서는 질을 감독하는 것이 오히려 덜 어려운 편에 속할 정도로 정의하는 것 자체가 어렵다.

돌봄 산업에서 제기되고 있는 문제는 특히 우리 경제 전반을 오랫동안 괴롭힌 문제가 심화된 것이라고 보면 된다. 경제학자들은 전통적으로 시장 중심의 지수로 성공을 측정해 왔다. 다우 존스 공업 평균 지수는 주식들의 가치 지수인데 경제 전체의 방향을 선도하는 지수로 여겨 왔다. 국내 총생산은 국가 경제 안에서 사고팔린 모든 것의 가치를 나타낸다. 둘 다 회계사들이 쉽게 잡아낼 수 없는 항목들은 무시하고 있다. 사회가 더 부유해질수록 손에 잡을 수 없는 것들이 더 중요해지는 듯하다. 단일한 회계 처방을 내리는 것은 어렵겠지만 우리 사회가 나아가는 방향을 아주 다르게 그려낼 대안 지수를 제안하는 것은 쉬운 일이다.

돌봄의 가격을 낮추기

성공을 측정하는 전통적인 잣대로는 특히 의료, 노인 수발, 보육, 교육, 사회 복지 등을 제공하는 경제 내의 무료 돌봄 영역을 제대로 평가하지 못한다. 정부의 통계 조사는 돌봄 영역 범주들을 공식적으로 잡아내지 않지만 이리저리 맞추어 보면 공식 통계를 이용하여 소위 '전문 돌봄 서비스'라는 범주를 구성해 낼 수 있다(병원, 병원 외 의료 서비스, 교육 과 사회 복지 서비스 등의 표준 산업 분류를 이용하면 된다). 미국에서 이 분야의 고용은 꾸준히 성장하여 현재는 전체 노동자의 5분의 1을 차지하고 있 다. 이는 제조업, 기계업, 건설 분야를 다 합한 고용 수준과 맞먹는다. 병 원과 학교는 이제 공장과 건설 현장만큼이나 임금 노동의 이미지에서 큰 비중을 차지하게 될 것이다.[3]

전문 돌봄 서비스의 공급은 여성이 압도적으로 많은 부분을 담당 하고 있다. 1998년 여성은 16세 이상 노동자의 약 46%를 차지했지만 병 원에 고용된 사람 가운데 76%, 의료 서비스에 종사하는 사람 가운데 79%, 교육 서비스와 사회 복지 서비스에 각각 69, 82%를 차지하고 있 다.[4] 이 분야가 비용을 감축하려는 인센티브와 보수 책정, 직무 수행 평 가 방식 등을 어떻게 구조화하고 있는지는 특히 여성 노동자와 아주 밀 접한 관련이 있다. 또한 돌봄을 받는 사람들의 복지에도 명백히 관련이 있다.

지난 30년간 전반적인 돌봄 비용은 다른 재화와 서비스 비용과 비 교해 볼 때 올라갔다. 여기에는 앞장에서 논의된 것 말고도 다양한 이유 가 있는데 돌봄 노동을 자동화하기 어려운 것은 한 이유일 뿐이다. 인구 구조 변화는 노인 인구층의 상대적 크기를 증가시켰다. 의료 기술의 변 화는 병을 치료하고 수명을 연장하는, 경이로우면서도 값비싼 방법들 을 고안해 냈다. 교육의 중요성이 증가하면서 초등 교육과 고등 교육의 질적 향상이 요구되었고 대학의 등록률은 전보다 더 높아졌다. 더 많은 어머니들이 돈을 벌기 시작했으며 자신이 제공하던 돌봄을 대체할 서 비스를 구매하기 시작했다.

비용이 올라가면 경쟁도 심화되는 경향이 있다. 돌봄 영역에 있는 관리자, 전문가, 정책 입안자들은 전격적인 제도의 재조정을 통해 비용을 낮추는 방법을 고안하는 데 골몰했다. 미국 민간 건강 보험 조직인 건강관리기구HMO의 성장은 아주 좋은 예인데 의료비를 충당하는 수단으로서 전통적인 보험을 대체하고 있다. 메디케이드를 통해 노인들에게 공적 부조를 제공하는 비용이 늘어나면서 양로원 재정이 운용되고 규제되는 방식을 변화시켰다. 이용 가능한 양질의 보육의 부족은 공적 지원금을 더 많이 요구하도록 만들었다. 학교에 만족하지 못한 사람들은 공교육 제도를 무너뜨리고 부모들에게 무료 수강권(바우처)을 제공하여 일정 금액을 내고 시장에서 교육 서비스를 구매하도록 하자는 제안을 내놓기에 이르렀다(이 문제는 6장에서 자세히 논의할 것이다).

　돌봄 비용을 낮추려는 압력은 금전적인 실리에 집중하는 사적 이윤 추구 기관들에게 새로운 길을 열어 주었다. 공적 비영리 추구 제도들은 그들과 다른 규칙에 매여 있으면서도 같이 경쟁해야만 하는 것이다. 예를 들어 민간 병원은 가난한 사람들에게 응급 치료를 제공할 의무가 없고 인턴이나 레지던트 의사들에게 훈련의 기회를 제공하지 않아도 된다. 그러나 국립 병원은 그렇게 해야만 한다. 사립학교는 평균 시험 점수를 떨어뜨릴 것 같은 학생의 입학을 거절하거나 문제아를 퇴학시킬 수도 있다. 공립학교는 그런 권한을 가질 수 없다.

　민간 영역에도 경쟁 압력이 증대되고 있다. 세계화는 무역과 자본의 이동에 장벽을 없애고 있다. 기업들은 노동자들에게 의료 혜택을 제공할 필요가 없고 세금을 내서 학교와 병원의 재정에 기여할 필요가 없는 나라로 옮겨갈 수 있다(이에 대해서는 9장에서 더 논의할 것이다). 경쟁 원칙의 도입은 돌봄 서비스의 비용이 치솟지 못하게 할 수 있다. 그러나 사람들이 인식하는 데 시간이 걸리고 대책을 세우는 데는 시간이 더 걸리는 식으로 돌봄의 질이 저하될 수 있다. 이 모두 어떻게 질을 측정, 감시, 보호하는가에 달려 있다.

실전 의료

간호의 문화는 공감하는 돌봄이라는 이상을 중심으로 전개되어 왔고, 간호 조직은 몇 년 동안 의료 전달 체계에 비인간적 풍토가 만연해 있다는 질타를 받아 왔다.[5] 그렇게 성공을 거뒀다고 할 수는 없는데 환자의 손을 잡아 주는 행위가 사치로 간수되어 왔기 때문이나. 마치 마음의 행복은 주관적이며 단지 덧없는 마음의 상태인 것처럼 치부하면서 말이다. 그러나 감정은 신체 건강에 중요한 영향을 미친다는 증거가 보고되고 있다. 가장 인상적인 예는 위약 효과의 연구다. 위약 효과란 환자들이 설탕으로 만든 약이나 허위 수술을 받고도 진짜 치료를 받은 것처럼 효과를 본다는 언뜻 보기에는 설명 불가능한 사실을 지칭한다. 치료를 받고 있다는 기대, 누군가의 손에서 안전하다는 느낌이 측정할 수 있을 정도의 효과가 있는 것 같다.

정서적 지지는 치료 효험이 있다. 마거릿 탈보트라는 기자는 매사추세츠 병원에서 실시한 수술 이후 통증에 대한 연구를 기사에서 다루었다. 연구는 환자들을 무작위로 두 그룹으로 나누었다. 한 그룹은 수술 전날 밤 마취과 의사의 방문을 받았는네 이 의사는 아주 무뚝뚝하게 환자들을 돌보았다. 수술 전날 밤 다른 그룹은 같은 의사의 방문 진료를 받았는데, 의사는 침대 곁에 앉아 환자의 손을 잡아 주면서 따뜻하고 다정하게 환자들을 대했다. 두 번째 그룹의 환자들은 첫 번째 그룹의 환자들보다 수술 후 진통제를 덜 요구했고 훨씬 더 일찍 퇴원했다. 한 의사가 말했듯이, "위약 효과는 희망, 믿음, 신뢰, 사랑이 최적화된 조건에서 일어날 수 있다."[6]

'최적의 조건'은 환자가 의료 서비스를 제공하는 사람과 개인적 관계가 부재하는 상황을(기간은 말할 것도 없다) 포함하지 않는다. 의사가 시간당 환자 수를 채우거나 환자당 진료비의 한계를 지켜야 하는 금전적 압박에 시달리는 상황도 포함되지 않는다. 그러나 그런 상황들은 점점 현대 의료의 특징이 되고 있다. 의료는 비용을 절감해야 하는 압력에 직면한 보험 회사나 응급실(보험이 없는 사람들이 유일하게 구매할 수 있는 의료 형태)이 제공하고 있다. 어느 경우든 환자와 개인적인 접촉이 없는 사람과, 지출을 제한하는 것이 직업인 사람들이 의료 결정을 내린다.

의료는 비싸기 때문에 비용을 줄일 방법을 생각할 필요가 있다. 그러나 비용과 돌봄이라는 전쟁에서 지고 있는 쪽은 돌봄인 것 같다. 개별 서비스 비용을 지불하는 전통 보험과는 달리, 건강관리기구는 회원에게 미리 정해진 금액을 물린다. 대신 회원의 필요를 채워 주겠다고 합의하는 것이다. 건강관리기구 식의 인센티브 제도가 다 나쁜 것은 아니다. 전통 보험과는 달리, 건강관리기구는 정기적인 건강 검진, 영양 섭취, 운동 등을 장려해 많은 득을 보고 있다. 가입자의 전반적인 건강을 증진시켜 병원에 갈 일을 줄게 만들어 중병을 치료하는 비용을 줄이는 것이다.

불행히도 건강관리기구 제도는 건전하지 않은 인센티브도 몇 가지 만들어 낸다. 그들은 정신병에는 제한된 치료만 제공하는데 신체적 질병보다 병을 분류하기가 더 힘들기 때문이다.[7] 또 의사들이 비싼 진료 절차를 시행하거나 입원을 시키지 못하게 한다. 1999년 7월 현재 미국의 전체 주의 절반 조금 못 되는 곳에서만 환자들이 그러한 결정에 항소할 수 있도록 하는 법이 마련되어 있다. 건강관리기구가 자랑하는 비용 절감의 대부분은 다른 종류의 프로그램보다 입원율이 낮다는 데서 기인한다.[8] 돈을 절약하는 또 다른 수단은 건강하지 못한 사람들을 가입시키지 않는 것이다. 그들은 메디케어 수혜자인 노인들 대다수가 건강 관리기구에 가입하면서 의료비가 감소할 것이라고 기대했다. 그러나 노인은 비용을 올릴 뿐이라는 사실을 깨달으면서 지난 몇 년 동안 메디 케어를 수령하는 노인들에게 보험을 제공하지 않고 있다. 경쟁 압력이 커질수록 비용 절감의 유혹에 저항하기는 더 힘들어진다.

미국의학협회지에 발표된 한 연구는 돌봄의 질을 나타내는 지표 몇 가지가 비영리보다 영리를 목적으로 하는 건강관리기구들에서 더 낮게 나타났음을 밝혀냈다.[9] 논문은 질을 표준화하는 것의 한계가 무엇 인지 적나라하게 보여 준다. 건강관리기구들을 감시하는 한 국가위원 회는 정기적인 유방 엑스레이 검사를 받는 여성 환자의 비율에 관한 자 료를 모은다. 그렇게 되면 관리자들은 의사들에게 유방 엑스레이 사진 을 많이 찍도록 장려하게 된다. 그러나 불행히도 위원회가 감독하지 않 은 다른 영역, 즉 임상 유방 검사, 환자 교육 등을 시행하는 데 시간을 그 만큼 할애하도록 장려하는 인센티브를 찾아볼 수 없었다.

"사실을 직시합시다. 사람들은 돈을 벌기 위해 영리 목적의 의료 사업에 뛰어듭니다" 하고 한 의료 경제학자는 말한다.[10] 2000년 6월, 대 형 의료 관리 회사 여섯 개가 고소를 당했는데, 의료비 지불을 거부하고 입원을 제한해 비용 절감에 기여한 의사와 직원들에게 보상을 했다는 사실을 소비자에게 밝히지 않았다는 것이 이유였다.[11]

병원늘은 전보다 환자를 빨리 퇴원시키고 비용을 가족과 친구들에 게 전가해 병원 입원 일수를 급격하게 줄였다. 최신의 휴대 기술은 집에 서도 쉽게 정맥 주사로 약을 투여할 수 있게 만든다. 반가운 일이다. 그 러나 집안 식구가 무보수로 그러한 책임을 대신 떠맡고 있다. 1997년에 는 약 2천 6백만에 이르는 사람들이 일주일에 평균 18시간 그런 일을 했다.[12] 비용 대비 효과 지표는 그런 숨은 비용을 고려하지 않는다. 건강 효과도 자세히 조사된 적이 없다. 입원을 강제로 제한하는 실태는 너무도 악명이 높아서 1996년 의회가 출산 당일 또는 최단기간 입원으로 출산하는 '드라이브 스루' 의료 행위를 금지하고 보험 회사가 정상 분만에 최소한 이틀간의 입원 치료비를 지불할 것을 요구하는 법안을 통과시켰다. 평소에는 민주당 의원들이 주장하는 강력한 규제를 막으려 애쓰는 공화당 의원들조차 최근 환자권리장전에 찬성하는 표를 던졌다.[13]

그러나 이렇게 잘 알려진 문제보다도 더 심각한 것은 돌봄 노동의 정서적 측면의 질이 별로 눈에 띄지 않으면서 저하되고 있다는 사실이다. 최근 『뉴욕 타임스』도 보도하고 있듯이 "비판가들은 '뺑소니' 간호가 플로렌스 나이팅게일을 대체하고 있다고 말한다."[14] 병상에서 환자를 지키는 간호사는 자격증도 없는 '돌봄 기술자'가 대체하고 있다. 7천 5백 명 이상의 간호사를 연구한 한 보고서가 1996년 발표되었는데, 간호사 73%가 전보다 환자를 위로하고 교육할 시간이 줄어든 것 같다고 보고했다.[15] 1994년과 1997년 사이에 있었던 1천 8백만 건 이상의 병원 퇴원 기록을 연구한 한 연구 보고서에 의하면 전일제 간호사들이 맡는 평균 환자수가 9% 정도 늘었다.[16]

가정 간호사와 보조원들에게 지급하는 돈이 줄면서 정서적인 돌봄 질도 하락했다. 간호사들과 한 인터뷰를 분석한 다음 데보라 스톤은 이런 결론을 내린다. "사람들과 이야기를 나눌수록, 재정 압박과 관리자들의 감시가 돌봄의 양과 질과 더불어 돌봄이라는 도덕적 세계를 바꾸고 있음이 명백하게 드러난다."[17]

노인 수발과 아이 양육

질에 대한 우려는 급속도로 성장하고 있는 산업인, 시장에서 제공되는 노인과 아동에 대한 돌봄에도 적용된다. 거의 모든 양로원은 대부분 정부 보조를 받지만 민간이 운영한다. 일 년에 4만 달러나 하는 비용을 자기 힘으로 지불할 수 있는 평범한 노인은 얼마 되지 않는다. 양로원 노인의 3분의 2 이상이 빈곤층이며 메디케이드에 의존해 비용을 충당하고 있다.

그들은 어디서 어떻게 돌봄을 받을지 선택권이 없다. 정부가 적절한 보호를 하고 있지도 않다. 학대를 불평하는 목소리는 보통 무시된다. 미국소비자협회가 발행하는 『소비자 리포트』에 따르면 양로원 약 40%가 가장 기본적인 건강과 안전 검사를 여러 차례 통과하지 못했다고 한다. 1999년 정부 기관인 미국회계감사원GAO도 같은 우려를 표명했다.[18]

양로원의 이윤은 정부가 지급하는 수익과 돌봄을 제공하는 비용의 차이에 의존한다. 정부 보조금이 낮거나 가격 상승에 발맞추지 못할 때 비용을 절감해야 하는 압박은 심해진다. 노인을 돌보는 노동자들이 받는 임금은 극도로 낮고 이직률은 높다. 노동 조건은 열악하다. 만성적인 직원 부족은 스트레스와 과로를 야기한다. 상해율은 높다. 개혁을 주장하는 사람들은 연방 정부가 직원의 비율을 징하고 보조원이 한 번에 5명이 넘는 노인을 맡지 못하도록 만들어야 한다고 주장한다. 현재까지 오직 18개 주에서만 최저 직원 비율을 채택하고 있다.[19]

'가격 비교 구매'의 어려움을 겪는 가족들이 있다는 것을 알았는지, 메디케어 사무소는 양로원 비교 사이트 www.medicare.gov/NHCompare/Home.asp를 개설하여 서비스를 제공하고 있다. 이 사이트에서는 거주 지역의 양로원 명단과 양로원 운영 실태에 대한 통계도 구할 수 있다. 나는 이웃에 살던 노인이 몇 년 전에 이사한 한 양로원이 어떤 곳인지 둘러보기로 했다. 내가 알아낸 사실은 그 노인이 입주한 양로원은 우리 주에서 확인한 '건강 결함' 39가지 가운데 오직 3가지만 지니고 있다는 것이었다. 미국의 양로원의 평균 건강 결함의 수는 5가지다.

정확히 결함이 무엇을 말하는 것인지 확인하는 과정에서 문제의 양로원의 결함이 무엇인지 알게 되었다. 그 양로원은 노인을 학대하고 소홀히 대한 법적 기록이 없는 사람만을 고용해야 한다는 원칙을 준수하지 못했다. 또 노인을 학대하고 소홀히 대하는 행위를 조사하고 보고할 의무를 지키지 않았다. 양로원 노인의 단 5%가 욕창이 있고 28% 정도만이 떠돌아다니거나, 공격적인 언어나 행동을 보이거나, 부적절한 사회적 행동을 하는 증상이 있음도 알게 되었다. 이는 각각 미국 평균 15%, 37%에 비해 낮은 편이다.

이런 통계도 아예 없는 것보다는 낫다. 그러나 절망스럽다는 것은 차치하고라도 다소 한계가 있는 통계이기 때문에, 돌봄의 더 심층적 차원에 대해 아무것도 알려 주는 바가 없다. 나는 그런 곳의 정서적 사회적 환경이 궁금했다. 수전 이튼이라는 연구자는 회사가 "요금을 청구할 수 없지만 양로원에서 살고 있는 사람에게는 큰 의미를 지니는 것들, 즉 누군가의 이야기를 들어 주고 손을 잡아 주고 어려움을 겪고 있는 사람을 위로해 주는 시간" 같은 것들에 대해 얘기한다. "그런 것에 요금을 청구할 수는 없다. 청구서에 '손을 잡아 줌' 같은 항목이 있다는 것을 상상해 볼 것. 요금을 청구하기 위해서는 일종의 '처치'를 받아야 한다. 형식적인 조치 같은 것을 받아야 한다."[20]

보육은 그렇게까지 삭막하지 않다. 아이들은 대부분 자신의 권리를 옹호해줄 부모가 있고 보육 교사들도 대부분 아이 돌보는 일을 진심으로 즐긴다. 그러나 노인 수발처럼 보육도 질을 감독하기란 어렵다. 내가 가장 좋아하는 예는 부모들이 보모를 감시할 수 있도록 몰래 카메라를 장치한 곰인형이다. 이보다 약간 저렴한 비용이 드는 방법으로는 어린이집에 설치한 비디오카메라를 인터넷 웹사이트와 연결해 부모들이 단 한번의 클릭으로 자기 아이들이 무엇을 하고 있는지 볼 수 있도록 만든 것이 있다. 1999년 12월 현재, 미국의 어린이집 150개가 그런 시스템을 도입했다.[21] 부모들은 대부분 인터넷을 통한 감시를 할 만한 경제적 여력이 없고, 감시를 하더라도 자신들이 본 것을 치밀하게 조사할 시간이 별로 없다.

몇몇 방문 보육과 어린이집은 양질의 보육을 제공한다. 그러나 그렇지 않은 곳도 많다. 보통 돌봄 노동자들은 주차원보다도 보수가 적다. 규제의 부족은 상대적으로 교육을 받지 못한 노동력을 보육 산업으로 끌어들이고 있는데, 유색인 여성들이 압도적으로 많다. 19개 주에서만 교사의 직업 훈련을 요구하고 있다.[22] 방문 보육에 대해서 훈련 자격을 공시하고 있는 주는 별로 없다. 일반적으로 미용사가 훨씬 더 엄밀한 자격 기준을 충족하도록 요구받는다. 절반 이하의 보육 노동자만이 본인을 위한 건강 보험 혜택을 받고 있고 부양가족에게 보험을 제공하는 경우는 훨씬 드물다.[23] 이직률은 대도시 대부분에서 일 년에 30%가 훌쩍 넘는다. 아이들이 들락날락하는 보육 교사를 신뢰하기란 힘든 일이다.

양질의 보육이 아이들의 발달을 향상시킬 수 있다는 증거가 수도 없이 제출되고 있다. 그러나 최근 조사는 어린이집 대다수가 신체적 정서적 환경 규제를 철저히 시행하지 않아 만족스럽지 못하다고 주장하고 있다.[24] 미국어린이교육협회가 주관하는 자발적 인가 제도는 보육의 질을 향상시키는 경향이 있다. 예를 들어 캘리포니아 주의 한 연구에 의하면 1997년에 인가를 받은 어린이집 가운데 61%가 훌륭하다는 평가를 받았는데 이는 전년에 인가를 받으려고 신청한 어린이집 가운데 26%만 같은 평가를 받은 것에 비하면 월등히 향상된 수치다. 그러나 전국의 어린이집 9만7천 개 중 5천 개만이 같은 해에 인가를 받았다.[25]

방문 보육의 질은 훨씬 더 예측하기 어렵다. 복지 개혁이라는 긴박한 상황을 수용하기 위해 갑자기 보육 공급을 늘리는 과정에서 몇몇 주는 거의 어디서나 이용할 수 있는 얼마 되지 않는 싼 값의 보육 쿠폰을 제공했다. 그런 정책은 공적 지원이 충당할 수 있는 이상의 비용이 들어야만 보장할 수 있는 양질의 보육의 발전을 가로막는다.

보육은 영리, 가족, 비영리 등의 주체가 제공하는 아주 복잡한 일이다. 서로 다른 제도적 형태가 돌봄의 질에 어떤 영향을 미칠지 우리는 아는 바가 없다. 부모의 마음에 드는 것이 반드시 아이에게 가장 좋으리란 법은 없다. 반짝반짝 빛나는 새 장난감들이 양육자의 숙련과 책임감보다 더 중요하지는 않다. 영리를 목적으로 하는 어린이집이라고 해서 일반적으로 감독하기에 훨씬 더 힘든 측면의 질을 희생하고 '밖에서 보기에 혹할 만한' 측면들을 강조하지는 않는다고 한다. 그러나 전국 체인망을 가지고 있는 영리 목적의 어린이집들은 그 전략을 채택하는 듯이 보인다.[26]

돌봄의 질을 정확히 이해하는 일은 거의 불가능해 보인다. 그러나 질을 낮추는 경제 압력을 누그러뜨릴 방법을 생각해 보는 일은 그리 어렵지 않다. 돌봄 산업에 종사하는 노동자들의 훈련, 임금, 노동 조건을 개선하면 이직률은 낮아지고 돌보는 이와 돌봄을 받는 이의 개인적 유대 관계를 더 탄탄하게 만들 수 있을 것이다. 전문가 자질을 향상하고 '내부 고발자'가 고용주의 보복에서 보호받을 수 있게 되면 노동자가 스스로 돌봄의 질을 선도적으로 감시하는 역할을 떠맡을 것이다.

경쟁 압력은 매우 나쁜 영향을 끼칠 수 있다. 이런 이유로 돌봄 서비스의 공적 공급이 때로 사적 공급보다 더 나을 수 있고 돌봄에 대한 공적 규제가 반드시 필요한 것이다. 그러나 돌봄 영역에서만 성공을 측정하기 어려운 것이 아니다. 보육, 건강, 교육 영역을 단순히 재조직함으로써 풀릴 수 있는 문제도 아니다. 경제 전반에 녹아 있는 성공을 측정하고 보상하는 방식을 재평가하고 수정해야 한다.

덕 존스 지수와 다우 존스 지수

매일 저녁 뉴스에서는 주식 시장의 기본 지표로 역할을 하는 30개 대기업의 주가 평균인 다우 존스 지수가 어떻게 되었는지 알려 준다. 하지만 다우 존스 지수는 경제 전반의 건강을 나타내는 훌륭한 지표라고 할 수 없다. 예를 들어 1990년대에 평균 임금이 변동이 없었을 때에도 다우 존스 지수는 치솟았다. 1998년에 미국 가정의 절반 정도가 직접, 간접으로(예를 들어 연금 플랜을 통해서) 얼마간의 주식을 소유했다. 그러나 가장 부유한 가정 10%가 시가 총액의 78%를 갖고 있었다.[27]

내가 무척 존경하는 텍사스의 민중운동가 짐 하이타워는 일반 사람들에게 무슨 일이 벌어지고 있는지를 잘 묘사해 줄 수 있는, 다우 존스 지수의 대안이 될 지표를 개발해야 한다고 주장한다. 실업, 임금, 건강 보험 같은 혜택 등 사람들이 얼마를 벌고 있는지 평균을 내어 어떤 변화가 일어나고 있는지 측정할 수 있는 지표여야 한다는 것이다. 그는 평범한 노동자 서민을 기려 덕 존스 지수라고 부르자고 제안했다. 덕 존스 지수는 다우 지수만큼 오르락내리락하지 않을 것이다. 그러나 어느 쪽으로 움직이든 사람들에게 주식 시장이 정말로 의미하는 바가 무엇인지 생각하도록 만들 것이다.

또한 경제학자들은 경제라는 것이 무엇을 의미하는지 다시 생각하게 될 것이다. 그들이 가장 빈번하게 의존하는 지수는 국내 총생산GDP이다. 국내 총생산은 한 국가에서 사고팔리는 재화와 서비스의 시장 가치를 표현한다. '총'이라는 부분이 의미하는 것은 가치를 측정할 때 건물과 장비들의 감가상각을 고려하지 않고 오직 새로 만들어지는 것들만 취급한다는 뜻이다. 대다수 사람들의 마음속에 GDP는 말 그대로 경제와 동일한 것이 되어 버렸다. 뉴스 앵커가 "경제가 아주 좋습니다"고 할 때 GDP가 성장했음을 일컫는 것이다. "경기 후퇴 국면에 들어섰습니다"라는 말은 일사분기와 이사분기 동안 연달아 GDP가 감소했다는 뜻이다.

정부는 과연 이를 어떻게 측정할까? 양식을 통해서다. 내가 가장 좋아하는 예는 이·미용업의 산출을 측정하는 양식이다. 1975년에 조사단이 작성한 '여성 대상 미용 서비스' 양식서에는 네 종류의 헤어컷(다듬기·멋내기·일반·면도), 일곱 종류의 염색(완전 염색·부분 염색·헹굼·모자프로스팅 탈색·포일 탈색·줄염색·끝에만 염색), 여섯 종류의 가발 서비스, 세 종류의 머리 감고 세트 말기, 그 밖에 두발 서비스와 다른 개인 돌봄 서비스 등이 포함되어 있다. 목적은 총 판매액을 각각의 서비스 범주로 나누어 기록하는 것이다.[28] 어떤 산업의 산출이 전반적인 가치와 생산성에서 증가했는지를 결정하는 것은 쉬운 일이 아니다. 사소하게 들릴 수도 있으나 1995년 미국에서는 개인 돌봄 관련 상품과 서비스에 대한 소비자 지출이 410억 달러에 달했는데 이는 베트남의 GDP의 두 배가 넘는 규모이며 방글라데시나 알제리의 GDP와 맞먹는 수준의 액수다.[29]

자료를 모으는 일뿐 아니라 대략 어림잡는 작업도 정부가 GDP를 측정하는 데 필요한 단계다. 예를 들어 GDP는 '주거 서비스'로 불리는 것의 연간 가치를 포함한다. 집세가 좋은 지표인데 사람들이 실제로 사는 공간을 점유하는 데 지불해야 하는 액수를 표현해 주기 때문이다. 그러나 많은 사람들이 자기 집이 있어 집세를 지불하지 않는다. 이것이 문제다. GDP에 집세만 계산에 넣고 주택 융자금 상환을 넣지 않으면 주택 소유의 경향을 잘못 잡아내 경제 성장을 실제보다 낮춰 측정하는 결과를 낳는다. 그래서 정부는 사람들에게 소유한 집을 빌려 쓰는 대신 집세를 내고 있다고 가상적으로 생각했을 때 얼마를 지불할 것인가를 묻는다. 이렇게 주거 서비스의 가치는 어림잡아서라도 기어코 측정하려고 하면서 전통적으로 집을 돌보는 일을 해 온 가정주부의 가치를 어림잡아 보려고 하지 않는다는 사실이 조금 이상하다.

돌리 존스 지수

일 또는 노동이란 일반적으로 돈만 있으면 어느 정도는 누군가에게 돈을 줘서 대신하게 만들 수 있는 것을 말한다. 또한 다른 사람에게 양도할 수 있는 이득을 창조하는 일이다. 식사를 준비하는 일은 노동이다. 설거지하는 것은 노동이다. 기저귀 갈기는 노동이다. 누군가의 식사나 옷을 갈아입는 일을 돕는 것도 노동이다. 그런 일에서 만족감을 얻는다고 해서 그 일의 생산적인 의미가 감소되지는 않는다. 영화배우, 야구 선수, 최고 경영자들처럼 요즘 가상 돈을 많이 버는 사람들도 보통 지기 일을 사랑한다. 일을 사랑하는지 사랑하지 않는지에 상관없이 우리는 월급을 시장 노동의 가치를 측정하는 수단으로 다룬다.

경제 회계 장부는 비시장 노동의 가치를 추정하는 것이 어렵다는 이유로 그 가치를 무시한다. 거주 서비스의 가치를 추정하는 것처럼 GDP의 가치를 계산하는 데 많은 추측이 개입되고 있는 상황을 감안할 때 이는 말도 안 되는 설명이다. 비시장 노동이 전통적으로 '경제'의 영역에서 제외된 주된 이유는 그것이 계산에 기반을 둔 교환이라기보다는 도덕적 책임의 영역으로 간주되어 왔기 때문이다.[30] 어떤 사람들은 비시장 노동에 가격표를 붙이게 되면 그 본질적 특성을 해칠 것이라고 두려워하기도 한다.

나는 우리가 하는 모든 일의 가치를 돈으로 환산하고 싶지는 않다. 특히 돌봄은 더욱 그렇다. 구매한 서비스는 가족이나 친구가 제공하는 개인적 서비스를 오직 부분적으로만 대체할 뿐이기 때문이다. 그러나 서비스를 구매하는 데 드는 비용은 사회적으로 중요한 노동의 가치가 최소한 얼마나 되는지를 가늠할 수 있는 어림치를 제공한다. 이것이야말로 경제가 어떻게 변화하고 있는지 추적하기 위해 필요한 수치다.

첫 단계는 사람들이 가정이나 지역에서 어느 정도의 시간을 그런 노동에 할애하고 있는지 알게 해 줄 정기적이고 체계적인 대규모 조사를 실시하는 것이다. 일종의 가계 소비 지출 조사와 비슷한 것인데 돈이 아니라 시간에 초점을 맞추는 것이다. 미국 정부는 공식 시간 사용 조사를 실시한 적이 한번도 없는데, 학자들이 실시한 시간 사용 조사에 의하면 모든 노동의 절반 정도가 노동 시장 밖에서 이루어지고 있고 대부분이 가족을 위한 가사 노동이나 돌봄 노동이다.

그러한 노동의 가치를 추정하는 방법은 두 가지가 있는데 하나는 누군가를 시켜서 그 일을 하게 하려면 얼마나 들지를 알아내는 것이고 다른 하나는 그 일을 하는 시간에 돈을 번다면 얼마나 벌었을 것인가를 알아내는 것이다. 이렇게 대략적인 추정을 통해 알려진 사실은 비시장 노동의 가치가 시장에서 교환되는 모든 재화와 서비스의 가치의 30~60%에 해당한다는 것이다.[31] 전국수발가족협회 같은 곳에서 행한 연구는 가족이 '공짜로' 제공하는 가치가 연간 1,960억 달러에 달함을 보여

주었다.[32]

　이 수치들이 의미하는 바는 전통적인 방법으로 측정한 재화와 서비스의 가치가 그동안 지나치게 낮게 평가되었을 뿐만 아니라 경제가 어떻게 변화되고 있는지에 대한 왜곡된 그림을 보여 주고 있음을 의미한다. 한 노장 경제학자가 농담 삼아 한 얘기처럼, 전업 주부와 결혼하면 GDP를 낮추는 것이고, 어머니를 양로원에 모시는 일은 GDP를 올리는 일이다. 지난 30년 동안 기혼 여성이 급격하게 시장 노동의 영역으로 들어오면서 GDP로 계산되지 않던 일을 하는 시간은 줄고 계산되는 일을 하는 시간은 늘어났다. 이것은 아마 경제 성장의 속도를 실제보다 더 부풀리게끔 만들었을 것이다.[33]

　인정하고 싶지는 않지만 경제학자들은 낡은 회계 장부의 명목들 밖에서 벌어지는 것들에 어떤 변화가 있는지 잘 모른다. 경제학자들이덕 존스에 무슨 일이 벌어지는지 잘 모른다고 생각한다면, 일하는 어머니의 대표 격인 돌리 존스에 대해서는 얼마나 알고 있는지 생각해 보자. 우리는 그녀가 시장 노동을 해서 버는 돈이 그동안 얼마나 많아졌는지 추적해 볼 수는 있지만, 전체 노동 시간의 절반을 차지하는 요리·청소·장보기·인맥 쌓기·관리하기·기사 노릇·자원 봉사 등의 일이 어떻게 조직되어 있고 그 일의 결과가 무엇인지에 대해서는 거의 아는 바가 없다.

　돌리가 시장 노동 시간을 늘리면서 다른 남자 가족이나 친구들한테 자신이 맡던 책임의 일정 부분을 얼마나 잘 떼어 주었는지도 정확히 모른다. 미국에서 소규모로 이루어진 간헐적인 연구들에 의하면 남자들은 전보다 가사 노동을 약간 더 하지만 공평한 수준 근처에도 가지 못하고 있다.[34] 정부가 소비 지출 조사와 노동력 조사와 함께 체계적인 시간 사용 조사를 실시하면 많은 도움이 될 것이다. 그렇게 되면 저녁 뉴스에서 우리는 덕과 다우 존스 지수와 함께 돌리 존스 지수 보고를 들을 수 있게 될 것이다.

돌봄 노동의 분포를 도표로 보여 주고 국가 의제를 설정하는 데 돌봄에
가치를 부여하는, 경제 전체에 대한 돌봄 경제를 측정하는 진보적인 프로
그램이 주류 정책으로 제안되지 않고 있다. 그런 프로그램은 돌봄의 원천
인 가족의 중요성을 지지하거나 사회적 단위인 가족의 도덕적 차원에
주목하거나 여성의 평등이 가족과 돌봄의 조직에 달려 있다는 사실을
인식하는 것이다.
— 모나 해링턴, 『돌봄과 평등: 새로운 가족 정책을 창안하자』

국내 총생산 vs 경제 복지 지표

그러나 새로운 숫자들을 수집하는 것만으로는 충분하지 않다. 그
숫자들의 의미를 재평가하는 작업 또한 필요하다. 국가 간의 경제 경쟁
력을 비교하는 데 전적으로 GDP에만 의존하는 것은 너그럽게 봐 준다
고 해도 유치하다고 밖에는 볼 수 없는 입장을 반영하고 있다. 다시 말
해 장난감을 많이 갖고 있는 나라가 이긴다는 뜻 아니겠는가? 철학적
논쟁에 개입하는 것보다는 장난감 숫자를 세는 일이 더 쉽겠지만 그건
변명이 될 수 없다. 다같이 성숙해질 필요가 있으며 경제 복지 지표MEW
에 무엇이 들어가는 것이 좋을지 결정해야만 한다.

현재의 GDP 지수는 실제로는 해를 끼치는 것들에조차 긍정적인
경제 가치를 부여한다. 예를 들어 대량으로 유출된 기름을 청소하는 데
돈을 썼다면 GDP는 상승한다. 기름을 뒤집어쓰고 죽은 가마우지나 물
개는 아무 '가치'가 없으므로 GDP를 감소시키는 걸로 간주하지 않지

만, 기름으로 범벅이 된 해안을 청소하기 위해 고용된 노동자들의 임금
은 GDP에 산입된다. 홍수나 태풍이 집과 건물을 파괴할 때 돈으로 평
가한 가치가 손실되었다고 한다. 자원의 감가상각을 표현하는 것이다.
그러나 공해가 수질이나 공기의 질을 떨어뜨리거나 기후의 변화를 야
기하면 가치의 손실이라고 계산하지 않는다. 일차적으로 자연 자원에
는 가치를 부여한 적이 없기 때문이다. 아주 오래된 삼나무가 캘리포니
아 원시 우림에서 잘려 나갈 때는 생산된 통나무가 팔린 액수만큼 GDP
가 증가한다. 나무 자체에 체화되어 있는 자연 자원이나 생태학적으로
나무들에 의존하고 있던 식물과 동물 종들의 가치의 손실은 전혀 감안
하지 않는다. '생산되지 않은' 것들로 간주된다. 우리는 어머니 자연을
우리 자신의 어머니처럼 당연시한다.

　　고등 교육의 시작이 나무를 보호하려는 시도가 실패한 경험으로
장식된 내게 나무는 좀 특별하다. 1969년에 텍사스 대학의 신입생이었
을 시절, 나를 삐딱한 아이로 바라보던 학생들 몇 명과 함께 밋밋하게
높이 솟은 '거대한 기숙사 건물'에 들어가도록 배정되었다. 나는 곧잘
100년 정도 된 삼나무 꼭대기로 도망가곤 했는데, 기숙사와 축구 경기
장을 사이에 두고 구불구불 흐르던 개울가에 마련된 근사한 초록의 공
간이었다. 그곳은 작열하는 9월의 태양에서 멋지게 도피할 기회를 주었
다. 그 삼나무는 타고 올라갈 수 있게 되어 있었으며, 나뭇가지가 크고
아치형으로 굽어 그 안에 집을 지을 수도 있는 그런 곳이었다.

　　얼마 지나지 않아 나는 나무를 베어 없앨 계획이 추진 중이라는 사
실을 알게 되었다. 새 대학도서관에 마련될 린든 존슨 기념관에서 텍사
스 주의 수도를 막힘없이 잘 볼 수 있도록 축구 경기장을 확장해야 할
필요가 있었던 것이다. 지역 환경 단체들은 그것이 많은 사람들이 사랑
하던 초록의 공간을 파괴할 이유로 적당하지 않다고 여겼다. 그들은 변

호사를 고용해 대학의 계획에 대해 법정 중지 명령을 받아 내기 위해 고소장을 접수했다. 이 사실을 안 학교는 판정이 나오기 전에 나무를 제거하기 위해 건설 회사를 불러들였다. 내가 보기에 그것은 공정한 처사가 아니었다.

그래서 다른 학생들과 함께 나무에 오를 수 있는 데까지 높이 올라가 내려오기를 거부했다. 최소한 판결이 나올 때까지라도 돌이킬 수 없는 파괴 행위를 지연시키기 위해 시민으로서 불복종을 한 것이다. 나는 긴 헐렁한 오렌지색 드레스를 입고 빨강 머리 스카프를 두르고 있었다. 애초에 나무에 올라갈 계획을 세웠던 것이 아니었다. 학교는 소방서에 연락해 사다리차를 오게 했다. 사람들이 점점 모여들었다. 소방관들은 강제로 학생들을 나무에서 끌어내렸지만 가장 높이 올라가 있던 나를 가장 마지막에 남겨 두었다. 경찰관 둘이 나를 설득하기 위해 올라왔다. 나는 자발적으로 가지는 않겠지만 저항하지도 않을 것이라고 설명했다. 나무 아래에 소방관들은 낙하의 충격을 흡수하기 위해 트램펄린을 들고 서 있었다. 경찰관은 내 손과 발에 수갑을 채워 아래로 끌어내렸다. 그동안 신문 사진 기자들은 내 드러난 속옷을 찍어 댔다. 나무는 결국 베어져 땅에 떨어졌다.

나무를 보호하려는 사람들은 사치스럽게도 생필품보다는 삶의 질을 고민하는 엘리트 출신의 부잣집 자식이라는 오해를 종종 받는다. 그러나 오늘날 빈곤 국가에는 환경주의자들이 수도 없이 많으며 GDP의 왜곡은 부유한 나라만큼이나 가난한 나라에도 적용되는 현상이다. 1970년대에 연간 7%의 GDP 성장을 이룬 위대한 성공 스토리로 주목받았던 인도네시아의 예를 생각해 보자. 그 성장의 대부분은 열대 원목을 잘라 팔아서 얻어 낸 것인데, 원목이 다시 자라는 것보다 훨씬 빠른 속도로 원목들을 잘라 낸 결과다. 이러한 '자연' 자원의 감가상각을 고려한다면 ─ 아마 인간이 만들어 낸 자원이라면 바로 그렇게 했을 텐데 ─ 성장률은 연간 4% 정도에 그친다고 한다.[35] 결국 훌륭한 성공 스토리가 아니었던 것이다.

자연 자원이 무한하고 인간의 개입으로 발생하는 장기적인 부정적 영향을 전혀 받지 않을 수만 있으면 그것을 무시해 버릴 수도 있다. 그러나 오늘날 자연 자원은 우리 스스로가 만들어 낸 자원보다 훨씬 더 중요한 듯 보인다.[36] 자연 자원의 감가상각을 고려하면 경제 복지 지표들은 어떻게 달라질까? 지구 온난화 같은 현상의 장기적 효과가 어떨지 확신할 수 없기 때문에 그에 답하기는 어렵다. 그러나 생활수준의 향상 정도를 과대평가하고 있음은 확실하다. 일인당 GDP는 1966년 이후 놀랄 만큼 성장했다. 그러나 비시장 부분 서비스의 가치를 더하고 오염, 자원 고갈과 장기적 환경 훼손 비용을 감하면 지속 가능한 경제 복지 SEW는 아주 다른 추세를 보일 것이다.[37] 일인당 지속 가능한 경제 복지는 실제로 1966년보다 1990년에 더 낮았다.

도시의 삼림은 급속도로 사라지고 있으며 아무도 그것을 눈치 채지 못하고 있다. 미국 도시들을 시원하고 푸르게 만들었던 나무들이 공기 오염, 느릅나무병, 개발에 희생되어 없어졌다. 낯익은 얼굴이 늙어가는 것처럼 도시 나무들은 아무도 눈치 채지 못할 정도로 천천히 쇠락해 갔다. 번성하는 경세와 견고한 발전은 나무가 짐짐 더 없어진다는 것을 의미힌다. 힌때 나무로 유명했던 대도시 애틀랜타는 1974년과 1998년 사이에 하늘을 뒤덮던 나무의 절반 이상을 잃었다.

─ 캐슬린 왕, 『유에스 뉴스 앤 월드 리포트』

인적 자본 투자

　　전통 경제학 이론은 대개 교육과 직업 경력의 정도로 정의하는 인적 자본을 중요한 생산 요소로 인정한다. 인적 자본의 중요성은 교육에 대한 공적 지원을 정당화한다. 교육에 따른 능력의 향상은 사회 전체를 이롭게 할 것이기 때문에 납세자들 전체가 다음 세대를 교육하는 데 도움을 주는 것이다. 인적 자본 투자가 경제 성장에 아주 중요하다는 증거는 무수히 많다. 사회가 번영할 수 있는 것도 고급 숙련 인력이 복잡한 형태의 소프트웨어와 컴퓨터 사용을 습득하면서 급변하는 기술 환경에 적응하고 있기 때문이다.

　　인적 자본이 그렇게 중요하다면 어떻게 어디서 실제로 생산되는지 더 많은 관심을 기울여야 할 것이다. 가족과 공동체가 바로 그곳이다. 경제학자들이 자연을 다루는 방식은 인간을 다루는 방식과 다르지 않다. 둘 다 '바깥에서 주어진' 것으로 치부된다. 아마 바깥이란 어머니를 말하는 것일 게다. 20세기 동안 대부분 나라의 경제 성장에 중요한 기여를 한 것은 여성 일인당 출산율이 꾸준히 감소한 것이라 할 수 있다. 이는 별로 놀랍지 않은 사실인데, 국가의 산출로 간주되지 않았던 아이에게 들어간 시간과 에너지를 시장 생산에 할애하고 있기 때문에 출산율이 감소하고 있는 것이다. 우리가 정말로 관심을 두는 것이 일인당 산출이라면 출산율 감소가 경제 성장에 중요한 기여를 했다는 말은 일리가 있다. 출산율 감소는 중요한 환경적 경제적 이득을 제공한다.

　　그러나 현재 우리의 경제 회계 체계는 인적 자본의 양, 즉 신생아들을 키우는 데 드는 것들을 무시할 뿐 아니라 인적 자본의 질에 공헌하는 것들을 저평가하고 있다. 건강과 교육에 얼마만큼 들어가는지 지출을 측정하지만 아이와 어른들의 능력과 자질을 양성하고 발전시키는 데 가족과 공동체가 쏟는 시간과 에너지는 측정하지 않는다. 학교는 표준화된 시험에서 적어도 어느 정도는 나타날 인지 능력을 계발하기 때문에 그 공헌이 어느 정도인지를 알기가 훨씬 쉬울지도 모른다. 가족과 공동체는 그보다 더 측정하기 어려운 정서적 능력의 양성과 계발에서 더 중요한 역할을 하는 경향이 있다. 대니얼 골먼이 베스트셀러 『감성 지능』에서 지적하고 있듯이, 정서적 능력은 경제적 성공에 지대한 영향력을 행사한다.[38]

건강과 교육에 실제로 투자하는 돈을 측정하는 방식도 문제를 호도하고 있다. 경제학은 인적 자본이라는 수사로 가득 차 있지만 인적 자본 재고의 가치를 측정하려고도 하지 않고 시간이 지나면서 어떻게 변화하는지 질문하지도 않는다. 국민 소득 계정은 건강과 교육에 대한 지출을 투자라기보다는 소비라고 본다.[39] 경제학자들은 투자율을 미래의 성장의 주요 지표로 간주하지만 투자를 전적으로 새 건물과 장비의 생산에 들어간 돈으로만 정의한다. 새로운 하드웨어 기술만큼이나 생산성을 제고할 수 있는 새로운 소프트웨어 기술의 개발조차 투자라는 무의미한 범주에서 제외하고 있다.

건강과 교육에 대한 지출을 운동화와 향수에 대한 지출과 마찬가지의 소비라고 하면 그것들을 '비생산적인' 지출이라고 주장하기 쉽게 만든다. 건강과 교육에 대한 정부 지출을 반대하는 사람들은 그런 수사를 사용하여 건강과 교육에 대한 지출이 경제 성장을 늦춘다고 경고한다. 그러나 세계은행조차도 건강과 교육에 대한 투자가 높은 수익률을 낳는다는 것을 인정하고 있다. 개인적인 수익률이 아닌 사회적인 수익률인 것이다.

인간의 능력과 자질 계발에 들어가는 돈의 지출을 재는 방법을 바꾸는 것 말고도, 가족과 공동체가 쓰는 숨은 시간과 노력을 감독하는 더 나은 방법도 필요하다. 인적 자본은 찰흙 반죽처럼 학교에 도착해서 교사가 형태를 만들어 고용주에게 전달하는 그런 것이 아니다. 물을 주고 가지를 치고 돌봐야 하는, 자그마한 씨앗으로 시작하는 과일 나무 같은 것이다. 교육과 직업 훈련은 묘목이 튼튼할 경우에만 그 성장을 더 빠르고 강하게 만들 수 있는 비료 같은 것이다. 비료만이 돈을 지불해야 하는 유일한 것이지만 단순히 비료만으로 나무를 길러 낸 비용을 측정해서는 안 된다. 또한 시장에 내다 파는 과일만으로 나무의 생산물을 측정해서도 안 된다. 나무는 꽃, 아름다움, 그늘, 산소를 만들어 내고 새들이 둥지를 틀 수 있는 보금자리를 제공한다.

인간 개발 지수

투자라는 은유는 그 틀 안에서 사고하도록 훈련된 경제학자들과 기업가들의 관심을 끈다. 그러나 그러한 은유가 사고방식을 전적으로 비용과 편익에 제한하도록 해서는 안 된다. 아리스토텔레스가 오래전 말했듯이, "주요한 선은 영혼의 작용이 뛰어난 수준에 이르게 하는 것이다."[40] 경제 발전은 그 궁극적 목적을 추구할 수 있도록 하는 선에서만 가치가 있을 뿐이다. 19세기 초 사회주의자 로버트 오웬은 "태어날 때부터 신체적, 정신적, 도덕적, 실천적인 우리의 자연적인 힘이 최고로 배양된 상태를 받는 것, 그리고 다른 사람들에게 그런 훈련과 교육을 주

는 방법을 아는 것"41이라는 소망을 '행복에 이르는 조건'에 올려놓았
다. 나한테 이것은 마치 부모 대부분이 아이들의 장래를 생각할 때 마음
에 두고 있는 목표인 것처럼 들린다. 그러나 경제학 교과서들은 이것을
집단이 추구해야 할 목표로 절대 언급하지 않는다.

동료 경제학자들처럼 당신도 이 모든 것이 너무 복잡하고 논란의
여지가 많은 것이라고 주장할지도 모르겠다. 그래서 일인당 소득을 늘
리는 데 집중하는 것이 더 간단하다고 생각할지 모른다. 어쨌거나 경제
적 생활수준은 우리 능력과 자질을 계발할 능력을 결정하는 중요한 요
소다. 일반적으로 부유한 국가는 가난한 국가보다 더 나은 건강과 교육
제도를 가지고 있으며 훨씬 광범위한 사회 안전망을 구축하고 있다. 그
러나 이런 일반화는 생각만큼 그렇게 잘 들어맞지 않는데, 소득처럼 건
강과 교육도 고르지 않게 분포되어 있기 때문이다. 뉴욕 시의 할렘가에
사는 35~54세 흑인 남성의 기대 수명은 케렐라라는 인도의 어떤 주에
사는 사람보다도 낮다.42

1989년에 일군의 경제학자들이 유엔에 소집되어 GDP를 대체할
수 있는 지수를 개발하기 위해 머리를 모았다. 다양한 지수들이 건강과
사회 복지 수준을 측정하기 위해 개발되었지만 전 세계의 모든 국가를
일렬로 등수 매길 수 있는 단일한 지수를 개발하기는 간단치 않은 일이
었다. 그 가운데 우선순위가 되는 항목이 무엇인지 추려 내면서 다음 세
가지가 본질적인 것이라는 데 합의했다. 오래 건강하게 살 수 있는 능
력, 교육을 받을 수 있는 능력, 적절한 생활수준을 누리는 데 필요한 자
원에 접근할 수 있는 능력 등이 그에 포함되었다. 그들은 출생 시 기대
수명, 아동 취학률과 성인 식자율, 일인당 소득 등의 평균을 내어 인간
개발 지수HDI를 도출해 냈다.43

1990년부터 매년 유엔 인간개발사무국은 HDI의 국제 순위를 발표

해 왔다. 1995년 미국은 실질 일인당 GDP에서는 1위에 올랐지만 인간 개발 지수에서는 4위에 그쳤다. 일인당 소득과 인간 개발 지수상의 순위 차이는 개발도상국들 사이에서 훨씬 더 크다. 코스타리카와 브라질은 일인당 실질 GDP에서 서로 비슷하지만 HDI에서는 코스타리카가 34위였던 반면 브라질은 62위였다. 스리랑카는 인도네시아보다 일인당 GDP에서는 많이 뒤졌지만 HDI에는 훨씬 높은 점수를 받았다.[44] 유엔은 성별 개발 지수, 성별 권한 지수, 인간 빈곤 지수 등 다른 지수들도 고안해 냈다.

사회적 관심

일단의 개인들의 능력과 자질을 다 더해서 사람 수로 나누면 평균을 구할 수 있다. 그러나 개인들이 함께 일하는 방식에 있는 그 무언가는 보통 전체를 부분의 합 이상으로 만든다. 사랑과 신뢰는 어떤 계약보다도 협동을 더 효과적으로 끌어낼 수 있는 호혜를 보장한다. 단기적인 자기 이해의 추구는 장기적인 관계를 무너뜨릴 수 있는 기회주의적인 행동으로 이어진다.

1990년대 러시아에서 오랫동안 억압되었던 자유 기업에 대한 갈망이 이기적 광란으로 폭발했던 일은 근래에 볼 수 있었던 가장 좋은 예다. 조직 범죄가 급속도로 성장하여 뇌물이 사업에 필수적인 비용이 되어 버렸다. 뇌물을 제공하지 않으면 총으로 위협받는 것이 다반사였다. 경제를 안정시키기 위해 러시아로 쏟아져 들어왔던 국제 원조의 대부분은 바로 신흥 엘리트 관료의 스위스은행 계좌로 들어가 버렸다. 상황이 명백히 엉망진창이었기 때문에 세계은행의 경제학자들조차 시장이 작동하고 있는 사회적 맥락에 관심을 더 기울여야 한다고 주장했다. 지역 기업가들을 대상으로 설문 조사한 것에 따르면 범죄, 도둑질, 부패 등이 투자를 어렵게 만드는 요소들이었다.[45]

긍정적인 경제적 결과에 공헌하는 사회적 도덕적 환경을 어떻게 측정할 수 있을까? 이탈리아 공동체에 대한 연구에서 정치학자 로버트 퍼트남은 공무원들에게 수많은 질문이 포함된 설문지를 돌리고 그것이 되돌아오는 데 얼마나 걸리는지 — 또 전화를 얼마나 걸었는지 — 를 측정했다. 그가 발견한 바에 의하면 합창단과 축구단처럼 지역 공동체가 활성화되어 있는 마을의 일 처리가 더 효율적이었다. 퍼트남은 높은 수준의 시민 참여가 어디서 유래하는지를 설명하지는 않지만 일단 참여 정도가 높으면 더 높은 차원의 협동도 이끌어 내는 선순환을 만들어 낸다고 주장한다.[46]

퍼트남은 미국의 시민 참여가 점점 쇠퇴하고 있다고 걱정하면서 혼자서 볼링 게임을 즐기는 사람이 늘고 지역 사회 간의 대항 경기에 참여하는 사람들은 줄고 있음을 지적한다.[47] 볼링을 혼자 치는지 여럿이 함께 치는지 여부로 시민 참여의 정도를 잴 수 있을 거라는 생각이 이상하게 들릴 수도 있다. 특히 촛대와 볼링 핀도 구분 못하는 사람들에게는 더 그럴 것이다. 그리고 애들을 축구 경기에 데리고 다니는 열성 엄마들이 증가하는 것 등, 그와 반대되는 경향도 존재한다고 누군가는 말할 것이다. 여기서 핵심은 연구자들에게 사람들이 상호 작용하는 방식을 측정할 광범위하고 포괄적인 방법을 고안하도록 해야 한다는 것이다.

내 관심을 끈 한 통계는 경제적 분리가 증가하고 있음을 보여 주는 지표다. 미국의 3백만 가구 이상이 현재 사설 경호원과 전자 감시 장치 등이 있는 '입구가 통제된 공동체'(게이티드 커뮤니티)에서 살고 있다고 한다.[48] 나는 주민들의 소득 수준이 내가 자란 텍사스 주의 샌안토니오와 비슷한 뉴잉글랜드의 한 시골 동네에 살고 있다. 텍사스에 사는 내 친구들과 달리 나는 집이나 차의 문을 잠그지 않는다. 그리고 차가 눈구덩이에 미끄러져 꼼짝하지 않을 때 누군가 첫 번째 지나가는 사람이 차를 멈추고 나를 도와줄 것을 확신한다. 또 차의 배터리가 나가면 견인차를 불러야 할 필요가 거의 없다. 차의 시동을 도와줄 친구나 동료를 찾을 수 있을 것이기 때문이다. 사실 나는 겨울에 예기치 않게 일어나는 동네 사람들과 만나는 것을 손꼽아 기대하는 편이다.

내 생활수준은 이웃 덕에 결과적으로 더 나아진다. 몇몇 상상력이 풍부한 연구들은 '친사회적' 행동이 대도시보다 소도시에서 더 찾아보기 쉬움을 보여 준다. 주소지가 적혀 있고 우표가 붙어 있는 봉투 여러 개를 아무 곳에나 놔두면 누군가가 집어서 우체통에 넣어줄 가능성이 소도시에서 더 높다. 더 가슴에 와 닿는 실험이 있다. 6세에서 10세 사이의 아이가 사람들로 번잡한 길거리에 있다가 지나가는 사람한테 "길을 잃었는데요, 우리 집에 전화 좀 걸어 주실래요?" 하고 말한다. 자그마한 동네 열두 곳에 사는 어른 4분의 3이 그렇게 해 주겠다고 한 반면 대도시에서는 절반도 못 되는 사람만 호의를 보였다.[49]

경제학자들은 사회 환경의 생산적 요소를 포착하기 위한 노력으로 '사회 자본'이라는 용어를 쓴다. 인적 자본이라는 말과도 잘 대비를 이루는데 사회적 관계가 경제적 의미를 지니고 있음을 주장하기 위한 명칭이다. 특히 세계은행의 연구 분과는 사회 자본에 대해 즐겨 이야기하는데 자본이라는 것이 은행이 다루어야 할 분야이기 때문만이 아니라 사람들끼리 어울리는 데 좋은 핑계를 제공하기 때문이다. 쉬다가 늦게 사무실로 복귀하는 사람들은 단지 잡담을 즐기다 늦게 오는 것이 아니라 신뢰와 선의를 만들다 그렇게 되었다는 것이다.

사실 나는 '사회 자본'이라는 말이 약간 혼란을 초래한다고 생각한다. 그 용어는 너무나 많은 여러 가지 것에 적용되고 있다. 때로 사회 자본은 누가 누구를 아는가라는 사회적 관계망의 정도를 묘사하기 위해 쓰인다. 때로는 누가 무엇을 하는가를 보여 주는 근면, 저축, 위험 선호 같은 '좋은' 문화적 가치를 묘사하기도 한다. 그러나 누가 누구를 신뢰하는가를 뜻하고 싶다면 '자본'이라는 은유는 그다지 매력적인 표현이 아니다. 신뢰는 축적될 수 있고 우리는 축적된 선의에 기대기도 한다. 그러나 모든 것이 사고팔릴 수도 없고 무한정 저장될 수도 없다. 신뢰와 선의는 한 사람이나 한 국가에서 다른 사람이나 다른 국가로 쉽게 양도되는 것이 아니다.

'자본'이라는 용어에 반대하는 더 심각한 이유가 있다. 사회 자본은 느낌이나 감정을 포괄하는 방식으로 정의되지 않는다. 그러나 신뢰와 협동을 결정적으로 강화해 주는 것은 타인과 접촉하고 상호 작용하면서 발달되는 타인에 대한 공감과 관심이다. 가수 디온 워윅이 노래했던 것처럼 "세상이 지금 필요로 하는 것은 사랑, 달콤한 사랑. 너무도 부족한 유일한 것이군요." 사회 자본이라는 말 대신 사회적 관심이라고 부르는 것이 어떨까? 경제학자들은 그런 명칭을 어색해 하겠지만.

정확하게 사회 자본은 공공재이기 때문에 공장을 폐쇄하고 공동체를 파괴하는 것은 개인이 떠안아야 할 개인적 피해를 넘어선다. 더 나쁜 것은 도시 재개발과 공공 수택 계획같이 정부의 넓넓 계획은 기존의 사회 관계를 가차없이 파괴시켜 버렸다는 것이다. 이렇게 공공이 떠안게 되는 비용을 현재의 회계 체계로는 잘 측정하지 못한다는 사실이 그런 비용이 존재하지 않는다는 것을 의미하지는 않는다. 갈가리 찢어발겨진 사회 관계망에 대한 대가를 우리 모두는 지불하게 될 것이다.

— 로버트 퍼트남, 『풍요로운 공동체: 사회 자본과 공공 생활』

와 다우 지수

뭐라고 부르든 제도의 경제적 성공에는 확실히 중요하지만 측정하기는 아주 어려운 것이 있다. 사람들이 대부분 자기 노동의 대가로 생산물의 일정 몫 대신 봉급이나 연봉을 받는 경제에서는 동기가 중요하다. 좋은 대우를 받고 있다고 느끼는 노동자들은 그렇지 않은 사람들보다 더 열심히 잘 일하는 경향이 있다. 그런 감정은 특히 노동을 감독하기 어렵거나 감독하는 데 비용이 많이 들 때 생산성에 아주 중요한 영향을 미친다. 앞에서도 주장했듯이 타인을 직접적으로 돌보는 일이라면 감정은 특히 중요하다.

종합 품질 관리라고 하는 비즈니스 조직 이론은 협동 문화의 중요성을 주장한다. 2차 대전 이후 에드워즈 데밍이라는 기술자와 일본과학기술자연합이 합동으로 개발한 종합 품질 관리는 일본이 1980년대에 철강·자동차·전자 산업에서 세계를 지배하는 데 혁혁한 공을 세웠다. 협동에 대한 강조는 일본에서 많은 반향을 불러일으켰는데 전통적인 '와', 즉 화합을 강조하는 문화와 들어맞았기 때문이다. 와는 문자 그대로 '원'이라는 뜻이지만, 화합·일치·평화·하나됨의 윤리를 담고 있다. 와는 '아마에'라는 성원들이 느끼는 가족애를 기반으로 한다.

1990년대 후반부터 일본은 심각한 경제적 문제를 겪었는데, 서방 세계는 주저하지 않고 일본이 와가 너무 지나쳐서 경제를 다시 일으키는 데 필요한 단호하면서도 고통스러운 조치를 취할 수가 없어서 그렇게 된 것이라고 몰아쳤다. 나는 그 진단에 동의하지 않는다. 그러나 어떤 경우에나 그렇듯이 비교를 할 때는 성공을 어떻게 정의했는지 주의를 기울이는 것이 중요하다. 1993년 일본은 인구 1만 명당 144건의 범죄를 기록한 반면, 미국은 548건의 범죄를 기록했다.[50] 더 끔찍한 것은, 특히 일본 관광객이 들으면 더 오싹할 텐데, 1993년 미국에서 일본 국적을 가진 사람에 대한 살인율이 일본 내의 살인율의 5배에 이르렀다는 사실이다.[51]

사회적 관심이라는 개념은 서방 세계의 연대라는 오래된 개념과 흡사하다. 이것은 가치 있는 대의명분에 사람들이 다 함께 모일 수 있는 좋은 것을 말한다. 나는 좀 우습기는 하지만 영화 「인디펜던스 데이」에서 연대가 표현된 방식이 너무 좋다. 거대하고 못생기고 구원받을 수 없이 못된 벌레가 외계에서 침입하겠다고 위협하사 파국으로 가던 결혼 관계가 회복되고 인종 갈등이 극복되고 적에 대항하여 무용수, 주정꾼, 모범생, 전사들이 성공적으로 단결한다는 이야기다.

와가 뉴에이지의 날개를 달고 있다면 연대는 무정부주의적으로 들리는 면이 있다. 와는 여피족들이 스시에 올려 먹던 와사비를 상기시킨다. 와는 침술사와 안마사들이 잘 돌게 만들고자 하는 개인적인 에너지인 기를 보완한다. 나는 사회 치료사를 고용하여 각 사회의 와의 차이를 측정하여 시간이 흐르면서 어떻게 변하는지를 고찰해 볼 것을 제안한다. 저녁 뉴스는 이제 덕 지수, 돌리 존스 지수, 인간 개발 지수와 더불어 와 다우 존스 지수를 보고할 수 있을 것이다.

대안적 주장

나는 어머니가 내게 한 경고를 기억하고 있다. "무엇을 원하는지 주의를 기울여라. 갖게 될 수도 있으니까." 아마 어머니는 내가 전통적인 남성 중심의 성공 기준인 교육적 성취와 직업적 성공에 너무 편향되어 있다고 걱정하신 것 같다. 앞 장에서도 강조했듯이 여성적인 성공 기준은 보통 남성적 기준과 무척 다른데 물론 좋은 이유에서 그렇다. 역사적으로 여성은 대부분 다른 사람들을 돌보는 데 노력을 바쳐 왔지만, 그 돌봄이라는 영역은 등수를 매기기도 힘들었고 표준화된 할당제를 적용하지도 않던 곳이다. 돌봄의 세계에서 가장 중요한 보상은 가장 측정하기 어려운 바로 그것이다.

여성이나 남성이나 돌봄 직종에 공고한 가족 가치를 들여왔다. 가족 가치를 들여오지 않았다면 우리가 향유하는 서비스의 질은 분명히 지금보다 낮았을 것이고 우리 경제는 가장 전통적인 기준에서 측정하더라도 아마 훨씬 덜 번창했을 것이다. 그러나 가족 가치를 정말로 소중히 여긴다면 경제 전반에 걸쳐 비판적으로 적용할 필요가 있다. 우리는 경제에 자동차와 트럭 철강처럼 쉽게 셀 수 있고 무게를 달 수 있는 남성의 세계라는 이미지를 부여할 수 없다. 경제는 이제 예전에 가족 안에서 행해졌던 많은 다양한 활동들, 그 질이 개인 간의 접촉, 개인의 필요에 대한 응대, 존중, 사랑 등으로 정의되는 활동을 포괄하고 있다. 우리가 원하는 종류의 성공을 측정할 기준을 개선할 필요가 있다. 그렇지 않으면 우리가 가장 가치 있다고 여기는 행동을 보상할 수 없을 것이다.

정식, 신뢰, 공정한 게임같이 경제가 잘 돌아가도록 돕는 가치들은 처음부터 운 좋게 풍부하거나 운 나쁘게 희소하게 주어진 그 무엇이 아니다. 그들은 지질학적 형세나 생물학적 필요와 견줄 수 있는 것이 아니다. 사람들이 살고 있는 제도와 제도에 대해 공유하고 있는 이해에 따라 커지기도 하고 시들어 버리기도 한다. 그 내용은 개인마다 사회마다 천차만별이다. 경제학자들은 이렇게 필수적인 도덕적 자원을 배양하는 것만이 아니라 향상하는 데 관여할 필요가 있다. 더 나은 도덕적 가치는 사람들 간의

124

더 나은 조율을 가능하게 할 것이고, 타인들도 그를 존중하고 모방하기 때문에 더 널리 펴져나갈 수 있다.

— 대니얼 M. 하우스먼·마이클 S. 맥퍼슨,
『경제 분석과 도덕 철학』

경쟁 시장은 어떤 것들을 조직해 내는 유용한 수단일 수 있지만 다른 것들을 조직하는 데는 제 기능을 못한다. 똑같은 사실이 다른 중요한 경제 제도인 가족과 정부에도 해당된다. 시장, 가족, 정부 어느 것도 독자적으로는 제 기능을 수행할 수 없다. 앞으로 이 세 조직을 잘 묶어 내기 위해 과거에 각 조직이 다른 조직에 어떤 영향을 미쳤는지 잘 이해할 필요가 있다.

2부에서 나는 가족 가치, 그리고 가족 가치에 대해 누가 지불을 해야 하는가에 대한 의견 불일치가 미국의 공적 부조, 교육, 납세 정책에 어떤 영향을 주었는지 탐구한다. 다음 장에서는 여러 종류의 경제 제도 간의 역사적 관계를 조망하는 것으로 그 발판을 마련한다. 이는 보수주의자들이 거대 불량 보모 국가를 두고 말하기 좋아하는 이야기에 이의를 제기하는 장이 될 것이다.

4. 보모 국가

여기서 문제가 되는 것은 정부가 우리를 책임 있는 성인으로 대해 주기를
원하는지 무제한으로 확장되고 있는 보모 국가의 보호 대상인 어린아이
로 대해 주기를 원하는지다.

— 제임스 T. 베넷·토머스 J. 딜로렌조,
『유에스에이 투데이』, 1998. 11

아이로서 보살핌을 받았고 이후에 헤드 스타트 같은 교육 프로그
램의 청소년 자원 봉사자가 되어 어린아이들을 돌본 경험은 나에게 아
주 긍정적으로 작용했다. 메리 포핀스나 미시즈 다웃파이어가 대통령
에 출마할 경우 과연 한 표를 던질 것인지는 잘 모르겠다. 그러나 나는
그들처럼 정부에서 적극적인 역할을 하는 사람들을 좋아힌다. 보수주
의자들은 그렇지 않다. 언론인 마이클 노박이 말했듯이 "최소 150년 동
안 교육받은 사람들의 위대한 신념은 세속적인 꿈, 온정주의적인 재분
배 정책을 우선시하는 국가, 평등을 지향하고 공정하며 공감하는 국가
에 대한 꿈이었다."[1] 그는 이 꿈이 얼마나 위험한 것인지 '보모 국가'라
는 용어를 사용하며 사회 복지 프로그램으로 더럽혀진 자본주의를 묘

사하고 있다.[2]

많은 사람들이 우리의 정치 문화가 개인의 권리를 너무 많이 강조하고 사회적 책임은 소홀히 한다고 생각한다. 내 생각도 같다. 그러나 나는 보수주의자들보다 사회적 책임을 더 광범위하게 정의한다. 또한 어떻게, 왜 그런 사회적 책임이 시간이 지나면서 변화해 왔는지 그들과 확연히 다른 이야기를 할 것이다. 사회 복지 프로그램의 성장은 가족을 붕괴시키지 않았다. 가족을 붕괴시킨 것은 경쟁적 자본주의의 성장이다. 대부분의 복지 프로그램은 가족 유대를 강화하고 노약자의 경제적 안정성을 높이기 위한 노력으로 시작되었다. 사회 복지 프로그램은 가족 가치의 표현으로서 등장하기 시작했다. 그러나 가족 가치는 돈이 아주 많이 들기 때문에 남녀 간에 그리고 부자와 빈자 간에 누가 그 비용을 지불할 것인가를 놓고 싸움이 있어 왔다.

내니nany_ 아아이들이 보모를 지칭하는 말. 애 보는 사람. 지나치게 보호하고 염려를 많이 하는 사람이나 제도를 가리키는 말로도 쓰인다.

— 옥스퍼드 영어 사전

'보모 국가'의 탄생

보수주의자들이 하는 이야기를 간단하게 말하면 이렇다. 옛날 옛적, 우리는 모두 아버지가 보호해 주고 어머니가 보살펴 주는 안정적인 가정에서 살았다. 몇몇 사람들은 가난했지만 전반적으로 훌륭한 시민이었다. 그러나 복지 국가라고 하는 것이 나타났는데 그것은 의도는 순수하나 의지가 박약한 정치인들이 게으르고 탐욕스러운 유권자의 비위를 맞추고 싶어서 고안한 것이었다. 정부는 보호자 역할을 하기 시작해 연금과 실업 보험, 의료 서비스, 교육 보조금, 노동법, 사회 안전망 같은 복지를 제공했다. 처음에 사람들은 경제적으로 안정되고 사랑받고 있는 느낌 때문에 이 시스템을 좋아했다. 그러나 이윽고 너무나 의존적이 되어 버렸다. 성인 남자조차 건달처럼 행동하기 시작했다.

가난한 어머니들은 의존이라는 거미줄에 갇혀 늦게 자고 드라마나 보면서 애들이 교육상 좋지 않은 랩 음악을 듣고 동네에서 길 잃은 힘없는 노인들을 상대로 강도짓이나 하도록 내버려 두었다. 다달이 날아오는 복지 수당은 마약 따위에 쉽게 써 버리게 만들어 장기적으로는 수급자들에게 해를 끼치기만 했다. 남자들도 버릇이 잘못 들어 자기 자식을 부양하지 않아도 좋다고 믿게 되었다. 부자들도 부패해 더는 교회나 지역 자선 단체에 참여할 필요가 없다고 생각하게 되었다. 복지 국가가 모든 것을 알아서 처리하기 때문이다. 그런데 어느 날 몇몇 용감한 남녀가 이에 맞서 싸우기로 결정했다. 사악하고 양심도 없는 이기주의자라는 비난에 맞서 그들은 사회 보험의 삭감은 결국에는 사회 전체뿐 아니라 가난한 사람도 이롭게 할 것이라고 설명했다.[3]

이 이야기는 아주 간단하다. 그러나 세 가지 아주 유용한 경제 개념인 왜곡된 동기, 구축 효과, 지대 추구에서 유래한 조리 있는 주장들을 담고 있다. 왜곡된 동기는 말 그대로 사람들에게 나쁜 짓을 하도록 고무하는 동기를 뜻한다. 영국인 토머스 로버트 맬서스가 약 200년 전에 가난한 자들에게 도움을 주는 것은 가난한 자들이 더 많아지게 할 뿐이라는 주장을 폈을 때 유명해진 말이다. 당시의 부유층과 중산층에게 충분히 그럴 듯하게 들려, 의회가 가난한 자들에 대한 공적 부조를 대폭 제한하게 하는 데 영감을 주었다.

그러나 돌이켜보면 맬서스의 주장은 설득력이 없다. 영국의 가정은 새로운 빈민법이 실효를 거두기 전부터 아이를 적게 낳았기 때문에 아일랜드와 영국의 가족 규모의 차이가 공적 부조 탓이라고 볼 수 없다. 복지 프로그램이 가난한 사람의 수를 늘어나게 할 뿐이라는 이 나라에서 들리는 최근의 주장도 마찬가지로 본질을 호도하고 있다. 1980년대와 1990년대 초 미국의 소위 복지 어머니들은 다른 어머니들과 똑같은 수의 자녀를 낳았다. 복지 국가의 시대는 저출산의 시대다. 왜곡된 동기가 항상 좋지 않은 사회적 결과를 낳는 것은 아니다.

덜 정치적인 예를 들어보자. 모든 보험은 '도덕적 해이'라고 묘사되는 약간의 왜곡된 동기를 유발한다. 차량 충돌 보험을 든 운전자는 위험하게 운전하는 경향이 있고 몇몇 건강염려증 환자는 단지 건강 보험이 된다는 이유로 의사의 진료를 예약한다. 보험 회사를 상대로 사기를 잘 치는 이들도 있다. 그런 정직하지 않은 행동은 마찰이 기계의 효율성을 제한하는 것과 마찬가지로 모든 보험의 효율성을 제한한다. 그러나 왜곡된 동기가 존재한다고 해서 보험 자체가 나쁜 발상이라는 뜻은 아니다.

모든 가족은 혼란을 경험한다. 어떤 아이는 다른 아이보다 더 많은 사랑과 관심을 요구할지 모른다. 요구한 대로 다 해 줄 경우, 요구하지 않은 아이를 불리하게 만들 위험을 감수해야 한다. 때로 내 차례가 아니지만 설거지를 하기도 한다. 그렇게 하면 책임을 게을리 하는 사람이 오히려 유리해지게 만들 위험이 있다. 배우자가 나쁜 짓을 할 때 용서를 하면, 앞으로 또 그렇게 해도 좋다고 암묵적으로 허락하는 일이라는 것을 알면서도 용서한다. 그런 것들이 보험 제도를 축소하거나 용서를 하지 말아야 할 이유는 안 되지만 보험 제도를 어떻게 운용하고 용서를 어떻게 할 것인지 주의 깊게 생각할 필요는 있다.

복지 국가와 가족의 유사성 때문에 우리는 그 둘 간의 상호 작용을 걱정한다. '구축 효과' 라는 용어는 정부가 지출을 하면 사적 투자가 감소하게 되어 정부 지출의 효과가 상쇄될 것이기 때문에 경제를 그다지 활성화시키지 않을 가능성이 있음을 묘사하기 위해 등장했다. 그 가능성은 사회 보장과 같은 정부 프로그램의 효과가 사적 이전을 줄어들게 할 수도 있음을 또한 암시한다. 사회 보장은 '구축 효과'를 일으키는데, 성인 자녀는 국가가 부모를 돌볼 책임을 지고 있다고 생각하면 사적으로 부모를 모시려고 하지 않을 것이라는 것이다. 유사하게 공적 부조가 후해지면 사적 영역의 자선을 몰아내는 효과를 낳을 수 있다.

그러나 가능성과 현실 사이에는 큰 차이가 있다. 많은 것이 문제의 그 효과라는 것의 상대적 크기뿐만 아니라 특정 경제 맥락에 달려 있다. 사회 보험은 가족 네트워크보다 더 효율적이고 신뢰할 만하기 때문에 발전해 왔다.4 여러분도 나이가 들면 자식에게 기댈 계획을 하고 있을지 모른다. 그러나 자식이 먼저 죽거나 캘리포니아로 이사 가서 전화 한 통 하지 않으면 어떻게 하겠는가? 물론 실직을 했을 때 지역 교회 교우에게 도움을 청할 수도 있다. 그러나 그들도 동시에 실직을 하면 어쩔 것인가? 큰 집단끼리 위험을 한데 모으면 가족이나 지역 공동체에 의존하는 것보다 위험을 훨씬 더 쉽게 관리할 수 있다.

가족 지원에 대한 의존은 강제의 문제를 야기한다. 가족이 때로는 돕겠다고 나서지 않을 수 있기 때문이다. 자유주의자들은 국가를 없애면 가족 가치가 번성할 것이라고 넌지시 내비친다. 그런 소리를 애아버지한테서 경제적 지원을 거의 받지 못하는 비혼모나 이혼 여성의 자녀들에게 해 보라. 정부가 해야 할 일은 아동의 개인적 경제적 복지에 필수적인 부모의 책임을 강제하는 것이다.

다른 한편 강제된 책임이 항상 개인적 관계 형성에 자양분이 되는 것은 아니다. 부모님이 나이가 드시면 들어와서 같이 사실 예정이 있다는 것을 알게 될 때 그들을 사랑할 수 있겠는가? 남동생과 조카가 올케한테 버림을 받아 당신이 그들을 돌보아야 한다고 할 때 그 동생이 더 가깝게 느껴지겠는가? 아마 그럴 수도 있다. 그러나 아마도 분노와 좌절도 느끼게 될 것이다. 가족 관계에 부여되는 경제적 압박의 짐을 줄이면 정서적 인간관계의 질이 향상될 수도 있고 공적 부조가 공급하지 못하는 개인적 돌봄이 더 잘 이루어질 수 있다. 공적 사적 지원은 서로 대체재가 아니라 보완재일 수 있다.

사회 보험의 발달은 가족 구성원이 스스로를 돌볼 동기를 약화시키고, 해결하려던 문제를 더 악화시킬지도 모른다. 다른 한편 공적 부조를 제공하지 않을 경우 아이들을 포함한 약자들을 경제적 곤궁 상태에 빠뜨릴 것이다. 공적 부조를 받지 못해 고통을 더 받게 되었다고 해서 가족이나 공동체가 자동적으로 그 빈 공간을 메우지는 않을 것이다. 사회 보험 프로그램은 더 광범위한 경제적 변화 과정이 야기한 문제를 해결하는 과정에서 등장했다. 그 프로그램을 축소하는 것이 원래의 문제를 해결하지는 않을 것이다. 예를 들어 여성 가장 가족은 미국뿐만 아니라 남미나 카리브 지역같이 사회 복지 프로그램이 전혀 없는 곳에서도 눈에 띄게 늘고 있다.[5]

다양한 연방 정부 프로그램의 구축 효과는 아주 작다. 작기 때문에 구축 효과를 걱정할 필요가 없다는 뜻은 아니다. 문제에 대한 해결책은 대부분 결국 더 복잡한 문제를 낳는다. 항생제는 염증과 싸우는 능력을 획기적으로 향상시킨다. 그러나 항생제를 많이 사용할수록 내성이 더 강한 박테리아가 진화할 가능성이 커진다. 항생제라는 개념을 그냥 폐기하고 신에게 병을 치료해 달라고 간청하는 방법이 있을 수 있다. 아니면 대안적으로 신이 주신 머리를 사용하여 항생제와 사회 정책을 더 현명하게 개발하고 처방하도록 할 수 있다.

세 번째 복지 반대 주장은 공무원과 정치인들이 비대해지는 경향을 겨누고 있다. 경제학자들은 '지대 추구'라는 말을 만들어서 이익 집단이 경제적 과실을 좀 더 많이 차지하려는 데 쓰는 노력을 가리키는 말로 쓴다. 지대는 노동이나 기업 운영보다는 전적으로 소유권에서 나오는 소득을 말한다. 지대가 비생산적인 방법으로 추출되는 이윤과 어떻게 다른지 나는 아직도 확실히 이해가 되지 않는다. 그러나 사람들이 이기적인 이해를 추구하기 위해 집단을 형성한다는 주장에는 동의한다. 정치가 대부분, 그리고 그들에 돈을 대는 사람들을 그 집단의 대표적인 예로 꼽을 수 있다.

작은 정부가 이 문제를 풀 수는 없다. 사실 작은 정부는 자기네가 가진 부를 다른 사람들과 나누지 않으려는 부유한 집단의 교활한 지대 추구 전략이다. 그들이 축소하려는 정부 분야를 보면 자신들 이외의 사람들에게 가는 정부 지출과 관련이 있다는 사실을 알게 될 것이다. 사회 보험을 통해 위험을 한데 모으는 제도는 위험을 공유하기 때문에 효율적인 것이다. 그러나 보험비나 세금을 낮추는 가장 쉬운 방법은 위험 정도가 높은 사람, 즉 건강하지 않고 운이 없는 사람을 보험 집단에서 배제하는 것이다. 건강 보험이 돈이 많이 드는 문제를 가진 사람들(특정 나이군의 사람, 암이나 심장병 가족력이 있는 사람, 후천성면역결핍 같은 증세가 있는 사람)을 몰아내면 보험비가 얼마나 싸질지 생각해 보라. 물론 그렇게 되면 보험이 가장 필요한 사람이 훨씬 많은 보험비를 지불해야 할 것이다.

사회 지출을 축소하고 사회 보장 프로그램을 사유화하자는 캠페인은 개인이 스스로 책임을 더 많이 져야 하고 자립이라는 덕목을 포용해야 한다고 선언한다. 마치 모든 문제를 개인과 정부 간의 대결로 환원할 수 있는 것처럼 생각한다. 그러나 보통 부자들은 비용이나 위험을 증가시킬 것 같은 사람들을 배척하기 위해 사적인 집단을 형성한다. 컨트리클럽, 울타리 쳐진 아파트, 사립학교, 최저 투자 수준이 아주 높은 뮤추얼펀드 등이 그 예다. 지대 추구는 다른 형태로도 계속되고 있는데 정부가 제공할 수 있는 민주적인 안전장치가 전혀 없다. 부유층 바깥에 존재하는 개인들은 성공할 기회가 훨씬 열악해졌다.

복지 국가로 들어서는 길목에 암운을 드리우고 있는 이야기를 다시 정리해 보자. 아이들은 뭐든 지나치게 빠져 들면 버릇이 나빠질 수 있다. 공적 부조는 왜곡된 동기를 창출할 수 있고 심지어는 사적 지원을 부분적으로 갉아먹을 수도 있다. 정부 관료는 자신들이 봉사하고 있는 국민의 요구를 간혹 무시한다. 이런 비판은 모두 나름대로 합리적이다. 말이 안 되는 소리는 바로 '보모 국가'라고 하는 것이 사회 문제 대부분을 야기하는 주원인이며 정부의 역할을 축소하는 것이 그 문제를 해결하는 길이라는 주장이다.

가족을 약화시킨 진짜 원인

자본주의의 성장은 개인주의의 성장이라고 한다. 개인주의의 성장이 좋든 나쁘든 가족을 약화시켰다는 사실이 그리 놀랍지는 않다. 그런 압력의 일부는 기술 변화에서 왔다. 생산의 규모가 커지고 분업에 대한 요구가 증가하면서 가족은 생산 단위의 기능을 점차 잃게 되었다. 동시에 가정 밖 고용 기회의 증가는 자녀들을 가족 경제 밖으로 끌어내어 그들에게 독립할 기회를 제공했다.

자녀들은 단순히 지참금이나 상속을 받기 위해 기다리거나 부모가 몸 바쳐 일한 같은 주인을 위해 일할 권리를 얻으려 기다리는 대신 스스로 길을 개척할 수 있게 되었다. 임금 고용은 특히 여성에게 중요했는데 결혼이나 어머니 노릇에 대한 대안으로 어느 정도 역할을 했다. 19세기

초 직물 공장에서 볼 수 있던 미천한 일들조차도 젊은 여성들에게 스스로 결정할 기회를 제공했다. 그것은 가난한 시골 농가에서 남성에게 경제적으로 의지하는 삶이 부여하는 결정의 기회보다 훨씬 컸다. 우리들은 개인주의의 성장이 몇 가지 건강한 방식으로 개인의 자유를 확대했다는 데 동의한다.

그러나 동시에 자유주의와 임금 고용의 성장은 가족을 뒤흔들어 놓았다. 자녀들이 부모에게 더는 노동력을 제공하지 않을 확률이 높아졌기 때문에 자녀를 키우는 데서 오는 경제적 이득이 줄어들었다. 생산 단위로서 가족이 점점 쓸모없어지고 기업체가 동시에 성장하면서 재생산 노동과 생산 노동은 틈이 벌어지기 시작했다. 부모는 자라서 남을 위해 일하러 갈 자녀를 양육하게 된 것이다. 부모는 노동자를 생산함으로써 자본주의를 보조하게 된 셈인데 고용주는 노동자를 생산하고 훈련하는 실제 비용을 지불하지 않고도 그들을 고용한다. 게다가 자본주의는 부모와 달리 경제 상황에 따라 노동자를 고용하고 해고할 권력을 가진다. 고용주와 부모의 관계는 전자가 가족의 책임에 상대적으로 얽매이지 않았다는 점에서 마치 남자와 여자의 관계와 같다. 이렇게 임금 고용에 기초한 시스템이 가족에 기반을 둔 생산을 대체하기 시작했다.

이 전 과정이 마치 전적으로 비용/편익 계산에 의해 움직이는 것처럼 기술적인 견지에서 묘사할 수 있으면 더없이 편할 것이다. 그러나 역사가 승언하듯이 집단 간의 엄청난 갈등이 그 과정에 내재해 있다. 북미와 남미의 초기 경제 발전은 원주민을 축출하는 결과를 낳았고 카리브 해 지역에서는 노예 제도에 의존해 노동을 동원하고 착취했다. 가족의 삶과 공동체의 결속을 이보다 더 심하게 파괴한 과정을 상상하기는 힘들다. 그런 집단의 복속은 여자와 아이를 각각 강간과 유기의 위험에 빠뜨렸다. 높은 혼외 출생률과 유아 사망률은 노예뿐만 아니라 강제 노동과 인신 구속에 시달렸던 남미 원주민들에게서도 나타난 현상이었다.

보수주의자들은 마치 가족을 약화시킨 것이 여성적인 관대함이라는 듯이, 복지 프로그램 때문에 여성 가장 가족이 역사적으로 증가했다고 주장한다. 그러나 사회 보장과 '부양 자녀를 둔 빈곤 가정 지원 제도 AFDC' 같은 복지 정책은 가족의 지원을 상실한 개인을 도우려는 노력에서 출발했다. 버림을 받았거나 사별한 엄마들과, 부양 의지나 능력이 있는 자녀가 없는 노인들이 그 대상이었다.

비혼모는 아이들이 어릴 때부터 일을 시작할 수 있고 친족 공동체가 도움을 줄 수 있는 경제에 살고 있다면 생활을 꾸려 나가기가 쉬울 수 있다. 그러나 아이들은 학교에 가야 하고 친족들은 뿔뿔이 흩어져 사는 경제에서라면 그녀의 처지는 훨씬 불안정하다. 인구학적 경향은 경제 단위로서 가족의 기능을 더욱 약화시켰는데 출산율 감소는 노인 부모보다 오래 살 자식을 둘 확률을 감소시켰으며 사망률의 감소는 늙을 때까지 살아남을 확률을 증가시켰다.

자본주의 경제는 불안정한 경향이 있다. 이론적으로 공급과 수요의 힘은 경제가 안정되도록 돕고 실업을 상대적으로 낮게 유지해야 한다. 그러나 경기 후퇴나 침체, 통화 위기, 물가 상승, 실업의 장기화는 자본주의의 아주 전형적인 현상이다. 복지 국가 정책은 그런 시장의 실패에 대한 반응으로 등장한 측면이 있다. 또한 가족의 실패라고 하는 것, 즉 가족과 친족이 사회 안전망 기능을 제대로 수행할 수 없음이 판명된 상황에 대한 반응으로도 등장했다.

처음으로 국가와 가족을 본질적으로 대비한 사람은 스웨덴의 사회 민주주의 이론가 알바 뮈르달이다.6 그녀는 국가가 의료, 교육, 사회 안전망, 은퇴 후 보장 등을 제공함으로써 가족 약화에 대한 해결책을 마련할 수 있다고 믿었다. 스웨덴과 유럽 국가들이 미국보다는 한발 앞서 있던 것이 사실이지만, 뮈르달은 사회가 기꺼이 그 책임을 맡을 것이라고 지나치게 낙관했다. 또한 복지 국가의 효율성에 대해서도 과대평가했는데 정치적 관료주의 관성이 효율성을 저해할 수도 있음을 보지 못했다. 그러나 그녀의 기본적인 주장은 맞다. 복지 국가는 가족이 확대된 것이다.

아버지 국가

20세기 들어서까지 미국의 정치적 권위의 구조는 남성 중심적이었다. 여성에게 투표권이 없었다는 데서 가장 명백하게 드러난다. 법과 전통의 여타 영역에서는 성인 남성의 권력을 강화했다. 보모 국가의 개념에 대해 뭐라 생각하든 상관없이, 그리 오래지 않은 과거까지 우리 모두 아버지 국가의 권위 밑에서 살고 있었다.

대법원은 여성이 법조인이 되어서는 안 되는 이유를 설명하면서 이렇게 말했다. "여성의 운명과 사명의 절정은 아내와 어머니로서 고귀한 역할을 다하는 것이다. 이것이 창조주의 법이다."7 대신 남편은 가족을 부양할 의무가 있고 이런 부양은 믿을 만한 것이라고 가정되었다. 그러나 법적으로 부양은 최소한의 생계로 협소하게 정의되어 있고 부양의 책임은 절저하게 실행되지 않았다. 아내와 아이를 버린 남편은 고소되거나 기소되지 않았다.

전통적 결혼은 여성에게 집안 식구를 돌볼 의무를 수행한 대가로 권리를 별로 주지 않았다. 19세기 여성주의자들이 아내가 가사 노동에 대한 대가로 남편 수입의 절반을 가질 법적 권리가 있다고 주장했을 때 웃음거리가 되었다. 여성이 재산권과 자신이 번 돈에 대한 권리를 싸워서 얻어낸 후에도 남편 소득에 대한 법적 권리는 여전히 제한적이었다.[8] 사실 그 법적 권리는 오늘날에도 존재하지 않는다. 이혼한 여성은 공동 재산에 대해 분할권이 있고 경우에 따라 남편 소득의 일정 몫에 해당하는 위자료도 얻는다. 그러나 결혼 안에서 비시장 노동을 전담한 사람은 임금이나 연봉을 벌어 온 배우자가 주기로 결정한 몫 외에는 아무런 법적 권리가 없다.

20세기 중반까지 이혼은 흔치 않았으나 경제적 유기는 흔했다. 유기된 엄마들은 대부분 친족과 살았기 때문에 인구 조사에서 여성 가구주로 잡히지 않았다. 그들은 스스로 살 수 있는 충분한 경제적 독립을 확보한 경우에만 가시적인 존재로 드러났다. 결혼 안에서 아버지는 전통적으로 자녀가 21세에 도달할 때까지 그들의 소득을 비롯하여 인생에 대한 절대적인 통제권을 누렸다. 어머니들은 별거와 이혼 시에 어린 자녀의 양육권을 얻기 위해 구걸하고 싸웠다. 어머니의 양육권 획득에 반대한 사람들은 여자들이 아이들을 데리고 갈 수 있다면 가정을 등질 확률이 높아진다고 주장했다. 19세기 후반에 가서야 법정은 별거와 이혼 시에 엄마들에게 양육권을 주기 시작했다.

역사가들은 이런 변화가 아이를 점차 인정하기 시작했기 때문이라고 주장한다. 그러나 이런 변화가 아동이 경제적 자산이라기보다는 부채로 인식되기 시작한 것과 거의 비슷한 시기에 일어났다는 것은 우연이 아닌 듯 보인다.[9] 교육의 중요성이 커지면서 아이가 가정에 생산적인 기여를 할 수 있는 역할이 감소했고 아동의 임금 노동을 금지하는 법도 등장했다. 가족은 이미 출산을 제한하기 위해 의식적인 노력을 시작했는데 가족을 책임지는 데 드는 비용이 날로 늘고 있음을 인식했기 때문이다. 19세기를 거치면서 현대적인 피임법의 도움 없이도 여성 일인당 평균 자녀 수는 6명을 넘다가 3명이 조금 넘는 수준으로 떨어졌다.

여성의 종속은 가정의 안정성을 높였다. 결국 가족이란 남성들에게는 괜찮은 제도가 되었다. 여성은 돌봄이라는 일차적인 책임을 떠안으며 개인적으로 보상도 받지 못하면서 가족과 공동체에 지대한 기여를 했다. 여성의 생활수준은 타인의 나누려는 노력과 의사에 의해 결정되었다. 그녀는 자신이 한 노동에 대한 대가를 받지 못했다. 바깥일을 할 수 있었던 기혼 여성은 별로 없었다. 그러나 19세기의 막바지에 이르러서는 비혼 여성의 40%에 이르는 여성이 임금 노동을 하고 있었다.

가족 분쟁

임금 고용이 확장되면서 많은 사람들이 가족이 붕괴할 것이라는 두려움에 떨었다. 비혼 여성은 부양할 가족이 적었고 집에서 살았기 때문에 기혼 남성보다 낮은 임금도 기꺼이 수락했기 때문이다. 그들이 임금 노동을 하기 시작하면서 남성들의 임금을 낮춘다는 비난을 들었다. 경제학자 존 라이언과 미국노동연합 같은 노조가 대표하는 숙련노동자들은 남성들에게 아내와 자녀를 부양하는 데 충분한 임금, 소위 '가족 임금'을 보장해 주어야 한다고 주장했다. 그들은 못 이기는 척, 비혼 여성의 노동은 필요할 수도 있음을 인정했으나 기혼 여성은 임금 노동으로부터 배제되어야 한나고 주장했다.

많은 고용주들이 배제 정책을 실행에 옮겼다. 연방, 주, 지역 정부는 앞장서서 실행에 옮긴 주체였다. 20세기 초에 여성들을 주로 고용했던 공립학교는 여교사들에게 결혼과 동시에 사직할 것을 요구했다. 그러한 차별 정책은 노동에 대한 수요가 증가하면서 점차 무너지기 시작했다. 나아가 출산율이 떨어지고 집에서 생산하던 것들을 싸게 대체하는 상품들이 나오면서 가정주부가 항상 집에서 생산적인 활동을 할 수 있는 것은 아니었다.

또한 직장과 조직, 가정에서 새로운 권리를 요구한 여성의 집단적 노력 또한 엄청났다. 그러나 자신들을 위한 새로운 권리만 요구한 것은 아니었다. 그들은 아이나 노인 등 부양가족에 대한 사회적 의무와 돌봄에 대해 더 관대한 개념을 가져야 한다고 주장했다. 그들은 어머니의 시각이 조직을 더 현명하게 만들 것이라고 주장했다.[10] 그러한 비전은 많은 남성들을 공포에 몰아넣었다. 1900년경에 영국의 유명한 사회 진화론자이자 철학자인 허버트 스펜서는 여성에게 투표권을 부여하면 그들의 부드러운 마음 때문에 복지 국가가 혼란에 빠지게 될 것이라고 경고했다.[11] 이 말은 오늘날 보모 국가에 대해 열을 내며 비판하는 보수주의자들의 주장과 놀랍게도 닮아 있다.

다른 철학자와 저술가들, 그중에서도 웰즈와 조지 버나드 쇼는 어머니들은 공공의 선을 창조하므로 공적 지원을 받을 자격이 있다고 주장했다. 영국 노동당의 기초를 세우는 데 일조한 베아트리스 웹은 자신의 철학의 등장을 보모 국가의 견지에서 설명했다. "생산자도 소비자도 맡지 않으려 하는 미래의 세대를 부양하는 역할을 정부가 혼자서도 맡을 수 있다. 간단히 말해 새로운 국가 형태를 인정하게 되었는데, 새로운 국가 형태란 '경찰국가'와 구분하여 '집 관리 국가'라고 불릴 수도 있다."[12]

1차 세계 대전이 터지기 바로 전에 부모에 대한 공적 지원을 해야 한다는 주장은 영국의 여성주의자 엘리노어 라스본이 체계적으로 설명했다. 그녀는 자본주의 경제는 개개인의 생산물에 기반을 두고 노동자에게 임금을 지불함으로써 아이를 기르는 일에 대한 보상은 전혀 제공하지 않는다고 지적했다. 전통적인 가족 기반 경제에서는 재생산 노동이 생산적인 방식으로 보상되었다. 아이가 자라면서 그들이 가족의 생산과 소비에 기여를 했다. 그러나 개개인이 시장 생산에 참여하는 경제로 이동하면서 어머니들은 뒤에 홀로 남겨졌다.

> 어머니 노릇이 일종의 장인적 기술이라면, 일에 대해 금전적인 보상이 없다는 점과 일을 하는 동안 스스로를 부양하는 것도 보장되지 않는다는 점에서 다른 장인적 기술과 구분된다. 그리고 (가장 중요하지만 간과되고 있는 것으로) 사회가 그에 따르는 관계를 인정하지 않는다는 것이다. 모성의 산물의 양과 질의 관계와, 가지고 일하는 도구와 재료의 양과 질 간의 관계를 무시하고 있는 것이다. 아이들은 어머니의 산물이며 음식, 옷, 그 밖에 필요한 것들은 그녀의 재료와 도구다. 칭얼대는 아기가 있는 배관공의 아내는 배관공 밑에서 일하는 일꾼의 아내보다 더 많은 음식과 옷 등을 살 힘이 있다. 배관공 밑에서 일하는 일꾼의 아내가 배고픈 여섯 식구를 더 효율적으로 먹여 살리고 있더라도 말이다.[13]

라스본은 효율성을 강조하는 정치경제학의 새로운 기준에 호소하여 부모 노릇의 구성이 불공평할 뿐 아니라 케케묵은 낡은 것임을 암시하고 있다. 그녀는 '가족 임금'이라는 개념을 조롱했는데 남성에게 임금을 더 많이 지불한다고 해서 여분의 돈을 가족을 부양하는 데 쓰리라는 보장이 없다고 지적했다. 그녀의 지적에 의하면 '가족 임금'을 받은 남성 중 많은 사람들이 결혼을 하지 않았고 아이도 없었다.

부모 노릇의 사회적 부양은 아이를 양육하는 일을 실제로 하는 사람들을 지원하도록 만들 것이다. 처음 라스본의 제안은 지지를 별로 받지 못했으나, 두 차례 전쟁을 치르면서 전쟁에 직접 가담한 나라들은 시민과 군인을 양산하는 데 노력이 필요함을 절실히 깨달았다. 2차 대전 이후 대영제국은 아이 1인당 공적 부조금, 즉 가족 수당을 지불하는 형태로 라스본의 제안을 채택했다. 프랑스와 독일을 비롯한 다른 북서유럽 나라들도 가족 수당 제도를 도입했다.

나중에 상원 의원이 된 미국 경제학자 폴 더글러스는 미국에 가족 수당제를 도입하려고 했다. 그러나 부모 노릇에 대한 공적 지원이라는 개념은, '자유'를 누리고자 몸이 달은 이미 만들어진 노동자인 이민자를 쉽게 끌어들일 수 있는 나라에서는 그다지 호소력이 없었다. 게다가 백인 미국인들은 '본토인'들보다 이민자, 흑인, 히스패닉들 사이에서 출산율이 더 높다는 사실을 듣고 공황 상태에 빠졌다. 인종 차별주의는 남의 자녀를 돕게 될 수도 있는 제도에 반대하는 데 크게 일조했다.

그러나 미국에서도 가족 지원 쪽으로 정부 정책을 입안하려는 노력은 비교적 일찌감치 시작되었다. 여성이 투표권을 얻어 내기 전에도 시민 단체는 가족 지원 프로그램을 위해 정열적인 캠페인을 벌였다.[14] 20세기 초반에 일어난 노인 연금 운동은 노인이 자녀를 양육한 대가로 지원을 받을 자격이 있다는 가정에 기초해 있었다. 많은 주에서 사별하거나 남편한테 버림을 받은 어머니들에게 최소한의 지원을 제공하는 프로그램이 개발되었다. 1921년에 이르러서는 40개 주와 2개의 미국령에서 '모성 연금'을 지급했다.[15] 제한적인 자격 조건과 낮은 수준의 혜택에도 불구하고 모성 연금은 1930년대에 진전된 뉴딜 프로그램의 모델이 되었다.

1921년 여성은 연방 선거에서 투표권을 획득하여 아버지 국가라는 철옹성을 무너뜨렸다. 그 직접적인 결과로 셰퍼드-타우너 모자 보호법이 통과되었는데, (재정 지원을 받은 병원이 피임 도구나 정보를 유포하는 것은 엄격히 금지되었지만) 모자 사망률을 낮추고 모성 건강을 증진시키는 것이 그 목적이었다. 아버지 국가는 굳건하게 남았다. 그러나 남성이 정부 정책에서 차지하는 독점적인 지위는 약화되고 있었다.

전업 주부 보조금

　1935년의 사회 보장법은 20세기 초반에 미국에서 통과된 사회 복지 관련 법 중 가장 중요한 법이다. 1929년에 시작해서 1930년대 내내 지속된 대공황은 지속적인 실업 문제에 대한 경각심을 불러일으켰다. 노동 시장과 금융 시장 어느 것도 이론에 따라 움직이고 있지 않았다. 직업이 있는 사람들도, 본인 잘못은 아니지만 가족 수입에 전혀 보탬을 주지 못하는 식구들로 인해 큰 부담을 안고 있었다.

　사회 보장법은 노동 시장이나 가족이 모든 부양가족, 특히 노인들을 충분히 부양할 수 없다는 공감대를 반영한 것이었다. 사회 보장법은 실업 보험을 제공하였고 수혜 대상 노동자가 늙었을 때 최소한의 지원을 보장하였다. 또한 수혜 대상 노동자의 사별자와 고아에게 유가족 수당의 형태로 생명 보험을 제공하였다. 마지막으로 사회 보장법은 의존 자녀가 있는 가족 지원인 '부양 자녀를 둔 빈곤 가정 지원'AFDC의 전신인 '부양 능력이 없는 한부모 지원'ADM이라는 제도를 도입하여 가난한 비혼모와 그 가족에 대한 공적 부조를 제공했다.

　사회 보장이 모성주의 비전이 어느 정도 승리했음을 의미한다면 자비로운 부성주의는 그보다 더 큰 승리를 거두었음을 의미한다. 사회 보장이 지닌 특징 대부분이 남성 가장의 재정 부담을 덜어 주기 위해 고안된 것이다. 2장에서 사용한 언어를 쓰자면, 가족에 대한 책임을 인정하고 수행한 남자들이 안게 된 피해를 줄여 준 것이다. 비혼 남성과 똑같은 세금을 납부한 기혼 남성은 훨씬 더 큰 혜택을 누리게 되었는데,

늙었을 때 아내에게도 지원금이 나올 뿐 아니라 아내와 아이에게 보험이 제공되는 결과를 낳았기 때문이다. 이런 의미에서 사회 보장은 남성을 위한 가족 임금이라는 개념이 부분적으로 남몰래 승리했음을 보여 준다.

1930년대 초반 실업과 빈곤과 처절하게 싸우려는 노력들 가운데에서도, 노인층이 세력 있는 이익 집단으로 등장해 이글 공제조합 같은 조직과 연대하고 자신들의 경제적인 곤궁함에 관심을 더 많이 기울일 것을 요구했다. 그 시기 민중의 제안은 분명히 가족 관계에 매몰되어 있음이 드러난다. 타운젠드 박사라고 하는 어떤 지도자는 "너의 아버지와 어머니를 영예롭게 하라"는 성서 구절을 65세 이상의 남녀 노인에게 매달 용돈을 200달러씩 지급하는 식으로 바로 경제적으로 적용할 것을 요구했다. 판매세로 그 재원을 충당하도록 한 타운젠드 계획은 남녀, 임금 노동자와 비임금 노동자, 백인과 유색 인종 구분 없이 똑같이 대우하는 것이었다. 많은 사람들이 '타운젠드 클럽'이라는 조직에 가입하여 그 계획을 지지하였다.[16]

부유한 납세자들뿐만 아니라 고용주도 그런 생각에 눈살을 찌푸렸다. 그들은 그 대신 월급 공제에 기반을 두고 전적으로 노동자가 스스로 재원 공급을 책임지는 연금 시스템을 주장했다. 그러나 연금 시스템은 당시의 노인 인구가 직면한 문제를 해결할 수 없었다. 노인들은 연금 시스템에 돈을 붓기에는 너무 늦었기 때문에 돈을 빼내 가기 시작하는 것밖에는 달리 도리가 없었다. 따라서 월급 공제에 기반을 둔 연금 제도를 도입하면서, 연금 제도에 기여한 바 없는 은퇴자 노인들에게도 당장 혜택을 주기로 한 정치적 협상이 등장했다.

때로 사회 보장은 '사회 보험'이라고 불리며 '공적 부조'와 완전히 별개의 취급을 받는다. 그러나 그러한 구분은 진실을 호도한다. 개인이 납부한 돈과 나중에 그 개인이 혜택을 받는 것 사이의 관계가 뚜렷한 사적 보험이나 연금 제도와는 달리, 사회 보장은 세대 간 호혜의 원칙이라는 가족 모델에 기반을 두고 있다. 노인 세대는 젊은 세대를 부양하는 데 일조했으므로 이제 부양을 받을 차례다. 전통 가족에서처럼 젊은이가 노인 부양을 돕는 것이다. 퇴직자 수에 비해 노동 인구가 상대적으로 많던 때에는 그렇게 큰 부담은 아니었다. 1945년에 혜택을 받는 은퇴자 1인당 노동자 50명이 사회 보장 제도에 세금을 납부하고 있었다.

그 시작부터 사회 보장은 노동자들뿐만 아니라 그 아내들에게도 혜택을 주었다. 자격 조건이 되는 여성 노농자의 남편이 세도의 혜택을 받게 된 것은 1970년대 들어서서다. 기혼 은퇴자는 배우자에게 제공되는 추가의 돈을 받게 되어 비혼 은퇴자들보다 훨씬 많은 급여를 받았다. 게다가 사회 보장은 가족 구성원에게 일종의 생명 보험을 제공한다. 가입자인 노동자가 퇴직 전에 사망할 시 그의 배우자와 미성년 자녀들에게 유족 수당이 제공된다. 그런 식으로 사회 보장은 전통적인 부양자/전업 주부 가족에 보조금을 지급한 것이다.

사회 보장이 특정 노동이 아니라 특정 가족 구조에 보조금을 지급했다는 사실을 상기하자. 그 의미를 살펴보기 위해 다음 시나리오를 고려해 보자. 맞벌이 주부는 직장에서 전일제로 일하는 아내로서 아이가 없고 가사 노동을 하지 않으며 추수감사절 식사를 위해 요리를 해 본 적이 없다. 반면 전업 수부는 십에서 온종일 일하는 활기찬 가정주부로서 세 아이를 위해 스웨터를 손수 짜고 식구들의 점심 도시락으로 샌드위치를 만든다. 두 여성 모두 같은 수준의 소득과 직업 경력을 가진 남성과 결혼하여 같은 수준의 은퇴 수당을 받을 것으로 기대된다(맞벌이 주부는 자신의 소득이나 배우자의 권리 중 하나에 근거해 수당을 탈 수 있다. 남편이 자신보다 많이 벌 것이므로 배우자의 권리에 근거하여 수당을 탈 가능성이 높다). 두 여성 모두 10년 동안 결혼 상태를 유지하면 이혼하더라도 남편을 통해 수당을 받을 자격이 유지된다(1965년까지는 이혼하면 수당 자격을 상실했다).

두 여성은 서로 다른 방식으로 경제에 공헌하고 있다. 둘 다 대략 같은 시간 동안 일했을 때 같은 수준의 수당을 받는 것은 합리적이다. 주요한 차이는 맞벌이 주부는 사회 보장세를 납부하고 있고 전업 주부는 보조금을 받고 있다는 것이다. 이제 이야기의 좀 다른 면을 살펴보기로 하자. 맞벌이 주부가 직장에서 전일제로 일하면서도 세 아이를 키우고 그들을 돌보기 위해 퇴근하고 돌아와서도 일을 하고 있다면? 그리고 전업 주부가 아이도 전혀 키우지 않고 쇼핑을 좋아하기 때문에 집에서 그다지 많은 일을 하지도 않고 있다면? (아마 10년 후에 이혼당하는 이유가 될 지도 모르겠다.) 그러나 이혼을 하든 안 하든 맞벌이 주부와 같은 수당을 받는 것은 어쩐지 이상하다.

앞의 비교는 사회 보장의 배우자 수당이 개인의 기여에 따라 보상한다는 경쟁 시장의 원칙과 모순된다는 점을 지적하고 있다. 다른 한편 사회 보장은 아이를 키우고 돌보는 비시장 노동을 보상하지 않는다. 결혼한 부부가 아이를 몇 명 키우는지 얼마나 비시장 노동을 하고 있는지에 상관없이 단지 그들을 보조하여, 남편이나 아내 중 하나가 임금 노동을 그만두도록 만들 뿐이다. 고용되지 않은 배우자에게 공제 혜택을 주는 소득세 조항도 마찬가지 효과를 지닌다.

모순된 결과

사회 보장 제도에 내재된 특징들은 이렇게 하여 돌봄 노동에 대한 공적 인정과 지원이라는 모성주의 목적과 여성을 집안에 두고 남성과 경쟁에서 제외함으로써 그 목적을 달성하려고 하는 부성주의 전략 간의 뿌리 깊은 긴장을 반영했다. 당시로 치면 나쁜 협상은 아니었고 1940년대와 1950년대를 걸쳐 전통적인 부양자/전업 주부 가족 모델을 지탱했다. 그러나 강력한 경제적 정치적 힘은 이런 전통적인 성별 분업에 도전하고 있었고 노인 세대를 부양함으로써 자신들을 길러 준 데 대한 갚음을 한다는 사회 보장 제도의 근간인 세대 간 호혜라는 개념을 점차 침식해 들어오고 있었다.

시작부터 사회 보장은 엄청난 인기를 누렸다. 어쨌거나 가난을 줄였고 개인과 가족의 책임이라는 신성한 가치를 강화했다. 원래는 노동 인구의 절반 정도만 혜택을 보고 있었다. 그러나 혜택을 받는 노동자의 수와 지원 액수는 계속 늘었다. 동시에 계속되는 출산율 감소로 전체 인구에서 노인층이 차지하는 비율이 점차 증가했다. 1960년에는 돈을 타 가는 은퇴자 한 명당 노동자 다섯 명만이 사회 보장 제도에 돈을 붓고 있었다.

그런데 프로그램은 계속 팽창했다. 1960년대에는 65세가 넘는 모든 사람에게 건강 보험(메디케어)을 제공하기 시작했고, 퇴직 수당은 인플레이션율에 연동되어 수혜자의 구매력을 보호했다. 이런 팽창을 가능하게 했던 것은 무엇인가? 사회 보장 제도가 기초하고 있던 바로 그 부양자/전업 주부 가족 모델의 약화였다. 아내와 어머니들은 1960년대에 엄청나게 노동 시장에 진출했다. 신출하면서 그들은 사회 보장세를 내기 시작했다. 그러나 그들이 받는 혜택은 별로 달라진 바가 없었다.

여성들이 은퇴했을 때 그들은 자신의 고용 경력과 배우자 수당(자격이 되는 노동자와 결혼해 받을 수 있는 수당) 둘 중 하나에 근거해 수당을 선택할 수 있었다. 예나 지금이나 여성의 소득은 남성의 소득보다 훨씬 낮은 경향이 있었기 때문에 배우자 수당이 자신의 소득에 근거하여 받는 사회 보장 혜택보다 보통 높았고 그래서 배우자 수당을 타 갔다. 그러므로 사회 보장세를 낸 기혼 여성은 대부분 전혀 내지 않은 가정주부들과 나이가 들게 되면 똑같은 수당을 받았던 것이다. 사회 보장 제도는 기혼 여성의 취업을 위축시켰지만, 기혼 여성들은 어떻게든 임금 고용 관계에 들어왔고 사회 보장 재원을 떠받치는 데 일조했다.

이 모순적인 효과는 사회 보장 제도 자체를 이롭게 했다. 그러나 다른 예기치 못한 효과도 심각한 문제를 양산했다. 사회 보장이 초기에는 노인 세대와 젊은 세대의 연대감을 강화했을지 모르지만, 노인 인구의 상대적 크기가 풍선처럼 커지고 기혼 여성의 고용이 지원하는 재정적 효과가 점차 약화되기 시작하면서 긴장이 심화되었다. 사회 보장 자체와 연방 정책 일반은 자녀를 기르는 부모에게 재정 지원을 하기 위해 별로 한 일이 없었다. 이리하여 사회 보장은 이해 갈등을 심화시킨 출산율 하락에 간접적인 기여를 했는데, 수적으로 늘어나는, 비용이 많이 드는 노인들을 부양하기 위해 세금을 더 내려는 노동자는 거의 없었다.

사회 보장이 초기에 세대 간 연대를 강화한 이유는 자못 자명한 듯하다. 누가 뭐래도 그것은 노인 세대와 젊은 세대 간의 암묵적인 계약에 기반을 두고 있었다. 은퇴를 앞둔 사람들은 젊은 세대의 생산성이 사회 전반에 걸쳐 공유되고 있음을 볼 수 있었다. 은퇴한 노인들은 기여한 것보다 훨씬 높은 수당을 받고 있었기 때문에 젊은이들을 대상으로 하는 교육과 공공 프로그램에 세금을 기꺼이 더 내려고 했다. 그런 태도는 2차 세계 대전이 끝나면서 더욱 확고해졌다. 전후의 대표적인 법안인 제대 군인 원호법은 퇴역 군인 모두에게 대학 교육 지원을 제공했다(불행하게도 이 제도의 혜택을 본 여성은 별로 없었다). 연방 프로그램도 가족들이 쉽게 집을 소유하게 해 주었다.

그러나 1950년대와 1960년대의 번영은 높은 출산율 때문에 영원히 이어지지 않았다. 앞에서도 지적했지만 아이를 기르고 교육하는 비용이 올라갔기 때문에 부모는 적은 수의 자녀에게 노력과 자원을 집중하는 것을 선택했다. 게다가 여성도 이제 평생 어머니 노릇을 하는 대신 다양한 대안을 선택할 수 있게 되었다. 피임 정보와 기술에 새롭게 접근할 수 있었던 것도 출산 제한을 쉽게 만들었다. 1950년대와 1960년대 초의 베이비 붐 시기의 출산율은 1920년대 수준으로 다시 올라갔다. 그러나 바로 다시 하향 추세로 다시 접어들었다.[17] 두 자녀 가족이 규범으로 자리 잡았다.

다른 한편 의학 기술의 발선은 노인층의 기내 수명을 연장하는 데 합세했다. 1930년에 65세 이상 인구는 전체 인구의 5.4%에 불과했지만 1990년 12.5%에 이르렀고 2050년에 이르면 거의 20%에 이를 것이라고 추정된다.[18] 출산율 감소는 18세 미만 미성년 인구의 상대적 크기를 줄임으로써 초기에는 경제적 이득을 가져왔다. 그러나 그들이 자라 납세자가 되어 고출산율 시대의 노인 세대를 부양해야 하는 시점에 이르러서는 경제적인 부담으로 자리하게 되었다.

노인 부양이 순전히 가족에 기반을 둔 체계를 생각해 보자. 성인 자녀 5명이 자원을 모으면 65세를 넘긴 아버지나 어머니를 5년 동안 쉽게 부양할 수 있다. 성인 자녀 2명이 자원을 모은다 해도 65세를 넘긴 부모 두 분을 15년 동안 부양하는 것은 쉽지 않다.[19] 세대 간 이전을 내용으로 하는 어떤 체세도 이런 인구학직 문제를 피해 갈 수 없다.

그러나 사회 보장은 어떤 점에서 이 문제를 더 심각하게 만들었다. 노인 세대와 젊은 세대 간의 호혜의 원칙을 '사회화'함으로써 노인들에게 개별 가족이 제공할 수 있는 것 이상으로 좋은 보험을 제공한 것이다. 그러나 젊은 세대에서 노인 세대로의 이전은 공적이 된 반면, 부모에서 자녀로의 이전은 여전히 상당 부분 사적인 관계에 머물러 있다. 게다가 호혜의 원칙은 실제로 존중되고 있지 못한데 노인들은 임금 노동에 참여한 데 기반을 두고 젊은이들한테서 '보상'을 받는 것이지 다음 세대를 키운 데 기여한 대가로 보상을 받는 것이 아니었다. 위의 65~80세 부모를 둔 자녀 두 명의 예를 고려해 보자. 그리고 거기다 자기 자식이 없어 조카의 부양이 필요한 늙은 삼촌을 더해 보자. 이제 왜 젊은 세대가 스트레스를 받고 있는지 이해할 수 있을 것이다.

노인 세대가 전에 젊은 세대를 돌보았느냐에 상관없이 젊은이의 돈을 노인에게 재분배함으로써, 사회 보장 제도는 효과적으로 부모에게서 부모 아닌 사람에게로 자원을 재분배한다. 이것은 수당이 오직 임금과 거기서 떼는 세금에 기반을 두었거나 결혼에 기반을 두었지, 실제로 자식을 키우는 데 쏟은 시간과 노력을 전혀 고려하지 않기 때문이다. 부부 중 돈을 더 많이 번 사람의 소득이 같은 한, 아이를 셋 키운 부부나 아이가 없는 부부나 마찬가지의 은퇴 수당을 받는다. 그러나 그동안 부모는 아이를 키우는 데 엄청난 시간, 돈, 에너지를 투자했고 그들은 자라서 노인 세대 전체를 부양하는 데 쓰일 세금을 낸다.

옛날의 부양자/전업 주부 세상에서는 사람들이 대부분 비슷한 수의 아이를 키우고 비슷한 노력을 들였기 때문에 이 사실이 그다지 문제가 되지 않았을 것이다. 그러나 이제 그렇지 않다. 1960년대 이후 아이가 없는 사람들의 수가 조금씩 늘고 있고 어머니 혼자 부양하는 가족의 비중이 크게 늘었다. 그 어머니들 중 사회 보장을 통해 배우자 수당을 받을 자격이 있는 사람은 많지 않지만 그들이 돈을 벌러 나가면 다른 사람들이 내는 만큼 사회 보장세를 낸다.

밖에서 일하고 들어와서도 아이들을 돌보며, 아이아버지한테 받는 직접적인 경제적 지원은 거의 없다. 아이를 돌보는 행위는 사회 보장 제도가 돌아갈 수 있게끔 다음 세대의 납세자를 길러 내는 일인데도 일이라고 간주되지 않는다. 그들이 길러 내는 아이들이 자라서 노동자가 되어 노인을 돌보는 신체적 감정적 일들을 떠맡을 텐데도 말이다. 구두쇠 아버지는, 이혼한 뒤 훌륭한 직업 경력이 있는데도 가족을 돌보기 위해 직장을 그만둔 헌신적인 어머니보다 은퇴 수당을 훨씬 더 많이 받을 것이다. 이 점에서 아버지 국가는 계속 명맥을 유지하고 있다.

모성주의와 부성주의 사이의 긴장으로 다시 돌아가 보자. 미국 정부는 부양 식구를 돌보는 일을 실제로 한 사람을 직접 지원할 수 있을 것이다. 대부분의 북서유럽 국가에서 채택한 가족 수당 제도는 자녀 한 명당 수당을 제공함으로써 비슷한 일을 하고 있다. 수당의 액수는 너무 작아서 출산율에 그다지 영향을 미치지 못하지만 건강과 보육에 대한 공적 지원과 연계되면 자녀가 있는 가족과, 여성이 가장인 가족의 빈곤율을 낮출 수 있다.

미국에서 그런 정책에 가장 큰 걸림돌이 되고 있는 것은, 아마도 동료 시민에 대한 가족적 충성심을 깎아 먹고 있는 인종 불평등일 것이다. 그러나 모성주의 정책에 대한 저항도 중요한 역할을 하고 있다. 남자들은 공짜로 얻을 수 있는 모성 서비스에 돈을 내고 싶어 하지 않으며, 어떤 여성들은 부모 노릇에 돈을 지불하면 여성을 역사적으로 열악한 지위에 가둬 둔 노동을 전담하도록 고무하는 것이라는 자못 당연한 걱정을 하는 것이다.

식은 죽 먹기

누가 돌봄의 비용을 지불할 것인가를 놓고 남녀의 이해 갈등은 여러 가지 점에서 정부 정책에 영향을 미친다. 아버지 국가에 대한 여성의 도전의 가장 훌륭한 예는 양육비 지급에 관련한 것이다. 1960년대에 이혼율과 비혼율은 결혼율이 급격하게 감소하면서 놀랍도록 증가하기 시작했다. 여성들은 새로운 대안들을 가지게 되었고 그 결과 결혼은 이제 남성들에게 전만큼 편안한 제도가 되지 못했다. '가족의 쇠퇴'에 대한 원망은 대부분 여성에게 향했다. 그러나 남성도 가족이라는 전통적인 의무를 피하고 싶어 했다. 실제로 남성들은 여성들보다 더 빠르게 가족에 대한 책임을 내던졌다.

바버라 에렌라이히가 『남자들의 마음』이라는 책에서 설득력 있게 보여 주었듯이 남성성에 대한 문화적 정의가 1950년대에 바뀌기 시작했다. 그 전에는 남성에게 결혼과 부성은 성인으로 이동하는 데 필수적인 것으로 여겨졌다. 그러나 비혼 남성이 점차 더 이상적인 모습으로 그려지기 시작했다. 새로 등장한 『플레이보이』나 『에스콰이어』 같은 남성 잡지들은 아무런 부담이 없는 비혼의 지위를 찬양했다.

강력한 공동체와 가족은 한때 남자들에게 임신 여성을 버리지 말라는 압력을 행사했다. 사생아를 돌볼 책임을 갖게 될 것을 두려워한 여자의 아버지와 오빠는 그 여성을 결혼시키기 위해 노력했다. 그러나 대도시라는 새로운 환경에서 남성들은 익명성이라는 혜택을 누렸고, 여자의 아버지와 오빠는 결혼을 강제할 동기와 능력을 모두 상실했다.

문제를 복잡하게 만드는 다른 요인은 피임과 안전하고 합법적인 인공유산이라는 수단을 더 효과적으로 이용할 수 있게 된 것이다. 많은 남성들은 임신을 여성의 결정이라고 해석하고 엄마의 책임이라고 보는 새로운 문화를 환영했다.[20] 여성이 선택할 권리를 갖자 남성은 관계에서 벗어날 자유를 갖게 되었다. 여성의 경제적 문화적 독립성의 확대는 분명히 가족의 변화에 일정 정도 역할을 수행했다. 여성이 독립을 위해 투쟁하지 않았더라면 남성한테 버림받을 위기에 더 처했을 것이다.

최근까지 정부 정책은 아이와 같이 살지 않는 아버지의 아동 양육 의무를 명기하거나 강제하지 않음으로써 남성들을 가족에 대한 책임에서 멀어지게 만들었다. 1960년대와 1970년대 내내 정책 입안자들은 이혼 시 양육비 지급이 사회 문제라는 사실을 인정하지 않았다. 정부가 개입해서는 안 되는 사적인 문제로 보고 싶어 한 것이다. 그러나 여성 하원의원 팻 슈뢰더는 인구조사국이 조사를 실시하여 비혼, 별거, 이혼 어머니들이 아이아버지에게서 실제로 양육비를 얼마나 받고 있는지 확인할 것을 요구했다. 1980년에 발표된 결과는 사회의 관심을 끌었다. 조사는 1978년에 아버지와 따로 사는 18세 미만의 자녀와 함께 살고 있는 어머니의 60%만이 자녀 양육비에 대해 합의를 보았고 그중 절반만이 받기로 한 돈을 전액 받고 있음을 보여 주었다.[21]

1990년대에 도입된 새로운 행정 조치에는 월급에서 양육비를 자동으로 떼어 가는 내용이 포함되어 있다. 효과적인 유전자 검사의 등장도 아버지가 누구인지 확인하기 쉽게 만들었고 몇몇 주에서는 자녀 양육비를 강제하는 효과적인 수단을 개발했다. 자녀 양육비의 수준을 결정하는 방법도 향상되었다. 그러나 주 간의 경계를 넘어서 자녀 양육비를 실제로 강제하는 어려움은 여전히 남아 있었고 지금도 그렇다.[22] 강제는 빈곤 자녀의 아버지에게 초점이 맞춰졌는데 그렇게 하면 세금을 절약할 수 있기 때문이었다. 그러한 방식의 강제는 아이어머니가 원하든 원하지 않는 상관없이 집행되었다. 아이어머니가 복수의 공포 속에 떨면서 살게 되었을 때에도 집행되었다.

세금을 절약하려는 욕망은 자녀 양육비를 받는 비혼모의 비율을 1976년에 5%에서 1997년에 18%로 대폭 높이는 데 기여했다. 그러나 같은 기간 파트너가 없는 어머니들 중에서 비혼모가 차지하는 비중이 점점 커졌다. 별거 중이거나 이혼한 어머니들이 받는 자녀 양육비의 수준이 별로 변화하지 않았다는 사실과 함께, 비혼모 비율의 증가는 자녀 양육비 강제가 보여 준 성과의 의미를 퇴색시키고 있었다. 전반적으로 자녀 양육비를 받는 엄마의 비율은 31%로 그다지 큰 변화가 없었다.[23]

이들 중 몇몇 엄마들은 아이아버지와 접촉하는 것이 자신이나 자녀에게 좋지 않다고 생각했기 때문에 양육비를 받고 싶어 하지 않았다. 1989년에 실시한 조사에 의하면 양육비를 받지 않은 약 40%의 엄마들이 받고 싶지 않아서 받지 않았다고 한다.[24] 어떤 엄마들은 아마도 '뒷구멍'으로 돈을 받고 있을지도 모른다. 그러나 그런 것을 감안하더라도 조사된 숫자를 보면 문제가 얼마나 심각한지 알 수 있다.

경제학자 일레인 소렌슨은 비혼모가 자녀 양육비를 청구하고 일 년에 평균 5,400달러를 받았다면 총 470억 달러가 매년 전달되었을 것이라고 추정했다. 이 금액을 1997년에 실제로 지급된 돈 170억 달러와 비교해 보라. 또 연방 정부가 사회 복지라고 하는 프로그램, 한시적 빈민 지원TANF를 통해 빈곤 가정에 현금으로 지급하는 돈 165억 달러와 비교해 보라.[25]

자녀 양육비를 공격적으로 강제하는 데 반대하는 정서는 여전히 팽배해 있다. 가장 창조적인 은유 부문의 으뜸상 수상자는 보수주의자 찰스 머레이다. 그는 아버지도 "여성의 몸무게가 느는 데 초콜릿 케이크 한 조각이 어떤 역할을 하는지와 마찬가지로, 여성의 임신에도 그와 비슷한 모호한 인과적 책임이 있다"고 한다.[26] 버금상은 『월 스트리스 저널』의 편집을 맡고 있는 스튜어트 밀러가 차지했는데 그는 자녀 양육비 강제를 '혹독한 부 이전 정책'이라고 이름 붙였다.[27] 그는 집에 없어서 아이들하고 지내지도 못하는 사람한테 돈을 내라고 해서는 안 된다고 경고한다. 아이들을 보는 데 시간당 돈을 내라고 하면 아버지들이 아이들과 시간을 더 같이 보내려고 할까? 또 하나의 설명은 돈을 지불하지 않는 아버지들은 죄책감을 줄이려고 아이들과 접촉을 피한다는 것이다. 그 오래된 "안 보면 멀어진다"는 전략이다.

대단한 기회를 잡은 기업가들은 의무를 이행하지 않는 부모한테서 양육비를 거둬 주고 그 대가로 양육비의 일정 몫을 떼 가는 서비스를 시작했다.[28] 그 서비스의 단골 고객은 분명 상대적으로 부자인 남성한테 받을 돈이 있는 어머니들일 것이다. 부유한 가족들은 대상 금액이 상당할 수 있다. 법적으로 지불 의무가 있는 양육비가 총 20만 달러에 달했던 매사추세츠 주의 한 아버지는 강제 징수를 피하고자 플로리다 주로 도망갔으나 최근에 붙잡혀 미디어의 관심을 한 몸에 받았다. 아마도 자녀 양육비를 징수하는 노력이 늘면서 가장 크게 얻은 성과는 아버지의 직무 유기에 대한 새로운 문화적 제재가 등장한 것일 게다. 한 지표는 '무책임한 아버지'라는 용어를 사람들이 많이 사용하게 되었다는 것인데 그 말은 국립기상청이 허리케인에 항상 여자 이름을 붙일 필요가 없다고 결정한 것과 같은 시기에 일상어로 자리 잡았다.

장기적으로 보면 무책임한 아버지에 도덕적인 낙인을 내리는 규범을 바꾸는 것이 법을 바꾸는 것보다 훨씬 더 큰 영향력을 행사할 수 있을 것이다. 여성은 둘 다 바꾸기 위해 싸워야만 했고 더 좋은 직장과 정치적 영향력의 획득이 결정적인 역할을 했다. 보수주의자들은 여성에게 권력을 부여하면 가족에 대한 의무감이 약해질 것이라고 주장한다. 자녀 양육비 강제의 역사는 정반대의 진단을 내리고 있다. 어싱은 남성의 책임을 강제할 힘이 없었다. 단지 돈이 아닌 그 이상이 걸려 있다. 미국의 아버지들은 아이를 돌보는 데 놀랍게도 평균 일주일에 3시간밖에 쓰고 있지 않다.[29] 부모 노릇의 비용과 위험은 계속해서 여성이 훨씬 더 많이 지고 있다.

보모의 충고

　　성별 차이에 대한 대부분의 논의는 너무 추상적이다. 나는 항상 남녀가 다르게 행동할 것이라 기대하지 않는다. 특히 그들이 같은 국가, 인종, 계급에 속해 있을 때 그렇다. 성별은 정체성의 한 면일 뿐이고 잘 변한다. 그러나 성별 격차는 정치적 논쟁에서 아주 분명하게 나타난다. 1996년 여성의 50%가 자신은 민주당 지지자라고 한 반면, 29%는 공화당 지지자라고 했다. 다른 한편 남성들은 대부분 공화당을 선호했다. 여성은 사회 복지의 이슈에 더 큰 관심을 표명했다. 교육이나 보건을 여성 37%가 우선순위 목록에 넣어야 한다고 한 반면, 남성은 26%만이 그렇다고 했다. 반대로 남성 유권자 셋 중 하나(그러나 여성 유권자는 여섯 중 하나)만이 적자 예산이나 세금 문제를 우선순위에 올려놓았다.[30] 선거 출구 조사에 따르면 남성 43%에 비해 여성 54%가 빌 클린턴에 투표하여 1996년 대통령 선거의 결과를 결정지었다.[31] 이 결과는 2000년 대통령 선거 운동에서 조지 부시로 하여금 자신을 '공감하는 보수주의자'로 묘사하게 만들었다.

　　이 장에서는 몇 가지 타당한 이유에서 사회 보장 제도를 주로 다루었다. 사회 보장은 미국이 의존자를 돌보기 위한 집단적인 책임을 정의하고 강제하려는 최초의 중요한 노력이었다. 그런 노력은 성공을 크게 거두지는 못했다. 그렇다고 해서 사회 보장을 없애려고 한다면 그것은 아주 나쁜 생각이다. 개인이 노년을 위해 저축과 투자 등으로 스스로를 전적으로 책임지도록 만든다면 우리는 사회 보험이 가져다주는 혜택을 잃게 될 것이다. 더 중요한 것은 노동 인구가 어린 세대의 능력과 자질에 투자할 동기를 덜 갖게 된다는 것이다. 본질적으로 모든 사람이 혼자 알아서 하라는 소리와 다를 바가 없다.

여성의 노동 시장 참여와 출산율 감소라는 두 가지 장기적인 인구학적 경향은 가족, 시장, 정부 간의 전통적인 고리를 흔들어 놓았다. 그러나 그 경향은 장기적으로 긍정적인 함의를 지닌다. 남녀가 시장 노동과 비시장 노동을 덜 전담하는 세상으로 나아감으로써 돌봄 노동을 더 민주적으로 공급할 가능성을 마련했다.

우리는 타인을 더 돌보는 것이 더 나은 세상이라는 데 동의한다. 그러나 어떻게 돌봄을 조직하는 것이 좋은 방법이고 공평한 것인가에 동의하지 못하면 모두 돌보지 않으려는 유혹에 쉽게 빠져들 것이다. 정부를 이용하여 그런 조율 문제를 해결할 필요가 있다. 문제 해결에는 돈이 들 것이고, 남성에게서 여성에게로, 부모가 아닌 사람에게서 부모에게로, 부자에게서 가난한 사람에게로 자원의 재분배가 대대적으로 필요할 것이다. 원한다면 그것을 보모 국가라고 불러도 좋다. 나에게는 그 말이 가족 국가처럼 들린다.

5. 아이들은 애완동물?

　　나는 왜 사람들이 부모들 특히 어머니가 아이를 키우는 비용을 대부분 지불해야 한다고 생각하는지 이유를 알 것 같다. 그들은 아이를 애완동물로 생각한다. 아이가 동반자 관계와 애정을 제공하기 때문에 낳았다는 것이다. 그러므로 스스로 전적인 책임을 지든가 내다버리든가 해야 한다. 어떤 부모는 태어날 때부터 활발하고 말 잘 듣는 예쁜 복덩이를 만나기도 한다. 다른 부모는 못생긴 '똥개'를 만나 빼도 박도 못하게 된다. 아이에게서 재미를 보는 사람은 그들을 돌보는 사람들 자신이다. 그러므로 그들이 비용을 지불해야 한다. 모든 개 주인은 개똥 치우는 장비를 사용하고 목줄을 채워야 한다는 법을 준수해야 하며 납세자들에게 보조금을 요구해서는 안 된다.[1]

　　나는 내 애완동물을 사랑한다. 아름다운 하얀 말과 영리한 검은 개인데 그들과 함께 있으면 무척 즐겁다. 그러나 그들에게 쏟아 붓는 돈과 시간이 오직 나만 이롭게 한다고 절대 주장하지 않을 것이다. 그렇다고 사회가 애완견을 키우는 비용을 보조해 줘야 한다고 주장하지도 않을 것이다. 아랫동네에 사는 이웃은 개 두 마리와 토끼 네 마리뿐 아니라 아이를 다섯이나 키우고 있다. 부모 모두 전일제로 일하는데 둘 중 하나는 항상 집에 있을 수 있도록 교대로 일하고 있다. 그 사람들은 아마도 애완동물한테서 나보다 더 큰 즐거움을 누릴지도 모르겠다. 그러나 다른 차이가 있다. 아이에게 헌신하는 돈·시간·사랑 등은 부모만이 아니라 다른 사람들에게도 이득을 줄 것이다.

최근의 한 통계에 의하면 평범한 아이를 하나 키우는 중산층 가족은 22년 동안 145만 달러를 쓴다고 한다.[2] 자녀가 없는 개인이나 '무책임한 아버지'라면 그 돈을 투자해 훨씬 더 높은 수익을 거둘 수도 있을 것이다. 사회 보장 수당이나 사적 연금 수당은 시장 노동을 해서 벌어들인 소득에 기초하고 있어서, 가족을 돌보기 위해 시장 노동 단절을 경험하지 않아도 된 사람들의 소득은 훨씬 높다. 그런데 누가 미래의 수당의 재원을 확보하는 데 필요한 세금을 지불하는가? 늙었을 때 우리를 돌보아 줄 사람은 누구인가? 바로 아랫동네 사는 아이들이 자라서 하는 일이다.

자녀 양육은 중요한 공적 혜택을 제공한다. 그 일에 공적 지원이 거의 없다는 사실, 지원한다 해도 간접적이고 일관성 없이 하고 있다는 사실은 1996년에 시행된 복지 개혁을 추동해 낸 분노를 어느 정도 설명하고 있다. 많은 사람들은 복지 프로그램이 '일하지 않을' 동기를 제공한다는 이유로 그것을 싫어했다. 그러나 그 문제는 뒤집어서 생각해 볼 수 있다. 복지 프로그램 말고는 노동 시상이 보상하지 않는, 가족이 수행하는 노동을 지원하는 프로그램이 거의 없었다. 점점 더 가난한 어머니들만이 아이들을 돌보려고 시장 노동을 그만둘 수 있게 되는 것 같다.

부유한 계층이 누리는 세금 혜택과 비교하여 복지 프로그램이 상대적으로 대중의 눈에 더 띈다는 사실뿐만 아니라 공적 부조의 수준에 대한 오해가 만연해 있음에 비추어 볼 때, 복지 혜택에 대한 사람들의 인식은 정확하지 않다. 아이를 둔 저소득층과 중산층 가족이 겪는 스트레스와 긴장은 상당히 심하다. 현재 가난 속에 허덕이는 가족들은 아이를 키우는 엄청난 비용 때문에 가난해졌다. 다른 북유럽 국가들처럼 가족에게 관대하고 보편적인 지원을 제공하면 가난 속에 살고 있는 아이의 비율을 대폭 줄일 수 있을 것이다. 또한 좀 더 행복하고 건강하고 생산적인 성인으로 성장시킬 수 있을 것이다.

부모는 아이를 키우는 주요한 책임을 함께 지며 국가는 이를 적극 지원한다. 국가는 아이를 키우는 부모에게 적절한 지원을 제공해야 할 것이다.
— 유엔 아동 권리 협약(소말리아와 미국을 제외한 모든 국가가 비준)

아이는 공공재

아이가 공공재라는 말은 모든 사람이 아이를 키워야 한다거나 아이가 많이 필요하다는 뜻이 아니다. 오히려 아이가 일단 이 세상에 태어나면 그들의 계발된 능력과 자질로부터 우리 모두가 이득을 본다는 말이다. 부모는 자식에 대한 책임을 져야 한다. 같은 맥락에서 사회는 부모의 노력을 인정하고 보상하고 보완하는 책임을 져야 한다. 이 원칙은 기존 사회 정책에 반영되어 있지만 보육비 분담 방식을 연구하는 경제학자는 별로 없다.

무엇보다도 우리 사회는 가족에게 피부양자 세금 공제와 혜택을 주고 있고 어린아이가 있는 가난한 부모에게는 공적 지원을 제공하며 부모가 돌볼 수 없는 아이에게는 위탁 시설 양육 제도를 유지하고 공교육을 제공한다(이것은 다음 장에서 더 자세하게 논의할 주제다). 경제학자인 로버트 해이브먼과 바버라 울프는 1992년 아동에 대한 총 지출의 약 3분의 1을 정부가 했다고 계산했다. 그들의 계산은 보육에 대한 부모의 기여를 저평가하고 있는 것 같다. 부모가 보육을 함으로써 발생하는 평생 소득의 감소라는 시간 비용을 고려하지 않기 때문이다.[3]

학생 1인당 교육에 대한 정부 지출은 해마다 증가했지만 어린아이를 둔 부모에 대한 공적 지원은 감소했다. 1948년과 1960년 사이 연방정부의 피부양자 면세 혜택이 늘어 아이가 있는 가정은 소득세를 거의 내지 않았다. 그러나 면세의 실질 가치는 1960년과 1985년 사이 인플레이션으로 떨어졌다. 경제학자 유진 스튜얼에 의하면 자녀가 둘 있는 가족의 세율은 같은 기간 동안 43% 높아졌다고 추정한 반면 자녀가 없는 가족의 평균 세율은 본질적으로 아무런 변화를 겪지 않았다.[4] 경제학자 에드 울프는 부모의 상대적 복지가 지난 30~40년 동안 줄어들었다고 주장한다.[5]

1998년 의회는 16세 미만의 자녀를 둔 가정에게 1인당 500달러의 세금 공제를 하겠다는 조항을 소득세 법안에 끼워 넣었다. 그 법안이 옳은 방향으로 가고 있기는 하지만 그동안 축소된 복지를 되돌리지는 못한다.[6] 피부양자 면세 혜택이 1940년대에 처음 정해진 수준 그대로 중간 소득 가구에 적용된다면 7,000달러가 넘을 것이다. 1998년 189,950달러를 넘게 버는 최고소득층 부모가 아니라면 18세 미만의 피부양자 자녀 1인당 2,700달러씩 과세 대상 소득이 줄어들있다. 얼마의 세금을 절약할 수 있을지는 그 가족이 어느 수준의 소득을 버느냐에 달려 있다. 빈곤선 밑에 있는 가족은 소득세를 한 푼도 내지 않지만 혜택도 전무하다. 납세 전 총소득이 104,050~158,550달러인 부부가 공동으로 납세 신고를 하면 잠재적 세금 절감 혜택은 1999년 한 해 852달러에 해당한다. 자녀 공제를 더하면 자녀 한 명당 1,352달러를 받을 수 있다.

이런 세금 절감은 북유럽 국가들이 '가족 수당'이라고 부르는 것과 비슷하다고 볼 수 있다. 그러나 세 가지 큰 차이가 있다. 첫째, 프랑스·독일·스웨덴 같은 나라들은 혜택이 훨씬 후하다. 둘째, 가족 소득에 따라 혜택이 달라지지 않고 모든 가족의 아동에게 똑같은 수준의 혜택을 제공한다. 마지막으로, 국가가 재정을 운영하는 건강·보육·유급 가족 휴가 등의 기본 서비스를 제공한다. 미국에서는 그런 서비스에 대해 대부분 자기 주머니에서 돈이 나간다.

가족 소득 불평등은 아이들의 불평등으로 이어진다. 가구 재산을 분석한 연구에 따르면 대부분의 가족은 전체 소비 지출 가운데 비슷한 비중을 자녀에게 쓴다. 아이가 하나면 약 25~30% 정도, 둘이면 35~50% 정도 쓴다.[7] 아이를 위한 사적 지출의 분포는 대개 소득의 분포를 반영한다. 부유층인 최상위 가족 20%의 평균 소득은 최하위 20% 소득의 12배가 넘는다. 따라서 최상위 20%에 속한 어린이는 최하위 20%에 속한 어린이보다 12배 정도의 소득 수준을 누릴 수 있다.[8] 최하위 20%에 있는 어린이들 대부분이 빈곤선 이하의 소득을 버는 가정에서 살고 있는 사실은 그리 놀랍지 않다.

우리는 자녀가 있는 빈곤 가족을 대상으로 프로그램을 운영함으로써 '사회 안전망'을 제공한다. 이것은 '복지'라고 보통 불리는 프로그램인 '한시적 빈민 지원'TANF을 지칭하는데 전에는 '부양 자녀를 둔 빈곤 가정 지원'AFDC이라 불렀다. 노동 의무 요건과 지원 기간의 한도를 설정한 개혁이 1996년에 도입되었고 그에 많은 관심이 모아졌다. 그러나 제공된 현금 혜택의 실질적인 가치가 지난 15년 동안 엄청나게 하락했다는 사실은 별로 언급되지 않았다.

부모 중 한 명이 임금 노동을 하고 있고 TANF를 받고 있지 않은 빈곤 가정은 '근로 장려 세제'EITC를 받을 자격이 주어진다. 앞에서 설명한 여타의 세금 관련 가족 혜택과는 달리 EITC는 환급이 가능한데, 다시 말하면 내는 소득세보다 혜택이 더 크더라도 수당을 지급받을 수 있다. 아이가 없는 가족은 돈을 적게 돌려받지만 아이가 하나나 둘인 가족은 수당을 훨씬 많이 받는다. 아이가 두 명 이상이면 제공되는 수당은 없다. 미국에서 EITC에 지출하는 비용은 TANF에 대한 지출을 넘어섰다. 자녀가 있는 가족에게 빈곤선 이상의 소득 수준을 보장하는 금액은 아니지만 저소득 노동자에게는 상당한 도움이 되고 있다.

소득세 면세, 자녀 공제, TANF와 EITC는 자녀 양육을 지원하는 주요한 공적 이전 소득 제도다. 이 제도가 상당한 수준의 공평 효과를 가져와 어린이를 위한 평등 기회의 원칙에 부합한다고 혹자는 주장할지 모르나 사실은 그렇지 않다. 빈곤 가정과 그들의 자녀가 받는 지원의 양은 부유한 가정과 그들의 자녀가 받는 것과 그다지 차이가 나지 않는다. 그 양자 사이에 있는 가족은 가장 적은 지원을 받는다.[9] 그 수치들을 자세히 들여다보기 전에 빈곤 가정에 대한 지원 정책이 어떻게, 왜 바뀌어 왔는지 검토해 보는 것이 유용할 것 같다.

복지의 여왕을 타도하라

'복지의 여왕'이라는 아이콘을 정치 담론에 징식으로 끌어들인 것은 로널드 레이건 대통령이었다. 그는 복지의 여왕을 이름 80개, 주소 30개, 사회 보장 등록 카드 12개를 지니고, 사망한 남편을 4명이나 거짓으로 꾸며 내어 군인 유족 연금을 수령하는 여자로 묘사했다. 그녀가 받은 면세 대상 소득만 15만 달러 이상이라고 그는 설명했다. 기자들이 그런 여성들을 추적 조사했을 때, 가명을 2개 써서 총 8천 달러에 달하는

23건의 공적 부조금을 수령한 사람이 적발되었다.[10] 복지의 여왕은 하늘에서 갑자기 떨어진 인물이 아니었다. 그녀는 온갖 분노의 대상이 될 수 있었던 마법의 지팡이에서 창조된 인물이었다. 1950년대에 '적색 이데올로기'(매카시즘)가 있었던 것처럼 복지의 여왕은 1990년대에 정치적 통제 수단으로 이용되었고 온갖 분노의 단일 표적이 되었다.

AFDC라는 옛날의 제도는 보수주의자 로렌스 미드가 설명한 것처럼 지나치게 모성주의적이고 관대했다.[11] 여성적 관대함은 러시 림보가 설명한 것처럼 남성의 방종 원인이었다. "복지는 좋은 의도에서 제공되고 있지만 사나이를 거세했다. 남자들이 무책임한 사람이 되어 버렸다."[12] 자연스레, 러시 세상에서는 복지를 제거하는 것이 아버지를 다시 책임감 있는 사람으로 만드는 길이다.

1990년대의 수사는 종종 복지를 '여성 문제'로 묘사했다. 한 비평가가 복지를 "주류 사회가 고립된 게토 사회를 지탱하는 탯줄"로 묘사하면서 더 힘을 받는 은유가 되었다.[13] 언론인 미키 카우스는 탯줄을 자르면 아기들이, 즉 게토 사회가 자기 힘으로 숨을 쉬기 시작할 것이라고 말하기도 했다. 아마 그는 아기들이 스스로 젖을 먹고 기저귀를 간다고 상상한 모양이다. 복지 정책에 관해 여러 계층의 독자들과 이야기를 나눈 경험에 비추어 볼 때 나는 극소수 사람들만이 복지 정책이 얼마나 부작용을 가져 왔고 현재 어떻게 작동하는지 이해하고 있다고 확신한다.

1995년 나는 랜디 알벨다를 비롯해 몇몇 사람과 함께 『빈곤과의 전쟁 : 방어 전략 매뉴얼』이라는 책을 썼다. 그 책은 복지에 관한 일반적인 편견에 반대되는 사실과 통계를 보여 주는 책이었다. 책을 홍보하기 위해 우리는 라디오 토크쇼 몇 군데에 출연했다. 전국 곳곳의 지역 방송국에서 제작되는, 청취자 전화를 받는 인터뷰가 대부분이었다. 우습게도 이 경험 덕에 나는 내가 아는, 맥락화할 수 있는 사실들보다 직접 듣는 감정이 더 중요하다고 확신하게 되었다.

첫 번째 청취자가 전화를 걸어 복지를 '신이 내린 감미로운 음료'라고 했을 때 나는 크게 곤경에 처하게 되리라는 예감이 들었다. 잠시 나는 그 말이 복지를 일종의 싸구려 포도주에 비유한 것이라고 생각했다가, 복지 수혜자가 습관적으로 즐기는 스테이크와 랍스터 같은 영양가 있는 음식을 뜻하고 있음을 깨달았다. '부양 자녀를 둔 빈곤 가정 지원 제도'AFDC와 식량 배급표(푸드 스탬프) 제도로 받는 혜택의 실질 가치가 지난 15년 동안 20% 떨어졌다고 막 설명을 하려는 순간, 빙고 게임을 망친 복지 엄마들에 관해 한 할머니가 이야기를 막 시작했다. 복권과 도박이 어떻게 가난한 사람들에게 피해를 입히고 있는지 뭔가를 말하려는 순간 그 할머니는 빙고 게임을 한번이라고 해 본 적이 있느냐며 내 말을 가로막았다.

그때의 내 기분은 마치 심리 치료사도 없는, '분노를 표현하세요'라는 워크숍에서 졸지에 길을 잃은 회계사가 된 심정이었다. 신시내티의 라디오 프로그램 진행자 스콧은 모든 복지가 없어져야 한다고 말했다. 나는 그에게 복지 수혜자 3분의 2가 아동이라는 사실을 아느냐고 물었다. 이 말은 그의 약을 올리기에 충분했다. 그는 "진보주의자들하고 이야기할 때마다 그 사람들은 항상 아이들에 관해 징징대기 시작한다"고 불평했다. 그에게 기저귀 좀 갈아 달라고 부탁하는 아내한테 그런 얘기를 해 본 적이 있느냐고 막 물어보려는 순산 한 정취사가 전화를 걸어왔다. 기어드는 목소리로 공적 부조를 받고 있다고 고백한 한 여성이었다. "하지만 나는 그런 다른 엄마들이랑 달라요. 나는 애도 둘 뿐이고 더는 낳지 않을 거예요" 하고 힘주어 말했다. 나는 그녀가 아주 전형적인 어머니일 뿐이라고 말해 줬다. 아이 두 명은 복지 혜택을 받고 있는 어머니들 평균일 뿐만 아니라 전체 어머니들을 고려하더라도 평균이었다. 스콧은 아니라는 듯이 웃으며 부정했다. "믿지 못하겠는데요. 정부가 그런 통계를 내고 있다면 그건 거짓말이지" 하고 대응했다. 그가 가지고 있는 정보는 동네 편의점에서 일하는 한 친구에서 얻어들은 것이었다.

나는 클리브랜드 쇼에 출연해 똑같은 통계를 가지고 오레곤 토크쇼 진행자인 제시와 논쟁했고 그도 내 말이 거짓이라고 했다. 그는 모든 정부 통계는 가난한 사람들을 달래기 위한 진보주의자들의 음모의 일부라고 덧붙였다. 그리고 세상의 모든 나쁜 행위들이 복지 때문이라고 설명해야만 한다는 듯, 안 그러면 복지를 없앨 방도를 찾을 수 없다는 듯이 말했다. 그는 '새로운 운명을 개척하는 남성 모임'의 무료 전화번호를 반복해서 말했다. 청취자들에게 복지의 가장 나쁜 점은 여성들이 어머니 역할을 지나치게 수행하게 하는 것이 아니라 남성들이 아버지의 역할을 등한시하게 만든다는 점이라고 강변했다. 복지는 책임감을 무너뜨리고 있다, 복지를 없애기만 하면 남성들이 다시 책임을 질 것이다, 가난·마약·범죄도 사라질 것이다.

나는 청취자들이 공감할 수 있는 뭔가를 생각해 내려 애썼다. 항상 그런 것은 아니지만 1995년 복지 수혜자들은 대부분 일하고 있거나 일을 찾는 중이었다. 그들 중 3분의 2는 2년 안에 복지 혜택 없이도 살 수 있게 되었다. 그러나 대부분 다시 복지 수혜자가 되곤 했는데 그들이 찾은 일의 임금이 아주 형편없거나 일자리가 없어져 버렸기 때문이다.

다음 차례로 출연한 하트포드 방송국 쇼에서 나는 연방 정부의 재정 이야기를 꺼냈다. 연방 정부가 빈곤층에 대한 프로그램보다 부자들에게 주는 보조금 프로그램에 돈을 더 많이 쓰고 있다는 얘기를 했다. 부자들이 즐기는 신의 감미로운 음료에 대한 몇 가지 구체적인 예를 들려는 찰나에 세바스챤 모닝쇼 진행자는 내가 그 정도에서 그치는 것이 좋다고 생각했던 것 같다. 그 느낌은 나도 마찬가지였다.

누가 얼마나 받나

가난한 사람들은 자신의 정당한 권리를 비판하는 화살을 막아내는 데 고학력 부유층처럼 자신 있게 자신을 보호하지 못한다. 젊은 세대의 전문가층에게 연방 주택 보조를 받고 있는지 물어보라. 아주 소수만이 그렇다고 대답할 것이다. 그런 다음 소득세 납부 시 주택 융자금 이자 공제를 받고 있는 사람이 몇 명이나 있는지 물어보라. 그것도 공적 부조에 해당한다고 하면 많은 사람들이 못마땅해 할 것이다. 하지만 그런 세금 공제는 연방 정부가 저소득층이 받는 주택 보조금과 저가 공공 주택 혜택에 쓰는 돈의 거의 두 배가 넘는 액수다.14 아무런 한도나 제한이 없다. 세금 공제는 중산층을 위한 주택뿐만 아니라 아스펜에 있는 여름 별장과 키 웨스트에 있는 해변 저택에도 해당된다. 20만 달러 넘게 버는 납세자들에게 연간 평균 5천 달러에 해당하는 혜택이 돌아간다.

가족 지원 정책을 살펴봐도 이와 비슷한 결과가 나온다. 1999년 31%에 달하는 납세자 가정에 지급된 가족 수당은 아이 1인당 절세액 852달러에다 세금 공제액 500달러를 합쳐 아이 1인당 총 1,352달러였다. 1996년에는 이보다 약간 많은 금액인 1,630달러가 한시적 빈민 지원TANF 수령자 일인에게 지급되었다. 게다가 TANF를 받는 한부모는 엄격한 소득과 재산 심사, 기간 한도, 노동 요건 등의 제한을 받았다. 피부양자 면세와 아동 수당을 받는 부유층 가정에는 그 제한이 적용되지 않는다. 실제로 위에서 이야기한 부유층의 가족은 어느 한 부모가 시장 노동을 하지 않아 피부양자 자격이 되면 837달러의 세금 절감을 누릴 수 있다.15

근로 장려 세제EITC를 받을 자격이 되는 빈곤 가정은 그래도 사정이 낮다. 최대 수당을 받는 가족 가운데 첫 아이의 추가 수당은 1,878달러에 달하고 둘째 아이가 있을 때 받을 수 있는 금액은 1,446달러가 된다. 다시 말해 1998년에 두 아이를 둔 EITC 수령자는 TANF를 받는 빈곤 가정이나 11만 달러 이상을 버는 부유층 가정보다 아이 1인당 평균 1,662달러라는 약간 높은 수준의 현금을 지원받을 수 있었다. 그러나 셋째 아이부터는 보조금을 전혀 받을 수 없기 때문에, 대가족 EITC 수령자는 같은 자녀를 둔 부유층 가족보다 자녀 1인당 수당을 덜 받는 셈이 된다.

의료 지원(메이케이드)과 식량 배급표같이 빈곤 가정에게 지급되는 현물 혜택은 어떤가? 그런 프로그램에 쓰이는 돈은 상당한 액수다. 그러나 그런 프로그램을 빈곤 가정 지원에 넣는다면, 앞에서 설명했듯이 주택 융자금 이자 세금 공제 혜택, 소득에 상관없이 65세 이상의 시민에게 제공하는 메디케어 같은 건강 관련 혜택, 그리고 건강 보험과 연금을 고용주가 납부할 때 누리는 세금 면제 등과 같이 주로 부유층에게 이득을 주는 세금 지출도 함께 고려해야만 한다.[16]

보육에 대한 연방 지원은 더 구체적으로 비교될 수 있다. 그것은 암묵적인 가족 수당 제도처럼 두 가지 형태를 취하고 있다. 세금 혜택은 가난하지 않은 가족에게 일차적으로 의미가 있다. 보육 수당은 부모가 직업이 있는 경우 13세 미만 아동 1인당 2,400달러, 둘 이상일 때 4,800달러까지 가구 소득 수준에 따라 보육비의 20~30%까지 지급된다. 따라서 아동 1인당 720달러 정도 지급된다. 아동 수당은 소득이 최소한 1만 5천 달러가 되어야 그 혜택을 받을 수 있다. 아동 수당에 대해 소득 상한선은 없으며, 가장 이득을 보는 계층은 보육에 돈을 쓸 가능성이 높은 고소득층 가정이다.

'부양가족 공제 계정'이라는 형태의 보조금은 잘 알려져 있지는 않지만 더 관대하다. 이는 보육비를 지출한 일하는 부모가, 고용주가 후원하는 계정에 일 년에 5,000달러까지 적립하여 소득세를 면제받을 수 있게 하는 것이다. 직원 봉급에 대한 세금 감면의 혜택이 있기 때문에 고용주에게 그러한 계정을 개설할 인센티브가 있다. 여기서 다시 세금 혜택의 가치는 세율에 달려 있지만, 연방세제법에 따른 최상위 소득층 가정은 1,980달러에 해당하는 보조금을 모을 수 있다. 결국 세금 보조금으로 일 년에 480달러에서 많게는 2,000달러까지 상환받을 수 있는 셈이다.

1990년대 초 이러한 세금 면제 액수는 연방 정부가 저소득층 가족을 위한 프로그램에 지출한 비용을 훨씬 상회했다. 1993년에 자녀 공제와 부양가족 공제 액수만도 25억 달러였는데, AFDC 수령자, 과도기 보육, 위험에 처한 아동 양육, 아동 양육과 개발금 등을 통해 보육에 쓴 액수는 17억 달러에 불과했다.[17] 1993년 이후 저소득층 보육 재정은 상당히 증가했고 프로그램의 운영은 1996년에 제정된 복지 체제에 대한 변화의 일부로 인식되었다. 여전히 1999년에 인가된 22억 달러의 총 지출은 자녀 공제와 부양가족 공제에 들어간 비용보다 약간 낮을 뿐이었다.[18]

나아가 최근에 정부는 한시적 빈민 지원TANF 수령자들에게 보육비를 보조해 주어 시장 노동을 할 수 있도록 고무하고 있다. 결과적으로 수많은 빈곤 노동 계층이 보조를 받는 보육 기관을 찾기 힘들어졌다. 빈곤선 위에 있지만 일 년에 4만 달러를 벌지 못하는 가정은 보육비 지원을 가장 받기 힘든 집단이기 때문이다.[19] 어떤 전문가가 말했듯이 "보육 수요 증가에 따른 잠재 비용에 대한 우려는 미래의 경제 하강기에 대한 우려와 함께 몇몇 주가 보육 프로그램을 복지 혜택을 받는 인구 수준 이상으로 확대하는 것을 주저하도록 만들었다."[20] 매사추세츠와 뉴욕 주처럼 주 재정을 추가 할당했던 주에서도 저소득층 가정들은 아주 오랜 시간 대기자 명단에서 기다려야만 했다.

복지 수당을 받는 한부모에 대한 대우와 보편적인 프로그램의 혜택을 받는 사람들을 비교해 보면 상대적으로 부유한 가정이 어떤 혜택을 받고 있는지 적나라하게 드러난다. 유족 보험이라고 알려진 사회 보장 제도는 성인 가족 구성원이 사망했을 때 남은 가족에게 수당을 제공한다. 사회 보장세를 낸 사람이 내일 트럭에 깔려 죽는 일이 생기면 배우자와 18세 미만의 자녀는 연방 정부에서 다달이 '유족 수당'을 받는다.

유족 수당 액수는 후하다. 1997년 아동 1인당 평균 연간 수당은 6,012달러였다. 사별 남편이나 부인은 연평균 6,264달러를 받았다. 자녀 두 명을 둔 사별자는 총 18,288달러를 받게 되는 것이다. 이 숫자를 3인 가족이 받는 최대 TANF 수당인 4,548달러와 비교해 보라.[21] 유족 보험금을 받는 가족은 가난하지 않아도 그 돈을 받을 수 있다. 사별자가 일을 해야 한다는 요구 사항도 없다. 사람이 전적으로 비용/편익을 계산해 행동한다고 생각하는 경제학자라면, 감쪽같이 일을 저지를 수만 있다면 남편을 살해하는 것이 이혼하는 것보다 훨씬 경제적으로 잘살 수 있는 길이라는 사실에 걱정을 해야 할지도 모르겠다. 어떤 쪽이든 아주 훌륭한 변호사가 필요하기는 마찬가지겠지만.

『비즈니스 위크』에 정기적으로 칼럼을 기고하는 경제학자 게리 베커는 복지에 대해 "매달 정부에서 돈이 나온다는 사실을 어릴 때부터 아는 것은 아이에게 나쁘다. 아이의 자기 존중감이나 자긍심을 파괴한다"[22]고 했다. 그렇다면 유족 보험금이나 생명 보험금으로 사는 가정에서 자라는 것도 아이에게 나쁜가? 아니면 조부모가 개설한 신탁금 계좌에서 매달 지급되는 돈으로 사는 것도 아이에게 나쁜가? 대중 잡지나 TV 쇼는 다달이 지급되는 돈을 부끄러워하는 젊은 중산층 유족이나 부자들을 인터뷰한 적이 있는가?[23] 1997년에 TANF로 나간 연방 정부의 돈은 165억 달러였다. 주 정부의 지출도 330억 달러로 그와 비슷한 수준이었다. 유족 수당으로 지불된 총액은 약 550억 달러였다.[24]

아이러니하게도 이런 이중 기준에 관심을 촉구한 용감한 정치인은 대니얼 패트릭 모이니한이라는 사람 한 명뿐이었다. 그는 1970년대에 AFDC를 강력히 비판했고 1990년대에는 TANF를 강력하게 저지했다. 그는 복지 프로그램과 '사회 보험' 프로그램의 수혜 대상인 아동의 인종적 구성에 중대한 차이가 있음을 지적하면서, 복지가 "모든 사람이 일하는 세상에서 일하지 않는 사람을 위한 프로그램으로 낙인찍히게 되었음"을 강조했다."[25] 결국 이는 노동과 보험을 어떻게 정의하느냐에 달린 문제인 것이다.

1990년대 초에 윌리엄 웰드는 유산으로 물려받은 돈을 매사추세츠 주지사 선거 운동에 효과적으로 썼다. 공적 지원에 기간 한도를 설정하면서 그는 그렇게 하는 것이 최선이라고 설명했다. "집에서 빈둥거리며 놀기만 하는 부모랑 사는 것은 아이에게 나쁘다"고 그는 설명했다.[26] 마치 아이들과 집에 있는 부모는 놀면서 빈둥거리고 있다는 듯이 말이다! 웰드 주지사의 어머니가 한번이라도 돈을 버는 일을 해 본 적이 있는지 궁금하다. 그렇게 비생산적인 사회 구성원이면서도 사회 보장 혜택을 누리고 있는지 궁금하다.

엄한 채찍

소위 1996년 복지 개혁안은 60년 동안 보장되어 왔던 자녀를 둔 빈곤 가정에 대한 지원을 철회하면서, 각 주 정부에게 각자의 정책을 입안할 자유를 주는 것이 골자였다. 복지 개혁안은 AFDC에서 TANF로 프로그램의 이름을 바꾸면서 한 가족이 복지 혜택을 받을 수 있는 기간을 5년으로 제한하고 임금 노동 요건을 충족하도록 의무화했다. 또한 식량 배급표를 포함한 여타 프로그램의 수급 요건과 혜택을 축소했다.

1996년 개혁안 가운데 일부에 어머니들에게 자립할 수 있는 일을 갖도록 강조한 것은 그런 대로 설득력이 있었다. 그러나 의회가 승인한 개혁안 내용은 타인을 돌보는 책임을 지고 있는 사람들을 응징하는 것과 다름 없었다. 법안의 통과는 아이를 키우는 것이 일이 아님을 공표한 것과 마찬가지였다. 선한 행위를 장려하지 않은 일련의 규칙도 모자라서, 인간은 제재를 당하며 위협받지 않으면 악한 행동을 하리라는 가정에 기반을 두고 회초리를 든 것이다.

AFDC는 아주 보잘것없는 액수지만, 가난한 독신모가 아이들과 집에 있을 수 있도록 돈을 제공했다. 빈곤 노동층과 빈곤선에 걸려 있는 층, 그리고 그보다 좀 나은 층도 이 사실에 분개했다. 1975년과 1995년 사이에 미국 노동자의 시간당 소득 수준은 정체되거나 감소했다. 가족 임금은 같은 기간 동안 상당히 증가했는데, 어린아이를 둔 어머니들의 시장 노동 참여가 증가하기 시작했기 때문이다. 여성에게 적합한 노동이라는 개념은 그동안 바뀌어서 여성은 이제 가족을 돌보는 일에만 매달리지 않고 가족과 임금 노동의 책임을 조절하고 있다.

어머니들 자신도 가족을 돌보는 일에 덜 매달리는 것이 아마 더 나은 것이었을 게다. 아이들과 집에 있으면 돈이 될 만한 기술을 발전시킬 수 없다. 아이가 자라면 어떻게 할 것인가? 사회 보장이 제공하는 지원을 받을 자격이 되지 않을 위험이 높거나 노후를 대비한 저축이 있을 가능성도 낮다. 아이가 두 살이 넘으면 한 사람과 온종일 지내는 것보다 잘 짜인 양질의 교육을 몇 시간 받는 것이 차라리 나을지도 모른다.

클린턴 정부의 복지 개혁 초기 입안자 중의 한 사람인 데이빗 엘우드는 임금 노동 강화 요건이 빈곤 가정에 도움이 될 것이라고 열을 내며 주장했다.[27] 그러니까 "다 당신들 잘되라고 하는 거다"라는 모진 사랑의 면모를 보여 주는 것이다. 그러나 훈련에는 부정적인 동기뿐만 아니라 긍정적인 동기도 있어야 한다. 자유주의자와 보수주의자 대부분이 복지 수혜자들이 왜 1980년대에 지속적으로 임금 노동에 종사할 수 없었는지 그 이유에 대해 의견이 일치한다. 그들이 할 수 있는 일이란 임금이 아주 형편없는 일뿐이었다. 일하러 가게 되면 교통비와 보육비 같은 새로운 비용이 든다. 일을 갖는 대신 AFDC의 혜택을 더는 받을 수 없게 되었을 때 메디케이드를 통한 건강 보험 혜택도 잃게 되어 있었다. 임금 노동 강화 요건 제도의 나쁜 점은 1달러를 벌 때마다 그들이 받은 혜택 가운데 1달러를 잃게 만들었다는 것이다. 다시 말해 일을 함으로써 100% 세금을 내게 되는 것과 마찬가지였던 것이다.[28]

이 제도가 함축하는 바를 분석하는 것은 전문 용어라면 진저리부터 치고 보는 미시경제학 개론 수업 학생들에게 아주 좋은 연습이다. 100% 세금을 낸다는 것이 무슨 의미인지를 어떻게 하면 알 수 있을까? 중학교 3학년으로 다시 돌아가서 부모님한테서 매주 용돈을 받고 있다고 상상해 보자. 용돈으로 기본적인 것들은 살 수 있지만 꿈에 그리는 운동화를 사기에는 충분치 않다. 그래서 일을 하기로 마음먹고 동네 패스트푸드 식당에서 최저 임금을 받을 수 있는 일자리를 구한다. 부모님께서 기특하다 여기실 거라 생각하며 모는 것을 말씀 드린다. 부모님은 자랑스러워하지만 동시에 돈을 조금이라도 아낄 수 있는 좋은 기회라고 생각하신다. 버는 돈만큼 용돈을 줄이겠다는 것이다. 1달러를 벌 때마다 용돈 1달러가 사라진다. 이것이 바로 100% 세금을 내는 것의 의미다.

토론을 하면 학생들은 부모님이 그렇게 할 수도 있다는 사실에 분노해 마지않는다. "정말 불공평해요. 일을 하지 말라는 거나 마찬가지지” 한 학생은 말한다. 그러면 나는 “그런 상황에서 어떻게 할래요. 일을 할까 말까?” 묻는다. 학생들은 잠시 생각해 보더니 “글쎄요. 용돈이 얼마냐에 달려 있지 않겠어요?” 하고 설명한다. 보통의 복지 수혜자가 한 달에 얼마의 현금 지원을 받을 것 같은지 물어보았다. 한 달에 500달러에서 1,500달러는 될 것이라는 대답이 돌아온다.

1995년 처음으로 이 연습을 학생들과 했을 때 AFDC 수혜자 한 명당 평균 수령 액수는 한 달에 200달러 조금 못 미쳤고 여기에 70달러 되는 식량 배급표가 지급되었다. 물가 상승률을 감안하면 실질 가치는 1970년에 비해 20% 떨어진 수준이었다. 실질 최저 임금의 가치도 1970년보다 훨씬 낮아졌다. EITC의 득을 보면서 1년 내내 전일제로 일하더라도 복지 수혜자는 건강 보험은 말할 것도 없고 빈곤선 이상의 돈을 벌 수 없었을 것이다. 어떻게 계산을 해도 아이 둘을 둔 독신모는 최저 임금을 받고 일을 하는 것보다 그냥 복지 혜택 명단에 올라 있는 것이 더 나은 것이다.[29] 그들은 내야 하는 세금이 높을수록 일과 복지를 결합하기보다는 둘 중 하나를 선택하는 상황에 몰리게 되었다.

1990년대 초반의 빈곤 연구들에서 제기한 수수께끼 중 하나는 복지 혜택을 받고 있는 가족이 보고한 지출이 소득보다 훨씬 더 컸다는 사실이다. 보스턴과 시카고 같은 도시에서는 다달이 나오는 AFDC 혜택이 가장 후진 동네의 집세를 내기에도 충분하지 않았다. 경제학자들은 도무지 수수께끼를 풀 수 없었다. 사회학자인 캐서린 에딘은 여느 문화처럼 가난의 문화는 안에서 볼 때와 밖에서 볼 때 아주 다르다는 것을 이해하고 있었다. 그녀는 AFDC를 받는 어머니들과 알고 지내면서 그들의 삶을 중요하게 생각하고 있음을 알도록 했다. 그들의 자녀와 자기 아이들을 서로 어울려 놀게 했다. 그녀가 알게 된 사실은 그들 상당수가 아주 열심히 일을 하고 있다는 것이었다.[30] 그들은 부엌에서 미용실을 운영하거나 서로 아이를 돌봐 주거나 심지어는 게임판도 벌이면서 뒷돈을 벌 수 있는 온갖 방법을 생각해 내고 있었다. 괜찮은 방법으로 돈을 버는 사람만 있는 것은 아니었다. 일부는 마약이나 몸을 팔기도 했다. 그러나 복지 수령자들이 절대 게으르지 않다는 사실을 에딘의 연구는 보여 주었다.

그들은 사람들이 세금을 피하기 위해 할 수 있는 일을 하고 있었다. 단지 복지 수령인들은 일반 납세자들이 내는 30% 세금 대신에 100% 이상의 세금을 내야 하기 때문에 번 돈을 숨기기 위해 더 안간힘을 쓴다는 사실만 다를 뿐이다. 공화당원이 그런 세금 장려책이 문제가 있다는 사실에 대해 우려를 할 거라고 생각할지도 모르겠지만 오히려 그들은 '엄한 채찍'에 초점을 두었다.

첫째, 노동 요건을 살펴보자. 자세한 사항은 주에 따라 다르지만 1996년 법안은 복지 수령인들이 임금 노동을 하도록 요구했고 그렇지 못할 때는 지역 봉사 일을 하도록 했다. 아주 어린아이를 둔 가정이나 장애인이 있는 가정 등에는 예외가 적용되었다. 그러나 각 주 정부는 일정 비율의 복지 수령인들이 정해진 날짜까지 일을 찾지 못했을 때 그들에게 불이익을 주었다. 수령인들이 대부분 이미 일을 하고 있었기 때문에 그런 노동 요건은 더 열심히 오랜 시간 일하라는 요구나 마찬가지였다. 몇몇 도시와 주에서는, 지역 봉사에 동원되어 장시간 일하는 것이 결과적으로 연방 최저 임금법에도 저촉되는 시산낭 2딜러에도 못 미치는 임금(월 복지 수령액을 지역 봉사를 한 시간으로 나누었을 때)으로 일하는 것을 의미했다. 돈을 두 배 이상 받으면서 노조에 가입되어 있는 노동력을 대체하기에 정말 편한 시스템인 것이다![31] 다행히도 정치적 압력을 받은 많은 주들은 의무 시간을 좀 줄였다. 1990년대 전례 없이 낮은 실업률 덕에 일자리를 구하기는 그렇게 어렵지 않았다. 그러나 실업률이 다시 올라가도 기간 제한은 여전히 시행될 것이다.

이론적으로 1996년 이후의 사회 질서는 어머니들뿐 아니라 가족을 버린 아버지들에게도 채찍을 휘두르는 상황이었지만 가난한 어머니들에게 그다지 도움이 되지 않았던 듯 보인다. 획일적이고 일방적으로 시행되던 자녀 양육비 지급은 다음 형태로 진행되고 있었다. "이봐요, 선택의 여지가 없어요. 아버지 이름을 대든가 아니면 복지 지원을 받을 자격을 잃을 거예요." 아버지에게서 거두어들인 자녀 양육비만큼 공적 지원 액수가 줄어들었다.[32] 목적은 납세자들의 돈을 절약하는 것이었지 아동의 생활수준을 향상하는 것이 아니었다. 따라서 어머니와 아이들은 공적 지원을 더는 받지 않을 때에만 재정적으로 득을 보았다. 그들에게는 자녀 양육비를 직접 받는 것이 허용되었다.

장기적으로 어머니들에게 득이 될 것이 분명한 상황이라면, 왜 그들에게 아이아버지 이름을 대도록 협박을 해야 하는지 의아할 수도 있겠다. 이유는 간단하다. 부성을 인정하는 것은 남성에게 책임과 함께 특권을 선사한다. 아이아버지의 이름이 출생 증명서에 등장하면 아이를 만날 권리를 주장할 수 있고 조건부로 양육권을 요구할 수도 있다. 이미 실수를 한 번 했다고 느끼는 엄마들에게 그 상황은 문제가 될 수 있다.[33] 복지 혜택을 받는 상당수의 여성이 가정 폭력을 경험한 적이 있다. 이런 상황을 감안하여 아이아버지에게서 신체적 위협을 받고 있음을 증명할 수 있는 어머니는 누가 아이아버지인지 말하지 않아도 되는 예외가 인정되었다. 각 지역 복지 사무소는 그 예외를 어떻게 적용할지 나름대로 결정할 수 있다. 어떤 곳은 다른 곳보다 '증거'를 더 요구할지도 모른다. 아이아버지가 되고 싶지 않은 아버지는 아이어머니가 예외 적용의 대상이 될 수 있도록 일부러 구타를 할 수도 있다. 이런 상황에서는 어머니가 자기를 때릴 수도 있다.

1996년 8월과 1999년 12월 사이 복지 수령인이 40% 이상 줄었다. 채찍을 엄하게 휘두른 것에 공을 돌려야 한다는 여론이 많았다. 그러나 통계 분석은 실업률 저하가 아주 중요한 역할을 했음을 보여 주고 있다. 채찍 말고 당근도 주었는데, 보육비를 보조하거나 EITC를 확대하여 저임금으로 일하는 부모들에게 상당한 세금 혜택을 주어 실질 세금을 줄이는 정책을 실시하였다. 복지 혜택을 더는 받지 않는 여성에게 지원을 한 미네소타 주에서는 지원을 전혀 하지 않은 텍사스 주보다 훨씬 더 좋은 결과를 달성했다. 전국적 수준에서는 아동 빈곤율을 낮추는 것보다 복지 수령인을 줄이는 데서 더 큰 성공을 거뒀다.

입증 책임

죄 있는 사람을 풀어 주는 것보다 죄 없는 사람을 처벌하는 것이 더 나쁘다는 것이 현재 법체계의 작동을 규정하고 있다. 이 원칙은 우리의 복지에 대한 사고방식에 중대한 함의를 지닌다. 본질적으로 TANF가 하는 일은 입증 책임을 전가하는 것이다. 이전에는 뭔가 잘못했음이 드러나지 않는 한 가난한 사람은 정부 지원을 받을 자격이 있었다. 지금은 그 반대가 되어 버렸다. 모든 규제를 따를 수 있음을 보여 줄 수 있어야 정부 지원을 어쩌면 받을 수 있을시 모른다는 것이다.

이것이 좋은 변화라고 생각하는지 그렇지 않은지는 개인이 공적 지원을 받을 권리가 있다고 생각하는지 그리고 어떤 조건에서 그런 권리가 박탈되어야 한다고 생각하는지에 달려 있다. 죄가 있는 사람을 처벌하는 데 TANF는 AFDC보다 더 낫다. 최하층, 사회적으로 무책임한 사람, 불량배, 게으른 사람들을 색출해 내쫓는다.[34] 문제는 죄 없는 사람도 처벌한다는 데 있다. 18세 미만의 사람들만 이에 해당되지 않는다. 전문대에 등록해서 학위를 따기 위해 열심히 공부하고 있는 독신모에게도 이제 지원을 받을 자격이 없다는 통지가 날아온다. 일자리를 구하거나 지역 봉사에 나가지 않으면 지원이 끊길 것이다. 아버지한테 성폭행을 당한 18세 미만의 나이 어린 어머니에게도 다시 집으로 들어가지 않으면 지원을 끊어 버리겠다고 한다. 그녀에게는 아버지 말고는 달리 같이 살 어른이 없다. 해고를 당했지만 고용 보험 혜택을 받을 자격이 없는 50대 비혼 남성도 일 년에 석 달 이상은 식량 배급표를 지급해 줄 수 없다는 말을 듣는다. 합법적인 이민자로 오랜 세월 열심히 일하면서 세금을 납부한 노인이 병약해졌을 때에도, 이제 정부 지원을 받을 자격이 되지 않는다는 통보만을 받는다.

무죄는 형이상학적인 개념이다. 무죄인지 아닌지 판단할 인식 코드가 없기 때문에 누가 무죄인지 판단하기 어렵다. 빈곤한 사람의 개인사를 자세하게 들여다보면 한때 부정직하고 게으르고 비열한 짓을 한 적이 있음을 알게 될 것이다. 대다수의 중산층과 부유층도 마찬가지다. 그러니까 다른 용어를 사용하여 선한 행위를 정직, 일하려는 의지, 타인을 돌보려는 의지의 조합으로 정의해 보자. 여기서 평균의 '선행 점수'를 받은 사람은 선행 분포의 위쪽 절반에 속하며 상대적으로 착하게 행동하는 사람이라고 부를 것이다.

이제 문제는 공적 지원을 받는 사람들 가운데 어느 정도가 그 범주에 속하느냐는 것이다. 복지 수령인들은 평균적으로 일반인보다 덜 정직한가? 그들은 소득을 속이기도 하는데 납세자 대다수도 마찬가지다. 1998년 연방 정부는 탈세와 부정확한 납세 신고로 1,950억 달러로 추정되는 손실을 보았다. 이는 연방 정부와 주 정부가 지난 5년간 AFDC에 지출한 총 금액보다도 큰 액수다.[35] 복지 수령인은 다른 사람보다 범죄를 저지를 확률이 더 높은가? 별로 그렇지 않다. 그들 대부분은 여성으로서 남성들보다 중죄를 저지를 확률이 훨씬 낮다. 그건 그렇고, 어떤 사람을 감옥에 수감하는 비용이 복지 수령인 명단에 올리는 비용의 10배라고 한다.

다음으로 복지 수령인의 일할 의지를 생각해 보자(누누이 말했지만 아이 기르는 것도 일이라는 사실에 다 같이 동의하자). 그들은 일을 찾아서 계속 일할 능력에 상당한 제약을 받았거나 일을 하지 않는 것이 차라리 나을 상황에 처한 적이 많기 때문에, 그들의 돈벌이 의지를 측정하기는 힘들다. 연구에 의하면 AFDC를 받은 사람 68%가 2년 안에 그 프로그램에서 떨어져 나갔다. 그들 중 절반 정도는 다시 돌아올 수밖에 없었지만. 3분의 1은 일 찾기를 포기하고 다시 정부 지원에 의존하게 되었지만, 그것이 나약한 의지 때문인지 기술 수준이 낮기 때문인지는 알 수 없다.[36]

선행을 규정하는 덕목 중 '타인을 돌보려는 의지'는 어떠한가? 18세 미만의 아이를 돌보지 않는 사람은 정부 지원을 받을 자격조차 되지 않는다. 그 책임을 졌다는 사실 자체가 빈곤에 노출되기 쉬운 상황임을 설명해 준다. 거의 모든 어머니들은 위탁 시설에 애를 맡겨 버리면 더 경제적으로 나은 생활을 할 수 있을 것이다. 보육 문제를 걱정할 필요도 없이 일자리를 찾을 수 있게 된다. 실제로 TANF에 있으면서 기간 제한에 임박하게 걸려 있는 어머니들은 그렇게 할 수밖에 없다.

클래런스 토머스는 1980년 연방 내법관이 되기 진 행힌 연설에서 AFDC에 의존해 살아가는 자기 여동생을 비난한 적이 있다. "동생은 우체부가 정부 지원금을 늦게 가져오면 화를 냅니다. 그 정도로 의존적이라는 얘기죠." 토머스가 밝히지 않은 사실은 여동생이 아이아버지들한테 아무 도움도 받지 않고 아이 넷을 키우는 데다가 아이들을 먹여 살리기 위해 두 군데에서 일을 하고 있다는 것이었다. 여동생 에마 마틴은 아이들을 돌봐 주던 이모가 심장 마비를 일으키면서 AFDC에 지원을 요청했다. 그때 혼자 일하면서 아이들을 돌볼 수 없다는 것을 깨달은 것이다.[37] 오빠 클래런스는 죽은 이모의 공백을 채울 만한 도움을 주지 않았다. 도덕적으로 고고한 척 그만하시는 게 좋을 것 같다.

뉴트 깅그리치가 1994년 복지 지출을 감소해야 한다는 데 앞장서고 있었을 때 누군가 그에게 새로 제정된 기한 제한과 제약들을 지키지 못하는 부모의 아이들은 어떻게 되는 거냐고 물었다. 통상 그만의 기지로 그는 아이들은 고아원에 수용하면 된다고 했다. 찰스 머레이가 이전에 재미있게 설명했듯이, "'고아원'이라는 단어를 못마땅해 하는 사람들은 아마도 하루 24시간 유치원을 생각하고 있는 것 같다."[38] 잇따른 논쟁은 대부분, 영화「보이스 타운」에서 스펜서 트레이시가 연기한 플래너건 신부의 팬들과 찰스 디킨스의 유명한 소설에 등장하는 학대당하는 고아원의 영웅 올리버 트위스트의 지지자들 사이에 벌어졌다.

분명 아동 발달에 대해 우리가 이해 못하는 부분이 많이 있다. 그러나 한 가지 확실한 것은 양육자 한 명과 안정적인 관계를 갖는 것이 건강한 아동 발달에 가장 중요하다는 것이다.[39] 정부의 개입에 대해 일반적으로 아주 비판적인 태도를 취하는 사람들이 아이를 키우는 일에서만은 정부가 어머니보다 더 낫다고 확신한다는 것이 좀 아이러니하다. 미국에 온종일 아동을 돌봐 주는 시설은 그렇게 많지 않은데, 좋지 않은 결과들이 널리 보고되고 있기 때문이다. 1997년에 TANF를 받는 어린이 약 1천만 명과 비교할 때 약 50만 명 정도만이 위탁 보호 시설에 살았다.[40] 시설 보육은 문제가 많기로 악명이 높다. 최소한 21개 주에서 건강과 안전에 관한 연방 기준을 준수해야 한다는 법정 명령을 받았거나 기준을 준수하지 못해서 고소를 당했다.[41]

가난과 아이들

내가 열여섯 살 생일을 맞은 여름, 어머니는 취약 계층 아이들을 대상으로 하는 헤드 스타트류의 프로그램에서 교사 보조로 일하는 자리를 알아봐 주셨다. 학생 가운데 어니 로드리게스라는 여섯 살짜리 아이한테서 지독한 냄새가 났는데 심한 악취 때문에 아이들의 놀림을 받기까지 했다. 겉으로는 깨끗하게 보였지만 자세히 검사하자 냄새의 원천이 드러났다. 양쪽 귀에서 진득하고 노리끼리한 것이 흘러나오고 있었다. 영어 한마디 못하고 차도 없고 복지 혜택을 받고 있지도 않고 의료 보험도 없는 아이어머니에게 그 사실을 말해 주었다. 나는 우리 가족 주치의인 프랭크 마틴에게 전화를 걸어 공짜로 어니를 진찰해 줄 수 있겠냐고 물었다.

닥터 마틴은 역시 의사였던 삼촌 톰과 절친한 친구로서 (1970년대 TV 드라마에 나온) 닥터 마르커스 웰비처럼 옛날 방식을 고수하는, 정말 좋은 가족 주치의였다. 그는 어니를 봐 주었고 염증을 없애는 항생제도 무료로 넉넉히 처방해 주었다. 그 다음 그는 어니를 삼촌과 같은 병원에서 일하던 이비인후과 전문의에게 데려가라고 했다. 그 전문의는 어니의 양쪽 고막이 파열되어 속귀마저 감염될 수 있다고 알려 주었다. 염증은 재발할 위험이 있는데 염증이 재발하면 속귀의 뼈를 점점 갉아먹을 거라고 했다. 결국 청각을 완전히 상실해 버릴 수 있다는 것이다. 유일한 치료는 피부를 갖다 붙이는 수술을 해서 고막을 재건하는 것이다. 비용은 3천 달러가 들 것이라고 했다.

그 전문의는 어니에게 수술을 해 줄 수 없다고 하면서 조금도 미안한 기색이 없었다. 삼촌 톰은 몇 주 걸려 해결책을 마련해 왔다. 그는 시립 병원에 순회차 와 있는 실력 있고 맘 좋은 의사를 알고 있었다. 나는 그가 응급실에 있을 때를 골라 어니를 거기로 데려갔고 그는 파열된 고막을 수술해 주고 필요한 만큼 병원에 머물 수 있게 해 주었다. 양쪽 귀를 고쳐 달라고 하는 것은 지나친 요구였다. 수술 뒤 한쪽 귀에 밴드를 붙인 어니는 꼭 한쪽 귀가 축 늘어진 미키 마우스 같았다.

그해 나는 지역 센터에서 소규모의 방과 후 프로그램을 운영했다. 어니와 그 형제들도 성실히 다녔다. 나를 처지게 만들었던 것은 그 아이들이 항상 굶주려 있었다는 사실이다. 아이들은 몇 시간이고 아무것도 없는 텃밭에서 피칸콩을 주우러 다녔고 때로는 잘 익지도 않은 것을 먹고는 병이 나기도 했다. 아이들은 내가 준비한 교육 자료보다는 갖고 간 쿠키와 우유를 더 좋아했다. 이듬해 여름, 대학에 다니기 위해 그 동네를 뜨게 된 것은 어떻게 보면 구원이기도 했다. 그러나 나는 우리 아버지를 고용했던 맥팔린 씨에 대한 기억과 함께 어니와 그 형제들의 이미지를 수업 때마다 떠올렸다.

미국 아동의 5분의 1이 빈곤선 이하의 소득을 버는 가정에 살고 있다. 흑인과 히스패닉만을 보면 숫자는 두 배가 되어 40%가 넘는다. 빈곤율은 최근의 경기 회복과 함께 좀 낮아졌지만 유럽 국가에 비하면 아동 빈곤율은 비교할 수 없이 높다. 흑인들의 영아 사망률은 백인의 두 배다. 주로 소득 불평등 때문에 미국의 평균 기대 수명은 프랑스·스웨덴·캐나다·일본보다 낮다.[42]

조기 아동 교육, 보육과 부모 교육은 어린 세대의 능력과 자질 형성에 지대한 영향을 준다. 가난 속에서 자란 아이들은 인지 능력과 정서 능력이 더디게 발달하는 것 같다. 몇 가지 명백한 이유들이 있다. 응급실 치료가 무엇인지 알게 해 주었던 어니 로드리게스처럼 가난 속에 자란 아이들에게는 건강에 심각한 문제가 있을 수 있다. 아니면 정신적 외상을 입을 수 있는 폭력적이고 스트레스가 많은 환경에 살고 있을지도 모른다. 또는 능력을 계발하는 데 필요한 관심과 자극이 결핍되어 있을 수도 있다.

사회 과학자들은 소득·사는 동네·가족 구조와 아이큐, 학업 성적·심리적 능력과 행복 지수 같은 것들이 서로 어떤 관계가 있는지를 밝히려고 놀라울 정도로 엄청난 양의 자료를 수집해 왔다. 소득의 효과와 다른 요인의 효과를 분리하는 것은 어렵지만 어린이들이 지속적으로 가난에 노출되면 분명히 부정적인 영향이 있음이 밝혀졌다.[43]

빈부에 상관없이, 어떤 부모들은 아이들에게 특별히 잘해 주지 않으므로 그런 부모의 단점이 추가 소득의 영향을 감소시킨다. 여전히 그런 단점이 어디서 유래하는지에 의문을 갖게 된다. 답을 찾기 위해서는 그 부모들이 어떤 환경에서 자랐는지 또 그 부모의 부모는 또 어떤 환경에서 자랐는지 등등 끝없이 물어야 한다. 운명적이 아니라 확률적인 사이클이다. 분명 어떤 사람들은 그 사이클을 벗어나기도 한다. 성공적으로 물살을 거슬러 올라 장애물을 뛰어넘기도 한다. 크고 힘 좋고 물고기 사다리를 타고 댐 위로 뛰어오르겠다는 의지가 확고한 연어에 경탄해 마지않는 것과 마찬가지로, 우리는 사이클에서 벗어난 사람들을 우러러본다. 그러나 물살을 거슬러 오르지 못한 연어의 숫자를 세는 생물학자들처럼 최소한 물살이 얼마나 센지 사다리가 어떤 모양인지 분석해야 한다.

경제라는 광범위한 구조에 비판적인 나 같은 사회 과학자들은 이러한 '불익 사이클'을 싫어하는데, 그것은 사다리를 우선적으로 필요하게끔 만든 댐의 존재를 문제시하기보다는 개개의 작은 물고기들의 행위에 관심을 불러 모으기 때문이다. "제도의 불공평성, 권력과 특권의 음모, 대중에게 호소력 없는 재분배 계획 같은 것에서 관심을 이탈시킨다.”[44] 그러나 내가 보기에는 열심히 집중만 하면 이 모든 것에 동시에 관심을 기울일 수 있다. 빈곤을 종식하거나 세상을 근본적으로 바꾸는 것이 가능하든 불가능하든 간에 아이들의 능력과 자질을 우리가 할 수 있는 한 최선을 다해 계발하는 것이 우리의 책임이다.

많은 자유주의자들은 우리가 아이의 능력과 자질을 향상할 수 있다고 주장한다. 그들은 훌륭한 성과를 만들어 낸 다양한 사회 프로그램들을 꼽는다. 보수주의자들은 그것이 불가능한 일이라고 주장한다. 가난한 아이들은 본래 똑똑하지 않거나 가난한 부모들은 구제 불능의 무능력자이기 때문이라는 것이다. 그들은 실증주의적인 견지에서 이 문제를 토론하는데 마치 모든 사람이 불익의 사이클을 끊을 수만 있다면 그렇게 해야 한다는 데 동의하고 있는 것처럼 생각한다. 그러나 항상 그렇듯이 무엇이 가능하다고 생각하는가는 바로 우리가 무엇을 원하는가에 의해 결정된다. 핵심적인 문제는 우리가 그 사이클을 끊을 수 있는가가 아니라 끊기 위해 얼마나 열심히 노력하는가이며 그리고 누가 그 비용을 지불할 것인가이다.

‘빈곤과의 전쟁’ 동안에 개발된, 악한 행동을 고무한다는 비난을 받지 않은 프로그램인 헤드 스타트를 생각해 보자. 우선 이름을 잘못 붙였다. 프로그램의 의도가 1학년에 들어갈 실력에 훨씬 못 미치는 가난한 집 아이들을 돕는 것이었으므로 ‘따라잡기’Catch Up라는 이름이 더 정확했을 것 같다. 헤드 스타트는 부모가 자녀를 도와서 인지 능력뿐 아니라 정서적 사회적 능력을 계발할 수 있도록 세심히 고안되었다. 그 효과와 프로그램을 둘러싼 제반 노력의 효과는 오랫동안 심층 조사되었다. 아동의 학업 성적에 작지만 의미 있는 성과를 보여 주었고 고등학교를 제대로 마칠 확률을 높였다.[45]

처음부터 헤드 스타트 프로그램은 ‘순수해서 주목을 끄는’[46] 어린

아이들을 위해 봉사했기 때문에 대외 홍보 차원에서 아주 성공적이었다. 그러나 1970년과 1985년 사이 헤드 스타트에 등록된 아동 1인당 연방 지출의 실질 가치가 상당히 감소했고 등록 자격이 되는 아동의 5분의 1 이상은 수용한 적이 없었다.[47] 부시와 클린턴 대통령 모두 연방 정부의 재정 지원을 늘려 모든 자격 있는 아동이 등록될 수 있도록 하겠다고 약속했다. 둘 다 재정 지원을 늘리는 데 도움을 주기는 했지만 약속한 목표를 달성하지는 못했다. 1997년 자격 있는 아동의 약 40%만이 헤드 스타트에 등록했다.[48]

프로그램은 설령 100% 재성 시원을 받았나 해도 기대 수준에 훨씬 못 미쳤을 것이다. 4~5세 어린이를 대상으로 연중 몇 달간 하루에 몇 시간 정도만 운영되었기 때문에 어머니들이 일을 하려면 다른 보육인이나 시설을 알아보아야 했다. 자격 조건이란 것도 빈곤선 밑의 소득을 버는 가족에게만 제한되어, 양질의 무료 유치원 교육은 엄두도 못 낼 대다수의 일하는 빈곤 가정은 소외되었다. 조지아 같은 주는 헤드 스타트 같은 서비스를 공적으로 더 확대하려고 노력하고 있지만 진전이 느리고 꾸준하지도 않다.

왜 이런 '가장 인기 있는' 빈곤 퇴치 프로그램인 조기 아동 교육이 시들해지고 있는가? 가난한 아이들이 선거 운동에 기여하는 바가 별로 없기 때문일 것이고, 그들 중 아무도 백악관에서 잠을 자 본 적이 없기 때문일 것이다. 너 심각한 문제는 가난한 사람들은 상대적으로 투표율이 낮다는 것이다. 아마도 투표를 할 경우 무엇을 얻어 낼 수 있는지 아는 바가 별로 없어서일 것이다. 아니면 다른 사람들이 너무 잘 알고 있든지.

프랑스 만세

미국 젊은이들은 예술을 공부하거나 시를 쓰거나 재즈를 연주하러 프랑스로 가곤 했다. 이제는 가족을 이루려면 프랑스에 가야 할 것 같다. 미국에서는 대규모 기업에서 일하는 임신 여성(전체의 절반 정도)은 해고의 위협 없이 12주의 휴가를 누릴 권리가 있다. 경제적 형편이 받쳐 준다면 말이다. 휴가는 무급이다. 프랑스에서는 10개월 이상을 일한 여성은 16주의 휴가를 받을 수 있고 봉급의 최대 84%를 받는다. 1년 이상 같은 고용주 밑에서 일했다면 무급 부모 휴가를 연장하거나 아이가 세 살이 될 때까지 봉급을 적게 받는 대신 근무 시간을 줄일 수 있는 권리가 있다.[49]

게다가 프랑스는 미국의 세금 제도보다 부양가족 공제가 훨씬 후하다. 프랑스의 독신모는 아이가 세 살이 되어 다시 전일제 직장으로 돌아가야 할 때까지 정기적으로 정부 지원을 받는다. 소득에 상관없이 모든 가정은 첫아이뿐만 아니라 모든 아이의 가족 수당을 받는다. 프랑스는 모든 가정이 한 자녀 이상 갖게 하려고 노력을 아끼지 않고 있다. 내가 그다지 동의하지 않는 정책이지만, 그것이 출산율에는 큰 영향을 미치지 않는다고 한다. 프랑스 가족은 평균적으로 미국의 가족보다 약간 적은 수인 아이 2명을 낳는다. 자녀 양육에 대한 공적 지원의 성과는 아동의 빈곤율 감소로 나타났다. 프랑스의 아동 빈곤율은 미국의 17%에 비해 약 6% 정도다.[50]

프랑스의 가족 정책은 건강 보험 제도와 더불어 아동의 건강에 엄청난 영향을 미치고 있다. 여성은 임신 사실을 알게 되자마자 지역 보건소에 등록을 한다. 모성 수당을 받고 싶으면 정기적으로 검사를 받아야 하고 출산 후에는 아기를 병원에 데려가 예방 접종 등을 받게 해야 한다. 지역 보건소는 가족과 병원 간의 중계자 역할을 하는데 부모는 조언이나 도움이 필요하면 병원에 찾아갈 수 있다. 프랑스어를 잘 못하거나 국가의 서비스를 어떻게 받을 수 있는지 모르는 이민자 가정을 돌보기 위한 특별 서비스도 있다. 보건소의 직원들은 자신들을 부모의 권리를 찾아 주는 사람으로 생각한다.

1999년 나는 일행 열대여섯 명과 프랑스의 보육 시설을 둘러보기 위해 여행길에 올랐다. 다른 일행은 대부분 기자와 정치가들로 현실 속에서 사람들에게 실제로 질문을 함으로써 세상에 대해 배우는 사람들 같았다. 우리는 조기 아동 교육을 실시하는 유치원 세 곳을 방문했다. 보통 두 살 반에서 세 살 정도 되면 습득하는 대소변 가리기가 가능한 아이들을 위한 곳이었다. 프랑스는 6세부터 시작되는 1학년 이전 단계의 학교는 의무가 아니다. 그러나 유치원은 엄청나게 인기가 높다. 3~5세의 거의 모든 아동이 부모가 일을 하든 안 하든 상관없이 그 학교를 다닌다.

아이들이 학교에서 지내는 시간은 하루에 6시간을 넘지 않는데 필요하면 더 오래 있을 수 있고 싼 가격으로 '방과 후 보육' 서비스를 이용할 수 있다. 프랑스 아이들은 수요일에 학교를 가지 않는데 그것은 종교 행사 때문에 수요일은 학교를 보내지 않았던 이전 시대의 유산이다. 대신 학교는 교사의 감독 하에 여가 생활이나 야외 현장 학습을 한다. 그리고 보통 토요일 아침에는 학교에 간다.

유치원을 방문하면서 나는 그 인기를 비로소 이해하게 되었다. 교사들은 훈련이 잘되어 있었다. 미국의 대학 졸업장과 맞먹는 교육 수준을 갖고 있었다. 초등학교와 중고등학교 교사와 같은 수준의 임금을 받았으며 전문가 대우를 받았다. 공무원으로서 안정된 신분과 여타 수당을 보장받았다. 이직율이 낮다. 그들은 가르치는 것에 열정이 있었다. "우리 일은 아이들을 배우도록 만드는 것이 아니라 배움을 사랑하도록 가르치는 것이다"라고 한 교사는 설명했다. 규칙적인 체육 시간, 따뜻한 점심 식사, 어린 학생들을 위한 낮잠 시간, 예술 활동 등이 글자 배우기 같은 과목 사이에 며칠에 한 번씩, 몇 달에 한 번씩 끼워져 있었다.

학급 규모는 평균 25명 정도로 상당히 컸다. 그러나 교사들은 시에서 고용된 보조 교사의 도움을 받는다. 우리가 관찰하고 있던 한 교사는 모든 것을 질서 정연하게 만드는 데 약간 엄격한 듯 보였지만, 교사 대부분은 아이들을 관대하게 다루어 수업에 관심 없는 아이나 다른 아이와 잘 어울리지 못하는 아이는 구석에서 혼자 놀게 했다. 사랑스럽지만 우습기도 한 아이들의 작품은 어디서나 볼 수 있었는데 유명한 프랑스 미술가들의 그림 복사본들과 한데 섞여 있었다. 나랑 얘기한 네 살 난 아이는 마티스의 비밀을 털어놓았다. "마티스는 아주 유쾌한 사람이에요." 아이는 말했다.

우리가 방문한 가장 아름다운 학교는 방베라 불리는 파리 근교에 있었는데 건물이 '데이지 문양' 형태로 지어졌다. 각 교실은 꽃잎처럼 운동 기구로 가득 찬 실내 놀이터를 에워싸고 있었다. 각 교실에는 안쪽의 놀이터와 바깥으로 이어지는 문이 있었다. 부모는 아이들을 직접 교실로 데려가서 원하면 한동안 있을 수 있었다. 시장이 학교 식당에서 점심시간을 우리와 함께했다. 첫 코스인 하트 모양의 아티초크와 부추, 토마토로 만든 샐러드가 모든 사람의 접시에 놓이는 동안 시장이 연설을 해야 했다. 시장은 아이들에게 "오늘 누가 우리와 함께하고 있는지 아세요?" 하고 물었다. 아이들은 "미국인들이요" 하고 외쳤다. 그러자 시장은 "미국인 하면 생각나는 게 뭐죠?" 물었다. 아이들은 갑자기 조용해지더니 한 아이가 마침내 "맥도!"하고 입을 열었다. 프랑스인들은 맥도날드를 맥도 햄버거라고 부른다.

우리가 방문한 다른 학교는 빌쥐프라는 못사는 동네에 있는 학교였다. 그 학교는 '경제적 우선순위 구역', 즉 저소득층 동네에 주는 특별 배려와 추가 자원 지원 요청을 해 놓은 터였다. 그곳 아이들은 인종 구성이 다양했는데 이름이 모하메드라는 남자 아이가 아주 많았다. 시장은 이민 가정의 아이들을 프랑스 사회에 통합하는 데 유치원이 얼마나 핵심적 역할을 하고 있는지 열성적으로 설명했다. 그는 점심 식사 때 아주 맛이 좋은 포도주를 대접했고 미국과 프랑스 간의 친교의 역사에 대해 줄줄 읊었으며 "온 세상이 코카콜라에 녹을 수 있는 것은 아니다"라는 경고로 연설을 마쳤다. 나는 프랑스어를 완벽하게 하지는 못했지만 적어도 그렇게 말하는 것으로 들렸다.

우리들은 유치원을 운영하는 데 돈이 얼마나 드는지 계속 질문했다. 대답은 의외로 아주 간단했다. 학생 1인당 초등학교와 비슷한 돈이 들어간다는 것이었다. 우리 일행이 가장 놀라워 한 사실은 프랑스인들은 너 나 할 것 없이 모두 한 목소리로 이 시설을 자랑스러워한다는 것이었다. "하지만 이러 저러하게 비판하는 사람들에 대해서는 뭐라 하실 건가요?" 우리는 계속 물었고 대답은 항상 "비판 세력이 없다"는 것이었다. 프랑스에 있는 사람은 전부 유치원을 지지한다. 프랑스에는 공산주의자부터 파시스트까지 다양한 정치 세력들이 존재한다. 그러나 유치원이라는 주제에 관한 한 이션이 존재하지 않는 것 같다. 이미 두 치례 세계 전쟁을 겪고 비교적 인종적으로 동질 집단이라는 이유 때문에 프랑스인들은 굳건한 국민적 연대감을 지닌 것 같다. "우리 아이들은 우리의 가장 훌륭한 자원"이라고 그들은 말한다. 나는 서툰 불어로 미국 상황은 많이 다르다고 시장에게 설명하려고 애썼다. 시장은 내게 와인을 더 부어 주면서 또 한번의 혁명을 해야 할지도 모른다고 말했다.

프랑스가 완벽한 모델이라는 말은 아니다. 특히 실업률은 젊은이들 사이에 골칫거리일 정도로 높다. 프랑스는 이런 사회 프로그램의 재원을 세금으로 충당하는데, 직원 1인당 아주 많은 세금을 고용주에게 부과함으로써 실업 문제를 더 악화시키고 있다. 아이를 버리고 떠난 아버지들에게 더 직접적인 책임을 지게 하는 데에는 아무런 노력을 기울이지 않고 있다. 주로 어머니들이 아이를 돌보기 쉽도록 만들었기 때문에 아버지는 자신이 아이를 돌보는 데 참여해야 한다는 압력을 덜 받는다.

프랑스 음식은 맛있지만 항상 건강에 좋은 것은 아니다. 프랑스를 따라 할 필요는 없다. 단지 배울 필요가 있을 뿐이다.

가족을 배려함

아이와 가정에 상당한 지원을 제공하는 나라들이 꽤 있다. 대부분 북서유럽 국가들이다. 그 나라들의 가족 구조는 비혼모 출산 비중이 미국과 아주 비슷하다. 십대 여성의 출산율은 일반적으로 미국보다 낮다. 프랑스·스웨덴·독일 같은 나라들이 아동을 빈곤에서부터 더 잘 보호할 수 있는 이유는 간단하다. 더 많은 공적 지원을 제공하며 우리가 복지라는 이름으로 제공하는 것보다 훨씬 앞서 있다.

사실 그들의 공공 정책 중 단지 몇 개만이 빈곤 가정의 아동을 대상으로 한다. 이유는 아주 간단하다. 강력한 가족 지원 정책이 있는 나라에서는 빈곤 아동이 많지 않다. 아이를 키우는 가정에 대한 관대한 공적 지원 프로그램은 부모의 노력의 가치를 공식적으로 인정하는 셈이다. 다음 세대를 키우는 경제적으로 중요한 일을 하는 데 대가를 지불함으로써 사회가 보상을 하는 것이다. 이는 비시장 노동의 가치를 존중하는 것이라 할 수 있다.

'보편적'인 지원을 제공하는 것만으로는 충분치 않다. 세제, 공적 지원, 사회 보장 제도들의 비교에서 드러났듯이 우리에게도 가족에 대한 보편적 지원 비슷한 것이 있다. 단지 그것만으로는 불충분하고 일관되지 않으며 너무나 복잡해서, 대부분의 가정은 자신들이 무엇을 받고 있는지조차 모르거나 무엇을 받을 자격이 되는지를 모를 뿐이다. 1990년대의 복지 수혜자들을 향한 분노는 빈곤 가정이 공짜로 무언가를 받고 있다는 가정에서 나온 것만은 아니다. 아이를 키우는 다른 가족도 우리 사회의 미래를 위해 아주 중요한 일을 하는데 그에 대해 별다른 공적 지원을 받지 못하는 상황이 그들의 분노를 유발한 것이다.

6. 로빈후드 학교

학교 공동체는 훌륭하고 지혜로운 부모가 자기 아이들에게 해 주고 싶을 법한 것을 모든 아이들에게 해 주어야 한다. 그 외의 다른 이상은 편협하고 애정이 결핍된 것이며, 그러한 이상의 구현은 교육을 망가뜨리고 말 것이다.

— 존 듀이, 『학교와 사회』

나는 텍사스 샌안토니오에서 명문 공립학교에 다녔다. 초등학교 3학년 때 담임 힐 선생님이 내가 작문한 복합문을 칭찬했던 것을 아직도 기억한다. 몇 년 전, 나는 모교인 알라모하이츠 학교 기금 모금 팸플릿을 받았다. 그들은 부자 학교에서 가난한 학교로 재정을 재분배하겠다는, 일명 로빈후드 플랜을 시행하겠다고 공표한 텍사스의 학교 재정 체계에 불만을 품고 있었다. 팸플릿은 기금을 내면 세금으로 학교 재원을 충당하는 것과 달리 알라모하이츠 학교에만 전적으로 돈이 쓰일 것이라고 설명했다. "사람들이 우리가 하는 일을 오해하길 원치 않습니다" 하고 기금의 회장은 설명했다. "우리는 다른 사람들보다 더 많은 것을 가지려는 것이 아니라 우리가 빼앗긴 것을 충당하려는 것뿐입니다."[1] 이에 대해 어떤 해석과 판단을 내려야 할지는, 누가 '우리인지'와 무엇이 '우리'가 가졌던 것이라고 생각하는지에 달려 있는 것 같다. 어쨌거나 나는 지갑을 열지 않았다. 1969년 졸업생 가운데 '가장 혁명적'이었던 사람한테서 뭘 기대하겠는가? (가장 혁명적인 사람에게 주는 상은 새로 생긴 부문이었는데 그 후로도 계속 그 상이 수여되지는 않았을 것 같다.)

공교육에 관한 한, 누가 비용을 지불하고 누가 이득을 얻는지 정확히 파악하기는 쉽지 않은 일이다. 인간의 능력과 자질의 계발은 개별 학생뿐 아니라 사회 전체에도 득이 되는 아주 복잡한 프로젝트다. 교육은 또한 아주 돈이 많이 들어가는 일로, 왜 직접 득을 보는 사람도 다른 사람이 비용을 내주었으면 하는지를 아주 잘 설명해 준다. 다른 공공재처럼 비용의 분배는 정치력과 경제적 지위에 강하게 영향을 받는다.

19세기 숙련노동자가 필요했던 공장주는 공립학교를 설립하고 확대하는 데 앞장섰다. 그러나 그들은 사업체의 지리적 이동이 용이해지면서 노동자를 교육하는 비용을 줄이는 방법을 터득했다. 공장을 이전하거나 폐쇄하겠다고 위협하면서 학교의 주요한 재원이던 재산세 감면을 요구한 것이다. 예를 들어 1980년대에 제너럴 모터스는 미시간에서 법인세 반란을 일으켰고, 테네시에서는 새턴 공장을 그곳에 세우겠다는 조건으로 재산세를 면제해 줄 것을 요구했다. 세금 감면은 당시 치솟던 주택 가치의 상승과 함께 미국의 재산세 가운데 기업이 차지하는 비중을 1957년 45%에서 1990년 16%로 낮아지게 만들었다.[2]

일반적으로 부유층 가정은 자기 아이가 주요한 수혜자이기만 하면 좋은 학교를 세우는 데 세금을 많이 내고 싶어 한다. 학교 제도에 인종과 계급이 통합되지 못하게 만드는 법적 장애를 줄여 나가면서 대신 경제적 장애를 설치하려는 노력이 부활하고 있다.[3] 바우처(무료 수강권)를 통해 기존의 공립학교를 사립화하려는 열망과 더불어 사립학교로 들어

가는 자원이 점차 증가하고 있음은 '남의 아이'에게는 돈 쓰기를 회피하려는 노력을 반영한다. 가난 속에서 자란 아이들을 교육하는 것은 특히 돈이 많이 들기 때문에 이 문제는 앞장에서 논의된 내용과 밀접하게 연결되어 있다.

이 장은 아이들 대다수가 받는 교육의 질에 관해 얘기할 것이다. 교육의 질이 어떻게 생산되며 비용이 얼마나 들어가며 질의 분포가 왜 고르지 않은가 등을 논할 것이다. 가족과 지역 사회도 학교와 마찬가지로 교육 주체이며 한쪽의 문제는 다른 쪽에 영향을 미친다. 돌봄을 제공하는 것으로서의 교육은 앞 장들에서 설명한 측정의 문제를 그대로 안고 있다. 자녀에게 읽기를 가르치기는 읽기를 좋아하도록 가르치는 것보다 쉽다. 표준화된 시험은 학생의 성취도를 어느 정도 측정하기는 하지만 학생들의 학습 동기를 측정하지는 못한다. 어쩌면 동기를 갉아먹고 있을지도 모른다. 그러나 시험 성적뿐만 아니라 더 광범위하게 측정한 성공 지수를 보아도 가난한 동네의 학교는 역시 질이 낮다.

이 경향에 대한 점진적인 인식은 학생 1인당 재정을 균등화하려는 법적 도전과 서민들의 투쟁을 촉발하여 텍사스와 켄터키 같은 주들에서는 긍정적인 결과를 낳았다. 보수주의자들은 일반적으로 공공 재정을 사립학교로 돌릴 수 있도록 탈중앙 집권적인 바우처 제도를 선호한다. 그러나 그 제도가 일부에게는 선택의 기회를 높이는 것일 수 있지만, 소외된 사람들에게는 교육의 질적 저하를 가져올 것이 거의 확실하다. 현재 고등 교육의 공적 재정 제도는 학비 보조에 크게 의존하고 있다는 점에서 바우처 제도와 닮아 있다. 그러나 대학의 질은 여전히 편차가 심하며 저소득층 자녀의 대학 입학은 여전히 제한적이다.

투입과 산출

혹자는 학교 재정은 그다지 중요하지 않다고 주장한다. 이것이 사실이라면 부유한 학교들이 가난한 학교에 돈을 좀 주는 것에 왜 그렇게 반대하는지 설명하기 힘들다. 학생 1인당 지출과 교육 성과 간에 통계적으로 상관관계가 없다는 사실에 많은 관심이 집중되었다. 미국 전체로 볼 때 1인당 교육 지출은 지난 30년 동안 실질 가치 면에서 급격하게 증가했지만, 대학 입시 평균 점수는 하락했다. 학생 1인당 많은 돈을 지출하는 학교가 그렇지 않은 학교보다 점수가 더 낮다.[4] 통계는 그 둘 간의 인과 관계에 대해 별로 말해 주는 바가 없다.

통계 분석은 1인당 병원비 지출과 건강 사이에 부적인 관계가 있음을 보여 준다. 그렇다면 의사가 사람들을 더 아프게 한다는 결론을 내릴 수 있을까? 아니다. 사람들은 아플 때 의료비를 더 많이 쓴다.

통계 분석은 부모가 아이의 숙제를 도와주는 시간과 아이의 학교 성적 사이에 부적 관계가 있음을 보여 준다. 부모의 노력이 부정적인 영향을 미친다고? 아니다. 부모는 아이의 성적이 나쁠 때 숙제를 더 도와 줄 가능성이 높다. 숙제가 쉽다고 생각하는 아이들은 자기 혼자 하려고 할 것이다.

그와 마찬가지로 학업을 힘들어 하는 학생들에게 자원을 디 많이 쓸 필요가 있다. 이는 투입과 산출의 관계를 볼 필요가 없다거나 학교를 더 효율적으로 운영하려고 노력할 필요가 없다는 뜻이 아니다. 학생 1인당 지출과 표준화된 시험 점수 간의 단순한 연관성을 기대해서는 안 된다는 것이다. 나는 정치경제학 개론 수업 학생들에게 자신이 다닌 고등학교의 학생 1인당 지출을 조사하고 대학 입시 평균 점수와 연결해 생각해 보도록 한다. 학생들은 대부분 같은 수업을 듣는 집단 안에서도 1인당 지출에 엄청난 차이가 있다는 사실을 아주 흥미로워한다. 또한 학업 성적의 차이는 예측할 수도 없고 그다지 크지도 않다는 사실에 놀라움을 금하지 못한다.

우리는 그 원인을 놓고 일곱 가지 측면에 대해 이야기했다.

1. 시험 성적은 학력을 평가하는 가장 흔한 지표이기는 하지만 학생이 실제로 배우는 내용이 무엇인지 온전한 평가를 내리지는 못한다.

2. 학생에 대한 지출은 반드시 교육에 쓰이는 것이 아니다. 상당량의 돈이 건물, 자재, 서비스 구입, 상담 등에 쓰인다. 범죄율이 높은 동네에서는 검색 장치를 비롯한 방범비만으로도 엄청난 돈이 나간다.

3. 학생 1인당 교육비가 모든 학생에게 균일하게 쓰이는 것은 아닌데 그것은 학생의 구성에 달려 있다. 예를 들어 장애가 있는 학생과 영어를 쓰지 않는 가정의 학생들은 다른 학생보다 자원이 더 많이 필요하다.

4. 교육 지출의 효과는 돈을 쓰는 대로 바로 나타나지 않는다. 지출이 어떤 수준에 도달하고 난 다음에야 이후에 쓰인 지출이 눈에 보이는 효과를 갖게 된다. 그 도달해야 하는 수준이 빈곤 가정 학생들에게는 더 높을 수 있다.

5. 교육 지출의 효과는 가정, 지역 사회, 대중 매체 등 학교 환경 밖의 요소에도 강하게 영향을 받는다. 아이들이 대부분 전보다 텔레비전을 더 많이 보고 컴퓨터 게임을 더 많이 하기 때문에 읽기 능력이 전반적으로 감퇴되었을 수 있다.

6. 또래 집단은 학습 동기와 능력에 중요한 영향을 미친다. 누구와 같이 학교를 다니느냐가 어떤 학교에 다니고 있느냐보다 훨씬 더 중요할 수 있다.

7. 학교 지출의 효과는 학교가 얼마나 효율적으로 운영되고 있는지, 교사

가 얼마나 좋은지, 학생들의 사기가 얼마나 높은지에 달려 있다.

우리 학생들은 표준화된 시험에 열을 내며 토론했다. 대학 입시 점수로 낙인찍힌 느낌이라고 했다. 어떤 학생은 다른 사람보다 단지 시험에 강할 뿐이라고 방어적으로 말하기도 했다. 높은 점수를 받은 학생들은 뭔가 잘못을 저질렀는데 처벌 없이 그냥 넘어가기라도 한 것처럼 자신의 학업 성취에 쭈뼛쭈뼛해 했다.

표준화된 시험 점수의 미덕은 응시자들을 서열화하기 쉽다는 것이다. 대학 입학처는 고등학교 수준이 너무나 차이가 나서 교육의 질의 차이가 반영된 내신 성적은 학업 성취의 좋은 지표가 아니라는 이유 때문에 표준화된 시험 점수에 의존한다. 그런 이유로 대학 입시 평가는 고등학교마다 교과 과정이 너무 다르기 때문에 지식을 테스트하지 않는다. 오히려 언어, 수리, 분석력 같은 인지 능력을 테스트한다. 여기서 대학 입시 평가가 어느 정도 부분적인 성과를 거둘 수 있을지도 모르겠다. 그러나 시험 성적이 잡아낼 수 없는 것은 교육 과정에 핵심적인 개인의 동기, 영감, 자기 훈련 같은 덕목이다.

우리에게 날마다 쏟아지는 정보의 양은 기하급수로 증가하고 있다. 교과 과정은 그 정보들 가운데 선별된 것으로 구성되지만 그중 대부분은 빠른 속도로 쓸모없는 지식이 된다. 실업률이 4%가 되면 불가피하게 인플레이션을 유발하리라는 것과 주가가 떨어질 것이라는 예견 등을 포함하여, 내가 1990년에 열성적으로 강의한 내용이 2000년에는 말도 안 되게 틀린 것으로 판명되기도 했다. 교수로서 내 자질을 평가할 때, 지식을 얼마나 잘 전달하느냐를 보는 것이 학생들에게 자신의 경제적 미래를 평가하는 데 필요한 정보를 모으는 방법을 얼마나 잘 가르치느냐를 보는 것보다 훨씬 더 쉬운 평가 방법일 것이다.

전통적인 인적 자본론은 젊은이들을, 인적 자본에 투자하면 얼마만큼의 이득이 돌아올 것인지 계산하고 교육이라는 투입을 기술이라는 산출로 전환하는 투자자로 묘사한다. 이런 식으로 세상이 돌아간다면 내 일은 주식과 증권을 파는 것만큼 쉬울 것이다. 정보를 수집하고 명쾌하게 전달하는 것은 아주 중요하며 놀랍게도 어렵다. 그러나 가르친다는 것은 학생들에게 배움을 사랑하는 방법을 보여 주어 평생토록 계속 배울 수 있도록 만드는 것이다.

학생의 시험 점수로만 교사를 평가하는 것은 배움이라는 과정의 복잡성을 무시하는 소치이며 교사들이 개발하려고 노력하는 전문적인 수준의 돌봄을 욕되게 하는 것이기도 하다. 어떤 경제학자는 교원 노동조합이 직업 안정성과 소득을 올리기 위한 전략일 뿐이라고 주장한다.[5] 의도하지 않게 노조는 열심히 일하지 않는 교사를 보호할지도 모른다. 교사도 다른 사람들과 마찬가지로, 일을 잘 못할 때에도 잘하고 있다는 미망에 빠질 수 있다. 그러나 그러한 기만의 부정적인 영향은, 학생의 시험 성적에 따라 고용, 해고, 임금 지급이 되어 교사가 자신의 전문성을 보호할 수 없을 때 발생하는 부정적 영향에 비하면 아주 미미하다. 어떤 사람들은 그런 조건 하에서 가르치는 데 동의할지 모르겠지만 학생에 대해 그다지 신경 쓰지 않는 사람들일 가능성이 높다.

능력이란 한 가지 면만 있는 것이 아니라 다양하다. 지능 점수와 교육 자체만으로 모든 형태의 능력을 찾을 수는 없다. 도덕적 가치는 말할 것도 없고 지혜와 독창성, 재치, 강인함, 공감, 상심, 독립성, 결단력 등을 찾아내지 못한다.

— 니콜라스 리만, 『위대한 시험: 미국 능력주의의 비밀스런 역사』

알라모를 기억하라

텍사스의 학교 재정 균등화에 대한 논쟁을 보면서 나는 약 35년 전 고등학교 다닐 때 들었던 농담이 떠올랐다. 영국, 프랑스, 텍사스, 멕시코 병사 한 사람씩과 조종사가 긴급 작전을 수행하기 위해 엔진이 네 개 달린 화물 비행기에 타고 있다. 엔진 하나가 돌아가지 않자 조종사는 짐을 덜어 내지 않으면 비행기가 추락할 것이라고 경고한 후 낙하산을 타고 뛰어내릴 자원자가 없는지 묻는다. 영국 병사가 "여왕을 지켜 주시옵소서" 하고 중얼거리며 뛰어내린다. 몇 분 뒤 두 번째 엔진이 꺼진다. 또 한 명의 희생이 필요하다. 프랑스 병사가 "프랑스 만세"를 외치며 뛰어내린다. 세 번째 엔진에 불이 붙자 조종사가 "빨리 누군가 또 뛰어내려야 해요" 소리 지른다. 텍사스 병사는 "알라모를 기억하라" 소리 지르며 멕시코인을 문밖으로 집어 던진다(19세기 초 텍사스 공화국이 치른 멕시코와의 독립 전쟁 중, 알라모 요새를 지키던 텍사스 군대는 전원이 전사할 때까지 저항했음. 이후 텍사스가 독립을 달성하는 과정에서 '알라모를 기억하라'는 독립전쟁의 구호가 됨 — 옮긴이).

시민권 운동에 관해 책도 많이 나오고 텔레비전 프로그램, 강좌들도 많았다. 그래도 여전히 내 학생들 대다수는 시민권 운동에 대해 잘 모르는 것 같다. 정지경제학 개론 수업에서 나는 보스턴의 학교 분리에 관한 텔레비전 다큐멘터리인 「목표를 향하여: 미국 시민 운동사」(1954)의 일부를 보여 준다. 학생들 대부분이 보스턴에서 자랐지만 그걸 보며 당황하고 놀란다. 개리티 판사가 서로 다른 인종이 같은 학교를 다닐 수 없다는 판결을 내린 후, 학교 위원회는 그에 저항하기 위해 모든 힘을 쏟아 붓는다. 백인들은 주로 백인 학생들이 많이 다니는 학교에 버스를 타고 등교하는 흑인 학생에게 폭력을 행사하도록 조장했다. 한 고등학교 밖에 있던 인종 차별주의자는 일군의 흑인 학생들을 죽이겠다고 위협했고, 그들은 자원자 몇 명이 정문 쪽으로 다른 버스를 몰아 유인해 준 틈을 타 가까스로 뒷문으로 빠져나갔다. 버스 통학은 학교의 인종 분리를 철폐하는 데 그다지 성공을 거두지 못했다. 어떤 사람들은 버스 통학이 단지 백인들이 공립학교를 떠나도록 부추겼을 뿐이라고 말한다. 그러나 그 투쟁은 인종 차별에 도전하여 그 벽을 어느 정도 무너뜨렸으며, 인종 차별적 관점을 공공연하게 표현하는 데 강력하게 반대의 목소리를 낸 새로운 대학생 세대가 등장하는 데 일조했다.

사람들은 마치 시민권 운동이 끝난 것처럼 그 시대를 돌아본다. 그러나 1954년의 브라운 대학교 교육위원회의 판결을 통해 세워진 '분리되었지만 평등한' 교육이라는 원칙을 무너뜨린 획기적인 대법원의 재판은 인종 차별주의의 발판을 마련하고 강력한 메시지를 보냈을 뿐이었다. 학교 분리는 이제 법으로 강제되지는 않지만 경제적 불평등에 의해 재생산되고 있으며 양질의 교육에 대한 불평등한 접근이 그런 경제적 불평등을 재생산하고 있다. 이런 순환 과정은 많은 주들에서 도전을 받아 왔다. 절반 이상의 주가 학교 재정의 균등화를 진지하게 고려하고 있으며 상당수의 주에서는 이미 재정의 재분배를 실시하기 시작했다. 텍사스 주는 에지우드라는 이름이 붙은 판결이 브라운과 더불어 역사책에 들어갈 것이다.6 양쪽 모두 십대들이 일을 벌였다.

1953년 캔자스에서 일군의 흑인 학생들이 질이 낮은 교육에 항의하면서 수업을 거부한 일이 있었다. 학부모들은 처음에는 화를 냈지만 곧 근대 시민권 운동에 불을 지핀 합법적 분리에 도전하기 위한 항의에 동참했다. 1968년 멕시코계 학생들은 샌안토니오의 에지우드 학군이 시행하는 수업을 거부했다. 역시 학부모들은 처음에 회의적이었다. 그러나 곧 왜 지붕이 내려앉고 있으며 다락에 왜 박쥐가 둥지를 틀었는지 묻기 위해 교사와 학교 운영자와의 만남을 요구했다. 학부모들은 지역의 세율이 너무 낮아서가 아니라 지역에 세금을 부과할 만한 재산이 많지 않아서 재원이 부족하기 때문이라는 사실을 알게 되었다.

에지우드 학부모 모임은 모임을 갖고 변호사를 고용했다. 드메트리오 로드리게스라는 금속 노동자가 탄원서에 처음으로 서명을 했다. 평생이 걸릴 싸움에 서명을 하고 있다는 사실을 알았을 리 없지만, 어쨌거나 서명은 했다.7 로자 팍스(미국 흑인 민권 운동가. 1955년 흑인 차별에 항의해 버스 뒷자리에 앉는 것을 거부해서 경찰에 체포되었다. 그 사건이 계기가 되어 흑인들의 버스 승차 거부 운동이 일어났다. ― 옮긴이)처럼, 그도 버스 뒷자리로 자리를 옮길 사람이 아니었다.

처음부터 로드리게스 사건의 고소인들은 나의 모교인 알라모하이츠와 에지우드를 비교했다. 더 가난한 학군에 사는 사람들은 그 지역에서 가장 높은 세율을 감내하고 있었지만, 학생 1인당 지출은 북쪽 지역의 좋은 학교들이 쓰는 것의 56% 정도 밖에 되지 않았다. 알라모하이츠는 부유한 동네에 속해 있었지만, 아동 수보다 석유정 수가 더 많은 텍사스의 다른 지역보다는 학생 1인당 재산이 훨씬 적었다.8

재원이 균등하게 배분되어 있는지와 함께 충분한지도 문제가 되었다. 텍사스 학생 1인당 평균 지출조차 전국 수준에 비해 훨씬 낮았다. 가장 가난한 학교에 다니는 학생들은 교육을 제대로 받을 수 없었다. 자퇴율이 높았고 대학에 진학하는 학생은 별로 없었다. 1968년에 그것은 징병되어 동남아시아 전쟁에 동원될 가능성이 높다는 것을 의미했다. 나는 텍사스 대학에 입학한 직후 베트남 전쟁 반대 운동을 시작했다. 그러나 당시에 내 가족이나 친구 중 베트남전에 나갔던 사람은 아무도 없었다. 학교 재정 문제를 연구하면서, 내가 알라모하이츠 고등학교를 졸업한 해에 에지우드 고등학교를 졸업한 사람을 만나게 되었다. 마누엘은 에지우드 고등학교 학생이 가장 많이 전쟁에 나갔다며 자기 경험담을 얘기해 주었다.

그의 형이 베트남에서 싸우고 있을 때 사촌이 전사했다. 그래서 마누엘은 군대에 들어가기 위해 컬럼비아 대학에 갈 수 있는 장학금을 고사했다. 그런데 형이 휴가를 받아 집에 와서는 자신이 얼마나 바보였는지 모른다고 말했다. 마누엘이 마음을 바꾸려고 하지 않자 형은 친구들을 데려와 마누엘을 설득하려 했다. 마누엘은 여전히 꿈적도 하지 않으나 말싸움에 지쳐 마침내 "내가 형이랑 싸워서 이기면 베트남에 가서 살아 돌아올 수 있겠지" 하고 말했다. 도전은 받아들여졌고 형제는 싸웠다. 마누엘은 이기지 못했고 둘은 해가 뜨는 앞마당 잔디에 누워 울면서 서로를 끌어안았다. 그렇게 해서 마누엘은 샌안토니오 대학에 다니게 되었고 나중에 학교 재정에 관한 소송을 추진한 운동에 가담하게 된 것이다.

드미트리오 로드리게스와 그의 가족 친구들은 1973년 연방 고등법원이 5대 4로 내린 판결에 크게 실망했다. 교육에 대한 평등한 접근은 헌법이 명시하는 기본권이 아니라는 판결이었다. 2년 뒤 같은 판사들은 밀리켄 소송에서 백인들이 주로 사는 근교의 학군은 시에서 추진하는 통합 프로그램에 참여하지 않아도 된다는 판결을 내렸다. 알라모하이츠 학군은 근교에 분포한 알라모하이츠, 테렐힐과 올모스파크 등을 아우르고 있다. 말할 것도 없이 법적으로 샌안토니오 시의 일부가 아니다. 따라서 통합에 관련된 법이 그 동네에는 적용되지 않았다. 불평등이 곪아 터지는 순간이었다.

1984년 '멕시코계 미국인 법적 보호와 교육 기금'MALDEF은 텍사스 주 헌법이 "지식의 보편적인 확산은 인간의 권리와 자유에 필수적"임을 명백히 하고 있음을 지적하면서 주 법원에 새로운 소송을 제기했다. 1989년 10월 2일 로드리게스와 에지우드 학교는 법적 분쟁에서 승소했다. 텍사스의 대법원은 9대 0으로 부유한 학교와 가난한 학교 간의 '명백한 지출의 차이'는 주가 효율적인 교육 제도를 지원하고 유지해야 한다는 헌법의 규정을 어긴 것이라고 판결했다.[9] 법정은 멕시코계 미국인이 주 전체 등록 학생의 30%를 차지하지만 그들 중 95%가 가난한 학교에 등록되어 있다는 사실에 주목했다.[10]

텍사스 사람들은 미식축구에 열광하지만 알라모하이츠 미식축구 팀은 내가 학교 다닐 때는 그다지 좋은 성적을 내지 못했다. 어떤 학부모가 웃으면서 백인 학생들만 너무 많아 미식축구에 강할 수가 없다고 말한 것이 기억난다. 에지우드 학교가 어떻게 그걸 했는지 모르지만, 1989년 사진으로 포착된 경기장 점수판은 잠시 미식축구를 무시하고 "우리가 이겼다. 에지우드 9, 텍사스 주 0'이라고 선포했다. 시장은 신경이 곤두섰지만 아무 행동도 취하지 않았다. 판사는 시장에게 법령을 시행하지 않으면 법정이 나서서 로빈후드 계획을 실시할 것이라고 경고했다.

부유한 학교들은 재정적으로 당하게 된 고통에 비명을 질렀다. '자기들의' 재원 중 상당 부분이 다른 학교에게 재분배되는 것을 지켜보아야만 했다. 이것이 알라모하이츠 고등학교가 동창들에게서 기부금을 모아 충당하려고 한 손실이었다. 이후에 수도 없이 법을 주물러 댄 후 협상안이 인가되었다. 그 결과 텍사스의 가장 가난한 학교들의 재정이 1990년대에 상당히 증가했다.[11] 에지우드 학교는 지붕을 고쳤고 교사의 봉급도 약간 올랐다. 박쥐도 쫓아냈다. 드미트리오 로드리게스는 재분배가 충분하게 이루어지고 있다고 생각하지 않았지만 얻어 낸 성과에 기뻐했다. 처음으로 소송을 제기한 지 25년도 더 지나 이루어진 일이다. 그의 아이들은 이미 오래전에 고등학교를 졸업했다. 그러나 손자 둘이 에지우드 학군에 있는 초등학교에 다니고 있었다.

진실에 세금 부과하기

노골적인 인종 분리가 법으로 금지되기 훨씬 전에 현행 학군의 경계가 대부분 그려졌다. 가족들은 세금 혜택이 자기 아이들과 친구의 아이들에게 돌아가기만 한다면 기꺼이 세금을 더 낼 용의가 있었다. 바람직하지 않다고 생각되는 집단을 배제하는 방식으로 학군의 경계를 지었고 그 안에 좋은 학교들을 세웠다. 초기 보스턴 근교 지역의 집문서와 땅문서를 보면 '흑인이나 아일랜드 이민자'들에게 집이나 땅을 팔아서는 안 된다고 되어 있다. 1950년대 이전 샌안토니오에서는 북쪽 지역 땅문서에 멕시코계 미국인을 노골적으로 배제하는 계약 조항이 들어 있었다.[12]

사람들은 좋은 학교에 아이를 보내기 위해 부유한 학군에 집을 사고 싶어 했기 때문에 집들의 재산 가치가 올랐다. 재산 가치가 올라서 낮은 세율만으로도 충분히 같은 액수의 재원을 확보할 수 있었고 이는 그 동네를 더욱더 매력적인 곳으로 만들었다. 좋은 동네에 들어갈 수 없고 정치권력에서 배제된 사람들이 사는 동네에서는 정확히 반대 현상이 일어났다. 재산이 별로 없었기 때문에 좋은 학교의 재원을 마련하기 위해 세율을 높게 부과해야만 했다. 그러나 세금을 높게 매기면 회사나 사람들이 그 지역에 들어오려 하지 않았다. 전체 재산과 부의 가치는 낮을 수밖에 없었고 따라서 교육에 대한 지출 수준도 낮았다.

오늘날 고학력 학부모는 대부분 이런 사정을 아주 잘 알아서 집을

사기 전에 학교에 대해 많이 묻고 다닌다. 알라모하이츠 기금 팸플릿에
도 한 부동산 중개업자가 학교 재정 균등화는 아이 없는 주민에게도 위
협이 된다고 설명하고 있었다. "재산 가치는 알라모하이츠 학교의 교육
의 우수성과 직접 연결되어 있습니다. 그 우수성을 유지하려면 그 어느
때보다도 여러분의 지원이 필요합니다." 1991년 알라모하이츠의 평균
재산 가치는 461,884달러인 반면 에지우드는 35,288달러였다.[13] 학교
재정이 그 지역에 의존하고 있다는 사실은 왜 미국 동네가 계급과 인종
이 분리되어 있으며 왜 지난 20년간 분리된 상황이 별로 변하지 않았는
가를 설명해 준다.[14]

머리가 삐딱하게 돌아가는 딸과 40년 동안 무던히 말씨름을 해 오
신 우리 아버지는 "로드리게스 같은 사람들한테 일 열심히 해서 알라모
하이츠로 이사 올 수 있을 만큼 돈을 모으라고 하지. 요새는 그렇게 해
도 아무도 막지 못할 거니까" 하고 말씀하시곤 했다. 분명 알라모하이
츠 학군의 인구 분포는 내가 다닐 때와는 많이 달라졌다. 그러나 여전히
알라모하이츠에서 집세가 낮은 집을 찾기란 쉽지 않으며 직장이 서쪽
에 있다면 더더욱 그렇다. 에지우드에 다니는 학생 대다수는 라틴계 저
소득층 출신이다. 학생 전체뿐만 아니라 라틴계 학생만을 비교해 보아
도, 학생 1인당 지출은 1980년대 내내 알라모하이츠의 75% 수준이었고
시험 점수는 훨씬 더 낮았다.[15]

내가 대화를 나눈 알라모하이츠 졸업생 빚 닝은 "균등화는 좋은 생
각이기는 하지만 부유한 학군에서 돈을 뺏어서 가난한 학군에 주는 것
은 좀 잘못된 것 같다"고 말했다. 그러나 균등화를 달성할 다른 방법은
없다. 아동이 평등한 기회를 갖고 싶어 한다면 그 비용을 지불해야 한
다. 1991년 알라모하이츠 고등학교와 에지우드 고등학교의 학생위원회
는 함께 모여 시장에게 보내는 서한을 작성했다. 그들은 서로 적대 관계

에 놓여 휘둘리고 있는 상황이 마음에 들지 않았다. 편지에는 "양쪽 학교에 가장 중요한 점은 모든 학생들이 가능한 가장 좋은 교육을 받아야 한다는 것입니다" 하고 쓰여 있었다.[16] 그들 말이 맞다. 그러나 어른들은 그렇게 생각하지 않는다.

기본적으로 부유한 학군은 자기네 것이라고 생각하는 돈의 통제권을 잃고 싶어 하지 않는다. 보수주의자들은 세금을 자기 동네에 쓸 부모의 권리가 아이들의 평등한 교육권에 우선한다고 주장한다. 하버드 대학에서 경제학을 가르치면서 가끔 『월 스트리트 저널』에 기고도 하는 로버트 배로우는 몇 년 전 내가 재직하고 있는 학교에 와서 불평등의 전반적인 주제에 관해 내 동료인 새뮤얼 보울즈와 논쟁을 벌였다. 배로우는 부모가 아이에게 가능한 한 모든 것을 해 주는 것이 미국의 전통이라고 주장했다. 이에 대한 보울즈의 반응은 평범했다. "잠깐만요. 우리는 이미 부모가 아이에게 해 줄 수 있는 것에 제약을 좀 두고 있습니다. 부모가 아이들에게 직장을 돈으로 사 준다거나 법을 어겼는데 돈을 써서 처벌을 피하게 해 줄 수 있다고 생각하지 않습니다. 그런데 왜 경쟁이 치열한 교육에서는 먼저 출발할 수 있도록 부모가 돈을 쓸 수 있다고 생각하는 거죠?" 정말 왜 그렇게 생각하는 것인가?

스콧 맥코운 판사는 1990년 가을 재판에서 평등은 모든 학생에게 충분한 교육을 보장하는 것 이상을 요구한다고 주장했다. 자신의 주장에 설득력을 더하기 위해 그는 우화를 예로 들었다. 존과 자비에라는 두 아들을 둔 아버지가 있다고 하자. 그 아버지가 존에게는 음식·옷·집·차·용돈을 주고 테니스 강습도 받게 해 주면서 자비에한테는 최소한의 음식과 옷만을 준다면 어떻게 될까? 아들을 공평하게 대우하고 있다고 결론 내릴 수 있을까?[17]

알라모하이츠기금 회장인 워렌 윌킨슨은 자비에 걱정은 하지 않았다. 단지 존이 자비에 때문에 피해를 보는 것을 원하지 않았다. "돈이 있다면 평범해지는 것을 원치 않을 것"이라고 말하면서, 뺏긴 돈이 다른 사람에게 간다는 사실을 안 아이들의 사기가 떨어질 것이기 때문에 균등화는 "사기를 떨어뜨리는" 역할을 한다고 설명했다. "남들과 똑같이 될 거라면 열심히 노력해야 할 필요가 뭐가 있겠는가?" 하고 묻는다.

그러나 재분배는 아이들이 벌어들인 돈을 가져가는 것이 아니다. 단지 납세자가 특정 아이들을 후원하는 정도를 제한하는 것이다. 사람들은 아무리 열심히 공부해도 좋은 교육을 받을 수 없을 때 동기를 상실한다. 동등한 교육 기회는 가족권을 침해하지 않으며 오히려 가족 가치의 표현이다. 맥코운 판사는 이렇게 설명한다.

사람들이 "우리 세금을 왜 남의 아이를 교육하는 데 주어야 하냐?"고 말하는 것을 들었다. 여기에 대략 두 가지 문제가 있다. 첫째 '우리 세금'이 아니다. 우리는 아이가 없는 사람과 사업체에도 세금을 낼 것을 기대한다. 가장 나를 화나게 하는 것은 사람들이 '우리 아이들'에 대해 말할 때다. 그들은 헌법의 뜻을 완전히 놓치고 있다. 그들 모두 '우리' 아이들이다.[18]

각 주마다 그리고 연이은 소송을 거치면서 학교 재정 개혁 옹호자들은 성과를 내고 있었다. 1999년경 16개 주는 재정 할당을 좀 더 평등하게 전환했다.[19] 세금 증대에 대한 저항과 너불어, 재분배 압력이 부지학군의 돈을 빼앗아 돈을 절약함으로써 '하향 평준화하는' 결과를 가져올 것이라는 두려움이 표출되었다. 바로 캘리포니아에서 벌어진 일이다. 한때 전국 최고였던 캘리포니아는 1990년대에 이르자 균등화 제도가 도입되면서 학생 1인당 지출이 여러 주들 가운데 13위를 차지하게 되었다.[20] 그러나 다른 주들은 노력을 기울여 그 상황을 피할 수 있었다.

대부분 균등화 후 학생 1인당 지출이 증가했다.[21]

주 단위의 개혁은 주 간에 엄청난 차이가 존재하기 때문에 문제를 완벽하게 해결하지 못할 것이다. 국가가 국가 표준을 정하고 교육 재정을 책임지는 유럽의 예를 따르는 것이 좋을 것 같다. 그러나 가난한 학교의 재정을 늘려 주는 데 대한 격렬한 저항은 학교가 돈을 효과적으로 쓰지 못하는 데 문제가 있다는 비난과 함께 더 공고해지고 있다. 보이지 않는 손을 믿는 사람들에게 가장 단순한 해결책은 재정 개혁은 잊어버리고 학교가 경쟁 시장에서 더 경쟁 공세를 벌이도록 하는 것이다.

학교 선택

경쟁 압력에 대한 주장이 힘을 발휘하는 방식은 이렇다. 공립학교를 직접 지원하는 대신 학부모에게 일정액에 해당하는 무료 수강권(바우처)을 지급한다. 좋아하는 학교를 골라 수강권을 쓸 수 있다. 교육 소비자인 학생들이 학교를 선택하지 않는 것으로 불만을 드러낼 수 있다면 강화된 경쟁은 나쁜 학교를 도태시킬 것이다. 가족이 비효율적으로 운영하는 카페와 식당을 맥도날드, 버거킹, 웬디스가 도산시켰던 것 같은 방식으로 말이다. 이 주장은 고등 교육에 종사하는 사람에게는 그다지 설득력이 없다. 공립대학들은 이미 패스트푸드 레스토랑처럼 되어 버렸고 사립대학들은 며칠 앞서 자리를 예약해야 하는 작고 고품격 식당처럼 되어 버렸기 때문이다.

관료주의를 흔들어 놓는 것도 일반적으로 좋은 생각이다. 감독을 제대로 해 모든 학생에게 최소한의 질만 보장할 수 있다면 약간의 경쟁은 건전한 효과를 가져올 것이다. 불행히도 학교 바우처 제도를 옹호하는 사람들은 그런 생각을 하고 있지 않다. 그들은 선택을 만병통치약으로 여기고 시장의 힘은 오로지 긍정적 효과만을 가져온다고 가정한다. 또한 왜 공립학교가 비용 면에서 효율적이지 않은지 그 이유를 잘못 이해하고 있다.

사립학교는 보통 지출 대비 시험 성적에서 더 나은 결과를 내고 있다. 그러나 사립학교가 비용 면에서 더 효율적인 것은 효율적인 운영보다는 학생을 선별적으로 받아들이는 데서 비롯된다. 공립학교와는 달리 사립학교는 원하지 않는 학생은 받을 필요가 없다. 장애인, 문제아, 동기가 결여된 학생, 재능이 없는 학생 등을 심사에서 탈락시킨다. 『마이애미 헤럴드』 기자는 좋은 성적을 내지 못하는 공립학교 학생들에게 바우처를 제공하려는 플로리다 주의 안을 취재하면서, 사립학교 수십 군데에 전화를 걸어 이 학생들을 받아들일 용의가 있느냐고 물어보았다. 대답은 보통 "아니다"는 것이었다.[22]

자기 아이를 사립학교에 보내는 부모, 특히 저소득층으로서 적은 학비 마련에도 상당한 희생을 치러야 하는 사람들은 대개 아이를 잘 가르치겠다는 동기로 충만한 부모이자 교육자다. 그들은 자녀 교육에 특별한 관심을 기울이며 보통 그런 관심은 아이들의 학업 성취를 향상시키곤 한다. 좋은 사립학교에 다니는 학생들은 나쁜 공립학교에 다니는 학생과는 가정 배경이 아주 다르다. 플로리다 학교에 관한 연구에 의하면 빈곤선 이하의 소득을 버는 가정 출신의 학생이 어느 정도 있는가가 학교의 평균 성적을 결정짓는다.[23]

아이들을 더 좋은 학교로 옮길 수 있는 기회를 부모에게 더 많이 주기는 쉽다. 재정이 형편없거나 경영 상태가 좋지 않은 공립학교에 남은 학생들을 어떻게 해야 좋을지 해결하는 것이 더 어렵다는 것이다. 교육열이 부족하거나 아이를 더 나은 학교로 매일같이 통학시킬 시간이 없거나 자동차가 없는 부모를 만난 것이 아이의 잘못은 아니다. 교육 개혁은 부모가 가난하거나 잘못된 결정을 했다는 것 때문에 아이가 불리한 대우를 받게 하는 것이어서는 안 된다.

'선택' 프로그램은 학부모에게 지역의 공립학교를 조금이라도 향상시키려는 노력을 포기하게 만든다. 드미트리오 로드리게스가 그렇게 오랫동안 기다려야만 했던 것을 볼 때, 그런 부모들이 아주 비합리적인 반응을 보이고 있다고는 말할 수 없을 것이다. 불행히도 '선택' 프로그램은 모든 학생의 교육의 질을 높일 수 있는 압력을 누그러뜨리는 결과를 낳는 전략이기도 하다. 자니가 A라는 학교에서 읽기 과목을 제대로 배우지 못하고 있다는 것을 깨달을 만큼 교육을 받은 학부모는 아이를 B학교로 전학시킬 것이다. 그 부모는 A학교에 더는 불만이 없다. A학교는 이제 부모가 상대적으로 무관심한 아이들만 다니게 된다.

시장은 훈육을 강제할 수 있지만 기회주의도 조장한다. 위스콘신주는 바우처 제도를 발전 확대하는 데 앞장서 왔다. 위스콘신 주의 1995~1996년 '올해의 초등 교사' 밥 피터슨은 바우처 제도가, 교실 창문의 틈새를 손수 막아 한기를 막아 낸 자신이 재직하는 공립학교에 부정적 영향을 미치고 있다고 말한다. 바우처는 "위스콘신 주 법안자들이 공립학교를 무시하면서도 밀워키 공립학교들을 개혁하기 위해 무엇인가 하고 있는 듯 보이게 한다."24

많은 주들은 공공 부문에 다양성과 경쟁을 고무하기 위해 전통적인 관료주의적 구속에서 벗어난 협약 학교Charter School의 설립을 권장한다. 매사추세츠 주 같은 곳에서는 협약 학교를 적절히 규제해 왔다. 애리조나와 미시간 주에서는 방임주의적인 태도를 취해 왔다. 등록생에게 일정액의 돈을 지급하기 때문에 이윤을 추구하는 협약 학교의 운영자는 가능한 비용을 줄일 동기를 가지고 있다. 어떤 학교에서는 학생들이 해야 할 공부를 컴퓨터를 통해 기계적으로 전달받고, 다른 학교에서는 패스트푸드 식당에서 일한 걸로 학점을 주기도 한다. 기가 막히게 창의적인 수법을 동원한 미시간 주의 한 학교는 자퇴율이 아주 높은 동네에서 학생을 모아 등록 시 50달러 상금을 지급한 다음, 수업에는 한번도 나타나지 않은 학생들에 대해 주에서 보조금을 받았다.[25] 비용 면에서 효율적이라는 것이 바로 이런 것이다.

마그넷 학교, 협약 학교같이 부모에게 대안적인 선택을 하도록 만든 프로그램들의 효과를 분석한 연구에 따르면 그런 프로그램들은 보통 경제적 분리를 증대시킨다.[26] 최근 대법원은 인종 분리를 개선하는 여러 노력들을 거부해 왔다. 백인들이 대도시 근교로 몰리게 된 결과 미국의 도시는 평균적으로 20년 전과 마찬가지로 인종적으로 분리되어 있다. 인종적 소수자들이 백인 동네로 이사할 자유가 얼마든지 있지만 그럴수록 부유한 백인들은 경제적으로 부유한 사람만 모여 사는 동네로 이사 가려고 할 것이다.[27]

그래도 교육 개혁은 버려야 할 목표가 아니다. 훌륭한 모델이 많이 있다. 켄터키 주는 학교에 더 균등한 재정을 배분하고 교사의 자질을 향상함으로써 학생들의 학업 성취가 꾸준히 향상되는 것을 목격했다.[28] 전반적으로 텍사스 시스템도 지금은 잘 굴러가고 있다. 그것은 드미트리오 로드리게스 덕분이지 조지 부시 대통령 때문은 아니다. 여전히 텍사스 시스템의 성공을 인정하고 싶지 않은 사람들은 공공 차원에서 하는 것은 아무것도 성공할 수 없다고 주장하면서 돈을 써서 그것을 증명하려고 한다. 1998년 CEO기금은 연간 5백만 달러를 10년간 바우처를 제공하는 데 써서 에지우드 학군의 학생을 위한 사립학교를 발전시키려 했다.

그 프로그램의 목적은 분명히 사립학교가 공립학교보다 낫다는 것을 보여 주는 것이다.[29] CEO바우처는 장당 에지우드의 학생 1인당 지출보다 1천 달러 적은 4천 달러 수준으로 정해졌다. 물론 텍사스 정부는 사립학교가 학생의 성적에 따라 학교 재정을 지원하는 학교 책임 제도를 따르지 않아도 좋도록 배려했다.[30] 바우처를 누가 받을지 기준도 정하지 않았다. 사립학교들은 바우처를 가져오는 모든 학생을 받지 않아도 되었다. 과학적 기준으로 보면 그리 썩 좋은 실험은 아닌 것이, 차라리 사립학교와 공립학교에 무작위로 학생을 배치하는 것이 더 좋은 전략이었을 것이다.

자선기금에 딴죽을 걸기란 쉽지 않다. 그러나 왜 CEO기금이 자신들의 이론을 증명해 보이기 위해 평등 교육의 상징이던 에지우드를 선택했는지 따져 보아야 한다. 학생들의 전학이 빈번해지면서 생기는 파괴적 효과는 드미트리오 로드리게스의 지지자들이 오랫동안 싸워 얻어 낸 주의 재정 지원을 에지우드 학군이 효과적으로 이용하기 힘들게 만들 것이다. 경쟁과 선택 가능성 확대는 평등한 교육의 기회가 보장되고 교육의 질적 표준이 사립학교와 공립학교 모두에서 엄격하게 적용될 때야만 건전한 기능을 할 수 있다. 바우처 제도를 지지하는 사람들은 그러한 세부 조건에 대해서는 염려하지 않는다. 그런 점에서는 내 학생이 더 정직하다. 그는 바우처 제도의 본질은 가난하거나 열성적이지 않은 부모를 둔 학생들을 솎아 내는 것이라고 주장한다. "우리 경제 제도는 평등 교육을 수용할 수 없다. 이 나라는 청소부와 우체부, 식당 종업원, 식당 보조원 등이 필요하다. 대학생이 할 수 있는 일이 정말 많이 있다"고 그는 썼다.

주립대학이 있어야 하는 이유

나는 고등 교육이라고 알려진 준準돌봄 산업에서 일한다. 준돌봄이라고 말하는 이유는 가르치는 학생 가운데 몇 명의 이름만 알기 때문이다. 나는 경제학 개론을 가르치는 대형 강의를 주로 맡아 왔다. 매사추세츠 주립대학의 비슷한 강의들처럼 그 강의는 학생들이 정원을 초과하여 등록한다. 마지막으로 그 강의를 한 곳은 모릴관 329호였다. 접이식 의자는 대부분 망가져 있고 15개 정도 되는 등받이 의자도 등받이가 없어져 길고 날카로운 금속 테두리를 드러내고 있었다. 누군가 아무 생각 없이 그 의자에 앉아 몸을 뒤로 젖히면 이내 비명을 지르며 뒷목의 생채기에서 흐르는 피를 닦아 낼지 모를 일이었다. 내가 가르치는 학생의 약 15%가 항상 낙제를 면치 못한다는 사실을 깨닫고 대학의 전체 졸업율을 확인해 보았다. 1991년에 매사추세츠 주립대학에 입학한 학생 가운데 남학생 58%, 여학생 65%만이 6년 안에 졸업을 했다.[31] 졸업을 못한 학생들은 어찌 되었는지 알 길이 없다.

나는 무사히 살아남은 경제학 전공 학생들에게 자퇴율이 왜 그렇게 높은 것 같으냐고 물어보았다. 학비 문제뿐만 아니라 비인간적인 환경에서 살아야 하는 개인적인 어려움을 토로했다. "1학년들이 들어야 하는 과목은 항상 학생들이 지나치게 많고 살 싸여 있지가 않아요. 공부할 맛이 안 나는 거죠." 그들은 개인적으로 져야 할 책임에서 도망가려고 하지 않았다. 오히려 항상 책임감을 유지하기가 힘들었다고 설명했다. "학생들이 자퇴하는 이유는 파티를 너무 많이 하기 때문이에요. 강의에 학생이 너무 많고 선생님도 학생 이름을 전혀 모르기 때문에 수업에 들어갈 맘이 안 생기는 거죠."

나는 지난 25년 동안 평균 임금이 어떻게 변화해 왔는지 그래프를 보여 주면서 학생들의 이기심에 호소한다. 실질 구매력이 여전히 1970년대보다 낮다. 대학 졸업자만이 획기적인 성과를 거두었을 뿐이다. 고등학교 졸업장만으로는 과거보다 임금을 더 적게 받는다. 나는 학생들에게 이 수업을 무사히 통과하라고 말한다. 그리고 대학을 졸업하고 성공하라고 한다. 사기를 돋우려고 그렇게 말하면서, 나는 그들이 받는 교육의 질이 균등하지 않다는 점과 개별적으로 받는 관심이 부족하다는 사실에 대한 염려는 뒤로 감춘다.

매사추세츠 주의 공립 고등 교육에 대한 지원은 한번도 만족스러운 적이 없었다. 1990년대 전반 동안 주근깨로 덮인 항상 웃는 얼굴의 돈 많은 공화당 소속 시장인 웰드는 공립대학에 돈을 더 주기로 한 의회의 결정에 거부권을 행사했다. 보스턴의 정치 세력가들은 대부분 하버드 대학, 보스턴 대학을 다녔지 서쪽 산간벽지에 있는 주립대학을 다니지 않았다. 주의 입법자들에게 우리 학교를 좀 더 알리려는 절실한 노력에서 우리 총장은 교육 관련 프로그램에 배분되어 있는 돈을 빼서 미식축구 리그 중 상급 단계에 속할 수 있도록 더 큰 미식축구 경기장을 지을 수 있게 로비를 벌였다.

학생들도 노동 시장에서 성공하려면 졸업장이 필요하다는 걸 안다. 대부분 상대적으로 비싸지 않기 때문에 매사추세츠 주립대학을 선택했다. 그러나 매사추세츠 주에 거주하는 학생들이 내야 하는 등록금과 기숙비는 물가 상승률을 감안하고서도 1980년대와 1990년대 사이 대략 두 배로 뛰었다.[32] 학교에서 주는 학비 지원도 증가하기는 했지만 두 배나 오른 인상분에는 못 미쳤다.

대학 교육비가 크게 뛰어오른 바로 그 시점에 보스턴 대학의 경제학과 학과장은 "주립대학이 있어야 할 이유가 없다"는 제목이 붙은 견해를 『보스턴 비즈니스 저널』에 냈다.[33] 대학 신입생들에게 최첨단의 지식을 전달하는 전문가의 자신감에 차서 그는 정부가 고등 교육의 재정을 지원해서는 안 된다고 주장했다. 학생 자신 말고는 아무도 이득을 보는 사람이 없는데 왜 그들을 도와야 하냐는 것이 그의 주장이었다. 스스로 학비를 지불할 수 있도록 돈을 빌릴 수 있게 하는 것이 그나마 정부가 해야 하는 일이라는 것이다.

나는 그 주장에 동의하지 않는다. 사회 전체는 컴퓨터 바이러스에 감염되지 않고 안전하게 인터넷 검색을 할 수 있게 하는, 더 나은 교육을 받은 숙련노동자들의 덕을 본다. 정부는 사회 보상 제노를 통해 학생들이 받는 월급의 일부를 거두어들여 나 같은 사람이 노후에 잘 지낼 수 있도록 돕는다. 게다가 고등 교육은 성인이 될 때까지 아이들이 문제아가 되지 않도록 도와준다. 로스 페로가 지적했듯이 텍사스 헌츠빌에서는 주립 교도소에 죄수를 수감하는 비용이 하버드 대학 학비보다 훨씬 많다. 이에 대한 텍사스 사람들의 전형적인 반응은 "헌츠빌 죄수들을 보스턴으로 보내라!" 하는 것이다.[34] 더 중요한 것은 고등 교육은 그 자체가 목적이라는 것이다. 누구나 직업에 대한 열망과 상관없이 고등 교육을 받을 자격이 있다.

그러나 고등 교육에 대한 공적 보조는 줄어들고 있다. 1980년 이후 미국의 평균 등록금 비용은 학교에서 지원하는 장학금보다 더 올랐다.[35] 비용 상승과 저소득층 가성의 아이가 고등학교를 졸업힐 확률이 낮다는 사실을 결합하면, 결국 불평등이 대물림되고 있다는 말밖에는 되지 않는다. 1979년에는 가장 가난한 가정 출신의 학생들 가운데 8%만이 24세가 될 때까지 대학 졸업장을 받았다. 그 상황은 1994년에도 변하지 않았다. 같은 기간에 대학 졸업장을 딴 가장 부유한 층의 아이들은 31%에서 79%로 상승했다.[36] 대학 교수들만이 이 경향을 포착한 것은 아니다. 리만 브라더스라는 투자은행은 사립학교에 대한 새로운 투자 기회를 선전하면서 "사적 교육비의 상승과 장학금의 실질적 가치의 감소는 중산층 이하 가정의 학생들을 고등 교육 시장에서 도태시켰다"[37]고 말했다. 리만 브라더스는 사립학교가 그 해결책이라고 주장한다. 그러나 공립대학과 경쟁하는 그 사립학교들은 비영리 민간 기업으로서 엄청 비싼 등록금을 받더라도 자선기금으로 운영된다. 사립학교 학생에게 주어지는 보조금은 일 년에 8,200달러로 공립학교 학생이 받는 보조금과 거의 비슷하다.[38] 주요한 차이는 사립학교는 주 정부의 예산을 통해서가 아니라 자선기금을 주식·증권·부동산 등에 투자하여 학비 보조금의 재원을 마련한다는 것이다. 더 비싼 학교일수록 학비 보조금은 더 많다.

매사추세츠 주 장학금의 절반 이상이 사립대학에 다니는 학생들에게 돌아간다. 주 의회가 공립 교육에는 목숨을 유지할 정도의 쥐꼬리만한 돈을 주면서 사립 교육은 살찌우고 있다는 뜻이다.[39] 납세자들은 부동산세·재산세·소득세를 면세 받는 것으로 사립학교들을 재정적으로 보조한다. 1999년 4월 하버드 대학교 재산의 추정 가치는 130억 달러였다. 그 돈으로 투자를 해서 연간 10%의 수익을 올린다고 가정하면 하버드 대학은 세금을 내지 않아도 되는 13억 달러의 소득을 올리는 것이다. 주 정부가 부자들의 소득과 마찬가지 수준인 30%의 세금을 매겼다면 3억 9천만 달러의 세수가 생기는 것이며 이는 매사추세츠 주립대학 전체를 운영하는 재정을 지원하고도 남는다. 이것은 하버드 대학이 보스턴 지역에 소유하고 있는 부동산에 대한 재산세 면제의 가치를 고려하지도 않은 액수다.

1960년대 말부터 시작해 여러 해 동안 많은 엘리트 사립대학들은 일종의 노블리스 오블리주의 제스처로 '경제 형편을 고려하지 않는' 입학 사정을 실시해 순전히 능력 중심으로 학생을 뽑고 나서 그들에게 필요한 장학금을 제공했다. 그러나 1990년대에 이르러 학교 간 경쟁으로 인해 이런 정책이 전반적으로 후퇴했다. 내가 이런 상황을 인식하게 된 것은 근처에 있는 사립대학인 마운트홀리오크 대학이 그러한 정책을 점차적으로 줄여 나가면서 대신 '경제 형편에 민감한'이라고 교묘하게 이름 붙인 입학 정책으로 대체한 것을 목격한 때였다. 1997년 봄, 쏟아지는 비를 무릅쓰고 학생 100여 명이 밖에서 농성을 벌이는 동안 학생 20여 명이 입학처와 재무처를 점거하여 "교육은 부자와 백인만을 위한 권리가 아니다"라는 구호를 외쳤다.[40]

1984년 처음 매사추세츠 주립대학에 교수로 부임했을 때만 해도 흑인·히스패닉·원주민·알래스카인·아시아계 미국 학생이 얼마 되지 않았다. 학부 학생의 7% 밖에는 되지 않았다.[41] 등록금이 비싸다는 것과 함께 학교가 소수 인종들이 밀집해 있는 보스턴과 다른 도시에서 멀리 떨어진 주의 서쪽에 위치해 있다는 사실 때문에 그들이 이 학교에 들어오기란 쉽지 않았다. 그러나 학교는 차별 철폐 조처 정책에 따르겠다는 의지를 밝혔고 경제적으로 어려운 학생들에게 지급하는 장학금을 확대했다. 1997년 학교의 인종 구성은 획기적으로 다양해졌고 알라나 ALANA(흑인, 라틴계, 아시아인, 미국 원주민의 첫 알파벳을 따서 만든 말)라고 불리는 집단은 전체 학부생의 16%를 차지하게 되었다.

소수 인종 학생들의 입학이 급격히 늘었어도 그들에 대한 추기 지원이 늘어난 것은 아니었다. 1997년 봄에 학생 운동가 100여 명은 구델관에 있는 행정처에 몰려가 총장이 협상에 동의할 때까지 자리를 뜨기를 거부했다. 그들의 주요한 관심은 학내의 소수 인종 학생과 저소득층 학생에 대한 지원이 부족하다는 것이었다. 그들은 학생을 뽑는 것뿐만 아니라 그들이 계속 학교를 다닐 수 있도록 지도, 상담, 개인 지도 서비스에 대한 자원을 늘려 자퇴율을 낮출 수 있도록 도와 달라고 요구했다.

인종적 다양성뿐만 아니라 경제적 자원에 대한 접근이라는 문제를 쟁점화하면서 운동의 지도자들은 자신들과 비슷한 배경의 일세대 학생 운동 세력을 끌어들였다. 그들은 학생들이 자신들의 운동을 지지해 줄 수 있도록 휴강해 달라고 교수들에게 요청했다. 나는 그렇게 호락호락한 사람이 아니었지만 경제학 개론 수업을 끝낸 후 바로 구델관으로 갔고, 여러 인종의 학생들이 인종적 불평등뿐만 아니라 계급 불평등이라는 이슈로 하나가 되어 무엇을 쟁취하려고 하는지를 보고는 감명을 받았다. 한 지역 신문 기자는 "학생들마다 재정적으로 얼마나 절실한 상황에 놓여 있는지 음울한 이야기들을 쏟아내고 있다. 그들은 등록금 가운데 단돈 1,000~2,000달러가 모자라서 등록이 취소되거나 집세와 식비를 벌기 위해 하루 종일 강의를 듣고 나서 돈벌이를 두 가지나 해야 하는 상황이었다"고 보도했다.[42] 기본적으로 학생들에 우호적이었던 행정처는 그들의 요구 사항을 들어주겠다는 약속을 하여 학생들이 농성을 그만둘 수 있도록 했다. 그러나 결국 이는 학교 차원에서 풀 수 있는 문제는 아니다.

고등 교육에 공적 지원을 더 많이 해야 한다. 나는 학생회관의 블루월 카페에 앉아 요구 사항을 자세히 적어 놓은 팸플릿을 읽게 되었다. 화가 난 어떤 학생이 그 위에 연필로 "이 돈이 어디서 올 수 있을 거라고 생각하나? 돈은 나무에서 자라지 않는다"고 적어 놓았다. 나는 그 학생을 찾아내 커피를 마시면서, 돈은 교육을 통해 우리가 일궈 낼 여러분의 능력과 자질에서 나올 수 있다고 말하고 싶었다. 그러나 이미 군중 속으로 사라진 후였다.

현재 미국 고등 교육에 현재 작동하고 있는 힘이 학교들 가운데 '가진

자' 와 '가지지 못한 자' 간의 간극을 넓히고 학생들 가운데 경제적인
도움이 좀 더 필요한 자와 덜 필요한 자 간의 간극을 넓히고 있다. 고등
교육에 대한 지원 축소와 학교 간의 경쟁의 심화가 그러한 힘을 구성한다.
— 마이클 맥퍼슨·모턴 샤피로,『장학금 게임』

평등 기회

내 친구들은 내게 평등 기회가 낡아 빠진 슬로건이라며 경고한다.
나는 그들에게 낡아 빠진 것은 우리라고 맞받아친다. 평등 기회라는 슬
로건은 여전히 멋지며 경쟁에서 우리가 가장 가치를 두고 있는 것, 즉
사람들에게 최선을 다할 수 있는 동기를 제공한다는 가치를 구현하는
슬로건이다. 지난 30년 동안, 미국인들은 인종·성별·나이에 기반을 한
차별을 불법화함으로써 평등 기회라는 원칙에 힘을 실어 주었다. 여전
히 사람들은 평등 기회가 그냥 두면 항상 물위에 떠 있는 코르크 마개처
럼, 단지 불공정한 차별이 폐지된 것으로만 정의하는 것 같다.

평등 기회는 성인보다 아동에게 훨씬 더 복잡한 의미를 가진다. 아
동을 위한 평등 기회는 가정될 수 있는 것이 아니라 정서적 인지적인 성
과를 거두기 위해 인간의 능력과 자질을 도모함으로써 하나하나 구성
되어야만 한다. 그 능력과 자질은 개인적인 특성에 맞게 고안하여 꾸준
한 관심을 기울여야 하기 때문에 그것을 발전시키기란 복잡하고도 돈
이 많이 드는 일이다. 거기에 들어가는 투입과 그에 따른 산출을 측정하
는 것이 아무리 어렵다 해도 우리는 인간의 능력과 자질이 엄청나게 생
산적이며 본질적으로 가치가 있다는 것을 안다. 미국은 시민권을 제외
하고는 모든 정치적 특권의 대물림을 배제해 왔다. 그러나 경제적 특권

의 대물림을 제한하기 위해 별다른 노력을 기울이지 않았다. 아이들뿐만 아니라 어른들도 이 사실에 매우 불쾌해 하겠지만 가장 많은 고통을 당하는 층은 아이들이다. 우리가 '인적 자본'이라고 부르는 자산의 가치가 더 높아질수록 모든 사람에게 인적 자본을 쌓을 평등한 기회가 주어지는 것이 더 더욱 중요해진다.

공립학교의 관료주의는 재정과는 아무 관련이 없는 수많은 문제를 안고 있다. 그러나 보수주의자들이 옹호하는 바우처 제도가 그러한 문제를 풀 수 있을 것 같지는 않다. 어쩌면 문제를 더 악화시킬지도 모르겠다. 우리가 할 수 있고 해야 하는 일은 성적에 따른 성과로 학교 재정 보조 여부를 결정짓는 제도의 개선과 함께, 교육의 질과 모든 단계의 교육에 평등한 재정을 보장하는 것이다. 그렇게 되면 이 나라의 모든 청소년들에게 대학 졸업장을 받을 기회를 보장할 수 있을 것이다.

평등 기회는 모든 학교를 위한 지출을 삭감함으로써 쉽게 달성할 수 있는 하향 평준화를 동반하는 완벽한 평등을 의미하는 것은 아니다. 대신 상향 평준화를 하여 모든 학생들에게 돈을 충분히 지출하여 그들의 능력과 자질을 온전히 계발할 수 있도록 함을 의미한다. 노팅햄 영주는 별로 달갑게 생각하지 않을 것이다. 안타까운 일이다.

7. 황금알을 낳는 거위

세금은 문명을 위해 지불해야 하는 희생이다.

— 존 케네스 갈브레이드

가족 가치를 지원하는 사회 정책은 비용이 많이 든다. 그런 정책에 대한 공적 지원은 세금으로 재원을 확보해야 한다. 세금을 삭감하고 부자에게서 세금을 조금이라도 덜 거두려는 노력은 진보적인 변화를 더 어렵게 만든다. 보수주의자들은 부와 소득에 세금을 많이 매기는 것이 경제 성장의 원동력인 열심히 일할 의욕과, 위험을 감내하는 투자와 저축에 불이익을 준다고 주장한다. 그들이 가장 좋아하는 경구는 "황금알을 낳는 거위를 죽이지 말라"는 것이다.

나는 이 황금알을 낳는 거위 얘기가 선혀 이해가 가지 않는다. 나힌테는 황금알을 낳는 새는 시간이 지나면 종족을 번식하기 힘들다는 얘기처럼 들린다. 마이다스 대왕은 자신의 손에 닿는 것마다 금으로 바뀌었으면 하는 소원을 빌었는데, 실수로 자기 딸을 생명 없는 동상으로 만들어 버렸다.

내가 세금에 주로 품고 있는 불만은 세금을 어디다 쓰는지보다는 연말 세금 정산서를 어떻게 작성해야 좋을까를 생각하는 데 사람들이 시간을 더 쓴다는 데 있다. 이 장에서 나는 부자들에게 세금을 더 내도록 해야 한다는 원칙을 옹호하고 누진세가 행복, 평등, 효율을 올릴 수 있음을 주장하려고 한다.

돈 으 로 살 수 없 는 것

　어린 시절 나는 돈 때문에 맥팔린 집안 자식들이 엄청 불행해지는 것을 목격했다. R. B. 맥팔린 씨는 종종 어디로 간다는 말 한마디 남기지 않고 떠나 폭음을 하고 돌아다니는 알코올 중독자였는데도, 우리 아버지는 그를 무척 좋아했다. 아버지는 그저 다음 달 은행에서 계좌 명세서가 날아오기를 기다리다가 R. B.가 쓴 돈의 내역을 파악하여 어느 동네를 돌아다녔는지 추적해서 비행기를 타고 날아간 다음, 승용차를 빌려 그가 술독에 빠져 있을 만한 술집들을 찾아다녔다. 그를 찾아내서 잘 설득해 집에 데려오곤 했다.

　R. B.는 아내 루시가 암으로 죽었을 때 돌아오지 못할 강을 건넜다. 술이 그의 주된 사인이었다. 존 맥팔린이라는 다른 아들은 R. B. 같은 따뜻함은 없었고 세상에 더 잘 적응하기는 했지만, 심한 우울증 때문에 여러 해 동안 약에 의존해 살았다. 그는 중국 보석인 호박과 프랑스 인상파 그림 같은 비싼 예술품을 수집하는 것을 낙으로 삼았다. 한동안 주식시장뿐만 아니라 소형 말 모조품에도 투자했다.

　말을 몹시 사랑하는 십대였던 나는 아버지한테 맥팔린 저택에 데려가서 말들을 보여 달라고 계속 졸라 댔다. 아버지는 마침내 어린 내 조카들과 나를 목장에 데려가 주겠다고 했다. 목장에 도착했을 때 나는 왜 아버지가 그토록 우리를 목장에 데려오기를 주저했는지 이유를 알게 되었다. 모든 말은 사무실 직원들의 이름을 딴 이름표를 달고 있었다. 암말 두 마리에는 비서 조이와 창구 직원인 루비의 이름이 붙어 있었다. 종마의 이름은 우리 아버지 이름을 따서 제이였다. 손자손녀들과 함께하고 있다는 기쁨에, 우리 아버지는 그 이중적인 의미를 담고 있는 영예에 조금도 창피해 하지 않았다.

돈을 행복으로 바꾸기

리처드 이스터린이 1973년에 쓴 "돈으로 행복을 살 수 있는가?"라는 글은 이제 고전이 되었는데, 그 글은 조사 결과 몇 개를 한데 묶어 정리했다.[1] 그 조사들은 모든 사회에서 고소득층은 저소득층보다 더 행복하다고 보고했음을 놀랍도록 일관되게 보여 주었다. 그러나 사회 간 비교에서 소득은 그다지 큰 차이를 만들어 내지 못했다. 부유한 나라의 사람들은 가난한 나라의 사람들보다 평균적으로 더 행복하지 않았다. 이스터린은 많이 가질수록 많이 원하기 때문에 그럴 것이라고 추측했다. 인간이라는 종은 만족할 줄 모른다는 것이다. 그게 사실이라면 정말 우울한 일이다.

이스터린의 논문을 읽으며 나는 우울해졌나. 그러고 나시 20년 뒤에 같은 문제를 탐구한 로버트 레인이 쓴 글을 발견하게 되었다. 레인은 이스터린이 모은 자료에 결함이 많다고 설득력 있는 주장을 폈다. 그리고 돈으로 행복을 살 수는 없는 것 같다는 조사 결과를 요약하고 있었다. 사람들한테 얼마나 행복하냐고 물으면 돈보다는 행복한 가정, 친구, 즐거운 직장 생활 등을 긍정적 답변의 이유로 제시한다. 일단 일정한 생활수준을 누릴 수 있는 소득에 도달하면 돈을 얼마나 더 버는가는 그다지 중요하지 않다. 돈이 그다지 중요하지 않다는 법칙에 예외가 하나 존재하는데, 가난한 사람은 가난하지 않은 사람들보다 일반적으로 불행하다는 것이다.[2]

레인은 돈이 더 있다고 해서 더 행복해지는 것도 아닌데 사람들은 왜 돈이 더 있었으면 좋겠다고 말하는지 궁금해 했다. 그에 따르면 사람들은 슬픔을 느끼는 이유를 잘 설명하지 못하기 때문에 '돈이 충분히 없기 때문'이라고 관습적으로 설명해 버린다는 것이다. 또 다른 요인으로는 돈은 지위를 나타내는 주요한 지표이기 때문에 돈이 더 있으면 자신을 좀 더 자랑스러워하게 된다는 것이다. 어느 기간 동안은 그럴 수도 있다. 소득 수준이 한 단계 올라가 다른 부류의 사람들과 어울리다 보면, 곧 그들에 비해 그렇게 잘사는 것도 아니라는 사실을 깨닫게 된다. 레인의 연구는 돈으로 행복을 사고 인간은 효용을 극대화한다는 전통적인 경제 이론에 정면으로 배치된다. 경제학 이론은 우리가 무엇인가를 원하는 이유는 우리를 더 행복하게 만들어 줄 것이기 때문이라고 보며 소득이 더 많아지면 선택의 범위가 넓어져 더 행복해질 수 있다고 설명한다.

합리적인 경제적 인간

경제학자들은 많을수록 좋다는 원칙에 '불포만성'nonsatiability이라는 이름을 붙였다. 나는 뉴욕에 살 때 텍사스가 고향인 사람들이 주로 가는 술집에 자주 들르곤 했다. 론 스타 카페라는 이름의 그 술집은 5번가와 13번 거리 사이 모퉁이에 있었다. 지붕에 걸린 거대한 이구아나 조각이

"지나치게 많아도 충분하지 않다"는 펼침막 위에서 눈부시게 빛나고 있었다. 레인의 주장을 지지하는 전통 경제학 이론의 한 원칙이 있다. 바로 한계 효용 체감이라는 원칙이다. 간단히 설명하면 이렇다. 다른 조건이 같으면, 같은 것을 계속 소비하면 거기서 얻는 효용이 점점 감소하여 질려 버릴지도 모른다는 것이다.

분명 어떤 것을 좋아하지 않던 사람을 설득해 그것을 좋아하게끔 만드는 것은 가능하다. 미국 경제의 상당 부분이 그러한 부분을 담당하고 있다. 또한 어떤 것을 갖게 되면 그것을 더 원하게 된다. 몸에 해롭지만 담배가 그런 것 중의 하나다. 술노 마찬가시나. 알코올 중독자인 경우 더욱 그렇다. 헤로인과 코카인을 입에 대면 언제 다른 것을 원하기라도 한 적이 있었나 싶을 정도로 중독이 되어 버린다. 이 밖에도 더 미묘하고 혼란스러운 방법으로 중독되게 만드는 많은 것들이 있다. 사람들은 비싼 값의 물건을 살 때 짜릿한 기쁨을 느낀다. 그러나 그 느낌이 사라질 때쯤 그 물건을 사용조차 하지 않고 있음을 발견한다. 다시 기분이 가라앉게 된 사람들은 기운을 차리기 위해 무언가 다른 것을 사고 싶어 한다. 좋아하지 않는 일을 해야 하는 직장인들이 특히 더 그런 것 같다. 물론 뭔가를 사기 위해 돈을 버는 수단 그 이상도 이하도 아닌 일이라면 그 일을 더 싫어하게 되기 쉽다.

사람들은 원하던 것을 못 갖게 될까 봐 두려워하기보다는 이미 가진 것을 잃을까 봐 너 두려워한다. 하향 이동은 제자리에 있는 것보디 훨씬 더 치명적이다. 고소득 직종의 사람들이 경쟁에 지친다고 말하면서도 낮은 봉급으로는 '살 수 없어' 직장을 그만둘 수 없다고 말하는 것을 종종 듣는다. 나는 '하향 이동'을 하여 소득 대신 가족, 친구들과 시간을 더 많이 보내자고 하는 '소박한 삶' 운동에 찬사를 보낸다. 내가 좋아하는 우리 아버지의 장점 중 하나는 당신이 모신 사람들은 늘 지나치게 많은 것을 원했는데, 자신은 절대 지나치게 많은 것을 원하지 않았다는 것이다.

> 저명한 경제학 교수인 라이오닐 기프트 박사는 모든 사람들이 동의했듯이 원칙에 충실한 사람이었다. 그의 첫 번째 원칙은 모든 사람들은 소비재에 질리지 않는 욕망을 가지고 있으며, 모든 사람들이 그렇게 욕망하는 것이 재화라 불리게 되었음은 우연이 아니라고 말했다. 재화는 좋은 것이며 그래서 모든 사람들이 질리지 않는 욕망을 보이는 것이기 때문이다.
>
> — 제인 스마일리, 『음매』

똑똑한데 왜 부자가 아닌가?

나는 맥팔린 씨가 부를 축적한 역사를 재구성하려고 노력해 왔다. 남편보다 오래 산 머틀 맥팔린 여사가 90세가 되었을 때, 『샌안토니오 익스프레스 뉴스』 기자가 그녀의 약력을 간단히 소개한 적이 있다. 기사에 따르면 머틀은 텍사스 주 먼디에 있는 목장에서 자랐다. 텍사스의 동네 이름은 대부분 스페인어를 영어화한 것이 많았는데 먼디라는 단어도 '세상'이라는 뜻의 스페인어 문도와 비슷했다. 그녀의 아버지는 아일랜드 출신이었고 그녀의 말을 그대로 옮기자면 "아버지는 백마를 타고 스스로 길을 내면서 텍사스에 왔다."

E. B.와 결혼한 그녀는 한 목장에서 신혼 생활을 시작했다. 나중에 남편은 철공소에 일을 나가게 되었고 이후에는 삼촌인 챕맨 씨와 툴사에서 정유 일에 뛰어들었다. E. B.는 항상 자기가 밑바닥에서 시작해서 길을 닦아 올라갔다고 주장했다. 내 아버지는 E. B.가 그보다 힘든 일을

한 건 일주일도 안 되기 때문에 그건 과장이라고 했다. 머틀에 따르면 남편은 운이 따랐을 뿐이다. "그이는 지질학자가 기름이 안 나올 거라고 한 지점에서 기름을 찾아내곤 했다." 회사의 이름은 처음에 맥팔린의 이름과 챕맨의 이름을 결합하여 '맥맨'이라고 붙였다.

1930년 5월 29일 『툴사 데일리 월드』는 맥맨사가 1천 5백만에서 2천만 달러의 주식을 받기로 하고 인디애나의 샌포드 정유에 팔렸다는 기사를 1면에 실었다. 그 주가 총액이 1년에 10%의 수익을 냈다면 2000년까지 20억 달러 이상으로 불었을 것이다. 오늘날의 기준으로 보면 그렇게 큰돈은 아니다. '빌 게이츠 재산 시계'에 따르면 그는 2000년 5월 19일 현재 세상에서 가장 큰 부자로 그의 재산 가치는 736억 달러다. 맥팔린의 돈을 현명하게 쓴다면 우리 고향 사람들 가운데 단 한 명의 문맹자도 없을 것이다. 유엔개발기구는 빌 게이츠의 재산은 지구의 전 인구에게 기본적인 교육과 의료, 식료품, 안전한 주거를 제공할 수 있으리라고 추정한다.[3]

빌 게이츠가 땅에 떨어진 100달러짜리 지폐를 줍는다면 시간을 낭비하는 바보 같은 짓이라고 말한 학자도 있다. 그의 1초당 벌이는 100달러가 넘기 때문이다. 내 사촌은 한 컴퓨터 박람회에서 빌 게이츠가 컴퓨터 산업과 자동차 산업을 비교하면서 한 말을 들려주었다. "컴퓨터 산업이 그동안 발전시킨 기술 혁신을 제너럴 모터스가 이루어 왔다면 우리는 지금 갤런당 1,000마일을 날리는 25달러짜리 자동차를 몰고 있을 것이다." 이에 대해 제너럴 모터스는 다음 자료를 언론에 배포했다. "제너럴 모터스가 마이크로소프트같이 기술을 발전시켰다면 우리는 다음과 같은 사양의 자동차를 몰고 있을 것이다. 첫째, 아무 이유 없이 차가 하루에 두 번 고장날 것이다. 둘째, 도로에 차선이 새로 그려질 때마다 자동차를 새로 사야 할 것이다. 마지막으로, 좌회전을 하면 가끔 차가 그냥 서 버려서 엔진을 새것으로 바꿔 줘야 할 것이다.”

나는 마이크로소프트사의 팬이 아니다. 그러나 최소한 빌 게이츠는 사회에 가치 있는 일을 하는 데 일조하고 있다. 『포브스』에서 선정한 나머지 부자 399명은 뭐하고 있는가? 1997년 그들 중 42%는 아무것도 한 것 없이 막대한 재산을 상속받아 미국에서 가장 부유한 사람으로 오른 사람들이었다. 3분의 2 이상이 상속으로 부자가 되었다.[4] 전보다 상층 이동을 하는 사람들이 약간 더 많아졌지만 상속받은 재산으로 부자가 된다는 사실은 그저 전형적인 경향일 뿐이다. 1985년에는 가장 부유한 사람의 45% 정도가 그들 재산의 대부분을 상속받았고, 다른 15%는 부자가 되는 데 보탬이 될 정도의 상당한 돈을 상속받았다.

E. B. 맥팔린 씨는 혼자 힘으로 부를 축적했는가? 젊어서 사업에 뛰어들기는 했지만, 이미 잘 나가는 사업에 뛰어들었을 뿐이었다. 그러나 문제는 연대기적이라기보다는 형이상학적이다(돈을 벌 수 있던 것이 젊어서부터 일을 열심히 해서 돈을 착실하게 모았기 때문이라기보다는 상당한 운이 뒷받침되었기 때문이라는 뜻 ― 옮긴이). 어떤 사람이 돈을 ‘벌었다’는 것은 무엇을 의미하는가? 번 돈을 가질 자격이 있다는 뜻인가? 어떤 관점에서 그것은 돈을 벌기 위해 거짓말하거나 훔치지 않았다는 것을 의미할 수 있다. 정반대의 관점에서 보면 그것은 같은 조건에서 누구도 그 돈을 벌 수 없었을 것이라는 의미를 지닌다. 누군가 복권에 당첨되었을 때 우리는 보통 그 사람이 그 돈을 벌었다고 하지 않는다. 돈과 운의 관계를 사람들이 어떻게 생각하는가는 정치에서 아주 중요하다. 개인의 부의 축적에 운이 중요하다고 믿는 사람들은 재분배 정책에 호의적인 태도를 보일 가능성이 매우 높다.[5]

그러나 운은 정치적으로 양날의 칼을 지니고 있다. 운이 무작위로 분포되어 있다면 언젠가 당신과 나한테도 운이 돌아올 날이 있을 것이다. 정치가들은 복권이 돈을 모으는 훌륭한 방법임을 발견했다. 특히 저소득층 가족은 복권에 상당한 돈을 쏟아 붓는다. 복권이 얼마나 나쁜 투자인지 모르거나 그다지 신경을 쓰지 않는 것 같다. 복권이 그들이 할 수 있는 유일한 투자이기 때문이다. 어쨌거나 그 결과 모은 수익은 재산세와 소득세를 낮출 수 있게 해, 괜찮은 정치적 투자가 뭔지 잘 아는 부자들을 이롭게 한다. 복권이 가진 더 매력적인 특성은 운을 소득 배분의 유쾌한 원칙으로 치켜세우는 데 있다. 은수저를 입에 물고 태어난 아이는 출생 복권을 딴 것과 같다. 우리도 복권에 당첨될 수 있을지 모르니까 복권 당첨자를 시기하지 말자. 물론 그렇겠지. 복권을 사는 사람과 사지 않는 사람의 차이는 전자가 복권을 현실 세계의 은유라고 생각하는 것이다. 나는 가게에 줄을 서서 '로또'를 사는 사람들을 보면서 그들이 철학자처럼 생각했으면 좋겠다고 생각한다. 나의 상상의 나래 속에서, 내가 교수임을 아는 점원은 나를 놀린다. "일 년에 7만 달러와 여름 휴가를 주는 직업이 복권으로 있었으면 좋겠네요" 하고 그녀는 말한다. 나는 그에 대해 "잠깐만요. 나는 이 직장을 얻으려고 정말 열심히 일했는데요" 하고 대답한다. "물론 그랬겠지" 하고 되받아치는 그녀는 "어떤 사람들은 닭대가리를 갖고 태어나죠" 하고 말한다. 그녀의 관점에서 나는 E. B.와 마찬가지로, 좀 다른 식이기는 하지만, 운이 좋은 경우다.

운과 노력, 즉 주어진 것과 번 것을 구분하기는 어렵다. 보수적인 경제학자들은 누진세 같은 재분배 정책이 부자들의 능력과 근면을 합당하게 대우하지 않는 것이라고 말한다. 부자들이 순전히 자신의 능력과 자질, 노력으로만 성공한 것이라면 맞는 말이다. 그들의 성공이 운과 타인이 준 선물로 인한 것이거나 권력자한테서 물려받은 것일수록, 더 공세적으로 세금을 매기지 않으면 그들은 자신들이 가진 운과 성공에 안주하게 될 것이다. 또한 제아무리 재능이 있고 노력을 해도 그보다 못한 보상을 받는, 운이 없는 사람들의 사기를 꺾게 된다.

돈으로 살 수 있는 것

경제학자들은 소득 재분배에 대해서라면 생각조차 말아야 하는 온갖 이유를 댈 것이다. 첫째, 개인 간의 행복을 비교할 수 없다. 부자는 가난한 자보다 돈을 즐길 역량을 더 가졌을 수 있는데, 그럴 때 소득 재분배는 총 경제적 행복을 증대시키기보다 감소시킨다. 이런 논리가 아주 말이 안 되는 소리가 아닌 것이, 돈을 행복하게 쓰는 데도 훈련이 필요하다. 교육을 받고 경험이 있으면 돈을 더 잘 쓸 수 있다. 다른 한편, 가난한 사람은 돈을 어떻게 써야 할지 겨우 감만 잡을 수 있을 뿐이다.

빈털터리가 되어 본 적이 있는 사람이라면 상어 알·스키·별장에 쓰인 돈보다 음식·의료·집이라는 기본 욕구를 충족하는 데 쓰인 1달러가 더 큰 만족을 가져온다는 가정을 지지하는 경험적 증거를 많이 확보하고 있을 것이다. 그러나 경제학 교과서는 일반화의 오류에 빠지지 말라고 경고한다. 그들이 정의하는 사회 전체 후생의 증대는 다른 사람을 불행하게 만들지 않으면서 어떤 사람이 행복해질 수 있는 상황만을 의미한다. 가장 정확하게 그 상황을 설명한 경제학자인 빌프레도 파레토의 이름을 따 그것을 파레토 법칙이라고 한다.

파레토 법칙은 파이의 예를 가지고 가장 잘 설명할 수 있다. 파이를 더 크게 만들면 파이를 좋아하는 사람들이 모두 먹을 수 있다. 그러나 파이의 크기가 정해져 있으면 다른 사람의 파이의 크기를 줄이지 않고는 내 파이를 크게 만들 수가 없다. 파레토는 어떤 사람이 얻는 심리적 이득이 다른 사람이 겪는 심리적 손실을 넘어설지 어쩔지 확실히 알기가 힘들기 때문에 재분배에 대해 성급하게 결론을 내려서는 안 된다고 주장했다. 다시 말해 부자의 디저트를 조금 덜어내 굶고 있는 아이에게 먹이는 것은 '파레토 최적'이 아니라는 것이다. 부자가 느낀 고통이 굶고 있는 아이가 느낀 만족보다 더 클 수 있다는 것이다.

행복을 비교하는 것은 무익한 짓이라고 주장한 사람은 1895년의 영국의 경제학자 스탠리 제본스였다. 그는 "사람의 마음은 헤아릴 수 없기 때문에 감정에는 공통분모가 있을 수 없다"6고 썼다. 옛날로 돌아갈 수만 있다면 스탠리를 동네로 데리고 나가, 마음은 아니지만 육체에는 공통분모가 있을 수 있다고 설득하고 싶다. 나란히 앉아 있는 사람은 비록 서로 잘 알지 못해도 일반적으로 서로의 고통을 감지할 수 있다. 거기에 헤아릴 수 없는 것이란 없다. 문제는 부자와 빈자가 나란히 앉을 일이 거의 없다는 것이다.

경제학자, 언론인, 교사, 작가들은 대개 교육을 많이 받은 결과 경제적으로 타인과 분리되어 있기 쉽다. 내 친구들은 가끔 맥팔린 씨와 로드리게스에 관한 내 이야기를 듣고 나의 정치적 견해는 단지 이상하게 꼬인 어린 시절의 산물이라며 나를 놀려 댄다. 그러나 그들에게 부와 가난에 대한 경험을 물어보면 그들은 할 얘기가 별로 없다. 대부분 극단적인 부와 가난과는 거리가 먼 삶을 살아왔다. 나는 그들이 알고 있는 경제 현실이 내가 아는 것보다 더 정확하다고 생각하지 않는다.

경제학자들은 사람들의 말을 못 믿거나 사람들은 어떤 경우든 더 많은 것을 원한다고 가정하기 때문에, 사람들이 부와 가난에 대해 어떻게 생각하는지 별로 묻지 않는다. 그러나 예술가들은 가끔 묻는다. 나에게는 짐 골드버그가 찍은 사진을 담은 훌륭한 사진집이 있다. 사진집에는 그가 개인적으로 알게 된 아주 부자인 사람들과 아주 가난한 사람들의 자연스러운 인물 사진이 실려 있다. 사진마다 사진 속 인물이 한 말

이 적혀 있고 사진에 대한 각 인물들의 반응도 소개되어 있다.[7]

그 사람들은 보통 돈으로는 행복을 사지 못함을 강조하면서 자신의 경제적 처지를 합리화한다. 검정 실크 양복을 입은 남자가 격조 높게 장식된 거실에 놓인 피아노 옆에 서 있다. 그 뒤에는 하얀 양복에 검은 타이를 맨 집사가 서 있다. 검은 양복을 입은 남자는 "그렇게 보일지는 모르겠지만 나와 내 뒤에 서 있는 사람 간에는 아무런 차이가 없다. 그는 여기서 즐겁게 일하고 있다. 소유권은 통제력도 주지만 많은 의무도 부과한다"고 쓴다. 그 집사가 무슨 생각을 하고 있었을지 궁금하다.

골드버그가 찍은 가난한 사람들은 자포자기한 듯한 목소리를 낸다. 갖지 못하리라고 생각하는 것을 원하는 것은 너무나 가슴 아픈 일이기 때문일 것이다. 키가 작은 한 라틴계 여성은 앞치마를 두르고 시설이 잘 갖춰진 부엌에서 여주인 옆에 서 있다. "과테말라에서 내 주인은 나 자신이었다. 나는 중산층이었고 간호사였다. 처음에는 가정부로 일하는 게 슬펐지만 이제는 익숙하다. 병을 낫게 할 약이 없다는데 걱정해서 뭘 하겠는가?"

젊은이들은 과장이다 싶을 정도로 큰 기대를 갖곤 한다. 한 어린 소녀는 "나는 못생기고 딱딱한 인상이다. 돈이 있었으면 좋겠다. 그러면 내가 되고 싶은 사람처럼 보이거나 될 수 있을 것이다" 하고 써 놓았다. 젊은이들은 자기 자신을 탓하기도 한다. 미국의 부와 소득 분배를 그림으로 자세하게 소개했던 한 수업에서, 나는 학생들에게 자기 가족이 그 그림의 어디쯤에 위치하는지를 표시하는 것을 시험 문제로 냈다. 처음 그 시험 문제를 냈을 때 한 학생은 화를 내며 문제가 사생활을 침해하고 있다고 항의했다.

이후 나는 학생들에게 가족의 실제 형편을 밝힐 필요는 없다고, 알고 있는 사실을 효과적으로 드러내기만 하면 가상의 상황을 그려도 좋다고 조심스럽게 충고한다. 그래도 여전히 진실을 쓴 것 같은 답을 써내곤 하는데, 가슴을 아프게 만드는 답이나 심지어는 가족이 경제적으로 썩 좋은 형편이 아니라는 사실에 미안해 하는 듯한 답을 적어 놓기도 한다. 여러 글에서 "우리 가족이 최상위 10%의 소득을 번다면 내가 매사추세츠 주립대학에 다니지 않을 것이다. 물론 내가 똑똑했다면 앰허스트, 스미스, 햄프셔 같은 사립대학을 갈 수 있는 장학금을 딸 수도 있었겠지만" 같은 결론을 볼 수 있다.

수년 전 조나단 콥과 리처드 세넷이 쓴 『계급이라는 숨겨진 상처』라는 책은 경제적인 실패가 얼마나 개인의 자긍심을 낮추는지에 관한 이야기를 다루고 있다. 개인이 결과에 스스로 책임을 지는 대신 구조를 원망해야 한다는 것이 핵심 주장이 아니다. 사람들이 통제할 수 없는 결과를 놓고 자신을 원망하고 있음을 지적하고 있다. 사람들은 항상 응당 가져야 할 것을 갖는 것은 아니다. 가질 자격이 안 되는데 갖는 사람도 있다.

이상한 것은 이에 대해 얘기할 기회가 별로 없다는 것이다. 부모, 연인, 애완동물 등과 원활한 관계를 맺기 위한 치료에 쏟아 붓는 에너지에 비교해 볼 때, 사람들은 돈이나 임금, 일에는 거의 관심을 두지 않는다. 성적 학대의 의미에 대해서는 잘 알아도 경제적 학대의 의미는 잘 모른다. 특권을 물려받았는데 죄책감을 느끼거나, 물려받지 못했을 때 화가 나는 게 당연하다고 생각하시 않는나. 이를 보면 누가 우리 사회의 치료 문화를 이끌고 있는지 너무나 자명하게 드러난다. 가난 속에서 자란 사람들은 분명 아닌 것 같다.

사람들은 당신이 불행하게 느껴야 한다고 말해 주지 않으면 무언가에 대해 불행하게 느끼지 않을지 모른다. 아무도 그런 말을 해 주지 않으면 그런 말을 꺼내지 않는 것이 낫다. 무지는 경제적 축복일 수 있

다. 그러나 내 느낌에는 그 말은 가난한 사람보다 부자한테 더 적용되는
말 같다. 세상의 굶주림과 싸우기 위해 돈을 모으는 단체는 돈을 기증할
만한 사람을 연회에 초대해 자리에 앉히고 시뮬레이션 게임을 시작한
다. 다섯 명 가운데 아무나 골라 맛있는 음식을 대접한다. 다섯 명 중 두
명에게는 맨밥만 주고 나머지 두 명에게는 아무것도 주지 않는다. 서로
다른 양과 질의 음식을 받은 사람을 서로 붙어 앉게 하는 것이 중요한
데, 그렇게 함으로써 임의적이고 불공평한 분배의 효과를 오감으로 느
낄 수 있게 하는 것이다.

사람은 마음보다 감각을 통해 남과 공감대를 더 쉽게 형성한다. 마
음은 위험하게 남을 동정하지 못하도록 방어 장치를 가동하는 것 같다.
동정심이 일어나려는 상황을 피해 버리는 우리는 얼마나 합리적인 경
제적 인간인가?[8] 다음과 같은 원칙대로 산다. 소득 수준이 비슷하거나
더 높은 사람과 사귀라. 곤경에 처한 사람을 볼 수도 있는 동네 근처에
는 얼씬도 말라. 사람들이 비참하게 사는 가난한 나라로는 휴가를 가지
말고, 혹시 가게 되더라도 경비가 철저한 리조트 지역에서만 놀아라. 면
세 혜택이 있는 단체에만 자선하라.

이런 원칙을 입 밖에 내는 사람은 거의 없다. 그런 사람이 있다면
놀랄 일이다. 그런 원칙의 목적은 도덕적 언행의 불일치를 최소화하는
것이기 때문이다. 인지 심리학의 권위자인 마빈 민스키는 그 원칙을 '검
열 장치'라고 부른다. 양심적인 마음이 불편한 사실을 알지 못하도록 만
든다는 것이다. 그러나 민스키는 마음이 단일한 실재가 아니라 은유적
인 의미의 '사회'라고 주장하는데, 서로 다른 여러 요소들이 그 사회에
서 관심을 끌고 영향력을 행사하려고 투쟁한다는 것이다.[9] 우리 내부에
는 '검열 장치'뿐만 아니라 '비판자'가 있을지도 모른다. 우리 내부의 간
디들이 마음의 파레토들을 귀찮게 해 줬으면 좋겠다.

진 빚을 세금으로 되갚는 해

2000년 5월 3일은 세금 해방일이었다. 평범한 시민이 1월 1일에서 5월 10일까지 번 돈을 전부 정부에 보내면 그해의 나머지 시간에 번 돈을 전부 가질 수 있다고 한다. 다시 말해 사람들 말로는 평균적으로 번 돈의 3분의 1을 세금으로 낸다는 것이다. 상당히 큰 액수다. 나는 사람들이 왜 그렇게 세금에 대해서는 법석을 떨면서 이윤에 대해서는 입을 다물고 있는지 의아했다. 경제 이론의 관점에서 보면, 세금과 이윤 둘 다 일종의 실제 생산비를 상회하는 잉여와 마찬가지다. 숫자를 들여다보기 시작했을 때 나는 미국의 연방 정부, 주 정부, 지방 정부가 거둬들이는 세금 수익의 총 가치가 기업이 벌어들이는 세전 이윤의 5배가 넘는다는 것을 알게 되었다.[10]

세금은 거의 모든 곳에 존재하며 어떤 형태의 이윤보다도 눈에 잘 띈다. 월급에서 떼어 내는 공제와 청구서 등에 붙는 세금들이 그것이다. 우리 동네에서 나는 심지어 애완동물인 말과 개에 대해서도 세금을 낸다. 도로, 학교, 제설 서비스같이 세금을 내는 대신 받는 혜택들이 있기는 하지만 그 혜택을 제공하는 데 실제로 비용이 얼마나 들어가는지 알 수가 없다. 상대적으로 계산하기 쉬운 것은 추정 연금 혜택인데, 그것도 사회 보장국이 해마다 알려 주어서 알게 되는 정보나. 그러나 그린 미래의 혜택의 재원을 어떻게 마련할지 우려되는 상황이므로 연금 혜택마저 불확실해지고 있다.

간단히 말해 납세 비용이 혜택보다 크다고 가정하기 쉽다. 자유론자들과 보수주의자들은 그러한 가정을 부추긴다. 세금 해방일 개념도 세금의 비용 대신 사람들이 받는 혜택이 무엇인지 간과하게 만들고 있음을 놓치지 말라. 공립학교에 다니는 아이 둘이 있다고 치자. 그렇지 않다면, 세금 정산서에서 그 두 아이를 보조 없이 사립학교에 보내는 비용을 공제해야 할 것이다. 노후 생활비와 건강 보험뿐만 아니라 사망 시 배우자와 자녀가 연금을 지급받도록 사회 보장세를 내고 있다고 치자. 그렇지 않다면, 비슷한 종류의 민영 보험을 들어야 할 것이다. 또한 동네 크루즈 미사일과 테러리스트 방지 시설뿐만 아니라 사설 경찰, 소방서, 응급 의료 서비스, 도로 경찰에 들어가는 비용도 계산해야 할 것이다.

세금과 혜택은 복잡한 방식으로 생애 주기에 걸쳐 분배되어 있다. 여러분의 개인사를 보라. 여러분이 태어나면서 여러분의 부모는 세금 공제 혜택을 일정 정도 받기 시작했고, 태어난 지 6년 남짓 되면서부터 공적으로 지원되는 교육의 혜택을 받기 시작했을 것이다. 돈을 벌기 전에 대학 졸업장을 땄다고 가정하자. '진 빚을 세금으로 되갚는 해'에 이를 때까지 몇 년간 세금을 납부해야 할까? 일인당 교육에 들어간 공공 지출이 16년 동안 일 년에 6천 달러라고 치자. 그 돈을 빌렸다면 이자를 내야 할 것이고, 그러면 9만 6천 달러가 넘는 액수다. 사실 이자율이 5%라면, 1학년 때 쓴 6천 달러를 갚으려면 13,140달러의 빚을 져야 할 것이다. 졸업 후 얼마나 벌었느냐에 따라, 한 해의 소득세로 1학년의 교육을 받기 위해 진 빚을 청산할 수도 있다.

그 다음 해에는 2학년 때 진 빚을 갚는 식으로 계속 세금으로 진 빚을 반환하고, (이후 정부에서 받는 혜택은 무시하고) 15년 뒤 세금으로 21만 달러를 내면 돈을 기부만 하는 '순' 납세자가 될 것이다. 그러나 낸 세금의 상당한 부분은 노후에 사회 보장과 메디케어를 통해 되돌아올 것이다. 얼마나 오래 사느냐에 따라 결과적으로 받은 돈보다 세금을 더 많이 내게 될 수도 아닐 수도 있다. 물론 사회 보장 제도가 무너져 버릴 수도 있다. 투자한 뮤추얼펀드도 망해 버릴 수 있다. 연방 정부가 책임을 지기는 하지만, 저축을 해 온 은행도 망할 수 있다.

이런 계산은 더 광범위한 부채를 고려하지 않은 것이다. 미국 시민권자로 태어난 사람은 자동으로 여러 가지 국부의 혜택을 본다. 국부 가운데는 눈에 보이는 고속도로·도서관·자연 자원·국립공원 등이 있다. 전 세대에게서 상속받은 눈에 보이지 않는 문화·지식·기술 등도 있다. 그런 형태의 공공의 재산의 이득을 모두가 보기 때문에, 다 같이 그 재산을 보존하고 늘려야 마땅하다.

시민권은 클럽 회원권과 같다. 회원의 혜택을 누리려면 회비를 내야 한다. 이 클럽에서 탈퇴하기는 상당히 어렵다. 물론 아주 부자라면 원하는 나라로 이민갈 수 있다. 대부분의 사람들한테 유일한 선택은 민주적 참여를 통해 클럽의 규칙을 바꾸는 것이다. 자유주의자들은 그냥 클럽을 나가고 싶어 한다. 그들의 관점에서 세금 징수는 도둑질이며 세금 해방일은 감옥에서 탈출하는 날이다. 자유당 홈페이지는 자기네가 미국에서 세 번째로 큰 정당이라고 선언한다. 그 정당은 "모든 사람은 자기 노동의 과실을 가질 권리가 있다고 믿기 때문에 우리는 인권을 침해하면서 돈이나 재화를 강제로 빼앗는 정부의 행태에 반대한다."11 다시 말해 자유당원들은 개인에게 권리만 있지 의무는 없다고 주장하고 있다.

부에 과세를

자식에게 엄청난 재산을 상속하는 부모는 자식의 재능과 에너지를 죽이는 셈이다. 자식은 상속받은 재산 덕에 보람도 적고 가치도 덜한 삶을 살게 된다.

— 앤드류 카네기, 『부의 복음 성가』

'세제 정의를 위한 시민 모임'이라는 진보 단체가 지적하듯이, 복지 예산을 삭감하라는 보수주의자들은 상속세에 반대하지 않으리라 생각할 수 있다. 한 달에 300달러가 사람들의 일할 동기를 꺾을 수 있다면, 그것의 100배의 가치는 되는 이자와 배당금의 효과는 어떨지 상상해 보라. 동기가 중요하다는 데에는 나도 동의한다. 보상의 크기에 대해서는 할 말이 많지만, 노동·위험 감수·저축 등은 모두 보상을 받아야 한다는 데 동의한다. 그러나 부유한 어린 시절, 좋은 교육, 상속받은 재산은 생산적인 행위에 대한 보상이 아니다. 태어날 때 부여받은 특권일 뿐이다.

기회의 평등은 보수주의자들도 말하듯이 수용할 만한 가치지만, 결과의 평등은 열심히 일하는 사람과 똑똑한 사람들에게 공평하지 않은 것인 듯 보인다. 그러나 일단 가족이라는 것을 고려하기 시작하면 그 둘을 떼어놓고 생각하기는 어렵다. 한 세대가 겪은 불평등한 결과는 다음 세대에게 불평등한 기회가 될 것이기 때문이다. 국립정책분석센터에 있는 브루스 바틀렛 같은 보수주의자들은 자식에게 불로 소득을 주는 것이 불로 소득을 창출해 내는 동기의 필수적인 구성 요소라고 주장한다.[12] 나는 그렇게 생각하지 않는다.

그것이 사실이라고 하더라도, 한 세대가 가지는 자유의 목표는 다음 세대가 누리는 기회의 평등이라는 목표와 조화를 이뤄야 한다. 증여와 상속 같은 불로 소득에는 세금을 부과하는 것이 옳다. 테디 루즈벨트와 프랭클린 루즈벨트가 동의했고, 허버트 후버마저 동의했다. 그들 모두 이 나라에서 상속 재산에 누진세를 부과하는 데 공을 세운 인물들이다. 누진세는 아주 부유한 계층의 사람들한테만 적용되는 세금이다. 1941년, 유산의 7% 정도에 세금을 부과했으며, 2천만 달러 이상이 되는 유산에는 최고 세율 70%를 매겼다.

1981년 레이건 혁명 과정에서 최고 세율은 50%로 인하되었다. 그러나 세율은 면제보다 그다지 중요하지 않은데, 상속 재산 가운데 67만 5천 달러까지는 면세 혜택이 있기 때문이다. 2006년에는 면세액이 1백만 달러가 될 것이다. 연방 의회 의원 중 일부는 상속세를 단계적으로 완전 폐지하기를 원한다. 돌아가신 아버지의 농장에 부과된 세금을 납부하면 농장을 더는 운영할 수 없게 된다는, 젊은 부부의 하소연이 담긴 편지 때문만은 아니다.

실제로 세금을 떼어 갈 수 있는 유산을 남기는 사람은 사망자 가운데 5%도 안 된다.[13] '솜방망이' 같다는 말은 브루킹스연구소의 헨리 아론이 상속세를 두고 한 말이다. 면제, 공제, 죽기 전 자식에서 돈을 줘 버릴 가능성, 신탁 기금, 자선기금 등은 모두 상속 재산에 세금을 부여하는 효과를 대폭 줄인다. 최고 세율이 70%였던 1969년에도 해당 세율이 적용되는 부류가 실제로 낸 상속세는 27% 정도밖에 되지 않았다. 1980년대에는 상속세를 피해 빠져나갈 구멍이 점차 커지자 사람들은 상속세를 '바보세'라고 부르기 시작했다. 상속세를 피하기 위해 머리를 써 보지 않은 사람만이 상속세를 냈다.[14] 미국이 일본만큼 증여와 유산에 세금을 무겁게 부과하면, 일 년에 500억 달러는 거둬들여 모든 어린이가 유치원에 다닐 수 있게 될 것이다.[15]

유권자들이 조금이라도 이 문제에 관심을 더 기울였다면 의회가 그 목표를 달성할 수 있었을까? 아니다. 1998년 여론 조사는 이미 미국인 과반수(63%)가 돈과 부가 더 균등하게 분배되어야 한다는 데 동의하고 있음을 보여 주었다. 갤럽연구소가 말한 대로, "최소한 어느 정도의 소득과 부의 재분배가 필요하다는 믿음을 지난 14년간 미국 여론은 흔들림 없이 지지해 왔다."[16] 나는 소다 광고를 이렇게 패러디하는 것을 상상해 본다. 상상 속의 광고에서 레이 찰스가 피아노 앞에 앉아 노래를 부른다. "구할 사람은 구할 것이고 잃을 사람은 잃을 것이다. 성경에서는 그렇게 말씀하시고 여전히 기쁜 소식이다…" 마지막에 레이는 멋지게 웃으며 올려다보면서 '세금은 진실한 것'이라고 말한다. 황금 시간대에 그런 광고가 나오면 엄청난 효과를 일으킬 것이다. 문제는 누가 그 광고에 돈을 낼 것인가다.

누진 인센티브

부자의 소득에 대해 다른 사람들의 소득보다 세율을 더 높게 적용해 온 역사는 국가적 차원의 연대가 겪은 기복의 역사나 마찬가지다. 나라가 외부의 적에 대항해 힘을 합쳐야 할 때마다 부자들은 납세에 대한 저항의 목소리를 낮추었다. 최초로 소득에 누진세를 부과한 것은 남북전쟁이 벌어졌을 때인데, 북부군은 600달러에서 10,000달러 사이의 소득에 대해서는 3%, 그 이상의 소득에 대해서는 5%의 세금을 부과했다. 전쟁이 종료된 후에는 그러한 차별적 과세는 없어졌다. 1차 세계 대전이 터졌을 때, 의회는 1백만 달러가 넘는 소득에 50%의 세금을 부과했고 상속세에 대해서도 최고 25%까지 세율을 올렸다.[17] 최고 세율은 전쟁이 끝난 뒤 꾸준히 인하되었다.

그리고 나치가 등장했고 일본이 진주만을 공격했다. 프랭클린 루즈벨트는 모든 국민이 전쟁에 잉여 소득을 헌납해야 한다고 선언했고 아무도 1년에 세제 후 소득 25,000달러 이상을 가질 수 없다고 주장했다. 이후 물가는 6배 넘게 뛰어올랐으므로 1999년 돈으로 치면 15만 달러에 해당하는 돈이다. 의회는 이를 반대했으나 1941년 최고 소득세율을 82%까지 올렸고 나중에는 20만 달러가 넘는 소득에 대해서는 93% 세율의 승리세Victory Tax를 만들어 냈다. 전후에 미국 경제는 꾸준히 성장했으나 인플레이션을 동반하여, 사람들이 받는 절대 소득이 꾸준히 늘어났다. 이는 사람들이 전보다 더 높은 세율을 적용받게 됨을 의미하는데, 1970년대에 인플레이션과 함께 더욱 가속되었다.

그리고 1981년의 레이건 혁명은 역사상 최대의 세금 감면을 시행했다. 세율은 모든 소득층에 대해 23%씩 감면되었다. 그러나 최대 세율이 50%로 감면됨으로써 최상위 소득 계층이 가장 득을 보았다. 1986년에는 28%로 더 감면되었고 클린턴 정부 때 다시 39.6%로 인상되었다. 또한 클린턴 정부는 자녀를 둔 저소득층에게 EITC를 통해 세금 혜택을 주었다. 그 결과 오늘날 온건한 누진 소득세제가 정착되었다.

여전히 다른 세금은 돈이 별로 없는 사람에게서 소득의 많은 부분을 떼어 가는 역진세적인 성격을 띤다. 사회 보장세는 6만 달러까지의 소득에만 적용되어 12만 달러를 버는 사람이나 6만 달러를 버는 사람이나 같은 세금을 낸다. 많은 주와 도시에서 세수를 올리기 위해 부과하는 판매세도 구매하는 물건에 고정된 세율을 적용하고 있다. 저소득층은 옷·휘발유·술·담배같이 세금이 붙는 항목에 소득의 상당 부분을 지출한다. 그러므로 소득의 상당 부분이 판매세라는 이름으로 떼이는 것이다.

전반적으로 미국의 세금 제도는 대충 균형을 유지하고 있다. 다시 말해 사람들은 소득에서 비슷한 비중을 세금으로 지출한다. 그러나 보수주의자들은 누진 소득세를 폐지하고 싶어 한다. 사람들에게 세율을 차등 적용하는 것이 불공평하다고 주장한다. 모든 사람이 같은 세율로 세금을 내면, 부자는 세금을 내야 하는 해당 소득의 액수가 많기 때문에 세금을 더 많이 낸다는 것이다. '자신은 자신만을 대변한다'는 원칙을 믿는다면 맞는 말처럼 들린다. 그러나 그 원칙은 가족과 사회의 일부로서 집단적인 책임을 져야 하는 상황을 무시하는 것이다.

누진 소득세 비판론자들은 누진세가 개인이 소득을 올리기 위해

들이는 시간과 노력을 감소시키니까 나쁜 것이라고 주장한다. 그러나 경험적 증거들은 세금이 남성의 노동 시간에 별다른 영향을 미치지 않으며, 상대적으로 임금 노동의 혜택을 줄임으로써 여성의 시장 노동에 영향을 미침을 보여 주고 있다. 관리직, 의사, 변호사, 교수들은 보통 장시간 노동을 하는 경향이 있는데, 돈을 더 많이 받기 위해서가 아니라 일의 특성이 그렇거나 일이 즐겁기 때문에 그렇게 한다.

그러나 한계 소득세율의 증가가 시장 노동에 투입하는 시간을 줄인다면? 그 시간을 가족과 지역 사회를 돌보는 데 쓴다면 이것도 반드시 나쁜 것은 아니다. 고소득 변호사가 높은 세율을 적용받기 싫어서 일주일에 5일 대신 4일을 일하기로 했다고 하자. 그 시간을 연속극을 보는 데 쓰면 경제에 해가 될 수 있다. 그러나 새 소프트웨어 이용법을 배우고 가족을 위해 근사한 음식을 요리하고 딸이 참여하는 축구팀 코치가 되어 준다면, 비록 통계에는 잡히지 않을지라도 경제는 그 이득을 볼 것이다. 누진 소득세는 고소득자가 일 대신 가족과 지역 사회에 시간을 할애할 때 그 시간의 '기회비용'(즉 희생한 소득)을 낮추는 역할을 한다. 물론 돈 버는 일을 더 하고 돈을 그냥 기부하는 게 나을 수도 있다. 그러나 돈은 항상 시간의 직접적인 대체물이 아니다. 특히 인간관계가 개입될 때는 더 그렇다.

세금이 인간의 동기에 영향을 미친다는 것을 무시하자는 주장이 아니다. 동기는 누진세를 반대하는 사람이 말하는 것보다 훨씬 복잡하다는 사실을 알아야 한다고 주장하는 것이다. 근면히 일하는 사람을 보상해야 하나 모든 형태의 중요한 일이 금전적 보상을 지불하지는 않는다는 것에 주목해야 한다. 소득에 누진세를 적용하면 고소득자가 자신의 가정과 지역 사회에 대한 책임을 소홀히 하고픈 유혹을 덜 느끼게 될 것이다.

중산층 분석

친구나 동료를 화나게 할까 무서워서 나는 내가 받은 증여에 대해 이야기하기를 주저한다. 다른 사람들도 그들이 받은 상속에 대해 별로 말하지 않음을 알고 있다. 운이 좋아 증여나 상속을 받았을 때 그 좋은 소식을 항상 알리는 것은 아니다. 그러나 많은 사람들이 횡재하는 것을 좋아한다. 내 직장 동료들뿐 아니라 육체노동자들이 자신의 연봉만으로는 엄두도 못 낼 집과 차를 사는 것을 봤다. 그들이 받은 돈은 정말 부자들이 누리는 것에 비하면 아주 적지만, 기본 원칙은 똑같다. 21세 이상 개인들 가운데 증여나 상속을 기대하고 있는 사람들의 비율은 상당히 높다.

한 예측에 따르면 상속 재산의 총 가치는 1995년 평균 840억 달러였고 2000년에는 1,430억 달러에 달할 것이라고 한다.[18] 누가 그 재산을 가져갈 것인가? 일 년에 5만 달러 이상을 버는 가정의 자손들이다. 엄청나게 부유한 사람들, 특히 행실이 바르지 않은 부자들을 비난하는 관리직·프로그래머·의사·변호사·교수·여론 주도층·유행 선도층은 스스로를 중산층이라 부른다. 행실이 바르지 않은 부자들은 이반 보스키, 마이클 밀큰, 레오나 헴슬리랑 감옥에 있어야 할 사람들이며, 탐욕을 선이라고 외치는 사람들은 창피한 줄 알아야 한다고 생각한다. 그러나 중산층은 일주일에 40시간 이상은 열심히 일하는 책임 있는 시민으로서 불로소득이라도 상속을 받을 자격이 있다고 느낀다.

그러면 정확하게 누가 중산층인가? 매사추세츠 주립대학에 다니는 내 학생들에게 중산층에 해당하는 사람은 손을 들어 보라고 시켰다. 거의 모든 아이들이 손을 든다. 그러면 한 가족이 일 년에 얼마를 벌어야 중산층에 들어갈 수 있는지를 적어 내라고 시킨다. 몇몇 학생들은 섣불리 추측하기를 주저하고 어떤 학생들은 '상황에 따라 다르다'는 모호한 태도를 취한다. 학생들은 대부분 중산층은 직업이 있고 열심히 일하며 항상 가난해질까 봐 두려워하는 사람들이라고 말한다. 한 가족이 적어도 5만 달러 이상은 벌어야 행복한 중산층에 들어갈 수 있을 거라고 한다. '상류층'에 속하려면 얼마를 벌어야 하는지에 대해서는 다소 이견이 있는데, 일반적으로 일 년에 12만 달러에서 20만 달러를 벌어야 한다고 생각한다.

정답은 무엇인가? 대충 비슷한 규모의 집단이 셋 있으면, 모든 가족을 소득대로 줄을 세우고 가장 밑에 있는 집단의 최고 소득이 얼마인지, 가운데 집단의 최고 소득이 얼마인지, 최상위 집단의 중간 소득이 얼마인지 확인해 볼 수 있다. 매년 미국통계연감은 그에 대해 대략적인 추정을 할 수 있도록 표를 발표한다. '가족의 소득 – 소득 수준의 분포'라고 불리는 표다. 1997년 학생들이 가장 빈번하게 언급한 중산층 소득인 5만 달러 이상을 버는 가족은 상위 37%를 차지했다. 2만5천 달러 이하를 버는 가족은 하위 34%를 차지했다.[19] 진짜 가운데 있는 집단은 2만5천 달러에서 5만 달러 미만을 버는 가정으로, 학생들이 '저소득층'이라고 생각했던 집단이다.

가족의 실질적인 경제적 복지는 재산, 비시장 노동(가사 노동과 보육)의 가치, 피부양자 수 등 여러 가지 요인에 의해 결정되므로, 이 숫자에 지나치게 의존해서는 안 될 것이다. 그러나 내가 말하려는 것은 학생들이 추측한 연간 가족 소득액이 지나치게 높다는 것이다. 여기에는 몇 가지 이유가 있다. 첫째, 가족이 얼마의 돈으로 살아가는지 실제로 알기 어렵다. 다른 사람들이 경제적으로 어떻게 살아가는지 모를 뿐 아니라 친구와 이웃을 일반화하는 경향이 있다. 내 경험상 2만5천 달러 이하를 버는 가정의 아이들 가운데 매사추세츠 주립대학에 입학하는 아이는 상대적으로 적다. 둘째, 많은 사람들이 자신을 '상류층'의 일원이라고 생각하는 데 불편함을 느낀다. 상류층이라는 말은 노력하지 않고 받은 특권이라는 의미를 여전히 담고 있다. 상류층 수준의 소득을 버는 중산층 가정이라고 보는 편이 나은 것이다.

최상위층은 자신들보다 밑에 있는 사람들이 돈을 더 많이 벌 자격이 되지 않는다고 소리 내어 말하지 않는다. 그러나 조지 길더와 찰스 머레이가 자녀를 둔 빈곤층에 대한 공적 지원이 '왜곡된 동기'를 불러일으킴으로써 그들에게 득이 되기보다 해를 끼치고 있다는 주장을 펼치기 시작했을 때, 그들은 자기도 모르게 머리를 끄덕였다. 가난한 사람들은 아무것도 안 하면서 공짜로 얻는 데 익숙해져 의존이라는 거미줄에 갇혔다는 것이다. 1996년에 모든 것이 바뀌어서 이제 가난한 사람은 혜택을 받으려면 반드시 일을 해야만 한다.

그 원칙은 마치 아무도 상속 외에는 공짜로 무언가를 받아서는 안 된다는 뜻인 것 같다. 상위 30%에 속하는 가족이 평균적으로 기대하는 상속액은 빌 게이츠의 자녀나 월마트 가문의 자녀들이 받을 액수에 비하면 아무것도 아니다. 그러나 약간 부자인 사람과 아주 부자인 사람을 조용히 묶어 주는 심리적인 기초를 제공할 만큼은 된다. 사람들을 한데 묶어 주는 데 죄책감만 한 것도 없다. 죄책감을 덜기 위해 가난한 사람들을 비난하는 것보다 더 좋은 방법이 뭐가 있으랴.

나도 몇 번에 걸쳐 약간씩 상속을 받았다는 사실을 고백할 때가 온 것 같다.

아버지, 고모, 삼촌이 어렸을 때 그들을 돌봐 주었던 멕시코 출신 여성은 내가 아이였을 때 내 보모가 되었다. 우리는 그녀를 '이모'라는 뜻의 '티아'라고 불렀다. 그녀의 가족에 대해서는 달아난 남편이 있다는 것 말고는 아는 게 없었다. 내가 다섯 살쯤 되었을 때 티아는 나를 돌보는 일을 그만두고 내 할머니와 살면서 할머니를 돌봐 주었다. 그러나 막내인 나를 자주 보러 오셨다.

내가 기억하는 그녀는 주름이 깊게 팬 아름다운 얼굴과 옅은 갈색 피부를 지닌, 할머니와 대비되는 아주 늙은 여자였다. 할머니보다 체격도 더 크고 힘도 더 셌지만 조용하고 위엄이 있었다. 나를 항상 여왕이라는 의미를 지닌 '레이나'라는 이름으로 부르셨는데 한번은 같이 사진을 찍기 위해 사진관에 갔다. 사진을 왜 찍게 되었는지 아버지는 기억이 안 난다고 하시고 나를 낳은 어머니는 수년 전에 돌아가셔서 확인할 수가 없다. 지금도 사진의 일부가 나한테 있는데, 사진 속의 나는 곱슬곱슬한 금발의 아이다. 티아는 자신이 너무 늙어 보인다며 사진에서 자신을 도려냈다. 사진에는 잘린 그녀의 손만 내 어깨 위에 올려 있다.

그녀는 나를 주로 돌봐 준 양육자였음이 틀림없다. 나는 영어를 말하기도 전에 스페인어를 할 줄 알았으니까. 내 스페인어 어휘 실력은 본토인들보다 더 좋지는 않았지만, 새로 배우는 단어들을 쉽게 습득할 수 있었다. 티아를 마지막으로 만났을 때 식당에서 그녀의 무릎에 앉아 지금은 기억도 나지 않는 어떤 우스갯소리에 함께 웃었던 것 같다. 그녀가 죽었을 때 그녀는 자신의 모든 소유물과 평생 저축을 내게 물려주었다. 내가 여덟 살 때였다. 아버지는 2,000달러 정도 되는 그 돈을 텍사코 정유회사의 주식을 사는 데 투자해 주셨다. 투자 경기가 아주 좋을 때였고, 거기서 나오는 돈은 이후 경제학 박사 과정을 할 때 많은 보탬이 되었다.

내 힘으로 공부를 하고 싶었기 때문에 나는 주립대학에 다녔다. 하지만 부모님은 내가 차를 사고 나중에는 집을 사는 데 도움을 주셨다. 10년 전쯤에 아버지는 맥팔린 씨의 마지막 자손한테서 돈을 얼마간 상속받았는데, 한번도 받은 적이 없는 연금 대신 받은 선물 같은 것이었다. 아버지는 새 혼다 시빅 차와 컴퓨터를 사기에 충분한 돈을 내게 주셨다. 그러니까 결과적으로 미스터 맥 할아버지가 나한테 상당히 좋은 일을 한 셈이라고 말할 수도 있겠다. 가끔 나는 그를 기억하며 마요네즈로 건배를 한다. 작년에 나는 맥아더재단에서 5년간 연구비를 지원받는 횡재를 했다. 나는 그 돈을 이 책의 기초가 되는 연구를 하는 데 쓰리라 결정했다.

평등 vs 효율

많은 경제학자들이 평등과 효율은 양립할 수 없는 것이라고 믿는다.[20] 즉 평등을 더 갖는 유일한 방법은 효율을 희생하는 것이다. 대부분의 기초 경제학 교과서는 이 원칙을 신봉하며 경제 정의 문제에 대한 관심을 결여하고 있는 경제 논의를 정당화한다. 그렇게 양립 불가능한 관계가 성립하는 상황을 생각해 보기는 쉽다. 경쟁적인 스포츠에서, 우리는 승자에게 더 노력하고 잘하라는 의미로 위세와 돈을 준다. 결과의 완벽한 평등은 동기를 축소한다는 것이다. 그 극단적인 예가 바로 스포츠다.

그러나 불평등이 커질수록 노력이 더 커지는 것은 아니다. 프로 농구 선수는 몇 백만 달러의 연봉을 번다. 연봉을 더 올려 주면 경기가 더 향상될 거라고 생각하는가? 노력은 보상의 크기뿐만 아니라 보상을 받을 확률에 의해 결정된다. 얼마간이라도 이길 확률이 있다고 생각하지 않으면 경기를 하지 않는다. 경기에서 실력이 비슷한 선수들이 싸우지 않을 경우 재미없는 경기가 되는 것은 바로 이 때문이다.

여기 더 직접적인 예가 있다. 내 미시경제학 수업에서는 학생 15%가 A를 받고 15%가 낙제를 한다. 시험을 어떻게 보든 똑같은 점수가 나갈 거라고 발표하면 무슨 일이 벌어질까? 학생들은 노력을 덜할 것이므로 배움이라는 전체 과정의 효율성이 떨어진다. 이와는 달리 수강생의 절반 정도가 낙제할 것이고 상위 5%가 A를 받을 거라고 발표하면 학생들이 더 노력을 할까? 상위 5%에 가까이 있는 학생들은 아마도 더 열심히 공부할 것이다. 그러나 다른 학생들은 다른 과목으로 바꾸거나 포기할 것이다.

경쟁에 대한 압박이 별로 없으면 학생들도 대충대충 공부할지 모른다. 그러나 경쟁이 너무 심해도 학생들이 시험 점수에 얽매여 배우는 데 필요한 능력과 자질을 발달시키지 못할 수 있다.

중요한 사실은 평등과 효율이 항상 서로 상충하지는 않는다는 것이다.[21] 어느 선까지는 결과의 불평등이 효율을 향상시킬 수 있을지 몰라도 그 선을 넘어서면 효율을 저해할 수 있다. 전반적인 사회의 효율성을 최대화하는 적정 수준의 불평등이 있을 수 있다. 그 수준은 문화, 정치, 경제 환경에 따라 아마 다를 것이다. 평등을 추구할수록 효율이 떨어진다고 단순히 가정만 할 것이 아니라 그 수준이 어느 정도인지 파악하도록 노력해야 한다. 그러는 가운데 장기 효과에 대해서도 생각해야 할 것이다. 아서 오쿤이 몇 년 전 지적한 대로, "패자들이 자기 아이들을 부양하는 것보다 승자들이 애완동물을 더 잘 부양할 수 있게"[22] 만드는 일련의 제도에는 뭔가 문제가 있다.

노력과 보상을 더 잘 연결하는 쉬운 방법은 개인에게 자신의 경제 환경을 통제할 수 있도록 해 주는 것이라고 많은 경제학 서적들은 지적하고 있다.[23] 땅을 실제로 농사꾼에게 분배하는 개혁은 수확량을 증가시키곤 한다. 자기 땅을 일구는 농부는 땅 주인에게 수확량의 50%를 주어야 하는 소작인보다 더 열심히 지혜롭게 일한다. 자기 집에서 사는 사람들은 일 년 동안 집세를 주고 사는 사람보다 집과 주변 동네를 더 잘 돌볼 가능성이 많다. 왜 대기업 간부에게 연봉뿐만 아니라 스톡옵션을 지급하겠는가? 스톡옵션을 줌으로써 회사의 실적과 간부의 이익을 연동시키려는 자명한 이유 때문이다. 비슷한 이유로 노동자 기업 소유는 직원들의 생산성을 높인다.

텍사스 주립대학 경제학과에 관한 이야기 가운데 내가 가장 좋아하는 이야기는 카우보이 밥 몽고메리 교수에 관한 이야기다. 그 교수는 1950년대 매카시즘 열풍이 한창이던 때에 공산주의자라고 고발당해 일군의 텍사스 주 정치인들 앞에 불려 나갔다. 전설에 의하면 카우보이 밥은 소환 날짜에 입고 나가기 위해 분홍색 양복을 맞췄다. 조사인들 중 한 명이 "한 가지면 말하시죠. 사유 재산제를 믿습니까?" 묻자, 그는 "의원님, 저는 텍사스 주의 모든 사람이 사유 재산을 가져야 한다고 생각할 만큼 사유 재산제를 정말로 믿습니다" 하고 답변했다.

개별 가정에서나 국가에서 가족 가치를 옹호하기 위해 들이는 노력들을 더 광범위한 맥락에 두어야 한다. 이것은 전 지구적 경제에 대한 비판적 분석과 일국의 경제 제도를 재고하고 재입안하려는 노력을 요구한다.

지구화를 놓고 벌이는 논쟁은 우리가 익히 알고 있는 개인의 성취와 타인에 대한 돌봄 노동 간의 긴장을 잘 드러낸다. 국제 교환의 확대는 몇몇 지역의 생활수준을 현저하게 향상시켰다. 다른 한편 시장의 민주주의적 지배 구조를 약화시키고 불평등을 심화시키고 있다.

민주주의적 지배 구조 그 자체는 우리가 생각하는 것보다 훨씬 더 복잡하다. 현재의 모델은 한심하리만치 불충분하다. 자본주의 대 공산주의라는 아주 오래된 논쟁의 전통은 경제적 대안 마련에 몇 가지 중요한 함의를 제공한다. 그러나 불행히도 타인을 돌보는 노동을 조직하고 보상하는 방법에 대해서는 몇 가지 중요한 단서를 주긴 해도 간단한 처방책도 제시하지는 못한다.

8. 기업 국가

> 나의 오랜 꿈은 아무 나라의 소유도 아닌 섬을 사서 진정으로 자유로운 땅, 어떤 나라나 사회에도 의무가 없는 땅에 다우의 세계 본부를 세우는 것이다.
>
> — 칼 걸스테이커(다우케미컬 임원)

이런 가상의 시나리오를 생각해 보자. 납세와 규제에 대해 지역 정부와 협상을 벌이는 데 진저리가 난 다국적 기업이 카리브 해에 있는 작은 무인도를 산다. 이전에는 비료에 쓰는 새똥을 수거하는 데만 쓸모가 있었을 법한 구아노 섬이다. 섬의 새 주인은 헌법을 작성하고 기업 국가 CorporNation라고 불리는 국가의 탄생을 알린다. 새로운 나라의 시민은 누구나 자동적으로 고액의 연봉(최소한 일 년에 5만 달러)를 받는다. 다음과 같은 제약이 시민권에 부과된다. 학력이 높아야 하고 신체와 정신이 건강해야 하고 자녀가 없고 50세 미만이어야 한다. 그 섬에 가서 살 필요는 없고 인터넷으로 각자의 나라에서 일할 수 있다. 그러나 재훈련이 필요하거나 병들거나 부양해야 할 가족이 생기고 50세가 되면 바로 기업 국가의 시민권과 직장을 잃게 될 것이다.

간단히 말해 기업 국가는 시민과 노동자의 능력과 자질을 이용해 먹으면서도, 그것을 생산하는 데 드는 비용이나 병들거나 늙었을 때 관리하는 비용을 지불하지 않는다. 자녀도 없고 돌볼 의무도 없는, 세상에서 가장 훌륭한 노동자를 상대적으로 고액의 연봉을 주고 끌어들이면서도 회사의 수익에는 아무런 위협을 받지 않는다. 기업 국가는 최소한 다른 기업들이 똑같은 전략을 취하기 전까지 전 지구적 경쟁에서 전례 없는 성공을 거둘 가능성이 높다(아마 다른 기업들은 섬이 아니라 우주 정거장이나 아무도 살지 않는 행성 등에서 운영될지 모른다). 그러나 장기적으로 보면 그 새로운 기업 국가들은 화전농이나 남획이 야기하는 비슷한 문제들에 부딪칠 것이다.

이 장에서는 무한대의 지구 경쟁이 야기하고 있는 왜곡된 동기를 다룬다. 국가와 고용주, 부모들까지 돌봄 비용을 최소화하고 생산 능력과 자질을 창조하고 유지하는 비용을 다른 사람에게 전가함으로써 얻고 있는 것이 무엇인지 보여 줄 것이다. 존 그레이라는 런던경제대학 정치학과 교수는 그 문제를 악한 자본주의가 선한 자본주의를 몰아내고 있다는 말로 요약한다. 민주주의적 지배 구조가 부과하는 규칙을 따라 마땅히 떠안아야 할 사회적 비용을 분담하는 고용주는 불리한 상황에서 기업을 운영하게 된다. 경쟁에서 낙오하여 사라질 위험 부담을 지는 것이다.[1]

새로운 지구의 질서는 매력적이지 않은 두 가지 선택을 제시하는 듯하다. 하나는 기회가 제한된 여성이 어쩔 수 없이 타인을 돌보는 노동을 떠안는 가부장제 사회로 돌아가는 것이다. 다른 하나는 모든 개인이 혼자 힘으로 살거나, 비용이 많이 드는 돌봄은 아무도 하지 않으려는 세상으로 나가는 것이다. 양극단에 대처할 합리적인 대안을 상상하기는 어렵고 상상하더라도 그것을 실행하기는 훨씬 더 힘들다. 그러나 싸워 추진할 만한 가치가 있다.

기성 노동자

기업 국가 시나리오의 단초가 이미 여러 국가에서 조금씩 나타나고 있다. 1965년에 미국은 이민 제도를 나라별 할당제에서 직업과 기술에 기반을 둔 제도로 바꾸었다. 캐나다는 캐나다에 아무 연고가 없는 이민자들에게 점수를 매겨 서열화한다. 100점 만점에 교육 성노에 따라 12점, 나이에 따라 10점, 영어와 불어 실력에 따라 10점, 캐나다에 필요한 직업 기술이 있는가에 따라 15점을 준다. 캐나다 시민권을 살 수도 있다. 캐나다에 투자할 돈 25만~50만 달러 정도를 3년 동안 정부 등기의 기금에 묶어 두는 사람은 누구나 자동적으로 시민권을 갖게 된다(그러나 캐나다는 정치 망명자에게 대부분의 국가들보다 더 관대한 이민 정책을 펴고 있다).[2]

이민자는 말 그대로 공짜이기 때문에 선진국 경제에는 엄청난 혜택이다. 그들의 능력과 자질을 만들고 유지하고 발전시키는 데 세금이 전혀 쓰이지 않았다. 개발도상국의 견지에서 보면 고학력 전문직의 이민은 치명적인 두뇌 유출이다. 인도는 미국에 수많은 기술자와 의사를 공급해 왔다. 로라 타이슨이라는 경제학자에 의하면, 실리콘밸리에서 일하는 과학 기술직의 최소 3분의 1이 이민자들이며, 신기술 관련 회사 가운데 최소한 4분의 1은 이민자들이 고위 관리직을 차지하고 있다.[3] 필리핀은 보모를 수출한다. 이민자들은 고국에 있는 가족에게 돈을 송금하지만, 돌아갈 생각이 있지 않은 한 돈의 액수는 상대적으로 적다.

임시 이민자들이 주는 가장 큰 이익은 마지막 순간에 재고를 관리하는 생산 방법과 딱 맞아 떨어진다는 것이다. 필요하지 않으면 주문을 하지 않으면 된다. 실수로 주문을 너무 많이 했으면 반환하면 된다. 미국에서는 과일과 채소 수확철에 필요한 노동력을 외국인 노동자로 충당한다. 독일은 실업률이 올라가면 계약직이나 ‘산업 연수생’으로 온 노동자들을 본국으로 돌려보낸다. 말레이시아에서는 경제 위기가 닥쳤을 때 외국인 노동자들을 즉각 추방하는 일이 벌어졌다. 임시 이민자가 비용 면에서 효율적인 또 다른 이유는 그들이 사회적 혜택을 받을 수 없다는 데 있다. 미국에서만도 캘리포니아 주는 불법 이민자들을 고용하는 고용주는 별로 처벌하지 않으면서 이민자에게는 사회 서비스를 제공하지 않는다. 페르시아만 국가들은 시민들에게는 의료 서비스를 무상으로 제공하면서도 일 년 계약으로 모집한 아시아 노동자들에게는 의료 서비스를 제공하지 않는다. 실제로 카필스라고 불리는 대기업 고용주와 고용 알선 기관은 이민 노동자에게 막대한 권력을 휘두르고 있다. 사우디아라비아의 고용주는 이민 노동자의 출신국 소득 수준에 따라 돈을 지불한다. 그리하여 태국에서 온 이민 노동자는 같은 일을 하는 방글라데시 출신 이민 노동자보다 다섯 배나 많이 돈을 번다.[4]

미국은 제3세계를 미숙련 노동력을 제공하는 원천으로 생각해 왔다. 그러나 지난 25년간 제3세계의 교육 제도는 많이 향상되었다. 인도와 중국은 미국보다 대학 졸업자 수가 훨씬 많고, 그들 중 상당수는 영어에 능통하다. 미국 기업들은 제3세계 고급 노동력을 이제 막 활용하기 시작하는 단계지만, 미국 기업들이 그것을 좋은 기회로 이용할 수 있다는 것은 분명하다. 텍사스 인스트루먼트는 방갈로에 인도 프로그래머 50명을 고용한다. 캔자스에 이름만 걸고 있는 데이터 처리 회사인 아즈텍 인터내셔널은 공정을 대부분 필리핀으로 보내고 있다.[5] 차라리 첨단 노동력을 교육하는 비용을 다른 나라더러 지불하라고 하는 게 어떻겠는가? 생산직 노동력뿐만 아니라 교사도 외국이 더 싸다.

민주주의 국가에서 시민은 이민 정책에 발언권을 갖는다. 그러나 '가상공간'의 이민에 대해서는 별로 말이 없다. 가상공간의 성장은 서비스 직종에서 전 지구적 경쟁의 심화를 의미한다. 노동자를 가상공간으로 불러오기 위해 이 나라로 직접 데려올 필요가 없다. 아메리칸 에어라인은 회계와 발권 업무를 바베이도스로 보내고 있으며 스위스항공은 봄베이로 보내고 있다. 뉴욕생명보험은 보험 청구서 업무를 아일랜드로 이전했다.[6]

이런 서비스 직종은 특별히 숙련된 일을 하는 분야가 아니다. 그러나 다음 순서는 첨단 기술이다. 『비즈니스 위크』가 출판한 조그마한 안내서인 『전 지구적 경제 시대의 사업 준비』는 다음과 같이 정보 고속도로를 찬양하고 있다.[7]

미국의 첨단 기술 회사와 최고의 재능을 가진 아시아의 인력을 가장 훌륭하게 결합한 회사는 인도 방갈로에서 운영되고 있는 실리콘 그래픽스인 것 같다. 인도의 소프트웨어 디자이너들은 한 달에 300달러를 버는데 이는 인도에서는 중산층 수준의 임금이나 미국에서는 빈곤선에도 훨씬 못 미치는 돈이다. 그들은 뇌질환 진단용 3차원 이미지를 생산하는 프로그램을 개발한다. 인도와 임금 수준이 비슷한 싱가포르의 기술자들은 휴렛패커드에 고용되어 차세대 개인 디지털 도우미를 개발한다.[8]

컴퓨터 도사들은 조심해야 할 것이다. 학생들은 전공을 현명하게 선택해야 할 것이다. 법률과 회계 법인을 '아웃소싱'할 방법을 아직 알아내지 못했다. 생산 직종은 정말 위험에 처해 있다.

처분 가능성

비용 삭감은 새로운 개념이 전혀 아니다. 경제사의 한 주제인 단기와 장기 사이의 긴장은 문학에서 열정적인 사랑과 안정적인 결혼과 같다. 교란을 일으키는 새로운 것은 균형을 갑작스럽게 깨는 것과 같은데, 즉 대기업들이 무한한 본능을 추구하는 데 필요한 기회들이 엄청나게 증가했다. 남미와 아시아에서 꽃피었던 수출 지향 산업화의 특징은 젊은 여성을 고용한 것이었다. 기업들이 젊은 여성 노동자를 선호한 것은 단지 섬세한 손가락과 협조적인 태도 때문만이 아니라, 그들이 나이 들고 경험이 많아지고 요구 사항이 많아지면 쉽게 해고할 수 있기 때문이었다. "전자 산업을 늙지 않는 산업이라고 부릅니다. 20년 동안 성장해 왔지만 노동자들은 절대 나이를 먹지 않습니다"[9] 하고 말레이시아 전기 노조의 지도자는 설명한다.

많은 국가에서 젊음과 아름다움은 자녀에 대한 책임의 부재와 함께 여성 고용의 주요한 기준이다. 로레알 화장품은 1998년 『베이징청년일보』에 이런 구인 광고를 냈다. "판촉 외판원 여성, 28세 미만, 신장 165cm 이상, 하얀 피부, 날씬하고 건강해야 함."[10] 인도네시아의 토코 전자는 "여성 생산직 노동자, 16~30세, 비혼, 읽고 쓰기 가능"이라는 사원 모집 광고를 내걸었다. 미놀타 카메라는 더 까다로운 조건을 내걸었다. 그 회사는 입사 자격을 17~27세 여성으로 제한했다.[11]

여성이 결혼하지 않고 아이를 낳는 일이 많은 나라에서는 비혼 여성을 고용해도 고용주가 법이 규정하는 유급 모성 휴가 서비스를 제공해야 하는 일이 생긴다. 국제 인권 단체인 인권감시협회가 수집한 사례들에 의하면, 멕시코의 마킬라도라(보세 임가공 수출입 공단) 공장은 여성 노동자를 모집할 때 임신하지 않았음을 증명하는 진단서를 떼 오게 하거나 여성 노동자가 임신하면 곧바로 해고했다. 1998년 6개월간 검토를 거쳐 그런 사례가 확인된 후 미국 노동부는 임신한 노동자에 대한 차별이 멕시코 노동법을 위반한 것이라고 지적했다.[12] 여성에 대한 학대는 아주 흔하다. 미국 노동위원회는 온두라스의 콜로모아 지역에 있는 마킬라 공장이 젊은 여성에게 데포프로베라라는 피임약을 주사하고 의료 감독도 하지 않고 먹는 피임약을 나눠 준 죄가 있음을 밝혀냈다.

그 회사들이 그렇게 하는 이유는 뻔하다. 멕시코 법은 회사들에게 12주의 유급 모성 휴가를 의무화하고 월급을 50%만 받고 추가로 60일 동안 더 휴가를 낼 수 있도록 하고 있다.[13] 물론 고용주가 이용하고 있는 노동력의 생산 비용을 고용주 자신이 지불하도록 한다는 게 기본 개념이다. 하지만 고용주들은 임신한 노동자를 고용하지 않는 것으로 비용을 줄인다. 그런 관행을 없애기 위해서는, 스웨덴, 프랑스, 독일 등 유럽 국가들처럼 개별 고용주가 그 비용을 떠안도록 하기보다는 국가 차원에서 자녀 양육을 공적으로 지원할 필요가 있다.

보모 수입

돌봄 비용을 최소화하고 싶어 하는 것은 나국적 기입만이 아니다. 미국의 부유층 부모가 양질의 보육을 싸게 구하기 위해 얼마나 많은 노력을 하는지 보여 주는 것보다 더 효과적인 예는 없는 것 같다. 내가 말하려는 바를 잘 전달하기 위해 나는 노먼 독의 만화를 흉내 낸 이런 그림을 상상해 보았다. 나는 거울을 들여다보면서 머리카락을 지지고 볶고 립스틱을 바르는 척한다. 무엇인가를 들었거나 기억해 낸 것처럼 갑

자기 머리를 들어 올린다.

　"안녕, 아가야" 하고 말하며 문간에 서 있는 아이에게 키스를 날린다. "멕시코에서 크면서 좋은 시간을 가지렴… 뭐라고? 가기 싫다고? 하지만 얘야, 엄마랑 아빠는 너를 여기에서 키우는 게 이제 싸게 먹히지 않는다고 생각하게 됐다. 너도 알다시피 효율적으로 해야 해. 글로벌 경제니까!" 현실에서 미국 부모는 아이를 다른 나라로 보낼 필요가 없다. 미국보다 '비용이 효율적인' 나라에서 보모를 데려올 수 있다.

　일반적으로 불법 이민자는 저임금을 받고라도 일하고 싶어 하고 명령을 잘 따른다. 게다가 사생활을 즐길 돈이나 시간이 없는 젊은 여성은 모든 감정적 에너지를 아이를 돌보는 데 쏟아 붓는다. 1993년 세 쌍둥이를 돌봐 줄 보모를 구하던 어떤 정직한 어머니는 『뉴욕 타임스』 기자에게 이런 얘기를 털어놓았다. "이 나라를 떠날 수 없고 뉴욕에 아는 사람이 없고 기본적으로 자기 생활이 없는 사람을 구하고 있습니다."14 추가로 생기는 이점은 불법 이민자를 위해 연금이나 건강 보험료는 말할 것도 없고 사회 보장세를 지불할 필요가 없다는 것이다. 불법 이민자는 현금으로 돈을 받기 원한다. 정부는 이 나라에 와 있는 불법 보모가 몇 명이나 되는지 정보를 수집하지 않는다. 고액 연봉의 전문직 종사자였던 친구 하나는 불법으로 일하고 있는 보모를 다문화 도시인 로스앤젤레스·휴스턴·샌안토니오·뉴욕에서 쉽게 찾을 수 있다고 넌지시 일러 주었다.15

　왜 저학력 미국 노동자를 보모로 고용하지 않을까? 공급과 수요 측면에 장애가 도사리고 있기 때문이다. 저학력 미국 노동자는 대부분 유색 인종 여성으로서 그들의 조상이 숙명적으로 할 수밖에 없었던 가사 노동을 하길 원하지 않는다. 게다가 직업 경력을 쌓기에는 보육이 변변찮은 직업이라는 사실을 너무나 잘 안다. 동시에 부유층 부모는 문화적으로 '불우하다'고 생각하는 여성들에게 아이를 맡기고 싶어 하지 않는다. 그보다는 정부가 지원하는 오페어 프로그램을 통해 젊은 유럽 여성을 고용하고 싶어 한다. 오페어는 1990년대에 사실상의 보육 서비스 프로그램이 되었다.

프랑스어로 오페어는 문자 그대로는 '두 사람이 짝을 지어'라는 의미인데 어머니의 조력자로서 일을 한다는 뜻을 담고 있다. 프로그램에 등록한 사람들은 그것을 문화 교환 프로그램으로 여겼다. 그러나 젊은 여성들은 새집에 도착하자마자 사실상 전일제 보육의 책임을 맡는다는 것을 깨닫게 되었다. 유럽 국가들은 오페어가 일수일에 25시간 이상 일하는 것을 허용하지 않지만 미국의 규정은 45시간을 허용하고 있다. 게다가 자격 조건과 최저 임금에 대한 기준도 전무하다. 일주일에 140달러 이하가 일반적으로 그들이 벌어들이는 소득이다.

1990년대 들어 오페어의 악용 가능성이 뚜렷해지면서, 양국 정부는 오페어 프로그램을 조사한 뒤 노동부나 이민국의 감독을 받도록 했다. 의회는 "값싼 보육에 대한 지역구 주민들의 요구에 따라"16 그런 변화를 거부했다. 그러나 보스턴에 사는 한 갓난아기의 죽음이 루이스 우드워드라는 영국인 오페어의 탓으로 돌려지면서 오페어 프로그램은 그 빛나는 영광을 잃게 되었다. 갓난아기를 돌보도록 고용된 사람은 21세가 넘어야 한다 등의 조건으로 프로그램을 규제해야 한다는 의견이 갑자기 힘을 얻었다. 우드워드 사건의 결과, 내년 미국에 들이오는 오페어의 수는 급격하게 감소했다.

이민 보모에게 특별 임시 비자나 영주권을 주자는 운동이 현재 진행 중이다. 설탕과 오렌지를 수확하러 오는 농업 노동자에 대한 제약 조건을 느슨하게 할 수 있다면, 우리 아이들을 키워 주러 오는 사람들에게 왜 똑같이 할 수 없는가? 그렇게 하면 비용이 엄청나게 절약될 것이다.

"아이를 키워 본 적이 있는 무수히 많은 여자들이 기꺼이 미국에 와서 아이를 돌봐 주려고 한다"고 워싱턴의 이민 전문 변호사는 설명한다.[17] 전미여성기구NOW에서 일하는 한 활동가는 보육 노동자를 '비숙련'노동이라고 정의하는 것이 얼마나 성 차별적인지 강조한다. 맞는 소리다. 외국 보모 수입이 일 년에 8만 달러 이상을 버는 어머니들의 삶을 수월하게 해 주고 있다는 데 의심의 여지가 없다. 그 어머니들 가운데 많은 수가 전미여성기구의 충실한 회원이다.

그러나 보모 수입 회사는 기업 국가와 마찬가지의 한계를 지니고 있다. 장기간의 지속 가능성을 희생하고 단기간의 효율성을 사고 있는 것이다. 일대일의 보육과 가사 서비스를 제공하려는 여성의 공급이 증가하면 그 서비스의 가격은 낮아진다. 그러나 시간이 좀 걸리겠지만, 그 싼 보육 노동 공급은 궁극적으로 말라 버릴 것이다. 한편, 사우디아라비아에서 일하는 방글라데시인들처럼 성별·인종·국적에 의해 결정되는 돌봄 노동자라는 새로운 카스트의 형성이 과연 바람직한가라는 의문을 제기할 수 있다. 부유층 어머니들은 비용이 적게 드는 보모의 공급을 늘림으로써 보육비를 낮출 수 있다. 비용이 낮춰지면, 그들은 돌봄의 비용을 좀 더 평등하게 재분배하려는 더 광범위한 노력에 참여하지 않으려 할 것이다.

다음 단계

보육처럼 일대일 접촉이 필요한 서비스 산업은 노동자를 데려와 일을 시킨다. 그러나 제조업이나 일부의 서비스 업종에서는 일을 노동자에게 가져다주는 것이 더 싸게 먹힌다. 이것이 바로 자본 이동이다.

노동자가 이동해 다닌 역사만큼 돈도 세계를 돌아다녔다. 아마 더 역사가 오래될지도 모르겠다. 새로운 것은 그 이동이 갈수록 용이해지고 있다는 사실이다. 1980년대와 1990년대에는 수출입뿐만 아니라 전 지구적 투자가 괄목할 만한 성장을 이루었다. 전 지구적 투자는 본질적으로 관세 장벽의 영향을 전혀 받지 않는다. 관세 무역 협정GATT과 북미 자유 무역 협정NAFTA 같은 국제 협정은 무역 장벽을 낮추고 있다. 한 국가가 국경을 넘나드는 투자 자본의 이동에 어떻게든 제약을 가하는 것이 불법임을 골자로 하는 다국적 투자 협정MAI이 제안되기도 했다.

오늘날 제약은 별로 존재하지 않으며, 소위 신흥 시상이라는 곳에서 투자를 하는 뮤추얼펀드의 성장은 소액 투자자도 해외에 있는 회사에 투자할 수 있도록 만들었다. 그 결과 미국에서 어느 정도로 제조업 일자리가 줄어들었는지에 대해 경제학자들은 의견 일치를 보지 못하지만, 기상 캐스터가 아니어도 바람이 어느 쪽으로 불지는 알 수 있다. 일자리 감소라는 위협은 엄청난 충격을 가져와 노조 조직 활동과 임금 상승 요구를 방해하고 있다. 회사는 손을 내저으며 "글로벌 시장에서 경쟁해야만 합니다. 여기 조건이 그 경쟁을 저해하면 다른 곳으로 공장을 옮길 것입니다" 하고 말할 수 있게 되었다.

이런 현상은 '구속을 안 받는 기업'이라고 새롭게 이름 붙여졌다. 『비즈니스 위크』는 이렇게도 표현한다. "자국의 구속에서 완전히 자유로운 회사는 별로 없지만 분명히 '소속 국가가 없는' 기업이 되고 있는 경향이 있다."[18] 한 가지 수치만을 보더라도 다국적 기업은 이제 세계 총생산량의 3분의 1과 세계 무역의 3분의 2를 차지하고 있다. 다국적 기업의 생산량을 전부 합하면 대략 미국 전체 경제 규모가 된다.[19] 이는 단순한 국제화 이상의 그 무엇이다. 생산 과정이 근본적으로 재편되고 있음을 뜻한다.

　　국가가 없어지는 현상이 곧 일어날 것처럼 보이지는 않는다. 국가는 여전히 군사력의 기본 단위이며 경제 성장의 원동력인 천연자원에 접근하는 결정적인 주체로 남아 있다. 규제나 연구와 개발 지원 같은 다양한 국가 정책은 그 나라에 본부를 두고 있는 회사의 경쟁력에 영향을 미친다. 문화적 충성은 여전히 중요하고 기업의 운영 방식에 깊이 뿌리내려 있다. 국가는 재산권을 보호한다. 정보와 오락의 전자 암호를 해독해 쉽게 해적판을 만들어 낼 수 있을 정도로 디지털 경제가 성장하면서 국가가 재산권을 보호하는 역할은 점점 더 중요해질 것이다. 연방 법원이 내린 마이크로소프트사와 관련된 독점 금지 판결이 보여 주듯이, 국가는 기업의 경쟁 환경을 다지는 중대한 심판관 역할을 한다. 지리학자 피터 디켄은 국가가 곧 붕괴하기를 고대하는 사람들에게 경고한다. 그는 "국가는 죽었다"고 쓰면서 "국가여 영원하길!"이라고 빈다.[20]

　　알 것 같기도 하고 모를 것 같기도 하다. 국가가 비대해질지 왜소해질지, 강해질지 약해질지는 국가의 역할이 어떻게 변할지보다 그다지 중요한 문제가 아니다. 국가의 역할은 구속을 안 받는 기업의 권력을 증대시키고 '구속받는' 노동자와 소비자의 권력을 감소시키는 방식으로 바뀌고 있다. 신국제 질서는 기업이 규제를 회피하는 것을 허용한다. 노동자가 노조를 결성할 권리와 차별받지 않을 권리를 법으로 보장하고 있다고? 그러면 그런 규제가 없는 다른 곳으로 갈 거야. 오염을 규제하는 규칙이 있다고? 그런 규칙이 없는 나라들이 널려 있으니 아쉬운 쪽은 당신이지. 직무상 건강과 안전에 관한 요구 조건이 있다고? 나중에 보자고.

　　당신은 잠깐만이라고 외치며 이의를 제기한다. 소비자는 대가를 치를 의향만 있다면 원칙에 충실할 수 있다. 그러나 그것도 쉽지 않다. 1995년에 제안된 아동 노동 금지법을 생각해 보라. 그것은 14세 미만 아동의 노동을 이용해 제조된 상품이 미국에 수입되지 못하게 하는 법이었다. 불행히도 그 법은, 생산 양식의 차이를 내세워 상품이나 국가를 차별하는 것을 금지한다는 세계무역기구WTO의 규칙을 위반한 것이었다. 말할 것도 없이 미국은 세계무역기구의 회원국이다.[21] 리복 같은 회사는 자사가 제조하는 축구공은 아동 노동을 이용한 것이 아님을 확인시키며 소비자의 압박에 대응했다. 미국인의 과반수는 위험하거나 부당한 노동 조건에서 제조된 상품을 사지 않겠다고 한다.[22] 그러나 어떻게 알겠는가? 어떤 제품에는 제품 설명서가 붙어 있지만 어떤 제품에는 붙어 있지 않다. 또 제품 설명이 정확한지 아닌지 어떻게 알겠는가?

그물로 고래를 무수히 죽이면서 잡은 참치를 거부한 소비자 운동을 기억하는가? 고래를 사랑하는 아이들과 그 아이들에게 참치 샐러드 샌드위치를 만들어 주는 어머니들에게 호소력 있는 운동이었다. 스타키스트 같은 대기업은 참치 공급자들에게 몇 가지 규제 사항을 부과했다. 그 결과 플리퍼라는 이름의 고래가 보호를 받기 시작했고 다시 살아 돌아왔다. 그러나 멕시코가 고래 사망률을 낮추기 위한 어획 관행 규제를 하지 않았다는 이유로 미국이 멕시코산 참치의 수입을 금지하자, 멕시코는 세계무역기구에 항소했고 승리를 거두었다. 미국 소비자에게는 집단적으로 환경에 대해 자신들이 원하는 것을 집행할 권리가 없고, 참치 캔은 그 안에 멕시코산 참치가 들어 있는지 아닌지 명시하지 않는다. 다음에 일식집에서 참치 롤을 주문할 때 주방장에게 그 참치가 어느 나라에서 온 것인지 물어보라. 십중팔구 모를 것이다.

새로운 국제 질서는 국가가 기업을 규제하는 능력을 약화시킬 뿐 아니라 기업에게 세금을 부과할 능력도 약화시킨다. 다국적 기업은 다른 나라로 공장을 이전하겠다고 위협을 하거나, 회계 방법을 바꿔서 세금이 낮거나 없는 나라에서는 이익을 내고 세금이 높은 나라에서는 손해를 본 것처럼 만들 수 있다. 그러한 전략이 실패할 경우에만 어쩔 수 없이 공장을 이전할 것이다. 『이코노미스트』는 지난 20년간 선진국 대부분에서 사회 지출이 별로 줄어들지 않았음을 지적하며 세계화가 국가를 '밑바닥으로 떨어지는 경주'에 참여하게 만들고 있다는 주장을 반박한다. 그러나 이코노미스트가 언급하지 않는 것은 법인세가 감면되고 고소득자에 대한 세율이 인하되면서 그런 사회 프로그램에 재정을 대는 부담이 임금 노동자에게 전가되었다는 사실이다. 1960년 이후 미국에서는 연방 세수입에서 법인세가 차지하는 비중이 절반 이상 줄어들었다.[23]

20세기에 접어들면서 에드워드 번스타인과 다른 유럽 사회 민주주의자들은 마르크스가 지나치게 사회주의 혁명에 집착했다고 주장했다. 그들은 자본주의를 개혁할 수 있다고 주장한다. 노동 계급이 갖고 있는 유권자의 힘에 길들여지기만 하면 자본가들은 생산성이 높은 산업에서 나오는 혜택을 나눠 가질 수밖에 없을 것이다. 20세기 후반은 그들의 얘기가 옳음을 증명해 주는 듯했다. 스칸디나비아 반도의 국가들뿐만 아니라 독일과 프랑스는 사회 민주주의의 모델로서 시민들에게 의료, 교육, 기본 사회 안전망을 제공했다. 인종 불평등이 특히 심한 미국에서도 경제적 팽창은 일종의 트리클다운 효과를 일으켰다. 1980년대의 동유럽 국가 사회주의 경제의 붕괴와 함께, 자본주의 대 공산주의라는 논쟁은 종식된 것 같다. 자본주의에 대한 넘치는 자신감은 정치적 합의라는 환희를 낳았다.

이제 우리는 새로운 단계로 들어서고 있다. 국가 간 대항을 조장함으로써 다국적 기업은 민주주의적 지배 구조의 충격을 최소화할 수 있다. 윌리엄 그라이더가 말했듯이, "군사 용어로, 자유롭게 날뛰는 시장이 협공 작전을 펼쳐 현대 복지 국가를 무능하게 만들고 있다."[24] 마르크스가 늘 주장했듯이, 장기적으로 이윤 극대화라는 명령은 자본주의를 고삐 풀린 망아지로 만들 것이다. 아마 마르크스와 그의 추종자들은 장기적이라는 것이 얼마간을 뜻하는 것인지 깨닫지 못했던 것 같다.

경제학자들은 '세계화'란 용어가 사회 조직 대신 공간 조직의 변화를 더 강조함으로써 이윤 극대화를 위한 경쟁 노력에 기반을 둔 제도인 자본주의에서 관심을 딴 데로 돌린다며 그 용어를 몹시 싫어한다. 아마 세계화는 단지 자본주의 최고의 단계, 또는 최저의 단계일지도 모르겠다. 세계화를 자본주의의 마지막 단계라 부르는 것은 주제넘은 일이다. 그러나 자본주의의 다음 단계인 것은 확실하다.

감원 블루스

1996년 가을, 동네 신문에 이웃 동네인 매사추세츠 주 이스트햄튼에서 직장을 막 잃은 공장 노동자들을 찍은 인상적인 사진이 실렸다. 엑코 코퍼레이션은 켈로그 브러시 회사의 문을 닫고 생산 라인을 멕시코의 시우대드 오브레곤이라는 동네로 옮기겠다고 발표했다. 그 동네는 공장 부지를 광고하는 웹사이트도 가지고 있었다. 나는 사진과 함께 몇 가지 사실, 여러 가지 수치에 관한 정보, 그 멕시코 웹사이트로 이어지는 링크를 모아서 세계화 과정을 잘 보여 주는 공장 폐쇄에 관한 교육 사이트를 만들기로 결정했다.

엑코 코퍼레이션의 발표는 1996년 10월 10일이었다. 직원 220명이 곧 직장을 잃게 될 것이라는 통보를 받았다. 감원은 이스트햄튼 시에서 일상적인 일이 되었다. 50년 전쯤, 이스트햄튼은 신축성 소재를 전문적으로 생산하는 섬유 산업의 중심지였다. 그러나 지금은 쇠락해 가는 물레방앗간 마을처럼 묘사될 뿐이다. 지역 사회는 해고를 막기 위해 전력을 다했다. 이스트햄튼 시의 경제발전위원회 회장은 엑코와 만나 세제 혜택과 상하수도 사용료 인하를 논의했다. 주 의원들도 엑코에 대한 공적 지원이 가능한지 알아보았다. 직원 노조는 회사 측에 자기네가 분명히 양보하겠다는 광고를 지역 신문에 냈다.

엑코 대표단은 공손했지만 완강했다. 회사의 운영비가 올라가 이윤이 떨어졌고 주식 가격도 떨어졌다는 것이다. 엑코는 1990년 이후부터 멕시코의 시우대드 오브레곤의 한 작은 제조 공장을 성공적으로 운영하고 있었다. 한 엑코 관리자는 자신들이 내린 결정의 배경을 이렇게 요약했다. "비용 면에서 아주 경쟁적인 환경입니다. 인력, 간접비, 효율성, 합병의 상승효과든 간에, 결정은 순전히 비용을 분석한 결과 내려졌습니다." 한 노조 활동가는 같은 내용을 좀 더 쉽게 이야기했다. "기본적으로 제조업에서 일어나고 있는 일은, 멕시코에 가면 1시간에 2달러를 지불하면 되는데 왜 여기서 7~8달러를 지불해야 하나 이거죠." 한 시간에 2달러라는 말은 틀렸다. 멕시코의 최저 임금은 하루에 3달러 정도다.

멕시코는 다른 이유로도 사업을 하기에 매력적인 지역이다. 회사는 임신한 노동자의 고용을 거부하거나 해고할 수 있다. 1995년 이후 투자를 끌어들이기 위해 최소한의 환경 규제도 이미 축소되었다. 산업 지역으로 이미 지정된 땅에 건설되는 새로운 마킬라도라 공장들은 환경 평가서를 제출할 필요도 없다. 근처 주민들은 오염에 대해 어떤 일이 벌어질지 아는 바가 전혀 없다.[25] 세금 부담이 적고, 멕시코 노동자들은 수도·배관·전기가 없는 동네에서도 기꺼이 살려고 하기 때문이다. 멕시코 정부는 잠재 노동자에게 국가 재정을 지출하여 교육을 한다. 멕시코 밖에서 팔리는 물건을 제조하는 데 쓴 수입 장비와 재료에 대해서는 관세를 면제해 준다.

이스트햄튼 시를 뜨겠다는 엑코의 결정을 두고 북미 자유 무역 협정NAFTA를 비난해야 하는가? 직접적으로는 아니다. 미국 회사들은 이미 멕시코로, 특히 자유 무역 지구로 지정된 지역으로 이동하고 있었다. 엑코도 나프타 협정이 통과되기 전에 투자를 시작했다. 그러나 간접적으로는 나프타 협정이 엑코의 결정에 영향을 미쳤을 것이다. 관세 장벽의 축소로 심화된 국제 경제는 비용 삭감의 압력을 증가시켰다.

아이러니하게도 1997년 2월, 엑코는 더는 멕시코로 생산 라인을 옮기지 않겠다고 결정했다. 대신 오하이오의 해밀턴 공장으로 이선하겠다고 결정했다. 오하이오 주 정부가 8년간 70%의 고용 창출 세제 혜택, 제조와 장비에 대해 27만 달러에 이르는 세제 혜택, 110만 달러의 저리 융자, 10만 달러의 사업 개발비, 15만 달러의 직업 훈련비를 주겠다고 제안했던 것이다. 때로 이전을 하겠다는 위협이 이전 자체보다 더 큰 혜택을 제공한다. 그리고 오하이오 주가 돈이 떨어지면 멕시코는 언제라도 그 자리에 있을 것이다.

러시 림보가 "왜 기업이 노동자를 해고할 때, 사람들은 노동자가 잘못해서 그럴 것이라는 의심을 하지 않나?" 하고 묻는 것을 들어본 적이 있는가? 「새터데이 나이트 라이브 쇼」의 작가였고 『러시 림보는 뚱땡이 바보』라는 책의 저자인 알 프랑켄은 "비행기 충돌 사고에 대해 나도 똑같은 생각을 한 적이 있다"[26]고 재치 있게 받아쳤나. 감원은 경제적으로 활기를 되찾은 1998년에도 가속화되면서 노동 시장에서 아주 일상적인 풍경이 되었다. 4% 미만의 실업률 하에서는 감원의 충격이 잘 흡수된다. 다른 직장을 알아보는 것은 그리 어렵지 않다. 그러나 45세가 넘은 실직 노동자들은 원상태로 회복될 수 없는 생활수준의 하락으로 고통을 받는다. 1995년과 1997년 사이, 즉 최소 3년은 안정적으로

다니던 직장에서 해고된 전일제 노동자를 보면, 1998년 초 사정은 이렇
게 달라졌다. 38%가 임금이 더 적은 직장을 갖게 되었고, 15%가 시간
제나 재택 근무를 하게 되었고, 13%는 구직을 포기했고 10%는 실업 상
태였다.[27]

1996년 마이클 무어는 『이것을 줄여봐』라는 책을 출간했다. 나는
오디오 북을 사서 버려진 공장 부지의 사진을 찍으며 이스트햄튼을 운
전하고 다닐 때 들었다. 무어의 목소리는 걸걸하면서도 코맹맹이 소리
처럼 들리는데, 사람들과 이야기하는 데 재주가 있음을 알 수 있다. 그
의 이야기 중에 비행기 옆 좌석에 앉게 된 기업가들과 그가 나눈 대화
부분이 있다. 그들은 회사는 이윤을 최대한 올려야 하고 주주들에 대한
책임은 돈을 가능한 한 많이 버는 것이라고 말한다. 무어는 코카인 산업
에 대해, 그리고 그것이 얼마나 많이 남는 장사인지를 이야기하기 시작
한다. 코카인 중독보다 차 사고로 죽는 사람이 더 많다. 근데 왜 제너럴
모터스는 코카인 사업에 뛰어들지 않는 걸까? "이유는 말이죠, 코카인
은 사람과 지역 사회를 파괴하기 때문이죠. 코카인을 파는 사람을 처벌
하는 법이 있는 것도 다 그런 이유 때문입니다" 하고 무어는 말한다. 계
속해서 공장 폐쇄도 사람과 지역 사회를 파괴한다고 지적한다. 우리는
그런 과정을 규제할 수 있다. 해로운 영향을 끼치는 이윤 극대화 방식을
불법화할 수 있다.

1980년대 초 나는 메인 주에서 사전 통보가 공장 폐쇄에 미치는 영
향에 관심을 갖게 되었다. 당시 나는 보도인 대학에서 가르치고 있었는
데, 학생 몇 명이 자유 주제를 가지고 수업을 하고 싶다고 다가왔다. 탈
산업화로 크게 타격을 입었던 메인 주에는 직원을 50인 이상 고용하는
기업은 공장 폐쇄 6일 전에 직원들에게 사전 통보를 해야 한다는 법이
있었다. 우리는 정확히 공장이 몇 개 폐쇄되었는지 조사하기로 결정했

다. 줄리아 레이튼과 멜리사 로더릭이라는 학생 둘은 끈질긴 연구자들이었고 조사의 대부분을 담당했다. 출간된 자료에서 정보를 구할 수 없었기 때문에 신문 기사와 전기 회사 자료를 이용했다(공장은 전기를 대량으로 사용하므로, 숫자가 큰 계좌가 하나 말소되었으면 공장 하나가 문을 닫았을 가능성이 높았다). 자세한 사항은 전화로 일일이 확인해야 했다.

두 학생 중 한 명은 집이 부자였다. 그녀의 아버지는 유명한 기업 간부였다. 그녀는 자신감 있게 일을 책임지고 해내는 태도를 지녔다. 회사 사무실들에 전화할 때 그녀는 원하는 답을 얻어 냈다. 사실 이쪽으로 전화를 해 온 사람들은 내가 그녀의 비서라는 인상을 받는 것 같았다.

다른 학생은 매사추세츠 주의 폴리버 출신인데, 부모님 모두 지역에서 민주당 활동에 열심이었다. 그녀는 노동자 계급의 억양을 가지고 있었고 필요한 정보를 얻으려 노조 사무실에 전화 걸 때 그것을 아주 잘 써먹었다. 연구를 진행하면서 우리는 폐쇄된 회사들 가운데 사전 통보 규정을 준수한 회사가 얼마 되지 않는다는 사실을 밝히게 되었다. 아무도 적극적으로 법을 집행하지 않았기 때문이었다. 또한 회사가 공장 폐쇄 사전 통보를 전달했을 때, 실업이 낮아졌다는 사실을 밝혀냈다. 노동자들은 적응하고 계획하고 다른 직장을 알아볼 시간이 더 있었던 것이다. 1973년과 1982년 사이 문을 닫은 회사 중 파산한 회사는 13% 정도 뿐이었다.

우리는 메인 주의 수도에서 열리는 회의에 초내받아 공장 폐쇄 규제를 강화하는 한 방법으로서 퇴직금 지급을 의무화하는 방안을 토론했다. 노조들은 실직 노동자들을 버스에 가득 태워 데리고 왔다. 회의실에는 창문이 없었고 붉은 페이즐리 벽지와 우아한 샹들리에로 장식되어 있었던 것으로 기억한다. 내가 증언하는 내내 졸고 있던 한 의원이 나를 내 자리로 돌려보내겠다는 결정이라도 한 듯 잠에서 깨어나며 물었다. "아가씨, 순무에서 피를 뽑을 수 있을 것 같아요?"('순무에서 피를 짜 낼 수 없다'는 말은 가지고 있지 않은 것을, 또는 주려고 하지 않는 것을 얻어 낼 수는 없다는 의미의 속담 ― 옮긴이) 나는 좀 당황했지만 청중 가운데 있던 해고 된 신발 노동자는 파산율에 대한 내 보고를 기억하며 소리쳤다. "문을 닫은 회사가 순무가 아니라고 방금 얘기했는데 무슨 소리예요!" 그날 유일하게 노동자를 웃긴 얘기였다. 퇴직금 법안은 입안될 가능성이 전 혀 없었다.

몇 년 뒤, 의회는 메인 주의 선례를 본보기 삼아 사전 통보 요건을 국가적 차원에서 고려하기 시작했다. 나는 증언하기 위해 워싱턴으로 날아갔다.[28] 결국, 1988년 '노동자 적응과 재훈련법'이 통과되었다. 경제 학자들은 여전히 그 법이 공장 폐쇄로 인한 실업을 줄이는 데 기여했는 지를 두고 논쟁을 하고 있다.

연방법은 국제 경쟁 때문에 실직했다는 증거가 있는 노동자들에게 지원과 재훈련을 의무화하고 있다. 그러나 모든 것을 고려할 때, 그 법 은 그다지 많은 도움이 되지 않은 것 같다.

집에서 온 편지

『월 스트리트 저널』에 실린 세계화를 치켜세우는 기사 중 내가 가 장 마음에 들었던 기사는 "자본주의는 망하지 않는다"는 글로서, 대놓 고 자본주의의 부정적인 면을 인정하고 있다. "조정 과정에서 개인들이 느끼는 고통을 줄일 방법은 없다. 좀 달랐으면 하고 바라지만 고통이 없 다면 사람들은 변하지 않을 것이다." 그리고 서방 세계 노동자들의 실 질 임금은 많이 오를 것 같지 않으며 일부 노동자는 앞으로 수십 년간

많게는 50% 정도의 급격한 임금 하락을 경험할 것이라고 차분하게 예측한다.[29]

단기 비용은 이렇게 폐해가 크다. 불행히도 그 비용을 지불하는 것은 『월 스트리트 저널』의 독자들이 아니다. 온화한 논조로 글을 쓰는 러셀 베이커라는 칼럼니스트는, 짐 레러의 「뉴스 아워」에 출연한 한 기업 중역이 어떻게 자기가 인력의 3분의 1을 해고하고 수백만 불의 연봉 인상을 따냈는지를 설명하는 이야기를 듣고 빈정대지 않을 수 없었다. 베이커는 『뉴욕 타임스』에 "시장이라는 신"이라는 칼럼에서 그의 노여움을 진정시키기 위해 필요한 희생에 대해 묘사했다.

> 어째서 감원 대상이 될 위험이 없는 사람들은 '감원'이 경제에 건전한 영향을 미친다며 입에 마르게 칭찬하는 것일까? 자신은 공동선을 위해 해고당해야만 하는 사람이 아니라고 안심하기 때문에 그런 소리를 하는 것일까? 아니면 고액 연봉을 받아야 나라를 위해 좋은 것이 무엇인지 날카로운 비전이 생기는 것일까? 그 위치에 있는 사람들은 놀라울 정도로 명확하게, 왜 대량 해고가 국가의 복지에 필수적인지를 안다. 또 '감원된' 노동자들의 곤경에 불평하고 한탄하는 것이 왜 바보 같은 감상에 불과한가를 안다.[30]

자녀의 능력과 자질을 키우기 위해 시간과 에너지를 쏟는 부모와, 사회 복지에 국가 예산의 상당 부분을 쏟아 붓는 나라의 유사성에 대해 생각해 보자. 단기적으로 시장에서 직접 팔 수 있는 재화와 서비스에 자원을 덜 할당하고 있기 때문에 둘 다 시장 경쟁에서 불리하다.

헌신적인 어머니이기도 한 대학 교수는 아이가 없는 교수보다 발표 논문 수가 적을 것이다. 헌신적인 아버지이기도 한 변호사는 비혼의 변호사만큼 돈 버는 일에 시간을 쓸 수가 없다. 어머니인 관리자는 하루에 12시간을 사무실에서 일할 수 없다.

아이가 있는 가정은 작은 복지 국가와 같다. 소득 이외의 일들을 우선시하고, 자녀에 대한 의무를 다하기 위해 시간과 돈의 측면에서 소득에 대해 높은 세율을 감내한다. 감원을 풍자한 글들 가운데 『뉴요커』에 로버트 설리번이 쓴 단편을 나는 가장 좋아한다. "아빠가 보낸 편지"라는 단편인데, 아버지가 식탁에 가족들을 불러 앉혀 놓고 식구를 줄여야 한다고 설명한다.[31] 아버지는 아들을 시간제로 돌리면 음식과 우유 소비가 줄 것이라고 한다("내 생각에 네 어머니도 17세인 너는 옛날만큼 귀여운 애가 아니라고 인정할 거야"). 시어머니의 위치는 단지 축소되는 것이 아니라 영원히 사라질 것이다. 그러나 간부인 아버지의 봉급은 올라간다.

증대된 자본 이동은 가정생활의 의무를 갉아먹고 있듯이 시민이 해야 할 의무를 갉아먹고 있다. 다른 곳으로 갈 수 있는 다국적 기업이 왜 이 나라에 남아 세금을 내면서 인간의 능력과 자질을 배양하겠는가? 습관의 힘과 낡은 충성심 때문에 한동안은 이 나라에 머무를 것이다. 그러나 현재의 경쟁의 법칙은 기업 국가처럼 새로운 기회를 이용하는 데 먼저 뛰어든 기업이 단기적인 이익을 극대화하는 경주에서 승리할 것임을 시사한다.

자유 무역, 자유로운 자본 이동, 자유롭거나 최소한 통제받지 않는 이주를 통해 국경을 없앰으로써 경제를 세계화하는 것은 공동선을 위한 정책을 실행할 수 있는 중요한 공동체에 치명타를 가하는 셈이다.

— 허먼 데일리

지하드와 맥월드

아버지와 가족은 자본가와 국가의 관계 같다. 아버지와 자본가는 최강의 권력을 지닌 주체다. 둘 다 자연적으로 자비로운 존재라고 확신하고 있다면 걱정할 일이 없다. 시장을 진정으로 믿는 사람들, 자유론자라고 자신을 묘사하는 사람들이 갖고 있는 자신감이다. 그러나 보수주의자들은 세계화에 우려를 표한다. 자녀에 대한 아버지의 의무를 강제할 필요가 있다고 믿는다면 동료 시민에 대한 자본가의 의무를 강제하기를 원할 것이다. 자유로운 사랑처럼, 자유 무역은 기존 질서에 위협을 가하고 있다.

1992년 대통령 선거에서 빌 클린턴이 당선되는 데 일조했던 로스 페로는 나프타는 미국 노동자에게 해를 입힐 것이라며 소리 높여 자유 무역 반대 운동을 벌였다. 페로는 "일자리가 남쪽으로 흡수되는 거대한 소리"라는 기억에 남는 말을 남겼다. 1996년 팻 부캐넌은 이민과 공장 폐쇄를 심하게 비난하면서 공화당원들을 겁주었다. "애국심은 어디로 갔는가?" 그는 물었다. "애국심이야말로 세계 경제가 열리고 초국적 엘리트들이 등장하는 이 시점에 제기해야 할 문제다. 누구에게 충성하고 누구를 사랑해야 하는가?"[32] 나중에 그는 "우리의 형제 동맹은 이제 끝이 났다"고 비탄했다.[33]

이 주제에 관한 한 부캐넌의 말이 맞다. 다국적 기업의 등장은 특정 지역이나 문화 공동체에 연고가 없는 국제적인 관리자 계급을 낳는다. 이 새로운 계급은 여성들이 관리직에 참여할 수 있도록 문화 장벽을 낮춤으로써 전통적인 형제애를 약화시킨다. 이에 대한 보수주의적 반응은 방어 태세를 갖추는 것이다. 관세 장벽을 세우고 이민을 제한하라.

"자기 자신을 위해서"에서 "자기 국가를 위해서"라는 슬로건으로 바꿔라. 그런 처방은 그 단순함 때문에 대중에게 호소력이 있었는데, 그것은 아이젠하워와 1950년대 드라마 「아빠가 제일 잘 알아」의 세상으로 되돌아가자는 것이었다.

보수주의자들이 여성들을 전통적인 역할로 불러들이려 했음은 별로 놀랄 일이 아니다. 1998년 6월, 미국에서 가장 큰 기독교 종파인 남부침례교는 신도 대모임에서 아내는 남편의 "지도에 상냥하게 복종해야" 한다고 선언했다.[34] 그러나 권위 회복을 염원하는 목회자들의 권력 게임을 넘어선 그 무언가가 진행되고 있다. 그것을 세계화라고 부르든 근대화나 개인주의의 성장이라고 부르든, 그것은 공동체 의식이 결핍된 세상을 만들겠다고 위협한다. 개인이 어떤 사회적 의무도 지지 않는 세상, 동정이라고는 없는 세상, 모든 것이 사고팔리는 세상이 될 수 있다. 이와 비교해 보면 애국주의와 가부장제도 그렇게 나빠 보이지 않는 것 같다.

벤저민 바버는 『지하드 대 맥월드: 어떻게 세계화와 부족주의가 세상을 재편하고 있는가』라는 책에서 그 딜레마를 잘 포착하고 있다. 지하드와 맥월드는 일종의 지구 양극화를 대변한다. '맥월드'는 맥월드라 불리는 개성이 없는 쇼핑몰과 패스트푸드 레스토랑이 모인 악몽 같은 놀이 공원에서 일어나는 "개별 소비자와 생산자 간의 방해받지 않는 교환 관계"를 대표한다.[35] 바버는 맥월드가 돌봄에 어떤 함축을 지니는지를 숙고하지 않지만 그의 분석에서 쉽게 그 함의를 도출해 낼 수 있다. 아이를 어린이집에 데려다 줄 때 달걀 맥머핀을 집어 들어라. 고속도로를 타고 이동 전화로 양로원에 계신 부모님이 잘 계신지 확인하라. 사무실 책상에 앉아 시간을 재어 가며 일하라. 마침내 집으로 돌아오는 길에 항우울제와 빅맥 햄버거를 산다.

종교 근본주의의 세계적인 부활은 상대적으로 싼 돌봄 노동의 공급을 보장했던 전통적인 가부장제 질서가 흔들리는 데 대한 불안을 증언하고 있다. 그 불안은 어느 정도 국가와 인종, 계급, 성에 기반을 둔 정치적 이해를 반영한다. 그러나 맥월드에 대한 더 깊은 불안을 반영하고 있기도 하다. 세계적으로 퍼지고 있는 종교 근본주의는 여성이 돌봄 노동을 거부할 권리를 제한하는 규칙을 재확립할 것을 일관되게 요구한다. 아프가니스탄의 탈레반 정권이 시행한 정책은 가장 극단적인 예다. 여성이 집 밖에서 일하지 못하게 금지하고 소녀에게는 코란을 읽을 정도의 교육만을 허용한다. 사우디아라비아에서 여성은 운전을 할 수 없다. 수단의 군사 정권은 여성이 아버지, 남편, 남자 형제의 허락 없이는 나라를 뜨지 못하게 한다.[36] 많은 나라에서 여성은 인공유산뿐만 아니라 효과적인 피임법을 이용할 수가 없다.

여성이 이미 너무 많은 권리를 갖고 있는 미국에서는 근본주의자들이 우리 사회를 극단으로 몰고 가는 것은 상상조차 할 수 없다. 그러나 인공유산 시술 병원과 의사에 대한 테러 공격에서 볼 수 있듯이 인공유산권에 대한 조직적인 공격은 종교 전쟁에 가깝다고 할 수 있다. 1장에서 지적했듯이, 인공유산 반대 운동에서 보이는 극단적인 수사들은 여성이 태어날 아이의 욕구보다 자신의 욕구를 우선시하는 결정을 하는 데 대한 분노가 바탕이 되고 있다.

전통적인 가족 가치로 돌아가게 하려는 기획은 보수주의 남성들에게 압력을 가해 전통적인 역할을 수용하는 여성의 가치를 재설정하도록 만들었다. 미국 최대의 보수주의 남성 집단이 자신들을 '약속을 지키는 사람들'로 부르게 된 것은 우연이 아니다. 이 운동의 가장 매력적인 점은 아버지의 책임을 강조한다는 것이다. 그러나 그들이 말하는 약속이라는 것을 자세히 들여다보면, 보수주의 남성들은 책임에 대한 대가로 지도자의 지위를 요구하고 있음이 명백하게 드러난다. 책임을 지는 대신, 여성에게 양자택일의 선택권을 준다. "나에게 권위를 주면 당신을 돌봐 줄 것이다. 내 권위를 빼앗으면 너와 아이는 혼자 힘으로 살아가야 한다."

물론 나쁜 약속이라도 아예 약속을 안 하는 것보다는 나을 수 있다. 그러나 시계를 거꾸로 돌리는 것은 받아들일 수 없는 해결책이다. 여성은 지도자의 지위와 더불어 돌봄의 책임을 남성과 공유하는, 더 나은 해결책을 추구할 권리가 있다. 민주주의가 한 나라에서 작동할 수 있다면 가족 안에서도 작동할 수 있다. 집단의 복지가 가족의 책임이라면 한 나라의 책임이기도 하다. 지하드로 상징되는 종교 근본주의의 공격을 잘 받아넘기고 싶다면 맥월드에 저항할 필요가 있다. 세계화는 가족과 국가에 대해 다시 생각해 보도록 만들고 있다.

긍정적인 측면에서 보면 가족과 국가 모두 개인들을 하나로 묶어 내며 집단의 복지에 책임을 질 것을 요구한다. 부정적인 측면에서 보면 가족과 국가 둘 다 개인의 권리와 인간의 능력과 자질의 온전한 계발을 방해하는 억압적인 위계질서를 만들어 낼 수 있다. 지하드와 맥월드라는 극단적인 대안이 왜 등장하고 있는지 그 이유를 파악하기는 너무 쉽다. 전자는 전체주의적인 대응을 대변하고 후자는 완벽한 경쟁주의적인 대응을 대변한다. 민주주의가 집단적으로 돌봄을 정의하고 그에 대한 책임을 강제하려고 애쓰는 것보다 둘 다 훨씬 에너지가 적게 들고 협상이 별로 필요하지 않다.

애국주의적인 보호주의를 복원하려는 노력은 국가적 차원에서 가부장적인 권위를 복원하려는 노력과 유사하다. 둘 다 적에게 낙인을 찍으려고 하는데, 전자는 외국인에게, 후자는 동성애자와 여성주의자에게 적이라는 낙인을 찍는다.

로스 페로와 팻 부캐넌은 평범한 미국인을 많이 걱정한다. 그들은 평범한 외국인의 운명에 대해서는 별로 걱정하지 않는 것 같다. 그들이 옹호하는 보호주의 정책을 적절히 표현하자면 "네 이웃을 파멸시키라"다. 그 정책은 결코 이로운 결과를 낳지 못했는데, 보복을 유발함으로써 맞불을 맞았다.

엄격한 보호주의와 규제 없는 자유 무역 사이에 선택을 할 필요는 없다. 대신 모든 나라의 소비자와 노동자의 복지와 환경에 대한 관심을 반영하는 무역 정책을 고안해야 할 것이다. 여론 조사에 의하면 미국인의 압도적 다수는 무역 협정이 환경 보호와 노동자 권리 신장에 기여해야 한다고 생각한다. 몇 나라에서 모인 시민 단체들은 가이드라인을 개발했다.[37] 대학생들은 학교에 압력을 가해 노동 착취 공장에서 제조하는 상품에 학교 로고를 박지 말도록 했다. 모든 이해관계자에게 더 나은 게임의 규칙에 동의하도록 요구할 수도 있을 것이다. 자유 무역이 아니라 공정 무역을 해야 하고, 여성주의에서 유추를 하자면, 자유로운 사랑이 아니라 공정한 사랑을 해야 하는 것이다.

세계화를 비판하는 사람들은 '공정 무역'이라는 용어를 사용하는 것만으로도 사람들에게 대안이 존재한다는 것을 보게 함으로써 변화를 만들어 낼 수 있음을 밝혀냈다. 2000년 4월에 시행된 해리스 여론 조사는 외국과의 무역에 관한 자신의 입장이 무엇인지 세 가지 중에서 고르라고 했다. 10%는 자신이 자유 무역론자라고 했다. 37%는 보호 무역주의자라고 답했으며 51%는 공정 무역을 지지한다고 대답했다.[38] 최소한 원칙적으로는 보이지 않는 가슴이 보이지 않는 손보다 친구가 더 많다.

세계 경제를 위한 닭고기 수프

우리를 병들게 하는 문제에 쉬운 처방이 있는 것처럼 말하는 나는 아마 지나치게 낙관적인 것인지도 모르겠다. 그러나 식탁에 닭고기 수프를 올린다고 누가 다치는 것도 아니다. 그 수프를 원하는 사람이 아무도 없다면, 세계 경제를 굴러가게 하는 휘발유 통에 들이붓고 무슨 일이 벌어지는지 두고 볼 수도 있다. 기본적인 요리법은 이렇다. 국내 총생산의 크기만 크게 하는 것이 아닌, 인간의 능력과 자질을 계발하는 데 관심이 있는 육수를 끓인다. 기름기를 걷어 내고 가장 가난하고 취약한 환경에 있는 사람들의 생활수준을 향상하는 일에 우선순위를 둔다. 가난한 나라도 부자 나라와 같은 수준의 대표성을 지니는 국제 지배 구조를 발전시킨다.

밑바닥으로 떨어지는 경주는 허용하지 않는다. 모든 나라에서 모든 기업에 최소한의 세금을 부과한다. 노조 결성권 같은 기본적인 민주적 권리를 보장하기 거부하는 나라와 환경 보호 장치를 감독하고 강제하지 않는 나라에 대해서는 소비 시장에 대한 접근을 제한함으로써 불이익을 준다. 경제적 불안과 노동자 개인이 통제할 수 없는 이유로 일자리를 잃을 위험과 경제적 불안에 빠지지 않도록 노동자를 보호할 수 있는 기본적인 안전망을 구축한다.

해결책을 시행하는 것보다 상상해 내는 것이 더 쉽다. 사람들은 여러 가지 서로 모순된 입장에 서 있다. 어떤 면에서는 불리하지만 다른 면에서는 특권을 가지고 있다. 레닌도 이를 올바로 이해하고 있었는데, 선진 자본주의 국가의 '노동 귀족'이 계급 이익보다는 국가 이익과 손을 잡고 있음을 지적했다. 지옥이나 다름없는 국경을 넘기 위해 목숨을 거는 절박한 멕시코인과 중남미인들, 독일인보다 훨씬 낮은 임금으로라도 기꺼이 일하려고 하는 이주 터키인들. 로마제국의 시민은 쳐들어오는 이방인들을 걱정한다. 우리는 풍요의 주인이다. 풍요로운 사람들은 누구나 자신의 힘으로 그 풍요를 얻어 냈다고 생각하고 싶어 한다니 약간 놀라울 뿐이다.

그러나 세계화가 바꿔 내려는 것이 바로 이런 상황이다. 국제 시장이 계속 팽창하면서 계급을 기반으로 하는 것 말고는 집단의 결속이 대부분 약해지고 있다. 소유주와 노동자로 깔끔하게 양분된 낡은 마르크스주의적인 비전이 실현될지도 모른다. 시민들이 개입할 방법을 찾지 못한다면 말이다. 『비즈니스 위크』에 글을 기고하는 작가조차도 "냉전 시대의 자본의 승리는 노동으로 삶을 꾸려 나가는 사람들에게 불리하게끔 경기장을 경사지게 만들었다"고 썼다.[39] 그 옛날의 경기장 얘기다. 나한테는 경기장이 핀볼 게임 기계나 패크맨 게임처럼 보이지만.

투자자들과 시민은 사이가 좋지 않다. 투자자의 견지에서 보면 자유 시장은 좋은 것이고 이윤은 극대화되어야 하고 규제는 이윤을 낮춘다. 노동은 그저 생산에 들어가는 비용일 뿐이다. 시민의 입장에서 보면 자유 시장은 인권을 보호하는 민주적 나라에서 더 잘 돌아가고 이윤은 생산적인 투자를 위한 원천이며 규제는 노동자, 소비자, 환경을 보호하는 데 아주 중요하다. 노동은 거의 모든 사람의 일상이며, 노동자는 가족과 지역 사회가 생산하고 교육하고 유지하는 존새나.

일부 시민은 투자자다. 많은 사람들이 노동자다. 거의 모든 사람들이 소비자다. 일부는 부자 나라에 살고 다른 일부는 가난한 나라에 산다. 그러나 이 세상의 모든 시민은 자기 경제에 대한 통제력을 잃고 있다는 공통점이 있다. 우람한 팔뚝에 보라색 장갑을 끼고 엄청나게 큰 초록 날개를 단 슈퍼 자본가가 싸우고 있는 모습을 상상해 보라. 초록색으로 크게 달러 표시를 박은 왕관을 쓰고 값비싼 선글라스를 뽐내고 있다. 넥타이가 바람에 날리고 있다. 그는 모든 저항은 무용지물이라고 선언한다. 여기까지가 내가 대중경제학 여름 강좌에 참여한 활동가들에게 보여준 슬라이드 쇼다. 그 순간, 한 활동가가 그런 식으로 슬라이드 쇼를 마치는 것은 너무나 우울한 것 같다고 말했다. "사이보그 아마존 게릴라가 슈퍼 자본가를 쏴 버리는 것은 어떨까요?" 누군가 물었다. 그러자 다른 활동가는 "풀뿌리로 짠 커다란 그물을 가진 난쟁이가 슈퍼 자본가를 잡아 누르고 있는 게 좋을 것 같아요"라는 주장을 폈다. 크립토나이트(슈퍼맨의 고향 별 조각으로 슈퍼맨의 힘을 약화시켜 평범한 사람처럼 만들어 버림 ― 옮긴이)를 한 숟갈 넣을 수 있다면 슈퍼 자본가를 무찌를 수 있을 것이다.

자본주의가 이제 정말로 세계화되었다면 그에 동반되는 전 세계의 사회적 의무는 무엇인가?

　　　　　― 윌리엄 그라이더, 『하나의 세상, 준비가 되어 있든 말든』

9. 어둠 속에서 춤을

이제 꿈이 없다, 몽상가에게

노래가 없다, 가수에게

어떤 섬들에는

어두운 밤과

차가운 강철만이

활개 친다

그러나 꿈은

돌아올 것이다

그리고 노래는

감옥을 탈출할 것이다

— 랭스딘 휴즈

옛날에 이런 농담이 있었다. "자본주의와 공산주의의 차이가 뭘까?" 쉬운 문제다. "자본주의에서는 인간이 인간을 착취하고, 공산주의에서는 딱 그 반대." 이 이야기가 간과하고 있는 중요한 사실은 양 체제에서 여성은 가장 중요하지만 보상을 전혀 받지 못하는 노동을 하게 되었다는 점이다. 바로 이 때문에 나는 티탄 족의 전쟁 이야기(그리스 신화에서 인간이 존재하기 이전 두 종족 간에 벌어진 11년 전쟁 —옮긴이)에 매력을 느껴 본 적이 없었던 것 같다. 자본주의와 공산주의는 나에게는 지나치게 단순한 개념이다. 마치 고질라와 킹콩 같다. 그러나 그들에게 배울 것이 있다고 생각한다. E. P. 톰슨의 말처럼, "역사라는 동물성에 다른 이름을 붙이면 그것은 경험이고, 사기꾼들한테서도 배울 것이 있다."[1]

이 장은 양 체제의 대안에 관해서 논의한다. 마르크스주의 이론에 대한 찬반론과 중앙 계획의 약점을 간단하게 설명한다. 동시에 시장에 전적으로 의존하는 것도 해결책이 아님을 강조한다. 러시아에서 사유화는 사람들을 전보다 더 불행하게 만들었다. 기복이 있고 안정적이지 않은 체제에는 뭔가 문제가 있다.

지금까지 이 책은 돌봄 노동을 조직해 온 일반적인 방식, 사회 정책의 구체적 성격, 교육 재정, 세금 구조와 국제 무역 등 기존의 경제 제도를 비판했다. 이 장에서는 뒤로 물러서서 더 큰 그림을 보면서, 새로운 정치 공간을 지지하는 안정적인 삼각형을 구성해 낼, 변화로 나가는 세 가지 방향을 묘사한다. 첫 번째 방향은 시장 사회주의, 즉 민중 자본주의다. 경제를 통제하는 것이 국가 관리자인지 아니면 자본가 관리자인지보다 더 중요한 것은 모든 사람들이 시장 경기에 참여할 수 있는 충분한 자산을 갖고 있는가 하는 것이다. 두 번째 방향은 참여 민주주의다. 사람은 국가 안에서뿐만 아니라 일상에 영향을 미치는 모든 제도 안에서 스스로를 지배할 수 있어야 한다. 세 번째 방향은 돌봄 노동을 공유하는 것이다. 피부양자에 대한 돌봄의 책임을 효과적이고 평등하게 분배할 수 있는 사회 제도를 발전시켜야 한다. 사회 민주주의는 몇몇 국가들이 세 번째 방향으로 나가도록 만들었으나 그보다 더 나아가야 한다.

경제 이론은 공동의 노력을 조직하는 데 없어서는 안 될 도구를 제공한다. 이기심뿐만 아니라 사랑, 의무, 호혜 등을 주의 깊게 고려할 수 있도록 경제학을 바로잡는 것이 중요한 것도 바로 그런 이유 때문이다. 돌봄에 관한 규범과 선호가 경제 체제 '밖에서' 왔으므로 주어진 것으로 보아야 한다는 가정은 버려야 한다. 돌봄이라는 것을 경제적 위험과 보상에 의해 보호되고 발전되거나 약화되거나 낭비될 수 있는 경향이 있는 것으로 생각해야 한다. 보이지 않는 손이라는 전통적인 경제 이론에 도전하는 몇 가지 일반 원칙을 토론하며 책을 마무리하려 한다.

사회주의, 공상적이면서 과학적인

큰 개념 속에 묻혀 있는 작은 개념인 '사회적인'과 '개인적인'이라는 전통적인 대립 개념은 사회주의의 반대는 자본주의가 아니라 개인주의임을 시사한다.

근대 사회주의의 기원은 보통 로버트 오웬의 추종자들로 거슬러 올라간다. 그는 19세기 초 영국 공장 지배인이면서 자수성가한 자본가로서 아동 노동 금지 투쟁을 이끈 사람이다. 오웬과 그 추종자들은 사람들이 공공선을 얻기 위해 협동해야 한다고 믿었다. 동료 시민을 형제자매로 일컬으며 자매도 형제와 같은 권리를 가져야 한다는 데 동의했다.[2] 우파와 좌파 양쪽에서 조롱을 받았지만, 그들은 난시 국가 계획 경제에 의존했다는 이유로 사회주의자로 이름 붙여진 사람들뿐 아니라 소위 자본주의 경제의 진화에 중대한 영향을 미쳤던 마르크스 이전의 사회주의자들이었다.

그들의 가장 두드러진 약점은 의도만 좋으면 결과도 좋을 것이라는 순진한 자신감을 갖고 있었다는 것과 함께 실질적인 이론을 겸비하지 못했다는 것이다. 그러나 그 약점을 보완하려는 노력에서 칼 마르크스와 프리드리히 엥겔스는 그 반대쪽 극단으로 가, 인간의 동기를 역사의 행진으로 치환하여 자본주의의 위기를 예견하는 과학적 접근을 지지했다. 사회적 갈등은 봉건 영주 대 농노, 자본가 대 노동자라는 계급 구분으로 치환되었다. 한 개인의 이해관계는 같은 계급에 속한 다른 사람들의 이해관계와 동일시되었다. 생산 수단의 소유를 집단화해 계급 차이를 없애기만 하면 모든 사람이 화합하게 될 거라고 예언했다. 그런 분석은 여성에 대한 가부장적 통제의 역사적 의미를 간과하고 있었다.

마르크스는 영국 정치경제학의 전통에 충실했다. 그가 시장에서 사고팔리는 상품에 초점을 맞추고 다른 형식의 생산을 문자 그대로 '비생산적'이라고 생각하게 된 것은 바로 그 전통에 의존하고 있었기 때문이다. 마르크스는 여성이 노동자의 기본적인 생활 욕구를 만족시키고 다음 세대를 이어가는 데 쏟아 붓는 시간과 노력을 사회적인 측면이 아닌 자연적인 것으로 보았다. 그의 이론에서 노동은 잉여를 창조하지만 노동 자체는 생산되는 것이 아니다. 마르크스에 따르면 본질적으로 노동은 스스로를 창조하며 임금의 일부를 생계 수단과 교환한다.

마르크스주의 이론은 생산에 대한 통제와 잉여 추출의 견지에서는 쉽게 설명할 수 없는 집단 동학의 역할에 대해서는 경시하고 있다. 계급 이외의 국가, 인종, 성별에 기반을 둔 지배 형식을 간과한 것이다. 마르크스는 자본주의가 기술 변화를 이끌어 내어 경제적 희소성을 완화하는 데 중요한 역사적 역할을 했다고 믿었지만 종국에는 이윤율이 하락하고 말 것이라고 예언했다. 뒤로 갈수록 그는 사회주의의 진로보다는 자본주의의 위기의 방향에 더 골몰했다. 물적 경제 조건을 끊임없이 강조했기 때문에 민주주의적인 지배 구조를 확보하는 어려움에 대해서는 진지하게 고려하지 않았다.

마르크스가 그를 신봉했던 사람들을 어떻게 실망시켰는지는 여러 책에 쓰인 바 있다. 마르크스는 독단을 증오했고 "나는 마르크스주의자가 아니다!" 하고 선언했다고 알려져 있기 때문에 그런 식의 평가는 아이러니하지 않을 수 없다. 그의 비전에 문제가 많을지언정, 마르크스는 어떻게 보통 사람이 자신들의 사회 체제를 재설계하고 역사를 만들려고 했는지 큰 그림을 그렸다. 교회를 경멸하기로 유명했던 마르크스는 한때 종교를 이 땅의 정의를 천국의 보상으로 대체해 버린 '대중의 아편'으로 보기도 했다.

언젠가 뉴헤이븐의 한 빨래방에서 나는 마르크스수의를 '지식인의 아편'이라고 묘사한 낙서를 본 적이 있다. 정말로 중독성이 있는 것은, 더 많이 더 잘 알수록 세상을 바꿀 수 있다는 관념이다. 나에게 그것은 불법 마약이 아니라, 노력을 다해 앞으로 나아가 결승선을 향해 가는 달리기 선수가 느끼는 쾌감 같은 것이다. 그러나 마르크스가 역사를 팀 경기로 묘사한 것을 생각해 보면 달리기는 잘못된 은유일지도 모르겠다.

전통 경제학은 합리적인 경제적 인간을 당연한 것으로 전제하고 그가 어떻게 선택을 하는지 설명한다. 마르크스의 영향을 받은 경제학자들은 경제적 인간이 어디서 왔는지, 원하는 것을 어떻게 해서 원하게 되었는지, 타인에 대한 연대감을 느끼는지 등을 탐구한다. 마르크스의 집단행동에 대한 강조는 계급에 치우쳐 있다는 점에서 지나치게 단순한 것이었을 수 있지만, 어떻게 개인이 가속·인종·국가·세급·싱별과 동일시하며 공동의 이해를 추구하기 위해 함께 행동을 취하는지 주목하게 만들었다.

신기술 혁신을 꿈꾸고 수억 달러를 벌며 그 과정에서 우리 모두의 삶을 풍요롭게 만드는, 잘생기고 위험을 감수하는 기업가가 등장하는 자본주의 발전에 관한 유쾌한 이야기를 원한다면 마르크스의 이론을 읽지 말라. 마르크스는 기본적인 경제 자원을 통제하기 위해 벌이는 투쟁에서 조직된 힘과 폭력이 하는 역할에 주목하게 만들 것이다. 역사에서 한 가지 반복해서 일어나는 패턴이 있다면 그것은 강자가 약자에 대항하여 단결한다는 것이다. 그러고 나서 가끔 약자는 강해지기도 한다. 마르크스는 프롤레타리아 계급이 가장 훌륭한 예가 되어 줄 것이라 믿었다. 그러나 지금까지는, 경제 구조의 변화를 이용해 상대적인 지위의 향상을 도모해 온 여성들이 그의 말이 맞는다고 증명하고 있는 것 같다.

계획 경제를 계획하기

1977년 나는 벤세레모스 대대(벤세레모스는 '우리 승리 하리라'는 뜻)에 참여했다. 그것은 미국 활동가를 쿠바로 보내 농사와 주택 건설을 돕고 정신노동과 육체노동의 간극을 메우게 하고, 더 나아가서는 혁명에 기여하는 것을 목표로 하는 조직이었다. 나는 쿠바 레닌주의를 지지하지는 않았다. 그러나 쿠바인들이 어떻게 기아와 문맹을 정복했는지가 궁금했고, 또 멕시코에서 지내보았기 때문에 음식을 구걸해야만 하는 절박하고 더러운 아이들에 대해 이미 잘 알고 있던 터였다.

불행히도 그해 내가 있던 지역의 대대를 이끌던 간부들은 부르주아들이 끼치는 영향을 우려하고 있다. 그들은 지식인 히피들이 제출한 가입 원서를 특히 자세히 들여다보았다. 우리를 방문하러 온 그들은 여성 해방을 증명하는 옷차림을 한, 즉 반바지에 브래지어 없이 티셔츠만 입은 여자들을 보고 불쾌해 했다. 그들은 우리가 자아비판을 하면 대대에 가입하여 쿠바로 갈 수 있을 것이라고 말했다. 사람들의 기본적인 욕구를 충족시키는 것과 복장 규정의 상대적 중요성을 깊이 고민한 후, 나는 다른 사람의 욕구를 이해한다고 너무나 자신하는 조직은 그 욕구를 충족시킬 가능성이 별로 없을 거라는 판단을 내리게 되었다. 개인의 자유와 사회적 책임이라는 양 극단의 선택 말고는 다른 선택이 전혀 주어지지 않는 세상에 화가 나서 나는 조직을 나와 버렸다.

사람들은 사회주의를 소련과 중국 공산당의 일부 당 간부가 실행했던 계획 경제와 동일시한다. 2차 세계 대전이 끝나고 나서 1975년경까지, 소련과 중국 정권은 생활수준에 괄목할 만한 성장을 가져왔다. 그러나 중앙에서 계획하고 위계적으로 조직된 제도는 변화와 적응에 느려, 초기의 비효율이 가지고 있던 비용은 시간이 지나면서 누적 성장했다. 가장 중요한 문제는 정보 관리가 아니라 사람 관리와 관련된 것이었다. 그 문제는 계획 과정의 권력과 인센티브 구조에서 직접 발생했다.

체제에 대한 억눌린 불만이 쌓여 터지기 시작하기 전까지 계획자는 자신들 외에는 아무에게도 의무를 지지 않았다. 과학적 사회주의라는 이데올로기는 계획이 단지 기술적인 과정이라는 관념을 강화했고, 경제 이론은 계획에 잘못된 정보를 제공했다. 내가 가장 좋아하는 예는 소련이 노동 가치론을 해석한 방식인데, 중공업은 잉여를 생산하지만 서비스 부문과 소매 부분은 본래 비생산적이라고 시사하고 있었다. 계획자는 소비재의 희소성과 물건을 사기 위해 줄을 서서 기다리는 시간(물론 여성들의 시간)이 야기하는 엄청난 비용과 좌절을 무시했다. 슬라벤카 드라쿨릭이 『어떻게 공산주의에서 살아남아 웃을 수 있었는가?』에서 제일 불평한 게 무엇이었던가? 월경대가 부족했다는 것이다.[3]

가사 노동은 가치를 창조하지 않는다고 보았기 때문에 일의 부담을 덜어 줄 세탁기나 세척기, 전자레인지, 진공청소기 같은 물건을 생산할 필요가 없었다.[4] 보육과 음식의 공적 보급만 있으면 여성을 임금 노동에 참여시키는 데 충분할 것이라고 계획자는 생각했고, 오로지 그것만이 중요했다. 여성이 비생산적인 시간에 무엇을 하는가는 여성들의 문제였다. 자본주의 국가의 여성은 보육에 대한 도움을 거의 받지 못하지만, 시장은 가족 노동과 여가를 융통성 있게 조직하는 데 여러 가지 선택을 제공했다. 가정에서 남성과 여성은 새로운 소비재에 투자할 수도 있고 적어도 주말에는 집이라는 작은 기업의 책임자가 될 수 있다.

전통적인 마르크스주의 사전에서는, 소비와 여가는 상대적으로 중요하지 않다. 사람들은 생산에서 자아 '실현'을 한다. 그러나 돈 받는 일을 하지 않을 때 사람들이 하는 일도 중요한 생산이다. 사람들은 직장에서 일하는 것만큼 직장 밖에서도 일하기 때문에, 자신과 가족을 돌보는 데 이용할 수 있는 재화와 서비스의 공급에 많은 관심을 쏟는 것은 놀랍지 않다. 쿠바 경제는 여전히 국가 계획에 의존하고 있다. 쿠바 사람들은 기아·노숙자·문맹을 없앴지만 여전히 아침밥·점심밥·저녁밥이라는 세 가지 큰 문제에 직면하고 있다고 농담한다.

마르크스주의 이론은 인센티브 문제를 충분히 강조하지 않았다. 사회주의 사회 안에서는 어떤 중대한 사회적 갈등도 존재할 수 없다는 신념은 모든 사람은 자동적으로 공동선을 추구하기 위해 최선을 다한다는 가정을 포함한다. 그러나 그런 것 같지 않다. 국가 소유가 일당의 전체주의적 통제를 굳건하게 하는 허구일 수 있다는 사실을 차치하고라도, 국가 소유는 비효율적이다. 실적이 아닌 미리 정해진 규칙에 따라 임금을 지급한다면 노동자들은 열심히 일할 동기가 전혀 없다. 관리자도 쓸 수 있는 당근과 채찍이 별로 없다. "네가 나를 도와주면 나도 널 도와주지"라는 왜곡된 동기가 지배한다. 노동자들은 돈을 적게 받고 노력도 적게 한다.[5]

가장 심각한 중앙 집중 계획의 한계는 기술 혁신의 동기가 부족하다는 것이라 할 수 있다. 국가 관리자는 비용을 절감하거나 신상품 개발을 추진하는 대신 계획된 목표를 맞추고 상급 관리자의 기대에 순응하는 데 초점을 둔다. 이와 대조적으로 자본주의 국가에서는 이익을 내는 새로운 아이디어는 파괴적인 위협이 될지라도 시장이 그것을 어느 정도 보상한다. 수년 전, 조지프 슘페터는 자본주의의 최대 미덕은 역동성에 있다고 주장하며 '창조적 파괴'의 광풍을 만들어 내는 자본주의에 경탄해 마지않았다.[6]

지방 분권적인 경쟁 시장은 권위나 전통, 선례, 크기를 존중하지 않는다. 가장 강한 자도 가혹하게 그러나 냉담하게 훈육한다. 혁신이라는 역동적 힘은 산업의 독점적 권력과 경제 전체의 주기적 고실업 같은 비효율성을 보상할 수 있다.[7] 불행히도 혁신에서 이득을 보는 사람은 보통 비효율성으로 피해를 보던 사람이 아니다.

역사적으로 중앙 집중 계획은 제대로 된 계획을 한 적이 없다. 그렇다고 계획을 세우려는 생각 자체가 나쁜 것은 아니다. 많은 것이 계획자가 누구냐에 달려 있다. 소련과 동유럽의 민주주의 혁명은 우리에게 평범한 사람들도 목소리를 요구할 수 있고 요구할 것이라는 사실을 가르쳐 주었다. 시장은 에너지와 훈육을 자극하는 데 도움을 줄 수 있다. 그러나 시장은 만병통치약이 아니다. 소련의 예에서 보듯, 시장은 민주주의의 타락과 절도를 제도화할 수 있다.

자본주의를 향한 이행

소련 공산당은 일이 제대로 되고 있지 않다는 것을 알았다. 1965년 코시진은 국영 기업 간의 경쟁을 고무하는 변화를 도모했고 이는 나중에 고르바초프가 도입한 변화의 전조가 되었다. 관료들은 자신들의 삶을 복잡하게 만들 수도 있는 변화에 전력을 다해 저항했다. 고르바초프가 점진적인 개혁을 시행하기 어려웠던 것도 관료들의 완강한 저항 때문이었을 것이다.[8]

아이러니하게도 개혁이 절대 성취할 수 없는 것을 혁명은 달성할 수 있다고 최초로 주장한 사람은 마르크스였다. 어떤 사회 체제를 옥죄어 피가 심장에 도달하기 힘들게 만들어 집단 특권을 날려 버림으로써, 혁명은 성공한다. 그럴듯하게 들리지만, 환자가 왜 나중에 비틀비틀하게 되는지 이유를 알 수 있다. 환자에게 특별식을 공급하고 빈곤과 실업의 정도를 포함해 건강 상태를 감독하는 것이 좋을 것이다. 그러나 가장 최근의 소련 혁명을 권했던 자유 시장 경제학자들은 될 수 있는 대로 빨리 사유화를 진행시키기 원했다. 그들은 자신들이 내놓은 정책이 경제적 '충격 요법'이라고 떠벌렸다.

내 동료인 데이빗 코츠는 처음부터 그 정책을 비판한 미국에서 몇 안 되는 경제학자 중 하나다. 그는 소련 의회의 소수당 소속 의원에게 자문을 했다. "1992년 가격 통제를 전부 없앤 후에 소련에 무슨 일이 일어났는지 아십니까?" 하고 그는 수사적으로 묻는다. "실질 소비자 지출이 약 38% 떨어졌습니다. 1929~1933년 대공황 시기에 있었던 21%의 미국 소비자 지출의 추락과 비교해 보세요. 소련 사람들은 정말 힘들게 살았습니다."[9]

1993년 소련 의회 소속 알렉산더 부잘린이 강연을 하러 내가 있던 앰허스트에 왔다. 점심을 대접하기 위해 학생회관으로 갔는데, 그는 감자튀김과 케첩을 특별히 좋아했다. 그는 소련에서는 한 달에 5달러 되는 최저 임금으로는 신문도 살 수 없다고 했다. 병원에는 물이 없었다. 조그마한 땅이라도 가지고 있는, 운이 좋은 사람은 감자를 원하는 만큼 재배해서 연명할 수 있었다.

그는 최근의 러시아 농담을 들려주었다. 어떤 남자가 온종일 일자리를 찾다 집에 돌아왔는데 스토브에서 익고 있는 고기 냄새에 화들짝 놀란다. 냉장고가 다시 돌아가고 그 안에 주스 한 통이 있다는 사실에 더 놀라서 "무슨 일이 있었어?" 하고 아내에게 묻는다. "공산주의가 다시 돌아온 거야?"

시장은 새로운 종교라고 알렉산더는 설명했다. 그러나 많은 사람들은 믿습니다 하면서 죄를 짓는 종교적 위선자 같은 소리를 한다. "시장을 믿습니다." 그리고 속삭이기를 "하지만 계획이 필요합니다."[10]

시장은 사람이 가지고 있는 것과 원하는 것이라는 기본 출발선에 기반을 두고 자원을 분배하는 방법이다. 그 출발선이 어떠해야 하는지, 즉 사람이 무엇을 가지고 시작해야 하는지에 대해서 시장은 아무 소리도 하지 않는다. 민주주의는 사람들이 가진 권리와 선출한 대표자에 기반을 두고 사회를 운영하는 체제다. 자본주의도 민주주의도 자산이 어떻게 배분되어야 하는지 설명해 주지 않는다. 국가 사회주의 나라들에서 추진한 개혁에 대해 사람들이 물었던 가장 중요한 질문은 '누가 무엇을 갖는가'였다. 국가 소유는 사람들이 집단적으로 국가의 자원, 사회 기반 시설, 공장을 소유함을 의미한다. 민주주의적인 규칙 없이 정치 엘리트가 통제권을 꽉 쥐고 있다. 사유화는 일반인이 몫을 나눠 가질 수 있을 때에 한해서만 민주화에 기여할 수 있다. 소련 국가 사회주의가 실패했던 부분이 바로 그 지점이다.

1993년 소련은 성인들에게 국가 재산의 일정 부분을 나눠 주는 쿠폰을 지급했다. 모든 시민은 1만 루블에 해당하는 쿠폰에 대해 이론적으로 권리를 갖게 되었다. 미국 돈으로 치면 50달러도 안 되었고, 쿠폰의 가치를 전부 더해도 국가 전체의 총 재산의 가치와는 거리가 멀었다. 쿠폰은 주식과 교환할 수 있었지만 모든 기업이 주식을 시장에 내놓은 것은 아니었고 복잡한 규칙과 제한 규정이 적용되었다. 쿠폰 제도는 잠재적으로 수익성이 높은 기업에서 일하고 있던 노동자들에게 특히 이득이 되었고, 학교나 병원에서 일하고 있던, 여성이 대부분인 노동자들은 불리한 입장에 처하게 되었다.[11]

많은 사람들이 괜찮은 투자가 될 만한 기업의 주식을 살 수 있을 때까지 쿠폰을 붙들고 있을 수가 없었기 때문에 쿠폰을 팔았다. 누가 쿠폰을 사들였을까? 새로운 사유화 정책을 입안하는 데 관여한 관리자, 정치가, 관료 등이었다. '노멘클라투라'로 알려진 이 계급은 계급 권력을 어느 정도 분권화한 형태로 경제를 통제하는 새로운 체제를 개발했을 뿐이다. 사유화라는 목표는 수단을 정당화할 만큼 너무나 중요하다는 자신감에 넘쳤던 서방의 전문가들은 사유 재산의 신속한 이전을 추진했다. 공정한 경기를 위한 규칙을 만들거나 강제할 필요에 대해서는 진지하게 생각하지 않았다. 그 결과는 러시아 사람들에게 즉시 분명하게 드러났다.

극악무도한 부의 재분배가 일어나고 있다. 그 결과 인구의 압도적 다수는 소수를 위해 거지 신세로 전락하고 있다. 그 소수는 결코 재능이 있고 유능한 사람들이 아니며 가장 교활하고 도덕적 양심이나 법을 존중하지 않는 사람들이다. 그들은 말로 형용할 수 없을 정도로 부자가 되고 있다.[12]

시위 군중은 단어를 재치 있게 조합한 피켓을 들고 다녔다. "프리바티사티야는 프리카티사시야와 똑같다." '사유화는 착복과 똑같다'는 뜻이다. 1999년까지 소련을 새로 소유한 사람들이 재산을 생산을 늘리는 데 사용하지 않고 달러로 바꿔 나라 밖으로 빼돌렸음이 분명해졌다. 최소한 2천억 달러, 7년에 걸쳐 아마 5천억 달러 되는 자본 유출이 있었던 것 같다. 부의 집중과 매체에 대한 통제는 정치적 민주주의를 웃음거리로 만들었다. 『뉴욕 타임스』 기사에도 나왔듯이 "볼세비키에게 강간당했던 한 세기의 막바지에 소련은 자본가에게 강간당한 것 같다."[13]

소련의 국내 총생산은 계속 감소했고 국민의 생활수준은 곤두박질 쳤다. 물가 상승과 실업이 만연하고, 빈곤과 사기 저하는 기대 수명을 심각하게 낮추고 있다. 세계은행의 전 수석 경제학자인 조지프 스티글리츠조차 소련의 사유화는 파멸을 초래했다는 데 동의한다. 경제의 상당 부분이 여전히 계획 경제인 중국은 점진적으로 시장을 도입함으로써 지난 10년간 소련보다 더 나은 성과를 거두었다고 그는 지적한다.

중앙 집중 계획이나 자유 시장 둘 다 번영을 보장할 수 없다. 민주주의를 보장할 수도 없다. 가장 중요한 것은 계획과 시장을 어떻게 관리해야 하는가, 우리의 민주적 지배 구조가 사랑, 의무, 호혜라는 사회 가치와 어떻게 맞물려 있는가다. 말할 것도 없이, 진보적인 경제학자들이 성공적으로 해결한 문제는 아니다. 그러나 그들은 몇 가지 괜찮은 아이디어를 제안했다.

아름다운 것은 천을 잡아당기는 바로 우리를 찍은 사진이다. 우리 사이의 길고 팽팽한 천에는 열정이 있다. 식탁 위로 몸을 구부리면 배가 식탁 모서리에 닿는다.

어머니는 예쁜 블라우스를 만드는 나를 도와주고 있다. 어머니는 도안을 확대해 시침바늘을 꽂을 것이다. 색깔이 있는 트레싱지와 원형 재단 칼로 시침바늘 꽂을 데를 표시한다.

— 수전 스틴슨, 『원단』

시장 사회주의

1829년 미국의 급진주의자 톰 스키드모어는 모든 남녀는 동등한 재산권을 타고났다고 선언했다. 초창기의 정부가 그 권리를 보장하지 못했기 때문에, 모든 재산을 재분배하고 남녀 모두에게 동등한 교육을 하고 18세가 되면 재산을 똑같이 주어야 한다고 주장했다.[14]

1869년 홈스테드법은 서부 지역 땅의 소유권을 부재지주가 아니라 실제로 땅에 정착해 땅을 일구는 사람들에게만 주었다(원주민의 땅을 빼앗지 않았다면 이 법의 실행이 불가능했을 텐데도, 미국 원주민은 땅을 받을 자격을 완전히 박탈당했다).

스키드모어의 제안과 홈스테드법은(전자는 단지 제안되기만 했고, 후자는 시행되었지만) 시장 경제 안에서 이루어지는 재산 분배에 관한 규칙의 예를 보여 준다. 시장 사회주의는 모든 사람이 상대적으로 동등한 위치에서 시작하면 시장 경쟁은 건전할 것이라는 근본 가정을 하고 있다. 그렇게 하는 것이 생산적 재산은 내버려 둔 채 나중에 소득을 재분배하는 것보다 더 좋은 방법일 수 있다고 생각하는 데는 중요한 이유가 있다. 무엇인가를 재분배하기 위하여 시장에서 게임을 벌인 후까지 기다린다면(이것이 사회 민주주의의 전략이다), 돈을 많이 번 시장의 승자는 효과적으로 재분배를 가로막을 것이 거의 확실하기 때문이다. 예를 들어 부자들은 선거를 돈으로 살 수 있으면 사려고 할 것이다. 미국에서 일어나고 있는 선거 재정 개혁에 대한 저항은 바로 이 맥락에서 이해되어야 한다.

시장 사회주의로 향하는 점진적인 방법은 노동자들이 자신이 일하는 회사의 주식을 사기 쉽도록 만드는 것이다. 미국 우리사주지원센터 NCEO가 추정하기로, 1997년 미국 노동자는 총 기업 자산의 8% 정도만을 갖고 있었다.[15] 노동자가 회사 전체를 소유하는 예도 있다. 가장 잘 알려진 성공 사례는 합판 산업의 협동조합에 관한 이야기다.[16] 그러나 대부분, 노동자 소유의 정도는 상대적으로 보통 수준이다. 공공 정책은 우리 사주 계획ESOP을 만드는 회사에게 상당한 세금 인센티브를 제공한다. 1998년 약 1천만 명의 노동자가 우리 사주 계획과 고용주 주식과 이윤 공유 프로그램에 참여했다.[17]

그러나 노동자 소유 제도에는 심각한 한계점이 있다. 노동자는 대부분 연금 제도를 이용한다고 해도 주식을 많이 살 돈이 없다. 주식을 소유했다는 이유로 회사 경영에 발언권이 저절로 생기는 것은 아니다. 주식을 소유할 경우에도, 전 재산을 거기에 투자하고 있기 때문에 다른 투자자들과는 달리 위험을 감수하고 싶어 하지 않을 수 있다. 노동자의 통제는 노동자들 사이의 불평등도 야기한다. 월마트같이 잘나가는 대기업에서 일하면서 소유권을 갖고 있는 사람들은 부유해질 것이다. 다니던 회사가 파산하는 노동자들은 직장만이 아니라 저축과 연금도 잃게 된다. 좋은 직장이 불균등하게 분배되는 것도 문제일 수 있다. 임금이 높지 않은 직종에 종사하는 여성과 소수자만의 이야기가 아니다. 이윤 추구가 덜한 회사에서 일하는 사람들도 상대적으로 경제적으로 불리해진다. 예를 들어 보육원의 주식을 소유해도 자동차 공장의 주식이 제공하는 수익률보다 낮을 가능성이 높다.

광범위한 사회적 소유 제도가 노동자 소유 제도보다 너 나을 수 있다. 예를 들어, 정부는 주식을 많이 사서 몇 사람 손에 집중되지 못하도록 하는 안전 장치와 함께 사람들에게 나눠 준다. 존 로머는 회사의 소유권을 살 수 있는 별도의 화폐를 만들 것을 제안한다. 일반 돈으로 바꿀 수 없는 '주식 화폐'를 모든 성인에게 똑같이 분배할 수 있다. 현금으로 주식을 사고팔 수는 없으나 사람들끼리 교환할 수는 있다. 주식 소유

를 통해 기업 이윤의 일정 부분을 나눠 가질 권리를 갖는 것이다. 소유
와 교환에 제한을 두는 것은 모든 사람이 소유권을 가질 수 있도록 보장
하고 러시아에서 있었던 집중을 방지하기 위한 것이다. 그러나 성공적
인 투자자들은 성공적인 교환을 통해 남들보다 돈을 더 많이 벌 것이
다.[18]

이것은 어떻게 제한을 하면서 경쟁을 하게 만들 수 있는가를 보여
주는 좋은 예다. 그러나 경제의 모든 부문이 경쟁 조직에 적합한 것이
아니다. 3장에서 지적했듯이 이윤 극대화의 압력은 돌봄 서비스를 제공
하는 몇몇 제도에는 문제를 일으킬 수 있다. 우리는 병원이 환자의 권리
와 돌봄의 질보다 다른 것을 우선시하는 것을 원치 않는다. 학교가 오직
시험 점수만 중시하는 것을 원치 않는다. 양로원이 비용을 삭감하기 위
해 우리 부모를 홀대하기를 원치 않는다.

경쟁은 소비자의 욕구를 충족하는 일은 잘하고 있을지 모른다. 그
러나 시민인 소비자에게는 욕구만이 아니라 원칙도 있다. 시장 사회주
의를 지지하는 사람들은 여전히 '경제'를 공장, 가게, 은행으로 구성된
것으로 생각하기 때문에 소비자에게 원칙이 있다는 점을 간과한다.[19]
전통 좌파들이 "노동자 계급을 해방하라. 그러면 여성도 해방될 수 있
다"고 외쳤다면, 시장 사회주의자들은 "경제의 생산적인 부분을 재조
직하라. 그러면 교육, 가족의 삶, 건강, 사회 복지, 환경을 개선할 수 있
을 것이다" 하고 다소 미묘하게 말한다. 그러나 마차와 말 가운데 어떤
부문의 경제가 더 없어서는 안 될 만큼 중요하다는 것인가?

내가 가장 좋아하는 시장 사회주의 이야기는 젊은이들에게 자원을
직접 분배하여, 기업의 주식을 사게 하기보다는 자신의 능력과 질에 직
접 투자하도록 하는 것이다. 변호사 브루스 애커만과 앤 앨스톳이 『이
해관계자 사회』라는 책에서 주장하듯이, 고등학교를 졸업한 모든 미국

시민은 성인이 되면 일시불로 8만 달러의 자금을 받게 하는 것이다. 나라 전체의 재산에서 연간 2%의 세율로 거두어들인 세금으로 그 자금을 충당한다.[20] 모든 시민은 나라 전체가 선조에게서 물려받은 재산인 자원, 기술, 지식에 대한 권리가 있다는 것이다.

우리는 두 가지 핵심적인 목표로 움직이는 개인 참여 민주주의라는 사회 체제를 추구한다. 한 가지 목표는 개인이 자신의 삶의 질과 방향을 정하는 사회적 결정에 목소리를 낼 수 있는 것이며, 다른 한 가지 목표는 일상적인 참여를 위해 개인의 독립을 고무하고 참여 수단을 제공할 수 있노톡 사회가 조직되어야 한다는 것이다.

— 톰 헤이든(민주 사회를 지향하는 학생)

민주적 지배 구조

소유 제도의 개혁만으로는 충분하지 않다. 민주적 지배 구조도 중요하다. 이것은 미국인 대부분이 연방·주·지역 정부의 통제를 이야기할 때 열광적으로 지지하는 원칙이다. 그러나 그것이 기업과 정부 관료주의 같은 국가 간의 관계나 경제 제도 내의 제반 관계에 어떤 의미를 지니는지는 진지하게 생각하지 않는다. 그러나 생각해 볼 필요가 있다.

생산의 세계화는 국경의 의미와 함께 국가 민주주의의 효과를 축소하고 있다. 국제적인 지배 구조가 구축되어 있지 않은 세상에서, 관대한 사회 복지 정책을 실시하는 나라는 (앞장에서 강조한 것처럼) 불리한 위치에 처하게 된다. 부유한 나라와 가난한 나라 간의 생활수준 차이는 한 나라 안의 국민들 간의 생활수준 차이보다 훨씬 크다. 지구 온난화를 포함한 긴박한 환경 문제들은 국제적 협력을 요구할 것이다.

국제통화기금같이 금융 권력에 기반을 둔 제도보다는 유엔 같은 민주적 원칙에 기반을 둔 다국간 제도를 강화해야 하는 것도 바로 이런 이유들 때문이다. 또한 무역 장벽을 낮출 뿐 아니라 공통의 사회 기준을 개발하는 것을 목적으로 하는 지역 연맹을 구성할 수도 있다. 유럽경제공동체EEC는 느슨한 연방 체제의 한 예다. 미국과 캐나다, 멕시코는 나프타를 넘어 인권과 환경 보호에 관한 협정을 개발할 수도 있을 것이다.

기업들과 여타 경제 제도는 노동자 인권을 좀 더 존중해야 한다. 캐나다를 비롯한 대부분의 선진 산업국들에는 미국보다 노동자들의 노조 결성권을 가로막는 정치적 법적 장애가 적다. 독일의 대기업에서는 노동자가 이사회에 참가한다. 모든 노동자들에게 전문적인 능력을 기르도록 격려하여 관리직에 접근할 수 있는 기회를 확대할 수 있도록 해야 한다.

『앞을 내다보며』라는 책에서 마이크 앨버트와 로빈 하넬은 급진적인 지방 분권 민주주의적 계획을 제시한다.[21] 그들은 누구도 특정한 기술 한 가지만 특화해서는 안 된다고 주장한다. 대신에 '균형을 이룬 직업 혼합'을 만들어 내어, 흥미로운 일과 지겨운 일을 함께해야 한다고 제안한다. 한 가지 업무만이 필요한 직업들 대신에, 시시한 업무와 숙련이 필요한 업무가 다양하게 섞인 직업을 선택할 수 있어야 한다.

앨버트와 하넬처럼 나는 어느 정도의 참여는 중요한 인간의 능력과 자질을 계발할 뿐만 아니라 더 나은 결정을 이끌어 내기 때문에 본질적으로 좋다고 믿는다. 그러나 그들과는 달리 나는 참여는 비용이 많이 들기 때문에 절약해서 사용해야 한다고 생각한다. 지난 20년 동안 진보정치경제학회, 남미대안정책그룹, 클램셸연맹, 대중경제학센터 같은 조직에서 일하고, 독자적인 지배 구조를 갖춘 경제학과에서 20년 동안 경제학을 가르치면서, 그리고 남녀가 함께하는 소프트볼 팀에서 12년 간 경기하면서 무수하게 많은 집단적 의사 결정 과정을 경험하면서 나는 참여에 유보적인 생각을 갖게 되었다.

앨버트와 하넬은 참여가 재미있고 기능적이라고 가정하는 듯하다. 그들은 "사람들의 사회성을 전면으로 가져오는 것"[22]에 대해 이야기하는데, 사회성이 제대로 작동할 때도 있지만 그렇지 않을 때도 있다. 같이 일했던 어떤 조직은(클램셸연맹이 아마 가장 좋은 예일 터인데) 정말 엄청난 시간과 에너지를 써서 결국에는 조직을 비효율적으로 만드는 합의를 도출해 냈다. 내가 관여했던 거의 모든 정치 조직은 참여 과정이 조장하는 왜곡된 동기 때문에 어느 정도 진통을 겪었다(물론 위계는 비효율을 야기한다).

한 가지 왜곡된 동기는 '사회성 있는 사람들의 독재'라고 이름 붙일 수 있겠다. 어떤 사람들은 정말 회의를 좋아한다. 말하는 것을 좋아하고 협상하는 것을 좋아하고 논쟁하는 것을 좋아한다. 따라서 열정적으로 회의에 참여한다. 일단 참여하면 보통 회의를 지배한다. 문제는 그 사람들이 회의가 끝난 뒤에 결정 사항을 실행에 옮기는 사람들이 아니라는 것이다. 그들은 결정에 책임도 지지 않으면서 의사 결정 과정에 영향력을 지나치게 행사한다(어쨌거나, '조직'이 내린 결정이다). "이 문제에 우리가 결단을 빨리 내릴 수 없다면 나는 조직을 나가겠어" 식으로 직접적인 위협을 가하면 그 사회성 있는 사람들을 어느 정도 견제될 수도 있다. 그러나 자발적인 정치 조직에서 나가 버리기는 쉬운 반면, 직장이나 가정을 지배하는 조직에서 나가 버린다면 그 대가가 너무 크다.

두 번째 관련된 문제는 '아무도 화내게 하지 말자'는 원칙 때문에 발생한다. 참여는 모든 사람이 기분 좋을 때만 재미가 있을 수 있다. 조직원이 한 사람이라도 화를 내면 정말 끔찍한 상황이 된다. 의사 결정

과정에서, 사람들은 논의되고 있는 문제만이 아니라 집단 전체의 기분에 대해서 생각한다. 그래서 사람들은 좋은 기분으로 끝내기 위해 좋은 결정을 희생하기도 한다. 하기로 약속한 일을 하지 않은 사람은 처벌받지 않는다. 하기로 약속한 일을 항상 하는 사람은, 특히 조직을 뜰 것이라고 위협해도 다른 사람들이 일을 더 많이 할 것 같지 않은 상황에서라면, 바가지를 쓴다.

민주적 지배 구조를 극단으로 몰고 가면 개인의 권리를 침해할 수도 있다. 앨버트와 하넬이 그리는 세상에서는 자전거를 사는 것 같은 개인적인 소비에 관한 결정도 집단의 비판 대상이 될 수 있다.[23] 이것은 벤세레모스 대대가 내 옷에 대해 보인 태도를 생각나게 만든다. 그런데도 참여 민주주의라는 기본 원칙은 매력적이다. 어떤 일들은 평등하게 공유해야 하고 노동자는 임금과 노동 조건의 결정에 발언권을 가져야 한다.

인간 역사를 통틀어 여성은 다른 일을 하기에는 생산적이지 않다는 말을 들으며 아이 기저귀를 갈고 남성의 뒤치다꺼리를 했다. 전통적으로 여성의 일이던 직종은 임금이 낮은데, 직종 차별뿐만 아니라 시장의 지나친 자신감이 그런 직종의 임금을 낮게 만들었다. 지난 20년 동안 노조와 노동자 조직은 고용주에게 남녀 직종의 임금 체계를 다시 생각해 보도록 강제했다. 많은 경우 '숙련'과 그 밖에 직무상 보상되어야 할 요소를 재정의함으로써 여성 노동자에게 중요한 이득을 가져다주었다.[24]

돌봄의 계획

사회 민주주의는 건강, 교육과 사회 복지에 대한 시민의 기본 욕구를 충족시키는 일을 공적으로 책임질 것을 표방한다. 많은 보수주의자들이 사회 민주주의를 붕괴시키려고 노력했음에도 불구하고 그것은 여전히 미국에 존재한다. 그러나 더 나은 예는 프랑스·독일 같은 유럽 국가와 스웨덴·노르웨이 같은 스칸디나비아 국가들의 사회 민주주의다. 그 나라들은 전 국민 건강 보험과 견고한 사회 안전망을 제공한다. 전빈적인 빈곤율과 함께 아동 빈곤율은 미국보다 현저하게 낮다. 부와 소득도 미국보다 평등하게 분배된다.

급진주의자들은 유럽 사회 민주주의를 '웃는 얼굴을 지닌 자본주의'라고 부르며 일고의 가치도 없는 것으로 치부한다. 나는 사회 민주주의가 항상 좋은 출발점이라고 생각했는데, 아동의 능력과 자질의 계발에 즉각적인 함의를 지니고 있기 때문이다. 그러나 사회 민주주의를 성공적으로 확대하려면, 내가 앞 장에서 강조했듯이 사회 민주주의가 국가라는 것에 의존하고 있다는 점을 넘어서서, 그것이 지닌 몇 가지 심각한 문제에 주목할 필요가 있다.

그 문제들 중 하나는 이름도 없고 얼굴도 없는 규칙과 절차의 미로인 관료주의다. 그 미로에서 중앙 집중화된 서비스의 배달은 보통 길을 잃는다. 큰 정부는 자기네가 봉사하고 있는 소비자가 보내는 반응에 아무 영향도 받지 않기 때문에 독점 기업처럼 행동한다. 정부 관리자들은 시민이 아니라 상급자한테만 직접적인 의무를 다하면 된다. 우리는 정부가 더 잘 기능할 수 있도록 새롭고 긍정적인 인센티브를 만들어야 하고 좀 더 직접적인 민주주의적 지배 구조를 도입할 필요가 있다.[25] 공공 서비스의 질을 감독하고 향상하기 위해 기꺼이 돈을 쓸 각오가 되어 있어야 한다.

두 번째 문제는 성 불평등과 연관된다. 스웨덴의 여성주의자인 알바 뮈르달 같은 사회 민주주의 초기 이론가들은 국가가 여성이 시장 노동과 가족에 대한 책임을 쉽게 결합하도록 만들 수 있다고 보았다.[26] 그러나 그들은 남성의 역할을 수정하기보다는 여성의 기회를 확장시키는 데 더 열성적이었다. 생계 부양자 아버지와 전업 주부 어머니에 기반을 둔 노동 분업이 본질적으로 불평등하다는 생각을 전혀 하지 못했다. 공적 연금 제도는 아직도 부양자/전업 주부라는 낡은 모델에 기초하고 있다.

여성주의자들은 가족 정책에 대해, 전통적으로 양분된 태도를 취해 왔는데 양쪽 입장 모두 합당한 이유가 있었다. 가족 노동을 지지하는 정책은 종종 여성을 가정에 묶어 놓기 위해 입안된다. 아버지가 아니라 어머니에게 유급 휴가를 제공하는 것이 그 예다. 다른 한편 여성을 집 밖으로 끌어내는 정책은 전통적으로 비시장 노동의 가치를 저평가해 왔다. 시장 노동을 하는 조건으로 공적 부조를 제공하는 정책이 그런 예다. 가족의 돌봄 노동을 보상하고 동시에 성 평등을 촉진할 정책에 초점을 맞춰야 한다. 남녀가 모두 시장 노동과 가족 노동을 결합할 수 있도록 해야 한다. 이는 남성의 돌봄 노동에 대한 능력과 여성의 개인적 성취를 위한 능력을 함께 개발하는 새로운 노동 분업을 지향한다.

이 전략은 여성주의 경제학자인 마르가 브루인헌트가 가족 돌봄 노동을 지지하는 평등주의 모델을 일찌감치 거침없이 주창했던 네덜란드에서 논쟁을 촉발했다.[27] 네덜란드 전문가위원회는 소득세와 사회 보장 제도에 대해 부양자에게 주는 보조금을 없애고 노약자를 위해 보육과 재택 돌봄 노동에 보조금을 확장할 것을 요구했다. 시장과 국가로 '아웃소싱'되어 줄어든 가족에 의한 돌봄 노동은 남성이 돌봄 경제 참여를 더 확대할 수 있도록 시장 노동 시간을 단축하면 어느 정도 상쇄될 수 있을 것이다.[28] 수년 전 알바 뮈르달은 아이들이 학교에 있는 시간과 맞춰서 시장 노동을 하루에 6시간으로 줄이는 정책을 제안했다.[29]

미국의 많은 주들은 3~6세 아동의 욕구를 충족시킬 수 있도록 공립교육 제도를 확장하기 시작했다. 같은 나이의 아동 95%를 학교에 수용하고 있는 프랑스와 비슷한 수준의 공적 지원을 제공할 수만 있으면 아이와 부모 모두에게 큰 혜택이 될 것이다. 방과 후에 어른의 관심과 감독이 필요한 아이들은 어떻게 해야 할지도 생각해 보아야 한다. 학교와 직장이 좀 더 효율적으로 상호 긴밀하게 돌아갈 수 있도록 시간표를 바꾸는 것도 도움이 될 것이다. 그러나 가족이 스스로에게 최선이 무엇인지를 결정할 수 있도록 부모 모두가 시장 노동에 참여하는 시간을 쉽게 줄일 수 있도록 해 주어야 한다.

다른 나라들은 부모가 영아들에게 많은 관심을 기울일 수 있도록 유급 부모 휴가를 보장한다. 스웨덴은 다소 성 불평등적이기는 하지만 효과를 거둘 수 있을 것으로 보이는 정책을 펴고 있다.[30] 스웨덴 부모는 18개월 동안 유급 휴가를 가질 수 있으며, 그동안은 고용 안정이 보장된다. 휴가를 아이가 여덟 살이 되기 전까지 나눠서 쓸 수도 있다. 휴가 중 한 달은 아버지에게만 할당되는데 아버지들 약 50%가 실제로 휴가를 사용한다.

성 평등을 좀 더 강력하게 고무하려면 휴가 중 받는 급여를 부모의 임금 수준과 같게 만들어야 한다(그렇게 하면 소득 수준이 높은 부모에게 휴가가 특별히 더 큰 금전적 희생을 의미하지 않게 된다). 또한 어머니와 아버지 모두에게 똑같이 6개월의 유급 휴가를 제공하면서 '사용하지 않으면 없어지는' 혜택으로 만드는 것도 한 방법일 수 있다. 아버지와 어머니에게 각각 6개월씩이라는 제약 말고는, 부모는 원하는 방식으로 휴가를 분배할 수 있다. 예를 들어 부모 모두 같은 돈을 받으면서 시간제로 2년 동안 일할 수 있는 것이다.

미국은 가족에게 부부 합산 소득에 세금을 매긴다. 이는 보통 '보조 소득인'인 아내가 전일제로 일하지 못하게 만든다. 그 대신 개인의 시장 소득에 기반을 두고 개인별로 결혼 지위에 상관없이 세금을 매길 수도 있다. 이것은 소위 결혼 때문에 생긴 세금상의 불이익을 아주 간단하게 제거할 수 있는데, 합산 소득으로 인해 높은 세율의 적용 대상이 되지 않으면서 소득을 합하고 지출을 공유하는 데서 생기는 이점을 누릴 수 있기 때문이다. 전업 주부나 전업 남편과 같이 신체 건강한 성인인 '피부양자'에게 제공하는 세금 공제는 없애고, 가정에서 돌보는 아동, 노약자, 장애인들에게 공제나 수당을 후하게 제공할 수도 있다.31

소득에 누진세율을 적용하면 사람들은 시장 노동에 시간을 덜 쓰고 가족과 공동체를 위한 활동에 시간을 더 쓰게 될 것이다. 회사에게 전일제와 시간제 노동자에게 노동 시간에 비례해 똑같은 혜택을 제공하게 함으로써 시간제 노동의 인센티브를 저해하지 못하게 할 수도 있다. 동시에 의료와 연금 혜택을 받을 권리를 시장 노동에 어느 정도 참여한다는 조건부로 만들어서, 개인이 가족 노동을 전담하지 못하게 만들 수 있다. 혜택을 받는 사람과 결혼해 개인이 덩달아 혜택을 누리지 못하게 할 수 있을 것이다. 이런 변화를 만들어 내는 비용은 부분적으로 서로 상쇄된다. 예를 들어 기업은 직원의 아내나 남편에게 자동으로 지급하는 혜택을 주지 않아서 절약하는 돈을, 시간제 직원에게 혜택을 주는 데 쓸 수 있을 것이다.

세 번째 문제는 친족의 정의에 관한 것이다. 우리의 경제와 법체계는 개인들이 형성하는 돌봄 관계의 형식이 겪은 변화를 따라잡지 못하고 있다. 결혼은 우리가 알고 있는 비생물학적인 친족 관계의 주요한 형식이지만, 성인들에게 대부분 결혼은 상대적으로 단기간의 관계다. 이혼을 더 어렵게 만드는 대신, 함께 살기로 선택한 개인들에게 몇 가지 지침을 제시하는 더 간단하고 유연한 동반자 관계를 정의할 수도 있다. 동성애자 커플은 동반자 관계(또는 원한다면 결혼)를 선택할 수 있어야 한다.

국가는 서로 동의하는 성인들의 관계를 규제하는 데 관심을 두기보다는 아동이나 노인 같은 피부양자들에 대한 의무를 강화하는 데 관심을 더 쏟아야 한다. 친족의 책임을 어떻게 정의할 것인가를 다시 생각할 필요가 있다. 모든 가족에게 쉬운 일은 아니겠지만, 비혼 상태인 경우나 이혼 시에 공동 양육권을 갖는 것이 한 부모가 전적으로 돌보고 다른 부모는 돈만 전달하는 것보다 훨씬 낫다. 아버지가 적극적으로 양육에 참여할 수 있는 방법을 고안할 필요가 있다.

친족 자체를 넘어서서 생각할 필요도 있다. 인구학 사전에서 완전히 빠져 있는 범주가 '친구'다. 그러나 많은 독신들, 특히 노인들은 친척보다는 친구나 이웃에 의지하여 병원에 가거나 정기적인 보살핌을 받는다. 가족 간호 휴가법이 보장하는 것처럼 결근을 할 수 있는 특전을 직계 가족의 간호가 필요한 경우에만 국한해서는 안 된다. 노동자는 타인에 대한 돌봄의 책임을 더 넓은 범위에서 정의할 권리를 가지는 것이 좋고, 그렇게 하도록 격려해야 한다.

가족 가치를 사회 전체로 확장하기 위해서는 소득 분배를 넘어서서 사랑, 의무, 호혜의 문화적 가치를 강화해야 한다. 현새의 복지 국가 정책은 부자와 빈자, 숙련노동자와 비숙련노동자, 운이 좋은 사람과 불운한 사람 간의 직접적인 접촉을 장려하지 못했다. 역설적이게도 그런 점에서는 전시 국가가 복지 국가보다 성과를 더 많이 거두었다. 2차 세계대전 참여같이 중요한 민주주의적 이상을 수호하는 데 사회 전반적인 참여를 이끌어 냈던 군사적 서비스는 사회적 연대감을 불러일으켰다.

개인과 공동체 간의 장기적인 관계를 발달시키는 돌봄 노동에 세제 혜택과 다른 종류의 인센티브를 제공함으로써 시민 참여를 격려할 수도 있다. 계급과 인종에 따른 주거와 문화적 분리가 심화되지 못하게 할 수도 있다. 공공장소를 보호하고 확대할 수 있다. 교육 제도는 돌봄 기술의 발전과 공동체 참여를 진작할 수 있다. 무엇보다 청년들에게 단지 세금을 납부하게 하기보다는 국가를 위한 봉사를 해서 자신들에게 투자된 돈을 되갚도록 만드는 전략도 있다.

타인에 대한 돌봄을 고무하는 정책은 국내 총생산 증가 등으로 협소하게 경제 효율을 정의하는 사람들에게는 비생산적으로 보인다. 교육의 실패, 질병, 환경오염, 높은 범죄율, 불안과 분노가 지배하는 문화적 환경에서 보이듯, 가족과 사회적 연대의 약화는 막대한 비용을 초래한다. 인간의 능력과 자질을 돌보고 양육하는 일은 항상 어렵고 비용이 많이 들었다. 과거에는 여성의 종속을 기반으로 한 성별 분업이 그 어려움과 비용을 최소화하는 데 공헌했다. 그러나 오늘날에는 돌봄을 제공하는 비용을 제대로 평가하고 공정하게 분배해야만 한다.

여성은 오늘날 엄청난 어려움과 긴장을 겪으면서도 돈벌이와 돌봄을 병행하고 있다. 후기 산업 사회의 복지 사회는 그 어려움과 긴장을 제거할 수 있도록 제도를 뜯어고쳐 남성도 여성과 똑같이 돈벌이와 돌봄을 병행할 수 있도록 해야만 한다. 이것을 보편적인 양육자라고 부를 수 있겠다.

— 낸시 프레이저, 『훼방받는 정의:
사회주의 이후 상황에 대한 비판적 고찰』

야수 길들이기

20세기에 벌어진 자본주의와 공산주의의 위대한 레슬링 경기에서 우리는 무엇을 배웠는가? 분명한 것은 어떤 체제도 믿을 수 없다는 점이다. 그러나 우울한 과학이라는 냉소에 빠지는 대신 소매를 걷어 올리고 대안을 모색할 수 있다. '누가 무엇을 소유하는가'가 중요하다는 사실을 인정한다고 해서 시장이 본질적으로 나쁘다고 믿을 필요는 없다. 더 나은 민주적 지배 구조의 규칙을 정하기 위하여 위원회가 내리는 의사 결정을 믿을 필요도 없다. 우리 각자가 다른 사람을 돌볼 의무가 있다는 원칙을 지키겠다고 현재의 복지 국가 정책을 끌어안아야 하는 것도 아니다.

이 책에서 나는 소위 '시장'이라는 추상적 존재를 지나치게 자신하는 경제학자들에게 우려를 나타냈다. 여성은 특히 돌봄을 책임져 온 유산 때문에 '자기 자신을 위해서'라는 원칙을 의심하게 되었다고 주장했다. 그러면서 가난, 교육 제도, 세제에 대한 내 견해를 밝혔고, 세계화의 영향과 우리의 경제 제도를 재구조화할 가능성을 추측해 보았다. 의료, 환경 같은 여러 가지 문제는 제외했는데, 그 문제가 중요하지 않기 때문이 아니라 내 지식의 범위를 넘어섰기 때문이다. 가족 가치의 경제적 중요성을 강조한 것은 그런 가치를 우리가 공유하고 있다고 믿었기 때문이다.

이야기를 마치며 나는 시장이라는 보이지 않는 손을 돌봄이라는 보이지 않는 가슴과 더 잘 조화시킬 수 있도록 노력하는 데 필요한 다섯 가지 지침을 제시하려고 한다.

1. **여성이 가정에서나 사회 전반에서 남성보다 더 이타적이라는 주장을 거부한다.** 여성은 모유 수유 같은 어떤 돌봄에는 자연적으로 적절할 수 있다. 바로 그런 이유에서 남성은 기저귀 갈기 같은 다른 분야의 돌봄에서 여성과의 차이를 만회하도록 노력을 해야 한다. 여성에게 타인을 돌보는 책임을 전적으로 지게 만드는 것은 남성들이 돌봄의 책임에서 벗어나게 하는 것 이상의 결과를 가져온다. 여성에게 그 책임을 전담하게 하면 돌봄은 권력과 분리되어, 돌봄 노동에 대한 전반적인 사회 경제적 지원 수준이 낮아진다.

2. **이기심이 가족 가치를 침식하지 않도록 보호한다.** 사랑, 의무, 호혜라는 가치가 강화되면 남녀 모두에게 이득이 된다. 그런 가치는 개인의 이기심 추구가 건강한 결과를 낳을 수 있는 문화적 환경을 조성한다. 그러나 극단적인 이기심의 추구는 환경을 파괴해 미래 세대에게 불행한 결과를 가져올 수 있다.

3. **가정, 공동체, 국가, 세계 전체에 민주적 지배 구조를 세우는 일의 어려움을 직시한다.** 서로에게 사회적 의무를 강제하려면 공정하고 공평한 방법으로 해야 한다. 전제주의적인 규칙이나 비인간적인 관료제에 호소하지 말고 우리의 행동을 조율하는 효율적인 방식을 사회의 모든 차원에서 생각해야 한다.

4. **더 친절하고 지혜로운 형태의 경제 발전을 목표로 세운다.** 돈으로 살 수 없는 것에 관심을 기울인다고 해서, 돈으로 살 수 있는 것을 간과할 필요는 없다. 시장 생산의 가치보다 더 넓게 정의된 개념으로 세계적 차원의 생활수준을 향상시켜야 한다. 우리의 능력과 자질의 향상, 가족의 번영, 깨끗한 환경으로 성공을 측정해야 한다.

5. **돌봄 노동을 보상하는 방법을 개발하고 강화한다.** 돌봄은 그저 또 하나의 상품이 아니다. 개인적이고 대면적이면서 감정이 풍부한 관

계는 양질의 보육, 교육, 의료, 노인 수발, 그리고 그 밖의 사회적 서비스에 필수적인 요소다. 가정이나 지역 사회, 기업, 직장 등 어느 곳에서 제공되든지 간에, 돌봄 노동은 마땅히 공적 인정과 보상을 받아야 한다.

주

들어가며

1. Adam Smith, *The Theory of Moral Sentiments* (New York: Augustus Kelley, 1966).

1. 친절이라는 젖

1. Rush Limbaugh, *The Way Things to Be* (New York: Pocket Books, 1992), p.146.
2. 일반 사회 조사를 분석한 통계. Lee Badgett, Pamela Davidson, Nancy Folbre, and Jeannette Lim, "Breadwinner Dad, Homemaker Mom: An Interdisciplinary Analysis of Changing Gender Norms in the United States, 1997-1998," Department of Economics, University of Massachusetts, Amherst, MA, August 2000을 볼 것.
3. Sara Blaffer Hrdy, *Mother Nature: A History of Mothers, Infants, and Natural Selection* (New York: Pantheon, 1999).
4. 이런 가능성을 더 자세히 토론하고 있는 것으로는 Nancy Folbre, *Who Pays for the Kids? Gender and the Structures of Constraint* (New York: Routledge, 1994)이 있다.
5. 같은 책.
6. August Bebel, *Women and Socialism*, trans. Daniel De Leon (New York: Schocken Books, 1971).
7. Amartya Sen, "Gender and Cooperative Conflicts," in Irene Tucker, ed., *Persistent Inequalities: Women and World Development* (New York: Oxford University Press, 1990), pp.123-49. 여성주의 이론가 조앤 트론토도 개인에게서 이기심을 효과적으로 추구할 기회를 박탈하면 돌봄을 더 이기적인 만족을 얻기 위한 대체품으로 이용하면서 다른 사람을 통해 살게 될 수 있다고 지적한다. 이에 대해

서는 "Beyond Gender Difference to a Theory of Care," *Signs: Journal of Women in Culture and Society* 12, no.4 (Summer 1987), pp.647, 650을 볼 것.

8. Mary O'Brien, *The Politics of Reproduction* (Boston: Routledge and Kegan Paul, 1981); Lorenne M. G. Clark and Lynda Lange, *The Sexism of Social and Political Theory: Women and Reproduction from Plato to Nietzsche* (Toronto: University of Toronto Press, 1979); John Locke, *Two Treatises of Government*, ed. Peter Laslett (Cambridge: Cambridge University Press, 1967).

9. Mary Astell, "The Hardships of the English Laws in Relation to Wives," in Vivien Jones, ed., *Women in the Eighteenth Century* (New York: Routledge, 1990), p.225.

10. 같은 글.

11. Adam Smith, *An Inquiry into the Nature and Causes of the Wealth of Nations*, 3rd ed., vol.1 (Edinburgh: Mandel, Pig and Stevensen, 1809), p.9. 이 주제를 더 자세하게 논의한 것으로는 다음을 볼 것. Nancy Folbre and Heidi Hartmann, "The Rhetoric of Self-Interest and the Ideology of Gender," in Arjo Klamer, Donald Mc-Closkey, and Robert Solow, eds, *The Consequences of Economic Rhetoric* (Cambridge: Cambridge University Press, 1988).

12. Nancy Folbre, "The Improper Arts: Sex in Classical Political Economy," *Population and Development Review* 18, no.1 (1992), pp.105-21.

13. John Stuart Mill, *The Subjection of Women* (Cambridge: M.I.T. Press, 1970), p.43.

14. Nancy Folbre, "Socialism, Feminist and Scientific," in Marianne Ferber and Julie Nelson, eds, *Beyond Economic Man* (Chicago: University of Chicago Press, 1993).

15. Catherine Beecher and Harriet Beecher Stowe, *The American Woman's Home* (New York: J. B. Ford and Company, 1869), p.19.

16. Kathryn Kish Sklar, *Catherine Beecher: A Study in American Domesticity* (New Haven: Yale University Press, 1973), p.87.

17. 같은 책, p.156.

18. Alfred Marshall, *Principles of Economics*, 8th ed.(London: Macmillan, 1930), pp.685, 715.

19. David Reisman, *Alfred Marshall's Mission* (New York: St. Martin's Press, 1990), p.210.

20. W. Pigou, *Memorials of Alfred Marshall*, "Letter to Louis Dumur, July 2, 1909" (New York: A. M. Kelley, 1966), pp.459-61.

21. Barbara Goldsmith, *Other Powers: The Age of Suffrage, Spiritualism, and the Scandalous Victoria Woodhull* (New York: Alfred A. Knopf, 1998).

22. Jane Lewis, *The Politics of Motherhood: Child and Maternal Welfare in England, 1990-*

1939 (London: Croom Helm, 1980); David Kennedy, *Birth Control in America: The Career of Margaret Sanger* (New Haven: Yale University Press, 1973).

23. Rush Limbaugh, *The Way Things Ought to Be*, p.201.

24. George Gilder, *Sexual Suicide* (New York: Quadrangle, 1973) 와 *Wealth and Poverty* (New York: Basic Books, 1981).

25. Allan Bloom, *The Closing of the American Mind: How Higher Education Has Failed Democracy and Impoverished the Souls of Today's Students* (New York: Simon and Schuster, 1987).

26. Connie Marshner, *Can Motherhood Survive? A Christian Looks at Social Parenting* (Brentwood, TN: Wolgemuth and Hyatt, 1990), p.195; Linda Kintz, *Between Jesus and the Market: The Emotions That Matter in Right-Wing American* (Durham, NC: Duke University Press, 1997).

27. Kristin Luker, *Abortion and the Politics of Motherhood* (Berkeley: University of California, 1984), p.163에서 재인용.

28. Barbara Dafoe Whitehead, "Dan Quayle Was Right," *The Atlantic Monthly*, 271, no.4 (April 1993), pp.47-84.

29. Sharon Hays, *The Cultural Contradictions of Motherhood* (New Haven: Yale University Press, 1996).

30. Limbaugh, *The Way Things Ought to Be*, p.78.

31. 노벨 경제학상 수상자인 게리 베커는 이 주장을 "Altruism in the Family and Selfishness in the Market Place," *Economica* 48, no.1 (1981), pp.1-15에서 분명하게 전개한다.

32. Elizabeth Hickey, "Mrs. Family Values: Beverley La Haye Leads Her Army of Concerned Women into the Conservative Frat," *Washington Times*, July 29, 1992, IE.

33. Whirlpool Foundation Study, *Women: The New York Providers* (New York: Families and Work Institute, May 1995), p.73.

34. 남성 13%에 비해 여성 3%만이 타인을 돌보는 사람을 전혀 걱정하지 않는다고 말했다. Whirlpool Foundation study, *Women*, p.67.

35. Linda Jordan, "Dolls Versus Trucks," *New York Times*, April 19, 1993.

36. Barbara Presley Noble, "Male, Female Leadership Styles Hot Subject of Controversy," *Springfield Union*, August 18, 1993, p.35.

37. Franz de Waal, *Good Natured: The Origins of Right and Wrong in Humans and Other Animals* (Cambridge, MA: Harvard University Press, 1996), p.43.

38. E. O. Wilson, *Sociobiology: The New Synthesis* (Cambridge, MA: Harvard University

Press, 1975).

39. de Waal, *Good Natured* 와 더불어 다음을 볼 것. Elliot Sober and David Sloan Wilson, *Unto Others: The Evolution and Psychology of Unselfish Behavior* (Cambridge, MA: Harvard University Press, 1998).

40. Daniel C. Batson, "How Social an Animal? The Human Capacity for Caring," *American Psychologist* 45, no.3 (March 1990), p.344.

2. 돌봄의 불이익

1. Robert Frank, Thomas Gilovich and Dennis Regan, "Does Studying Economics Inhibit Cooperation?" *Journal of Economic Perspectives* 7, no.2 (Spring 1993), pp.159-71.

2. 이 주장의 고전적 형태를 보여 주고 있는 책은 E. O. Wilson, *Sociobiology: The New Synthesis* (Cambridge, MA: Harvard University Press, 1975).

3. Robert Frank, *Passions within Reason: The Strategic Role of the Emotions* (New York: W. W. Norton, 1988).

4. 정보와 거래 비용 경제학 논문들이 이 주제를 탐구하고 있다. 예를 들어 Oliver Williamson, *The Economic Institutions of Capitalism: Firms, Markets, Relational Contracting* (New York: Free Press, 1985).

5. Paula England and George Farkas, *Households, Employment, and Gender: A Social, Economic, and Demographic View* (New York: Aldine Publishers, 1986).

6. 내가 여기서 장황하게 논의하고 있는 경제학 이론에 대해 오래전에 아마티야 센이 기본적 비판을 전개했다. "Rational Fools: A Critique of the Behavioral Foundations of Economic Theory," *Philosophy and Public Affairs* 6, no.4 (1977), pp.317-44을 볼 것.

7. Elinor Ostrom, *Governing the Commons: The Evolution of Institutions for Collective Action* (Cambridge: Cambridge University Press, 1991).

8. Jane Mansbridge, *Beyond Self-Interest* (Chicago: University of Chicago Press, 1990), pp. 133-143.

9. Elliot Sober and David Sloane Wilson, *Unto Others: The Evolution and Psychology of Unselfish Behavior* (Cambridge, MA: Harvard University Press, 1998).

10. Notburga Ott, *Intrafamily Bargaining and Household Decisions* (London: Springer Verlag, 1992)에서 이 점을 정식으로 지적했다.

11. Donald Parsons, "On the Economics of Intergenerational Control," *Population and*

Development Review 10, no.2 (March 1984), pp.41-54.

12. Douglas D. Davis and Charles A. Holt, *Experimental Economics* (Princeton, NJ: Princeton University Press, 1993); Catherine, C. Eckel and Philip Grossman, "Chivalry and Solidarity in Ultimatum Games," *Working Paper E92-23*, Department of Economics, Virginia Polytechnic Institute, Blacksburg, VA (August 1992).

13. 언급할 만한 예외가 두 가지 있다. 하나는 엘리자베스와 그의 동료들로서 서로 잘 모르는 사람들끼리뿐 아니라 가족원들끼리도 최후통첩 게임을 하도록 했다. 다른 하나는 에켈과 그로스먼으로 ('기사도와 연대') 최후통첩 게임에서 성별의 차이를 탐구했다.

14. Karl Polanyi, *The Great Transformation* (Boston: Beacon Press, 1944).

15. Robert N. Bellah, Richard Madsen, William M. Sullivan, Ann Swidler, and Steven M. Tipton, *Habits of the Heart: Individualism and Commitment in American Life* (New York: Harper and Row, 1985); Amitai Etzioni, *The Moral Dimension: Toward a New Economics* (New York: Free Press, 1988). 시민 사회와 미덕에 관한 책을 선별해 검토한 것으로는 D. W. Miller, "Perhaps We Bowl Alone, But Does It Really Matter?" *The Chronicle of Higher Education*, July 16, 1999, A16-17.

16. Nancy Folbre, *Who Pays for the Kids? Gender and the Structures of Constraint* (New York: Routledge, 1994); Paula England and Nancy Folbre, "The Cost of Caring," *Annals of the American Academy of Political and Social Science* 561 (January 1999), pp.39-51.

17. Donald J. Hernandez, *American's Children: Resources from Family, Government, and the Economy* (New York: Russell Sage, 1993).

18. Leonore Weizman, *The Divorce Revolution: The Unexpected Social and Economic Consequences for Women and Children in America* (New York: Free Press, 1985).

19. Barbara R. Bergmann, "The Economic Risks of Being a Housewife," *American Economic Review* 7, no.2 (May 1981), pp.81-86. England and Farkas, *Households, Employment, and Gender* 도 볼 것.

20. Jane Waldfogel, "The Effects of Children on Women's Wages," *American Sociological Review* 62, no.2 (1997), pp.209-217.

21. Douglas Bernheim, A. Schleifer, and L. H. Summers, "The Strategic Bequest Motive," *Journal of Political Economy* 93 (1985), pp.1045-1076.

22. National Family Caregivers Association, "Member Survey 1997: A Profile of Caregivers," www.nfcacares.org/survey.html.

23. "Study Shows Elderly Care Costly," *New York Times*, November 29, 1999.

24. Gary Becker, *A Treatise in the Family* (Cambridge, MA: Harvard University Press, 1981).

25. Peter McDonald and Rebecca Kippen, "The Implications of Below Replacement Fertility for Labour Supply and International Migration, 2000-2050," (paper presented at the annual meeting of the Population Association of America, Los Angeles, Calif., March 23-25, 2000). 이와 함께 Peter McDonald, "Gender Equity, Social Institutions, and the Future of Fertility," *Working Papers in Demography* No.69 (Canberra, Australia: Australian National University, 1999)도 볼 것.

26. Arlie Hochschild, *The Time Bind* (New York: Henry Holt and Company, 1997), p.201.

27. Francine M. Deutsch, *Halving It All: How Equally Shared Parenting Works* (Cambridge, MA: Harvard University Press, 1999); Rhona Mahoney, *Kidding Ourselves: Breadwinning, Babies, and Bargaining Power* (New York: Basic Books, 1995).

28. 이 주제에 대해 더 자세히 토론하고 있는 책은 Juliet Schor, *The Overworked American* (New York: Basic Books, 1991) and Robert Frank and Phillip J. Cook, *The Winner-Take-All Society* (New York: Free Press, 1995).

29. Lee Badgett and Nancy Folbre, "Job Gendering: Occupational Choice and the Marriage Market," Department of Economics, University of Massachusetts, Amherst, MA, August, 2000.

30. Paula England, *Comparable Worth: Theories and Evidence* (New York: Aldine de Gruyter, 1992).

31. Julie Nelson, "Of Markets and Martyrs: Is It OK to Pay Well for Care?" *Feminist Economics* 5, no.3 (Fall 1991), pp.43-59.

32. 이 주제와 다른 관련 주제는 Mary M. Brabeck, ed., *Who Cares? Theory, Research, and Educational Implications of the Ethic of Care* (New York: Praeger, 1989) 에 실린 논문에서 토론하고 있다.

33. Derek Bok, *The Cost of Talent: How Executives and Professionals Are Paid and How It Affects America* (New York: Free Press, 1993).

34. Nancy Folbre, "Children as Public Goods," *American Economic Review* 84, no.2 (1994), pp.86-90 와 Paula England and Nancy Folbre, "Who Should Pay for the Kids?" *Annals of the America Academy of Political and Social Science* 562 (May 1999), pp.194-207.

3. 성공의 측정

1. Richard Titmuss, *The Gift Relationship: From Human Blood to Social Policy* (London: George Allen and Unwin, 1970).

2. 연관된 신문은 *New York Times*, July 28, 1999.

3. 더 자세한 설명을 보려면 Nancy Folbre and Julie Nelson, "For Love or Money or Both?" forthcoming in *The Journal of Economic Perspectives*.

4. U. S. Bureau of Labor Statistics, *Employment and Earnings*, January 1999, Table 18.

5. 역사적 관점에 대해서는 Susan Reverby, *Ordered to Care: The Dilemma of American Nursing, 1850-1945* (New York: Cambridge University Press, 1987); Delores A. Gant, *A Global Agenda for Caring* (New York: National League for Nursing Press, 1993).

6. Margaret Talbot, "The Placebo Prescription," *New York Times Magazine*, January 9, 2000.

7. Robert Pear, "Few People Seek to Treat Mental Illnesses, Study Says," *New York Times*, December 13, 1999.

8. Judith J. Hibbard, "Can Medicare Beneficiaries Make Informed Choices?" Health Affairs (November/December 1998), pp.181-193; Daniel Pedersen, "Is Your HMO Too Stingy?" *Newsweek*, July 26, 1999, p.56; Suzanne Gordon, "Healing in a Hurry: Hospitals in the Managed- Care Age," *The Nation*, March 1, 1999, p.11.

9. David Himmelstein, Steffie Woolhandler, Ida Hellander, and Sidney M. Wolfe, "Quality of Care in Investor-Owned vs. Not-for-Profit HMOs," *Journal of the American Medical Association* 282, no.2 (July 14, 1999), pp.159-163.

10. Sheryl Gay Stolberg, "Report Says Profit-Making Health Plans Damage Care," *New York Times*, July 14, 1999.

11. Milt Freudenheim, "More Suits Filed Against Health Insurers," *New York Times*, June 27, 2000.

12. Abigail Zuger, "Arming Unsung Heroes of Health Care," *New York Times*, November 3, 1999.

13. Alison Mitchell, "Senate G. O. P. Again Prevails on Health Care Bill," *New York Times*, July 15, 1999.

14. Peter T. Kilborn, "Nurses Put on Fast Forward in Rush for Cost Efficiency," *New York Times*, April 9, 1998.

15. Suzanne Gorden, *Life Support: Three Nurses on the Front Lines* (New York: Little

Brown & Co., 1998), p. 255.

16. Todd S. Purdum, "California to Set Level of Staffing for Nursing Care," *New York Times*, November 12, 1999.

17. Deborah Stone, "Care and Trembling," *The American Prospect* 43 (1999), p.62.

18. Robert Pear, "Reports of Abuse of Elderly Are Ignored, Panel Is Told," *New York Times*, March 23, 1999; Susan Eaton, "Beyond 'Unloving Care': Promoting Innovation in Elder Care Through Public Policy," Changing Work in America Series (Cambridge, MA: Radcliffe Public Policy Institute, 1996); *New York Times*, April 26, 1999, editorial page.

19. Lorraine Adams, "The Hazards of Elder Care," *Washington Post*, October 31, 1999.

20. Eaton, "Beyond 'Unloving Care'," p.7.

21. "Webcams Focus on Day Care," *New York Times*, December 2, 1999.

22. Personal communication from Suzanne Helburn, Department of Economics, University of Colorado at Denver, January 2000.

23. Center for the Child Care Workforce, *Current Data in Child Care Salaries and Benefits in the United States*, www.ccw.org, March 1999; Marcy Whitebook, Carolle Howes, and Deborah Phillips, *Worthy Work, Unlivable Wages: The National Child Care Staffing Study, 1988-1997* (Washington, D.C.: Center for National Child care Workforce, 1998), p.20.

24. Deborah Blum, "More Work, More Play," *Mother Jones* (March 1999), pp.1-7; Suzanne Helburn, ed., *Cost, Quality, and Child Outcomes in Child Care Centers* (Denver, CO: University of Colorado Press, 1995).

25. Marcy Whitebook, *NAEYC Accreditation and Assessment* (Washington, D. C.: National Center for the Early Childhood Work Force, 1997).

26. Helburn, *Cost, Quality and Child Outcomes*.

27. Edward N. Woldd, "Recent Trends in Wealth Ownership, 1983-1998," unpublished manuscript, Department of Economics, New York University.

28. Paul A. Armknecht and Daniel H. Ginsburg, "Improvements in Measuring Price Changes in Consumer Services, Past, Present, and Future," in Zvi Griliches, ed., *Output Measurement in the Service Sectors* (Chicago: University of Chicago Press, 1992), p.147.

29. 1995년의 개인 용품과 서비스 지출 자료는 *Statistical Abstract of the United States, 1997* (Washington, D.C.: Government Printing Office, 1998), Table 712, p.461. 같은 해 소비자 수 자료는 www.bls.gov/news.release/cesan.news.htm (accessed Nov. 19,

1998). 선별된 국가의 GDP 자료는 *United Nations Human Development Report 1998* (New York: Oxford University Press, 1998), p.183.

30. 이 주제를 더 논의한 것으로는 Nancy Folbre, "The Unproductive Housewife: Her History in the Evolution of Economic Thought," *Signs: Journal of Women in Culture and Society* 16, no.3 (1991), pp.463-84. 국가 소득 계정에서 여성 노동을 제외한 데 대한 전반적인 논의로는 Marilyn Waring, *If Women Counted: A New Feminist Economics* (New York: Harper and Row, 1988).

31. Robert Eisner, *The Total Incomes System of Accounts* (Chicago: University of Chicago Press, 1989). 던컨 아이언몽거가 최근 추정한 호주의 예가 방법론적으로 더 낫다. Duncan Ironmonger, "Counting Outputs, Capital Inputs and Caring Labor: Estimating Gross Household Product," *Feminist Economics* 2, no.3 (1996).

32. 전국수발가족협회 웹사이트를 볼 것. www.nfcacares.org.

33. 다른 한편, 같은 기간 동안 비시장 노동의 생산성을 올리는 편리한 장치를 많이 받아들였다. 전자레인지, 먹을 만한 냉동식품, 아이들을 즐겁게 하는 대여 비디오, 방수 마스카라 등이 그 예다. 그런 기술의 발전을 측정하지 않으면 실질 생활수준의 향상을 저평가하게 될 수도 있다.

34. John Robinson and Geoffry Godbey, *Time for Life: The Surprising Ways Americans Use Their Time* (University Park, PA: Pennsylvania State University, 1997).

35. Robert Repetto, "Nature's Resources as Productive Assets," *Challenge* (September-October 1989), pp.16-20.

36. Ismail Seragelin, *Sustainability and the Wealth of Nations: First Steps in an Ongoing Journey.* Environmentally Sustainable Development Studies and Monographs Series No.5 (Washington, D. C.: World Bank, 1996).

37. Herman E. Daly and John B. Cobb, Jr., *For the Common Good: Redirecting the Economy Toward Community, the Environment, and a Sustainable Future* (Boston: Beacon Press, 1994).

38. Daniel Goleman, *Emotional Intelligence* (New York: Bantam, 1994). 이와 함께 Arthur Goldsmith, Jonathan R. Veum, and William Darity, Jr., "The Impact of Psychological and Human Capital on Wages," *Economic Inquiry* X X X V (October 1997), pp.815-829 을 볼 것.

39. 어떻게 교육이 투자일 수 있는지 구체적인 예를 보려면 Dale W. Jorgenson and Barbara M. Fraumeni, "Output of the Education Sector," in Griliches, *Output Measurement*, pp.303-341.

40. *The Ethics of Aristotle*, trans. D. P. Chase (New York: Monthly Review Press, 1963).

41. A. L. Morton, *The Life and Ideas of Robert Owen* (New York: Monthly Review Press, 1963).

42. Amartya Sen, "The Economics of Life and Death," *Scientific American* (May 1993), pp.40 -47.

43. 이 측정 수치는 각각의 최소 값와 최대 값과 실제 값의 관계에 근거를 둔다. 기술적 세부 사항을 설명한 것을 보려면 United Nations Development Programme, *Human Development Report 1998* (New York: Oxford University Press, 1998), p.107. 다른 흥미로운 측정 수치를 보려면 다음을 볼 것. Marc and Marque-Luisa Miringoff in *The Social Health of the Nation* (New York: Oxford University Press, 1999).

44. *Human Development Report 1998*, pp.20-21, Table 1.2.

45. *World Development Indicators, 1998* (Washington, D.C.: The World Bank, 1998), p.253.

46. Robert Putnam, *Making Democracy Work: Civic Traditions in Modern Italy* (Princeton, NJ: Princeton University Press, 1993).

47. Robert Putnam, "Bowling Alone: America's Declining Social Capital," *Journal of Democracy*, 6, no.1 (January 1995), pp. 65-78.

48. Robert Reich, "Do Good Fences Make Good Neighbors?" *The New Yorker*, November 30, 1998, p.31.

49. Alfie Kohn, *The Brighter Side of Human Nature* (New York: Basic Books, 1990), p.69.

50. 미국의 범죄에 관해서는 *Statistical Abstract of the U.S 1997* (Washington, D. C.: Government Printing Office, 1998), Table 313, p. 201. 일본의 범죄에 관해서는 *Nippon: A Charted Survey of Japan 1994/95*, edited by Tsuneta Yano Memorial Society (Tokyo: Kokusei-sha, 1994), p.333.

51. "U.S -Japan Murder Deficit," *Time*, June 7, 1993, p.17.

4. 보모 국가

1. Michael Novak, "Steeple Envy," *Forbes*, July 5, 1993, p.46.

2. 언론이 보모 국가를 조롱한 다른 예를 보려면 William Bennett, "What to Do About the Children," *Commentary* 99, March 1, 1995, pp.23-29, and Gertrude Himmelfarb, "For the Love of Country," *Current*, September 1, 1997, pp.30-32.

3. 이 요약은 조지 길더의 저작에 기초한 것이다. George Gilder, *Men and Marriage* (New York: Pelican, 1992); *Wealth and Poverty* (New York: Institute for Contempo -rary Studies, 1993); Rush Limbaugh, *The Way Things Ought to Be* (New York: Pocket

Books, 1993); Marvin Olasky, *The Tragedy of American Compassion* (New York: Regneny Publishing, 1995); and Newt Gingrich, *To Renew America* (New York: HarperPrism, 1996).

4. 니콜라스 바는 민간 보험의 대부분은 정보와 역선택 문제 때문에 비효율적이라고 주장한다. Nicholas Barr, "Economic Theory and the Welfare State: A Survey and Interpretation," *Journal of Economic Literature* 30 (1992), pp.741-803.

5. Nancy Folbre, *Who Pays for the Kids? Gender and the Structures of Constraint* (New York: Routledge, 1994).

6. Alva Myrdal, *Nation and Family: The Swedish Experiment in Democratic Family and Population Policy* (Cambridge, MA: M.I.T. Press, 1941).

7. Mary Ann Mason, *From Father's Property to Children's Rights: The History of Child Custody in the United States* (New York: Columbia University Press, 1994), p.53에서 재인용. 이와 함께 Folbre, *Who Pays for the Kids?* 도 볼 것.

8. Reva B. Siegel, "Home as Work: The First Woman's Rights Claims Concerning Wives' Household Labor, 1850-1880," *Yale Law Journal* 103, No.1073 (March 1994), pp.1073-1217.

9. Mason, *From Father's Property*, p.57.

10. Theda Skocpol, *Protecting Soldiers and Mothers: The Politics of Social Provision of the United States, 1870s-1920* (Boston: Harvard University Press, 1993); Seth Koven and Sonya Michel, eds, *Mothers of a New World: Maternalist Politics and the Origins of Welfare States* (New York: Routledge, 1993); Gisela Bock and Pat Thane, eds, *Maternity and Gender Policies, Women and the Rise of the European Welfare States, 1880s-1950s* (New York: Routledge, 1991).

11. Herbert Spencer, "The Principles of Sociology," reprinted in Susan Grog Bell and Karen M. Offen, eds, *Women, the Family, and Freedom* (Stanford: Stanford University Press, 1976).

12. Beatrice Webb, *Our Partnership* (London: Longmans, Green & Co., 1948), p.149.

13. 같은 책, p.52.

14. Theda Skocpol, *Protecting Soldiers and Mothers*.

15. Department of Labor, *Women's Bureau, State Laws Affecting Working Women.* Bulletin no.16 (Washington, D. C.: Government Printing Office, 1921).

16. A, Holtzman, *The Townsend Movement: A Political Study* (New York: Bookman Associates, 1963).

17. Donald J. Hernandez, *America's Children: Resources from Family, Government, and the*

Economy (New York: Russell Sage, 1995), p.21.

18. 1930년과 1960년의 자료는 *Historical Statistics of the U.S.* (Washington, D.C.: U.S. Government Printing Office, 1976), Series A, 119-134, p.15. 이후 년도의 자료는 *Statistical Abstract of the U.S., 1997* (Washington. D.C.: Government Printing Office, 1998), Tables 14 and 24, pp.15, 25.

19. 이 문제는 세대 간 금전 이전에 국한되지도 않는다. 노인과 젊은이 간에 자원을 공유하지 않고 개인 스스로가 노후를 위해 돈을 저축하고 투자한다고 가정해 보자. 두 자녀에게 의존하는 대신, 65~80세의 나이 든 부모가 사람을 써서 돌봄을 받는다. 젊은 세대의 노동 공급이 늙은 세대의 노동 수요보다 상대적으로 적다면 그들의 임금은 엄청나게 높아질 것이다. 그 결과 노화로 인한 비용이 올라간다.

20. George A. Akerlof, Janet L. Yellen, and Michael L. Katz, "An Analysis of Out-of-Wedlock Childbearing in the United States," *The Quarterly Journal of Economics*, CXI, no.2 (May 1996), pp.277-317.

21. Andrea H. Beller and John W. Graham, *Small Change: The Economics of Child Support* (New Haven: Yale University Press, 1993), p.1.

22. Irwin Garfinkel, Sara S. McLanahan, and Cynthia K. Miller, "Trends in Child Support Outcomes," *Demography* 33, no.4 (November 1996), pp.483-96; Robert I. Lerman, "Child Support Policies," *Journal of Economic Perspectives* 7, no.1 (Winter 1993), pp.171-82.

23. Elaine Sorenson and Ariel Halpern, "Child Support Enforcement Is Working Better Than We Think," in *New Federalism: Issues and Options for States* (Washington, D.C.: Urban Institute, 1999), p.A-31.

24. Robers I. Lerman, "Child Support Policies," p.176.

25. Elaine Sorenson, "The Benefits of Increased Child Support Enforcement," Welfare Reform Briefs no.2 (Washington, D.C.: Urban Institute, 1995).

26. Charles Murray, "Keep It in the Family," *Sunday Times* (London), November 14, 1993, cited in James Carville, *We're Right, They're Wrong* (New York: Random House, 1996), p.95.

27. Stuart A. Miller, "The Myth of Deadbeat Dads," *Wall Street Journal*, March 2, 1995. p.A14.

28. Lynn Smith, "Locating Deadbeat Dads-For a Price," *Los Angeles Times*, July 28, 1996, p.E3.

29. John p.Robinson and Geoffry Godbey, *Time for Life: The Surprising Ways Americans*

Use Their Time (University Park, PA: Pennsylvania State University Press, 1997); Laura Shapiro, "The Myth of Quality Time," *Newsweek*, May 12, 1997, p.65; James T. Bond, Ellen Galinsky, and Jennifer E. Swanberg, *The 1997 National Study if the Changing Workforce* (New York: Families and Work Institute, 1998).

30. Albert Hunt, "Democrats' Delight," *The Wall Street Journal*, September 20, 1996.

31. Susan J. Carroll, "The Disempowerment of the Gender Gap: Soccer Moms and the 1996 Elections," *PS: Political Science and Politics*, 32, no.1 (March 1999), p.1.

5. 아이들은 애완동물?

1. 이 관점을 잘 예시한 것으로는 Elinor Burkett, *The Baby Boom: How Family -Friendly America Cheats the Childless* (New York: Free Press, 2000).

2. Phillip J. Longman, "The Cost of Children," *U.S. News and World Report*, March 30, 1998.

3. Robert Haveman and Barbara Wolfe, "The Determinants of Children's Attainments: A Review of Methods and Findings," *Journal of Economic Literature* X X X I I I (1995), p.1831.

4. Children's Defense Fund, Minnesota, "Family Tax Policies," www.cdfmn.org/ family.htm, accessed November 19, 1999. Leslie Whittington, "Taxes and the Family: The Impact of the Tax Exemption for Dependents on Marital Fertility," *Demography* 29, no.2 (1992), pp.215-226 도 같이 볼 것.

5. Edward N. Wolff, "The Economics Status of Parents in Postwar America." Paper prepared for the meeting of the National Parenting Association, Department of Economics, New York University, New York, September 20, 1996.

6. 게다가, 소득세를 내지 않는 빈곤 가정에게는 아무런 득이 되지 않으며 11만 달러 이상의 소득을 버는 가족에게는 세제 혜택을 단계적으로 줄인다. 가족 지원 주제를 더 논의한 것으로는 Sylvia Ann Hewlett and Cornet West, *The War Against Parents* (New York: Houghton Mifflin, 1998).

7. David Betson, "Alternative Estimates of the Cost of Children from the 1980-86 Consumer Expending Survey," Special Report 51 (Madison, WI: University of Wisconsin, Institute for Research on Poverty, 1991).

8. Irwin Garfinkel, "Economic Security for Garfinkle, Sara S. McLanahan, and Jennifer L. Hochschild, eds, *Social Policies for Children* (Washington, D.C.: Brookings Institution, 1996).

9. 같은 책.

10. Louis Cannon, *President Reagan: The Role of a Lifetime* (New York: Simon and Schuster, 1991), p.518 에서 인용.

11. Lawrence M. Mead, *The New Politics of Poverty: The Nonworking Poor in America* (New York: Basic Books, 1992), p.23.

12. Rush Limbaugh, *The Way Things Ought to Be* (New York: Pocket Books, 1992), p.196.

13. Mickey Kaus, *The End of Equality* (New York: Basic Books, 1992), p.117.

14. Randy Albelda, Nancy Folbre, and the Center for Popular Economics, *The War in the Poor: A Defense Manual* (New York: New Press, 1996), p.14.

15. 더 자세한 분석을 보려면 Paula England and Nancy Folbre, "Reforming Welfare: Public Support for Childrearing in the United States," Department of Economics, University of Massachusetts, Amherst, MA, August 2000.

16. Citizens for Tax Justice, The Hidden Entitlements, www.ctj.org/hid_ent/part-3/part3-1. htm, part 3-1.

17. National Academy of Science, *Child Care for Low Income Families* (Washington, D.C.: National Academy of Science, 1996). www.nap.edu/ readingroom/books/childcare 에서 찾아볼 수 있음.

18. House Committee on Ways and Means, Green Book, 105th Cong., 1998, p.684. www.access.gpo.gov/congress/wm001.html 에서 찾아 볼 수 있음.

19. Sandra Hofferth, "Caring for Children at the Poverty Line," *Children and Youth Services Review* 12, no.1/2 (1995), pp.1-31.

20. Sharon Long, "Child Care Assistance Under Welfare Reform: Early Responses by the States," Testimony to House Committee on Ways and Means, Subcommittee on Human Resources, March 16, 1999, p.3. www.urban.org/testimon/long3-16-99.html 에서 찾아볼 수 있음.

21. House Committee on Ways and Means, *Green Book*, p.420, table 7-9.

22. Gary Becker는 Robert Pear, "Thousands to Rally in Capital on Children's Behalf," *New York Times*, June 1, 1996 에서 인용.

23. 미키 카우스와 다른 이들은 사회 보장 제도가 근로자에게만 혜택을 준다고 주장했지만, 근로자를 카우스 식으로 실제로 임금을 버는 사람으로 정의하면 그것은 사실이 아니다. 임금 노동을 한 적이 없는 배우자와 유가족도 상당한 혜택을 받는다. Micky Kaus, *The End of Equality* (New York: Basic Books, 1992), chapter 9.

24. *Social Security Bulletin*, 61, no.4(1998), p.57. table 1.86. 한 달의 혜택을 열두 배하여

일 년 추정치를 구했다. TANF의 총 지출 자료는 House Committee on Ways and Means, *Green Book*.

25. U.S. Senate, Senator Moynihan of New York, S1511, 100th Congress, 2nd Sess. 134 *Congressional Record*, S14250 (June 13, 1988), vol.134, pt.10.

26. Ruth Conniff, "Bad Welfare," *The Progressive* 58, no.9 (August 1994), p.20.

27. David Ellwood, *Poor Support: Poverty in the American Family* (New York: Basic Books, 1988).

28. 평균세율보다 한계세율, 즉 소득 중 마지막 1달러에 붙는 세율이 더 해당되지만, 여기서 들고 있는 간단한 예에서는 그 둘이 같은 결과를 낳는다.

29. Albelda et al., *The War in the Poor*, p.80 을 볼 것.

30. Kathryn Edin, "Making Ends Meet," 그리고 Jason De Parle, "Learning Poverty Firsthand," *New York Times Magazine*, April 27, 1997, pp.32-35 을 볼 것.

31. 볼티모어에 가져온 효과를 자세하게 묘사한 것으로 Marc Cooper, "When Push Comes to Shove," *The Nation*, June 2, 1997, pp.11-15.

32. 이전의 제도에서는 자녀 양육비 가운데 50달러 정도를 복지 수당에서 뺐다. 그러나 복지 수령인들은 유리한 처지에서 아이아버지와 담판을 지어 뒷구멍으로 자녀 양육비를 받아 총 가구 소득을 늘릴 수 있었다. 아이아버지의 이름을 밝히겠다고 협박을 할 수 있었던 것이다. 새로운 제도에서는 그 50달러 삭감이 대부분의 주에서 없어져, 아이엄마가 아이아버지의 이름을 밝혀야 할 의무에서 갖게 된 비공식적인 협상력이 줄어들었다.

33. 1989년 자녀 양육비를 받지 않았던 엄마 40%가 받기를 원하지 않았다. Robert I. Lerman, "Child Support Policies," *Journal of Economic Perspectives* 7, no.1 (Winter 1993), p.176.

34. 최하층이라는 개념의 발달을 논의한 것으로 Herbert J. Gans, *The War Against the Poor: The Underclass and Antipoverty Policy* (New York: Basic Books, 1995).

35. Ralph Vartabedian, "Unpaid Tax Total Put at $195 Billion a Year by IRS," *Los Angeles Times*, May 2, 1998, p.A1.

36. Peter Gottschalk, Sara McLanahan, and Gary Sandefur, "Dynamics of Poverty and Welfare Participation," in Sheldon Danziger, Gary Sandefur, and Daniel Weinberg, eds, *Confronting Poverty: Prescriptions for Change* (Cambridge, MA: Harvard University Press, 1994), p.96; La Donna Pavetti, "Who Spends Longer Periods of Time Receiving Welfare?" in R. Kent Weaver and William T. Dickens, eds, *Looking Before We Leap: Social Science and welfare Reform* (Washington, D.C.: Brookings Institution, 1995). p.40.

37. Michael Ybarra, "Getting Off Welfare Is a Point of Pride to Nominee's Sister," *Wall Street Journal*, July 19, 1991, p.A7; "The Judge Who Judged His Sister," *Christian Science Monitor*, July 30, 1991, p.13.

38. David van Biema, "The Storm over Orphanages," *Time*, December 24, 1994, p.A23; Charles Murray, "The Coming White Underclass," *Wall Street Journal*, October 19, 1993, p.A14.

39. Frank Furstenberg, Jr. and Andrew J. Cherlin, *Divided Families: What Happens to Children When Parents Part* (Cambridge, MA: Harvard University Press, 1991); Deborah A. Frank, Peri E. Klass, Felton Earls, and Leon Eisenberg, "Infants and Young Children in Orphanages: One View from Pediatrics and Child Psychiatry," *Pediatrics* 97, no.4 (April 1996), pp.569-577.

40. Douglas J. Besharov, "Orphanages Aren't Welfare Reform," *New York Times*, December 20, 1994, p.A23; Nina Bernstein, "Deletion of Word in Welfare Bill Opens Foster Care to Big Business," *New York Times*, May 4, 1997, p.A1.

41. Sreven A. Holmes, "G.O.p.Sees shift in Child Welfare," *New York Times*, March 13, 1995, p.A7; Bernstein, "Deletion of Word."

42. James Heintz and Nancy Folbre, *The Ultimate Field Guide to the U.S. Economy* (New York: New Press, 2000), pp.123, 133.

43. Greg Duncan and Jeanne Brooks-Gunn, eds, *Consequences of Growing Up Poor* (New York: Russell Sage Foundation, 1997).

44. Jeanne Ellsworth and Lynda J. Ames, "Introduction," in Ellsworth and Ames, eds, *Critical Perspectives on Project Head Start: Revisioning the Hope and Challenge* (Albany: State University of New York Press, 1998), p.x.

45. 헤드 스타트 프로그램의 간단한 역사와 그 효과를 평가한 글들을 보려면 Lisbeth B. Schorr, *Within Our Reach: Breaking the Cycle of Disadvantage* (New York: Doubleday, 1988).

46. Kathryn Kuntz, "A Lost Legacy: Head Star's Origins in Community Action," in Ellsworth and Ames, *Critical Perspectives on Project Head Start*, p.1.

47. Schorr, *Within Our Reach*, p.191.

48. Carol H. Ripple, Walter S. Gilliam, Nina Chanana, and Edward Zigler, "Will Fifty Cooks Spoil the Broth?" *American Psychologist* (May 1999), p.327.

49. *A Welcome for Every Child* III (New York: The French American Foundation, 1999).

50. *A Welcome for Every Child* III.

6. 로빈후드 학교

1. Kay Hollimon, "Rich School Districts Set Up Foundations to Raise Funds," *San Antonio Express*, December 8, 1991.

2. Robert B. Reich, "Big Biz Cuts Class; Firms Talk Loud, Do Little for Schools," *Washington Post*, April 21, 1991, B1.

3. 시민권 운동의 법적 승리는 많은 부분 1990년대에 무효화되었음을 주지하는 것도 중요하다. 그 결과 미국의 주요 학군에서 인종적 분리가 심화되었다. Gary Orfield, Susan E. Eaton, and the Harvard Project on School Desegregation, *Dismantling Segregation; The Quite Reversal of Brown v. Board of Education* (New York: New Press, 1996).

4. Amy Gluckman, "Tests and Money," *Dollars and Sense* (March-April 1998), pp.11-13; John Chubb and Erik Hanushek, "Reforming Educational Reform," in Henry J. Aaron, ed., *Setting National Priorities: Policies for the Nineties* (Washington, D.C.: Brookings Institution, 1990), pp.213-247. 학교의 질과 학생의 장래 소득 간에 정적인 관계를 찾은 연구도 있다. David Card and Alan B. Kruger, "Does School Quality Matter? Returns to Education and the Characteristics of Public Schools in the United States," *Journal of Political Economy* 100, no.1 (1992), pp.1-40.

5. Caroline Hoxby, "How Teachers' Unions affect Education Production." *Quarterly Journal of Economics* 111(1996).

6. 학교 재정을 둘러싼 투쟁의 법 역사를 훌륭하게 요약한 것으로 Gregory G. Rocha and Robert H. Webking, *Politics and Public Education: Edgewood v. Kirby and the Reform of Public School Financing in Texas* (Minneapolis/St. Paul: West Publishing Company, 1992).

7. Louis Dubose, "Twenty-One Years Before the Bar," *Texas Observer* 81, no.20, October 13, 1989, pp.3-4.

8. 텍사스의 학군 100개 이상을 보은 연구는 가장 부유한 학군 열 곳은 가장 가난한 학군 네 곳보다 학생 일인당 세배 정도를 지출했음을 보여 주었다. Jonathan Kozol, *Savage Inequalities* (New York: Crown Publishers, 1991), p.214.

9. Roberto Suro, "Taxas Court Rules Rich-Poor Gap in state School Spending Is Illegal," *New York Times*, October 3, 1989, p.A1.

10. "Texas Board Approves Teaching of Evolution," *New York Times*, November 13, 1990. William L. Taylor and Dianne M. Piché, "A Report on Shortchanging Children: The Impact of Fiscal Inequity in the Education of Students at Risk," report prepared

for the Committee on Education and Labor, U.S. House of Representatives (Washington, D.C.: U.S. Government Printing Office, 1990), pp.5, 23.

11. Jana Rivera, "An Equal Chance at Education," *Hispanic Outlook in Higher Education* 5. no.6, November 15, 1994, p.1.

12. 보스턴에 관해서는 다음을 볼 것. K. Jackson, *Crabgrass Frontier: The Suburban -ization of the United States* (New York: OxfordUniversuty Press, 1985), p.76. 샌안토니오에 관해서는 Rocha and Webking, *Politics and Public Education*, p.20.

13. *Snapshot '91: 1990-91 School District Profiles* (Austin, TX: Texas Education Agency, 1992), p.60.

14. Douglas S. Massey and Nancy A. Denton, *American Apartheid: Segregation and the Making of the Underclass* (Cambridge, MA: Harvard University Press, 1993).

15. 학생 일인당 교육비 지출 자료는 텍사스연구소에서 발표한 자료를 참고했다. 시험 성적에 관해서는 Texas Education Agency, *Snapshot '91*, p.56.

16. 당시 알라모하이츠 독립 학군의 담당관인 찰스 슬레이터와 1996년에 한 대화.

17. "A Parable for Legislators," *Texas Observer*, September 28, 1990, p.1.

18. Rocha and Webking, *Politics and Public Education*, p.108.

19. Gene Koretz, "Economic Trends," *Business Week*, April 5, 1999. 교육 재정 문제를 잘 요약한 것으로 *Funding for Justice: Money, Equity, and the Future of Public Education* [not dated]. 이 글은 Rethinking Schools, 1001 East Keefe Avenue, Milwaukee, WI 53212 에서 구해 볼 수 있다. Dollars and Sense, March/ April 1998 에 게재된 교육 문제에 관한 특별 기사를 볼 것.

20. Kozol, *Savage Inequalities*, p.220.

21. Fabos Solva and Jon Sonstelie, "Did Serrano Cause a Decline in School Spending?" *National Tax Journal* 48, no.2 (June 1995), pp.199-215.

22. Walter Tschinkel, "Poverty, Not Bad Schools, Hinders Learning," *Miami Herald*, April 25, 1999.

23. 같은 글.

24. Bob Peterson, "Teacher of the Year Gives Vouchers a Failing Grade," *The Progressive*, April 1997, p.22.

25. Thomas Toch, "The New Education Bazaar," *U.S. News and World Report*, April 27, 1998, p.34.

26. Amy Wells, *Time to Choose* (New York: Hill & Wang, 1993); D. Moore and S. Davenport, "School Choice: The New Improved Sorting Machine," in W. Boyd and H. Walbert, eds, *Choice in Education* (Berkeley: McCuthan, 1990).

27. Massey and Denton, *American Apartheid: Segregation and the Making of the Underclass.*

28. Noreen Connell, "Under-Funded Schools. Why Money Matters," *Dollars and Sense* (March-April 1998), pp.14-17, 39.

29. Thaddeus Herrick, "Private Group Created a School Voucher Plan," *Houston Chronicle*, April 23, 1998.

30. Thaddeus Herrick, "Edgewood: After the Money," *Houston Chronicle*, November 24, 1998.

31. *University of Massachusetts Fact Book, 1996-1998* (Amherst, MA: University if Massachusetts, 1999), p.47.

32. 같은 책, p.45.

33. Jeffrey A. Miron, "No Reason for State Universities," *Boston Business Journal*, July 13, 1992.

34. Todd Mason, *Perot: An Unauthorized Biography* (Homewood, IL: Business One Irwin, 1990), p.122.

35. Michael S. McPherson and Morton Owen Schapiro, *The Student Aid Game* (Princeton, NJ: Princeton University Press, 1998).

36. Thomas Mortensen, report to the National Council of Educational Opportunity, cited in Sondra Beverley, "Rich Kids, Poor Kids: The Education Gap Is Widening." *St. Louis Post-Dispatch*, April 29, 1997.

37. Kian Ghazi, *Emerging Trends in the $670 Billion Education Market* (New York: Lehman Brothers, March 17, 1997), p.69.

38. Gordon C. Winston, "Subsidies, Hierarchy, and Peers: The Awkward Economics of Higher Education," *Journal of Economic Perspectives* 13, no.1 (Winter 1999), p.20.

39. James K. Boyce and Thomas W. Hutcheson, *17 Questions on the Budget Cuts and Public Higher Education in Massachusetts* (Amherst, MA: Institute for Economic Studies, 1990), p.17.

40. McPherson and Schapiro, *The Student Aid Game*; Mary Jordan, "'Need-Blind' Admissions Policy at Top Private Colleges Losing Favor to Wealth," *Washington Post*, April 26, 1992, p.A1: Ali Crolius, "MHC Building Occupation Ends," *Daily Hampshire Gazette*, April 19-20, 1997, p.1.

41. *University of Massachusetts Fact Book, 1984-85* (Amherst, MA: University of Massachusetts, 1986), p.50, table 25. 이후의 수치와 일관성을 유지하기 위해 응답하지 않은 학생을 제외하고 비율을 보고했다.

42. Maureen Turner, "Beyond Race Relations," *The Valley Advocate*, March 13, 1997, p.8.

7. 황금알을 낳는 거위

1. Richard A. Easterlin, "Does Money Buy Happiness?" *Public Interest* 30 (Winter 1973), pp.3-10.

2. Robert Lane, "Does Money Buy Happiness?" *Public Interest* 113(Fall 1993), pp.56-65.

3. *United Nations Human Development Report 1998* (New York: United Nations, 1999), P.30.

4. United for a Fair Economy (UFE), *Born on Third Base: The Sources of Wealth of the 1997 Forbes 400*. UFE, 37 Temple Place, Fifth Floor, Boston, MA 02111 또는 www.faireconomy.org에서 자료를 구할 수 있다. 이와 함께 Ann Marsh, "Meet the Class of 1996," *Forbes*, October 14, 1996, p.108 도 볼 것.

5. Thomas Piketty, "Social Mobility and Redistributive Politics," *Quarterly Journal of Econonmics* CX, no.3 (August 1995), pp.551-584.

6. Lionel Robbins, "Economics and Political Economy," *American Economics Review* 71, no.2 (May 1981), p.5.

7. Jim Goldberg, *Rich and Poor* (New York: Random House, 1985).

8. 인지적 부조화를 피하려는 노력이 지닌 함축을 학문적으로 논의한 것으로 Jon Elster, *Ulysses and the Sirens: Studies in Rationality and Irrationality* (Cambridge, UK: Cambridge University Press, 1979) 와 Robert Frank, *Passions Within Reason: The Strategic Role of the Emotions* (New York: W.W.Norton, 1988) 를 볼 것.

9. Marvin Minsky, *The Society of Mind* (New York: Simon and Schuster, 1985), p.276.

10. 예를 들어 1987년 총 세수입은 1조 6,780억 달러였고 세제 전 총 기업 이윤은 2,667억 달러였다. Department of Commerce, *Statistical Abstract of the United States*, 1990, p.273, table 455, p.429, table 696.

11. Libertarian Party의 공식 웹사이트는 2000년 10월 18일 현재 www.lp.org/issues/ platform/taxation.html.

12. Bruce Bartlett, "Should We Abolish the Estate Tax?" Brief Analysis no.202, National Center for Policy Analysis, January 27, 1997. www.ncpa.org 에서 찾을 수 있음.

13. Joseph A. Pechman, *Federal Tax Policy*, 5th ed. (Washington, D.C.: Brookings Institution, 1987), p.236; Roy L. Prosterman and Tim Hanstad, "Fight the Deficit with Estate Taxes," *Washington Post*, September 5, 1990, p.A19; Citizens for Tax Justice, "Should Congress Phase out the Estate Tax?" www.ctj.org, July 1999.

14. Phillip Stern, *The Rape of the Taxpayer* (New York: Random House, 1973), pp.323, 325-326; 이와 함께 Alan Murray, "Senate Panel Democrats Opposed Gains-Tax Cut but Voted for Giant Loopholes in Estate Levies," *Wall Street Journal*, October 13, 1989, section E, P A16.

15. Pechman, Federal Tax Policy, p.236. 일본과 비교한 것을 보려면 Prosterman and Hanstad, "Fight the Deficit."

16. The Gallup organization, "Haves and Have-Nots: Perceptions of Fairness and Opportunity — 1998," *Section 5, Social Audit* (www.gallup.com/poll/socialaudits/resource_distribution. asp)

17. 더 급진적 개혁을 뒷받침하는 누진세의 역사를 읽기 쉽게 쓴 것으로 Sam Pizzigatti's *The Maximum Wage* (New York: Apex Press, 1992).

18. Sandra Block, "Inheriting a Nightmare," *USA Today*, January 8, 1999, 이와 함께 Ravo, "A Windfall Nears," *The New York Times*, July 22, 1990, p.E4.

19. *Statistical Abstract of the U.S.* 1999, p.474, table 742.

20. 이 주장은 보통 아서 오쿤의 고전에 기인한다. Arthur Okun, *Equality and Efficiency: The Big Tradeoff* (Washington, D. C.: Brookings Institution, 1975). 그러나 오쿤은 그 주제에 대해 항간에 소개된 해석과는 달리 훨씬 더 인간적이고 균형된 시각으로 그 주제를 다룬다. 그는 효율이 일차적인 사회적 목표가 되어야 한다고 주장한 적이 없다.

21. Sam Bowles and Herbert Gintis, "Efficient Redistribution: New Rules for Markets, States, and Communities," *Politics and Society* 24(1996), pp.307-42. Louis Putterman, John Roemer, and Joaquim Silverstre, "Does Egalitarianism Have a Future?" *Journal of Economic Literature* XXXVI (June 1998), pp.861-902 도 볼 것.

22. Okun, *Equality and Efficiency*, p.1.

23. Bowles and Gintis, "Efficient Redistribution."

8. 기업 국가

1. John Gray, *False Dawn: The Delusions of Global Capitalism* (New York: New Press, 1998).

2. Peter Stalker, *The Work of Strangers: A Survey of International Labour Migration* (Geneva: International Labour Office, 1997).

3. *Business Week*, July 5 1999, p.16.

4. 같은 글, p.244.

5. Nancy Folbre, "Business to the Rescue?" *The Nations*, September 21, 1992, pp.281-282.

6. Peter Dicken, *Global Shift: Transforming the World Economy*, 3rd ed. (New York: Guilford Press, 1998), p.397.

7. *Business Week, Preparing Your Business for the Global Economy* (New York: McGraw Hill, 1997).

8. 같은 글, p.22.

9. William Greider, *One World Ready or Not: The Manic Logic of Global Capitalism* (New York: Simon and Schuster, 1997), p.98 에서 인용.

10. Elisabeth Rosenthal, "In China, 35+ and Female = Unemployable," *New York Times*, October 13, 1998.

11. Greider, *One World Ready or Not*, p.98.

12. Sam Dillon, "Sex Bias Is Reported by U.S. at Border Plants in Mexico," *New York Times*, January 13, 1998.

13. Cece Modupe Faope, "Production vs. Reproduction," *Multinational Monitor* 17, no.10, October 1996, p.8.

14. Stalker, *The Work of Strangers*, p.149 에서 인용.

15. 이 점을 훌륭히 설명한 것으로 Arlie Russell Hochschild, "The Nanny Chain," *The American Prospect II*, no.4, January 3, 2000.

16. Warren Cohen, "Home Wreckers: Congress's Roles in the Au Pair Tragedy," *The New Republic*, November 24, 1997, p.18.

17. Eric Schumitt, "Crying Need; Day Care Quandary," *New York Times*, January 11, 1998 에서 인용.

18. *Business Week*, May 14, 1990, p.98.

19. Gray, *False Dawn*, p.62.

20. Dicken, *Global Shift*, 3장을 볼 것.

21. Dani Rodrik, *Has Globalization Gone Too Far?* (Washington, D. C.: Institute for International Economics, 1997).

22. Ron Scherer, "Eye on Firms That Use Cheap Labor Abroad," *Christian Science Monitor*, November 14, 1997.

23. Rodrik, *Has Globalization Gone Too Far?*; Sara Anderson and John Cavanaugh with Thea Lee and the Institute for Policy Studies, *Field Guide tothe Global Economy* (New York: New Press, 2000), p.43; Nancy Folbre and the Center for Popular Economics, *The New Field Guide to the U.S. Economy* (New York: New Press, 1995), Chart 5.11.

24. William Greider, *One World, Ready or Not*, p.360.

25. The Economic Policy Institute, *The Failed Experiment: NAFTA at Three Years* (Wash- ington, D.C.: June 26, 1997), p.25.

26. Al Franken, *Rush Limbaugh Is a Big Fat Idiot* (New York: Delacorte Press, 1996), pp.177-178.

27. Gene Koretz, "Downsizing's Economic Spin," *Business Week*, December 28, 1998, p.30.

28. House Committee on Education and Labor, Subcommittee on Labor-Management Relations and Subcommittee on Employment Opportunities, *Hearings on H.R. 1616*, 99th Cong., 1st sess. (Washington, D.C.: Government Printing Office, 1985).

29. Michael C. Jensen and Perry Fagan, "Capitalism Isn't Broken," *Wall Street Journal*, March 29, 1996.

30. Russell Baker, "The Market God," *New York Times*, March 23, 1996, p.A17.

31. Robert Sullivan, "A Letter from Dad," *The New Yorker* 72, no.5, March 25, 1996, p.17.

32. Patrick Buchanan, *The Great Betrayal* (New York: Little, Brown & Co., 1998), p.106.

33. 같은 책, p.325.

34. *International Herald Tribune*, June 11, 1998, p.1.

35. Benjamin R. Barber, *Jihad vs. McWorld: How Globalism and Tribalism Are Reshaping the World* (New York: Ballantine, 1995), p.29.

36. Lisa Beyer, "Life Behind the Veil," Time November 8, 1990; Jan Goodwin, *Price of Honor: Muslim Women Lift the Veil of Silence on the Islamic World* (New York: Penguin, 1995).

37. 이 주제에 관한 더 자세한 논의는 William Greider, "Global Agenda," *The Nation*, January 31, 2000, pp.11-16.

38. Anderson and Cavanagh, Field Guide to the Global Economy; "Globalization: What Americans Are Worried About," *Business Week*, April 24, 2000, p.44.

39. William Wolman and Anne Colamosca, *The Judas Economy: The Triumph of Capital and the Betrayal of Work* (New York: Addison-Wesley, 1997), p.1.

9. 어둠 속에서 춤을

1. E. P. Thompson, "Outside the Whale," in *The Poverty of Theory and Other Essays* (New York: Monthly Review Press, 1978), p.243.

2. Nancy Folbre, "Socialism, Feminist and Scientific," in Marianne Ferber and Julie

Nelson, eds, *Beyond Economic Man* (Chicago: University of Chicago Press, 1993), pp.94-110.

3. Slavenka Drakulic, *How We Survivied Communism and Even Laughed* (New York: HarperPerennial, 1993), p.30.

4. Gail Lapidus, *Women in Soviet Society: Equality, Development, and Social Change* (Berkeley: University of California Press, 1978).

5. 인센티브 구조에 대한 더 자세한 논의는 John Roemer, *A Future for Socialism* (Cambridge, MA: Harvard University Press, 1994).

6. J. A. Schumpeter, *Capitalism, Socialism and Democracy*, 3rd ed. (New York: Harper and Row, 1950).

7. 경쟁과 효율성의 관계에 대한 논의는 Oliver Williamson, "Contested Exchange Versus the Governance of Contractual Relations," *Journal of Economic Perspectives* (Winter 1993), pp.103-108.

8. Edward A. Hewitt, "Reforming the Economy," *The Nation*, June 13, 1987, pp. 803-804.

9. David Kotz, "Russia in Shock," *Dollars and Sense* (June 1993), pp.9-11, 17.

10. 알렉산더 부잘린과 1994년 4월 13일 개인적으로 나눈 대화.

11. Oleg Bogomolov, "Who Will Own 'Nobody's Property'? The Perils of Russian Privatization," *Dissent* (Spring 1993), pp.201-208.

12. 같은 글, p.208.

13. John Lloyd, "The Russian Devolution," *New York Times*, August 15, 1999.

14. Sean Wilentz, *Chants Democratic: New York City and the Rise of the American Working Class, 1788-1850* (New York: Oxford University Press, 1984) 을 볼 것.

15. Jame Heintz, Nancy Folbre, and the Center for Popular Economics, *The Ultimate Field Guide to the U.S. Economy* (New York: New Press, 2000), p.29.

16. Len Krimercan, "Why Economists are Wrong about Co-ops," *Dollars and Sense* (September 1998), pp.44-9.

17. Heintz and Folbre, *The Ultimate Field Guide to the U.S. Economy*, p.29.

18. Roemer, *A Future for Socialism.*

19. Thomas Weisskopf가 시장 사회주의를 세련되게 옹호한 것을 보려면 "Toward a Socialism for the Future in the Wake of the Demise of the socialism of the Past," *Review of Radical Political Economics* 24, no.3-4 (Winter 1992). 이 글은 Victor Lippit, ed., *Radical Political Economy: Explorations in Alternative Economic Analysis* (Armonk, NY: M.E. Sharpe, 1996) 에 재수록됨.

20. Bruce Ackerman and Anne Alstott, *The Stakeholder Society* (New Haven: Yale University Press, 1999).

21. Michael Albert and Robin Hahnel, *Looking Forward* (Boston: South End, 1991). 알버트와 하넬이 어떻게 자신들의 제안을 더 기술적이고 수학적으로 옹호했는지 보려면 *The Political Economy of Participatory Economics* (Princeton, NJ: Princeton University Press, 1991). 이런 관점을 지지하는 다른 이는 Pat Devine, *Democracy and Economic Planning* (Boulder, CO: Westview Press, 1988).

22. 같은 책, p.94.

23. 같은 책, p.48.

24. 실제 협상 과정을 더 잘 묘사한 것으로는 Joan Acker, *Doing Comparable Worth: Gender, Class and Pay Equity* (Philadelphia: Temple University Press, 1989).

25. David Osborne and Ted Gaebler, *Reinventing Government: How the Entrepreneurial Spirit Is Transforming the Public Sector* (New York: Plume Books, 1993).

26. Alva Myrdal, *Nation and Family: The Swedish Experiment in Democratic Family and Population Policy* (London: Kegan Paul, Trench, Trubner and Co., 1945).

27. Marga Bruyn-Hundt, "Scenarios for a Redistribution of Unpaid Work in the Netherlans," *Feminist Economics* 2, no.3 (1996), p.129.

28. Ina Brouwer and Eelco Wiarda, "The Combination Model: Child Care and the Part Time Labour Supply of Men in the Dutch Welfare State," in J. J. Schippers, J. J. Siegers, and J. De Jong-Gierveld, eds, *Child Care and Female Labour Supply in the Netherlands: Facts, Analyses, Policies* (Amsterdam: Thesis Publishers, 1998).

29. Alva Myrdal and Viola Klein, *Women's Two Roles: Home and Work* (London: Routledge and Kegan Paul, 1956).

30. Clare Ungerson, "Gender, Cash, and Informal Care: European Perspectives and Dilemmas," *Journal of Social Policy* 24, no.1 (1995), pp.31-52; Sheila B. Kamerman and Alfred J. Kahn, "Child and Family Policies in an Era of Social Policy Retrenchment and Restructuring," unpublished paper presented at the Luxembourg Income Study Conference on Child Well-Being in Rich and Transition Countries, September 30-October 2, 1999.

31. Julie Nelson, "Feminist Theory and the Income Tax," in *Feminism, Objectivity, and Economics* (New York: Routledge, 1996), pp.97-117.

옮긴이의 말

　『보이지 않는 가슴 : 돌봄 경제학』은 여성주의 경제학의 중요한 영역인 가족 안과 밖에서 수행되는 돌봄 노동을 이론화하고 어린이와 노약자를 돌보는 데 드는 비용을 남녀 그리고 가족과 사회 간에 공평하게 분배되고 보상될 수 있는 정책이 입안되는 데 목소리를 내 온 낸시 폴브레 교수의 *Invisible Heart : Economics and Family Values*를 옮긴 것이다.

　나는 매사추세츠 주립대학의 경제학 박사 과정에 있으면서 폴브레 교수와 함께 시간 사용 조사를 이용하여 돌봄 노동에 들어가는 시간과 그 경제적 가치에 대한 연구를 수행하고 있다. 이론적 논의를 현실 경제의 경험을 통해 대중적으로 쉽게 풀어 쓴 폴브레 교수의 책이, 저출산 고령화 시대에 돌봄 노동에 대한 사회적 관심이 제고되고 있는 한국 사회에 반성적 사고와 정책 방향 제시에 도움이 될 것으로 본다. 경제 복지 정책에 신자유주의 이론과 미국식 모델을 상당 부분 받아들이고 있는 한국 현실에 시사하는 바가 크리라 생각한다.

　폴브레 교수는 현대 경제가 경제 주체의 이기심과 '보이지 않는 손'의 작동에 의해 움직인다는 주류 경제학의 개념과 이론을 교육, 보건, 보육, 세금 제도를 둘러싸고 미국 경제 현장에서 벌어지고 있는 일들을 통해 비판하면서, '보이지 않는 손'에만 맡겨 두었을 때 시장의 경쟁적 압력이 서비스의 질을 악화시켜 삶의 질을 떨어뜨릴 수 있음을 이야기한다. 사랑·의무·호혜라는 '보이지 않는 가슴' 또한 경제를 돌아가게 하는 다른 한 축의 바퀴다. 본질적이고 자연스러운 감정과 도덕심이라고 여겨지는 사랑·의무·호혜는 경제적 토대에 영향을 받고 다시 영향을 주는 것이며, 이를 주의 깊게 고려할 수 있도록 경제학을 바로 잡는 것은 여성주의 경제학의 중요한 과제다.

이 책은 경제학의 연구 대상이 무엇이어야 하며 '경제적인 것'이란 무엇을 의미하는지에 대한 고정관념을 극복하는 급진적인 시각을 제시한다. 주류 경제학은 희소한 자원의 수요와 공급, 즉 자원의 분배를 연구 대상으로 하고, 화폐의 흐름과 그에 상응하는 시장에서 생산되는 재화와 서비스를 경제적 성공과 복지의 척도로 간주한다. 『보이지 않는 가슴』은 시간을 중요한 경제 자원으로 보고 시장 밖에서 공급되는 돌봄 노동이 삶의 질을 결정하는 한 요소로 본다. 누가 주로 어린이와 노약자를 돌보는지, 그들은 제대로 돌봄을 받고 있는지, 돌보는 데 따르는 비용은 공평하게 분배되고 있는지, 돌보는 노동으로 인해 특정 집단이 경제적 불이익을 당하고 있지 않은지를 경제학은 묻고 답해야 한다.

사랑·의무·호혜가 인간 본성에 본질적이지 않은 만큼 돌봄 노동도 무조건적으로 무한정 공급되지 않는다. 자본주의의 진전이 이끈 가부장적 질서의 부분적 와해는 여성에 의해 싸게 공급되어 왔던 돌봄 노동의 양과 질을 축소했다. '돌봄'에 할애하는 시간이라는 자원은 더욱 희소해지고 있기 때문에, 필요한 수준의 돌봄 노동이 꾸준히 공급될 수 있도록 경제학은 자원의 분배뿐만 아니라 유지에도 관심을 더 기울여야 한다. 돌봄 노동은 지속 가능한 사회와 인류의 발전을 이루는 데 필수적이다.

이 책은 현재 한국에서 진행되고 있는 담론과 정책 형성에 몇 가지 시사점을 제공한다. 출산율을 낮추기 위해 여성의 몸을 통제하는 인구 정책은 한국의 경제 발전을 이끈 주요 정책 가운데 하나였고, 다시 여성의 몸과 돌봄의 역할은 저출산 상황에서 정책의 대상이 되고 있다.

여성은 때로는 재생산 의무를 방기해 저출산을 야기한 이기적 여성으로 또는 이기적 가족주의와 모성의 화신인 학부모로 비난받는다. 전자는 돌봄 노동을 완전히 회피 또는 포기한 집단이며, 후자는 돌봄 노동을 과잉 공급하고 있는 집단으로 볼 수 있다. 그러나 두 집단은 돌봄의 의무를 개인과 가족에게 맡기는 사회에서 개인이 선택할 수 있는 양극단일 뿐이다. 개인과 가족이 태어날 또는 태어난 아이의 성제석 복시를 전적으로 책임져야 한다면, 아예 아이를 안 낳기로 하거나 아이의 경제적 기회와 미래를 위해 내 아이에게만 지나칠 정도로 부모의 자원을 투입할 수밖에 없지 않겠는가? 개인을 비난할 것이 아니라 자녀의 경제적 복지가 부모에게 달려 있는 사회가 문제인 것이다.

여성의 빈곤과 아동의 빈곤은 밀접하게 관련되어 있다. 김대중 정부 이후의 신자유주의적인 복지 정책은 돌봄 노동을 '노동'으로 인정하지 않는 빈민 정책을 추진해 왔다는 점에서 미국의 경험과 많이 닮아 있다. 돌봄 노동에 대한 인정과 경제적 가치 평가, 그리고 정책에의 반영은 돌봄 노동을 주로 수행하는 여성과 남성의 경제적 성 평등을 위한 노력일 뿐만 아니라, 부모의 사회 경제적 지위와 부에 상관없이 어린이의 능력과 자질이 계발될 수 있게 한다. 보는 어린이들이 적질한 돌봄을 빌고 동등한 교육의 기회를 받는 것은 개인 간 부의 격차를 완화하는 해결책 가운데 하나일 수 있다.

아이는 '공공재'라는 개념은 아이 키우는 비용을 가족과 사회가 같이 부담해야 한다는 논리를 정당화한다. 아이가 커서 생산적인 노동자가 되어 세금을 내고 그 세금으로 노인층을 부양하는 사회 보장 제도가 유지되듯이, 아이 키우는 비용은 개인과 가족이 담당하는데 그 혜택은 부모에게 국한되지 않고 널리 공적 차원으로 확대, 즉 사회화된다는 것이다. 국민 연금 제도의 역사가 길지 않고 여전히 자식이 나이 든 부모의 경제적 부양과 돌봄을 상당 부분 책임지고 있는 한국의 맥락에서 볼 때, 이 책이 노인 부양보다는 어린이 보육에 대한 사회적 지원을 더 강조하고 있다고 여겨질 수도 있겠다. 그러나 한국도 보편적인 국민 연금 제도의 도입을 통해 돌봄 노동 혜택의 사회화를 제도화되려는 시점에서 폴브레 교수의 지적은 유효하며 주목해야 할 필요가 있다.

저출산 고령화라는 인구학적 동향은 돌봄과 부양을 둘러싼 세대 간의 암묵적 계약을 뒤흔들고 있다. 국가가 국민 연금 제도를 통해 이에 개입하는 방식에 대해 진지하게 비판해야 할 필요가 있으나, 사회의 재생산에 필요한 의료, 보육, 교육, 노후 대책 등은 개개의 사적 단위보다 집단적으로 대비할 때 더 효율적일 수 있다는 폴브레 교수의 지적을 염두에 두어야 할 것이다.

한국의 시간 사용 조사가 시작된 이후 전업 주부의 가사 노동의 경제적 가치가 돈으로 환산되어 비시장 노동에 대한 관심이 증가하고 있다. 이 책은 전반적인 비시장 노동 가운데 특히 어린이와 노약자를 위해 수행되는 돌봄 노동의 경제적 가치에 주목할 것을 주장한다. 전업 주부뿐만 아니라 취업 주부와 남성, 또는 결혼 관계 안에 있지 않은 사람들도 공급하는 돌봄 노동의 경제적 가치를 평가하는 작업이 다음 세대를 키우는 비용의 공정한 분담과 어린이의 능력과 자질 계발을 위한 정책에 반영하는 데 필요하다.

경제적 전문 용어들을 번역하는 데 어려움이 좀 있었다. 기존 경제학 교과서가 번역해 쓰고 있는 용어들과의 일관성을 유지하기 위해 몇몇 개념은 기존의 번역어를 받아들였지만, 일반 대중을 대상으로 알기 쉽게 쓴 책이므로 될 수 있으면 쉽게 풀어쓰기 위해 노력했다. 폴브레 교수가 전개하는 내용과 예를 통해 경제 개념들은 충분히 이해가 되리라 믿는다.

옮긴이는 폴브레 교수의 지치지 않는 연구 열정과 돌봄 노동의 가치가 경제적 가치를 넘어선 사람을 키우고 살리는 데 있음을 보여 주는 그의 가슴에 감명과 힘을 받는다. 이 책을 읽는 독자들이 경제와 노동에 접근하는 새롭고 독특한 시각을 배울 뿐만 아니라, 경제학이 우울한 학문이 아닌 희망의 학문일 수 있다는 그의 신념을 나눌 수 있게 되길 바란다. 지은이의 재치 있고 따뜻한 언어가 제대로 전달되지 않았다면 그것은 옮긴이의 부족함 때문일 것이다.

이 책이 번역될 수 있도록 참을성 있게 이끌어 주신 도서출판 또 하나의 문화 유이승희 사장님과 더욱 매끄러운 문장이 되도록 교정을 봐 준 이현정 님께 감사 드린다.

찾아보기

분권화된 계획/참여, 301-304; ―의 관료주의, 305; ―의 친족에 대한 정의, 308-309; 생산의 세계화와 ―, 301; 성 평등과 ―, 306-308; 여성의 일과 ―, 304

밀, 존 스튜어트, 40

바우처(무료 수강권), 96, 195-196, 210-214, 222

버그만, 바버라, 49

버크, 에드먼드, 41

베산트, 애니, 43

베커, 게리, 172

벤세레모스 대대, 290, 304

보모 국가, 31, 129-130, 159: ―와 구축 효과, 131-134; ―와 부모 노릇 지원, 142-144, 169-173; ―와 시장/가족 실패, 138-139; ―와 자녀양육비 강제, 153-157; ―와 전업 주부 보조하기, 145-148; ―와 지대 추구, 135-136; ―의 등장, 130-136; 가부장적 정치 권위와 ―, 139-141; 가족 약화와 ―, 136-139; 아버지 국가와 ―, 141-145; 왜곡된 동기와 ―, 131-132, 136; '사회 보장', '아동', 도 볼 것

보육, 11-13: ― 세금 혜택, 170-171; ―과 보모 수입, 261-264; ―의 질, 103-105; '모성', '부모 노릇'도 볼 것

보이지 않는 가슴, 22, 29, 281, 311-313

보이지 않는 손/악수, 17-19, 22, 29, 60, 311-313

보조금, 101, 145-148, 169-173, 213, 218, 306

보편적 돌봄, 310

복지 국가, 21: ― 개혁, 173-179; ―라는 여성 문제, 166; ―와 보조금, 96, 101, 145-148, 162-165; ―와 수혜자 감소, 179; ―의 가족, 274-276; ―의 개인 간의 상호 작용, 309; ―의 엄마들, 76; 사회 보험 프로그램과 ―, 133-134; 사회 안전망 프로그램과 ―, 164; 이기심과 ―, 38-39; '보모 국가', '사회 복지 프로그램'도 볼 것

복지 여왕, 165-166

봉급: '소득'을 볼 것

부모 노릇: ―의 간접적 비용, 69; ―의 공적 지원, 143-144; ―의 직접적 비용, 68-69; 부모의 무능, 184-186; 애정과 ―, 74-76

부양 자녀를 둔 빈곤 가정 지원 제도 (AFDC), 138, 145, 164, 166-167, 173-176; ―와 노동 요건, 177-178; ―와 세금, 171, 173; ―와 자녀 양육비 강제, 179; '복지 국가'도 볼 것

부캐넌, 팻, 277, 281

북미 자유 무역 협정(NAFTA), 265

ㅡ, 122

인종, 144: 복지 프로그램과 ㅡ, 173; 시민권 운동과 ㅡ, 201-206; 쥐들의 경주 효과, 80-82

인터넷: ㅡ과 가상 이주, 255; ㅡ의 자원, 217

일: ㅡ과 공장 폐쇄 규제, 273-274; ㅡ과 여성의 생산성, 35; ㅡ과 쥐들의 경주 효과, 80-82; ㅡ의 효율성, 47; ㅡ할 의지, 161, 181, 240, 244, 292; 가치와 ㅡ의 선택, 85-86; 돌봄 노동과 ㅡ, 11-14, 16-17, 19-20; 로크의 경제 원칙과 여성, 37; 부모 노릇과 ㅡ, 69-71; 비시장 노동, 107-108, 140, 148, 159, 192, 246, 306; 사무직 ㅡ, 62-84; 임금 노동, 136-137, 141, 150; '기업 국가'도 볼 것

일본: ㅡ과 경제적 협동, 122; ㅡ의 출산율, 78

일본과학기술자연합, 122

일할 동기, 161, 181, 240, 244, 292

임금: ㅡ 노동 고용, 136 137, 141, 150; '소득'도 볼 것

잉글랜드, 파울라, 82

자기 결정, 36-38

자발적 소박한 삶 운동, 227

자본 이동, 264, 276

자본주의, 41: ㅡ와 다국적 기업, 268-269; ㅡ와 시장 중심 사회, 52-53; 가족과 ㅡ, 136-139; 선한 ㅡ 대 악한 ㅡ, 256; '공산주의', '기업 국가', '마르크스', '세계화', '보모 국가'도 볼 것

자유 시장: '기업 국가', '세계화'를 볼 것

장기적 관계, 118, 310

장기적 성공, 54-56

재산권, 34, 60, 139, 266, 298

재생산, 26, 53, 142, 341: 법/정치 행동과 ㅡ, 43-44; '피임'도 볼 것

전국부양자연맹, 73

전국수발가족협회, 73, 108

전국여성과노화센터, 73

전담, 34-35, 63, 75, 79, 153, 159, 302, 308, 312

전족, 35

정부: ㅡ와 공장 폐쇄 규제, 272-274; 가족 지원 정책과 ㅡ, 169-174; 국가와 ㅡ, 12-13, 265-267, 277-280; 복지 국가와 ㅡ, 21; 연방 주택 보조와 ㅡ, 169; 유럽 공공 정책과 ㅡ, 192; 자녀 양육 보조와 ㅡ, 162-165; 출생률과 ㅡ, 11, 78; '기업 국가', '보모 국가', '복지 국가', '프랑스 정책'도 볼 것

정직, 19, 36

정치 행동, 27

젖 은유, 31-32

보이지 않는 가슴

돌봄 경제학

초판 1쇄 2007년 3월 15일 | 5쇄 2021년 3월 10일 | 낸시 폴브레 지음 | 윤자영 옮김 | 유승희 펴냄 |
도서출판 또하나의문화 | 04057• 서울 마포구 와우산로 174-5 대재빌라302호 | 전화 02-324-7486 |
팩스 02-323-2934 | 전자우편 tomoonbook@gmail.com | 누리집 www.tomoon.com | 등록번호
제9-129호(1987.12.29.) | ISBN 978-89-85635-77-6 03320